高等学校交通运输与工程类专业教材建设委员会规划教材

道路交通安全及设施设计

Road Traffic Safety and Facilities Design

王建军　龙雪琴　主编

U0649704

人民交通出版社股份有限公司
北京

内 容 提 要

本书将道路交通安全和交通安全设施作为一个整体,以交通安全的基本理论作为交通安全设施设计的基础,从主动交通安全角度出发,提出交通安全设施设计的理念和方法,并将交通安全基本理论应用于交通安全评价、预测和交通组织。

本书共分十一章,内容包括:绪论、道路交通安全影响因素分析、交通安全基本理论、交通安全分析方法、交通安全评价与事故预测方法、道路交通安全评价内容分析、交通标志设计、交通标线设计、护栏设计、其他安全设施设计和道路交通组织优化。

本书可作为高等学校交通工程及相关专业的本科生、研究生教材或教学参考书,也可供有关行业的工程技术人员、管理人员和有兴趣的读者阅读参考。

图书在版编目(CIP)数据

道路交通安全及设施设计 / 王建军,龙雪琴主编
. —北京:人民交通出版社股份有限公司,2018.4
ISBN 978-7-114-14595-7

Ⅰ.①道… Ⅱ.①王…②龙… Ⅲ.①公路运输—交通运输安全—安全设备—高等学校—教材 Ⅳ.①U491.5

中国版本图书馆 CIP 数据核字(2018)第 056353 号

Daolu Jiaotong Anquan ji Sheshi Sheji

书　　名:道路交通安全及设施设计
著 作 者:王建军　龙雪琴
责任编辑:李　晴
责任校对:宿秀英
责任印制:刘高彤
出版发行:人民交通出版社股份有限公司
地　　址:(100011)北京市朝阳区安定门外外馆斜街 3 号
网　　址:http://www.ccpcl.com.cn
销售电话:(010)59757973
总 经 销:人民交通出版社股份有限公司发行部
经　　销:各地新华书店
印　　刷:北京虎彩文化传播有限公司
开　　本:787×1092　1/16
印　　张:23.5
字　　数:575 千
版　　次:2018 年 4 月　第 1 版
印　　次:2022 年 5 月　第 2 次印刷
书　　号:ISBN 978-7-114-14595-7
定　　价:45.00 元

(有印刷、装订质量问题的图书由本公司负责调换)

高等学校交通运输与工程(道路、桥梁、隧道与交通工程)教材建设委员会

主 任 委 员：沙爱民　（长安大学）

副主任委员：梁乃兴　（重庆交通大学）

　　　　　　陈艾荣　（同济大学）

　　　　　　徐　岳　（长安大学）

　　　　　　黄晓明　（东南大学）

　　　　　　韩　敏　（人民交通出版社股份有限公司）

委　　　员：(按姓氏笔画排序)

马松林　（哈尔滨工业大学）　　　王云鹏　（北京航空航天大学）

石　京　（清华大学）　　　　　　申爱琴　（长安大学）

朱合华　（同济大学）　　　　　　任伟新　（合肥工业大学）

向中富　（重庆交通大学）　　　　刘　扬　（长沙理工大学）

刘朝晖　（长沙理工大学）　　　　刘寒冰　（吉林大学）

关宏志　（北京工业大学）　　　　李亚东　（西南交通大学）

杨晓光　（同济大学）　　　　　　吴瑞麟　（华中科技大学）

何　民　（昆明理工大学）　　　　何东坡　（东北林业大学）

张顶立　（北京交通大学）　　　　张金喜　（北京工业大学）

陈　红　（长安大学）　　　　　　陈　峻　（东南大学）

陈宝春　（福州大学）　　　　　　陈静云　（大连理工大学）

邵旭东　（湖南大学）　　　　　　项贻强　（浙江大学）

胡志坚　（武汉理工大学）　　　　郭忠印　（同济大学）

黄　侨　（东南大学）　　　　　　黄立葵　（湖南大学）

黄亚新　（解放军理工大学）　　　符锌砂　（华南理工大学）

葛耀君　（同济大学）　　　　　　裴玉龙　（东北林业大学）

戴公连　（中南大学）

秘 书 长：孙　玺　（人民交通出版社股份有限公司）

前言

　　道路交通安全是一门发展中的学科,随着时代变化、技术发展、学科演变,其内涵和方法均发生了较大变化。本书从主动交通安全角度出发,将道路交通安全理念融入交通安全设施设计中,拟从交通出行源头提高出行环境的安全性,达到减少交通事故和降低事故严重程度的目的。

　　本书主要分四部分内容。首先,阐述交通安全基本理论,内容包括事故致因理论、可靠性理论及其他交通事故预防理论;然后介绍了交通安全评价和预测方法,并分别针对交通项目的规划和可研阶段、设计阶段和运营阶段提出交通安全评价和分析的内容;基于交通安全基本理论,进一步从方法和技术层面阐述道路交通标志、标线、护栏和其他安全设施的设计,以案例形式详细介绍交通安全设施的设计过程;最后,提出交通安全组织的方法,即从管理的角度提高交通安全性。本书内容涉及基本理论、评价方法、设计方法和管理方法,较为全面地反映了交通安全设计领域的知识体系。

　　本书由长安大学王建军教授、龙雪琴博士担任主编。编写分工如下:王建军教授编写第一章、第九章至第十一章,龙雪琴博士编写第三章至第五章,研究生李凯伦和龙雪琴博士编写第二章,研究生滑姗姗和王建军教授编写第六章,研究生马永杰和王建军教授编写第七章,研究生曾勋和王建军教授编写第八章。

编写中作者参考了大量规范、书籍、期刊和资料,在此,谨向所有作者表示诚挚的谢意。

由于编者学术水平及经验等方面限制,书中定有不当之处,恳请读者批评指正。

编　者

2017 年 11 月

目录

第一章

绪论

一、道路交通安全概论

"衣、食、住、行"是人的物质生活四大要素。宏观上说,任何道路设施的设计与建造,必然都是以满足道路交通流的需要为最终目标。从性质上看,可以将对道路交通流的需求分为:功能需求、安全需求、效率需求、享受需求四类。这些需求能否很好地实现与交通工程设施的设计及运营的好坏有直接关系。

安全、能源、资源和环境一起构成全世界共同关注的、人类可持续发展的四大支柱和热点问题。道路交通安全问题是现代交通运输和汽车工业迅猛发展伴生出来的严重社会问题。预防和减少交通安全事故,是世界各国政府交通主管部门的主要任务。

安全是道路设计和建造需考虑的首要因素。今天,交通运输在发展与进步,不能只看修了多少路,架了多少桥,而是要以能为人们提供什么水准的服务来评判。道路设计和建造应坚持"安全、环保、舒适、和谐"的理念,注重道路出行的安全性、方便性、舒适性、愉悦性,体现"以人为本、安全至上"的指导思想。

人、车、路和环境中的运动构成了道路交通,即人、车、路和环境四大要素相互作用、相互依赖构成了道路交通这一特定的动态系统。在这个动态系统中,任何一个要素的变化都会对整个系统产生影响,道路交通事故就是系统在运动中不协调或失衡造成的,是信息感知和信息反馈不当并引发指令错误导致的结果。

安全、快捷、经济、舒适(和谐)和低公害是道路交通这一动态系统的基本要求。其中,安全是众多要素的基础,只有安全得到保证,才可谈快捷、经济、舒适和低公害问题。要保障道路交通系统的安全,就应使其协调地运转。从科学定义而言,安全是指不发生损失或伤害的一种状态;事故是人在实践活动中,突然发生并迫使其活动暂时或永远终止的一种意外事件。事件的发生可能造成损失或伤害,也可能不造成损失或伤害,即事件分为事故事件(简称事故)和未遂事件(或称过失)。交通事故的发生是由于人的不安全行为和物(道路、车辆、环境)的不安全状态所造成的。道路交通安全技术的任务就是要尽可能去控制系统中的不安全因素(行为和状态),保障系统协调、正常运行。

安全是人类社会生活幸福的前提,是社会稳定及和谐发展的保证。预防交通事故,保障交通安全,确保出入平安,是人类社会共同的期盼和追求。随着现代交通运输和汽车工业的迅猛发展,交通安全问题成为人类关注的严重社会问题。道路交通是人类赖以生存的必备条件"衣食住行"中重要的一环,交通(出行)是现代文明社会最重要的活动之一。汽车是人类文明和技术进步的结晶,它改变了人类的出行方式,扩大了活动空间,提高了生活质量,推动了社会文明进步,改变了人类生活。在享受现代道路交通和汽车带来的舒适和便捷的同时,无情的交通事故正时刻吞噬着人们宝贵的生命。据统计,自交通事故存在记录以来,全世界累计死于道路交通事故的人数已近5000万。即自汽车文明一百多年来,全世界累计死于道路交通事故的人数已相当于两次世界大战的死亡人数。现全世界每年在道路交通事故中的死亡人数有近120万,受伤人数逾百万,且大部分是社会劳动主力军的青壮年人群,道路交通事故给人类社会和经济发展带来的伤害日趋增大。

正因如此,人类社会对道路安全问题倾注了大量的心血。历史上,发达国家对交通事故危害的认识始于20世纪30年代。美国作为世界上汽车工业最发达的国家之一,其道路交通事故也是惊人的,严重的交通事故伤害促使人们不得不正视它,这就促进了道路规划、设计、建设和交通规划、管理等技术的产生,以及作为独立学科的现代交通工程学和道路交通安全技术学的诞生。世界各国真正对交通安全问题的关注始于20世纪70年代。第二次世界大战之后,世界大多数国家开展了大规模的经济重建工作,掀起了前所未有的基本建设热潮。城镇化、交通和汽车工业的飞速发展和相互促进,使西方主要国家进入了经济繁荣时期。伴随着社会经济的发展,这些国家的道路交通事故数量在20世纪70年代也达到了高峰,造成交通拥挤、环境污染、事故频繁、伤亡惨重。交通事故成为人们谈虎色变的最大社会公害之一,严重阻碍了社会经济的快速发展,迫使各国政府不得不采取应对措施,也就促使了道路交通安全技术的快速发展。

随着我国道路交通的迅速发展,汽车保有量的逐年增加,交通事故数量越来越高,我国成为世界上交通事故死亡人数较多的国家之一。2001—2007年我国每年交通事故死亡人数一直高居10万人左右,造成了巨大的经济损失。近年来,随着国家对交通安全的重视,交通安全技术水平不断提高,我国交通事故的严重程度达到一定缓解。2006年,全国因道路交通事故造成89455人死亡,万车死亡率为6.2。而2016年,我国因道路交通事故死亡人数为40824人,万车死亡率为2.1。虽然交通事故死亡人数比2006年大幅下降,但我国每年仍有近30万起交通事故,造成了巨大的经济财产损失。道路交通安全在我国仍然是不可忽视的重要问题。

二、交通安全研究基本框架

道路交通系统是由人—车—路—环境等要素构成的复杂的动态系统。道路交通系统中每个要素自成系统又相互作用,交通事故是由各个子系统自身出现问题或相互间作用失调而导致的。道路交通系统安全研究的基本框架(图 1-1)可概括为:探究交通参与者、车辆、道路环境、事故救援等子系统各项风险因素与交通事故的关系,提出针对性的干预手段或改善措施,以达到降低事故风险和减轻事故伤害严重程度的目的。

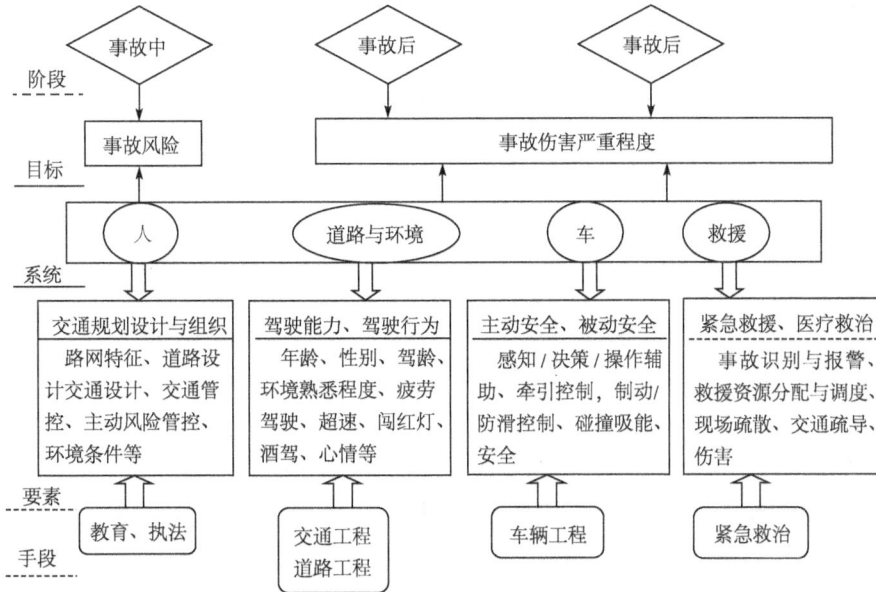

图 1-1 道路交通安全研究基本框架

事故前,主要关注事故发生机会和发生概率。发生机会指某个或某些交通参与群体、某个或某类道路网络和交通设施,或某种事故形态所面临的发生机会。发生概率则是指给定单位事故机会后事故发生的条件概率。事故发生过程中或事故发生后,基于交通参与者的事故应对、道路交通安全设计、车辆被动安全、紧急救援和医疗救治等特征,最大限度降低事故伤害严重程度和其他主要关注点。

事故潜在风险因素众多,可以涵盖道路交通系统所有相关要素,包括交通参与者、车辆、道路与环境及紧急救援服务等。对于交通参与者,现有研究关注机动车驾驶人年龄、性别、驾龄及驾驶水平等,另一方面侧重于探究攻击性驾驶、愤怒后驾驶、分心驾驶及疲劳驾驶等危险驾驶行为。其他弱势交通参与者,如行人、自行车和电动车骑乘人也是重点关注对象。道路与环境方面,研究主要关注道路网络布局、道路及交通设计、交通控制、主动式风险管控及环境条件等对交通安全影响。对于车辆安全,可划分为主动安全和被动安全。主动安全主要集中于车辆智能防撞技术方面,如车辆碰撞预警系统、车道偏离警告系统等;被动安全关注车辆安全设施的设计和优化,车辆安全测试法规的制定和应用,以及车辆碰撞协调性等内容。此外,事故发生后的紧急救援服务,如事故识别和报警、救援资源分布与调度、紧急疏导及医疗救治等也是重要的研究方向。

道路交通安全干预手段和改善措施主要是通过"4E"科学策略实施,即工程(Engineering)、教育(Education)、执法(Enforcement)和急救(Emergency)。工程是指基于工程设计手段的事故预防及改善;教育主要以学校和社会为主的驾驶技能与交通安全意识培训;执法是由交通管理部门依据相关法律法规对交通行为进行监督和管理;急救则包括救护运输服务以及紧急医疗救治

3

等。针对道路交通复杂系统,采取合理的组合策略,才能最终实现交通安全改善的目标。

从道路交通安全研究基本框架中可以看出,交通安全研究是多系统、多因素相辅相成所得,目前主要发展领域包括交通安全规划、道路安全设施分析、交通安全管理、交通行为分析、我国交通安全技术标准与规范等方面。

1)交通安全规划

交通安全受道路交通系统规划、设计、建设、运营、管理、维护各个阶段的影响,考虑到交通规划对塑造交通系统的深刻影响,交通安全应该在规划阶段就应得到足够重视和充分考虑。交通安全是许多国际大都市最新一轮综合交通规划最为关注的主题。但由于宏观层面交通安全研究不足,导致在交通规划阶段缺少可用的方法和工具来评价不同规划方案的安全性。因此交通规划工作者已经开始思考如何在交通规划的各个阶段充分考虑交通安全,并且开始定量研究道路网络特征、区域交通特征及其他影响因素与交通安全的关系。

2)道路安全设施分析

道路安全设施在保障行车安全、减少交通事故发生中起着巨大的作用,尤其是在减轻事故严重程度方面,很多时候是不可替代的。

公路护栏在交通运行中所起的作用除了阻止时空车辆越出路外的基本功能之外,还具有包括视线诱导、隔断干扰因素、确定可行驶边界以及组织交通流向等重要作用,但其核心价值仍是阻停失控车辆和保护乘客,尤其是对于方向失控的单车事故和多车事故。

交通标志和标线作为为驾驶人提供诱导、管理信息的载体,能够引导道路使用者有秩序地使用道路,并告知道路使用者道路通行权利,明示道路交通禁止、限制、遵行状况,告知道路状况和交通状况等信息。

其他安全设施中也能够对交通安全起到保障作用,如强制减速设施、彩色路面、雾天等低能见度条件下的安全保障设施等,都能从不同程度上降低事故发生的可能性与严重性。

3)交通安全管理

交通安全管理研究主要包括事故数据的采集与规范性记录方法研究、针对不同道路设施的安全建模研究、公路安全手册研究、事故多发设施判别研究、公路限速研究,为不同设施的交通安全管理提供针对性的理论和方法支撑。

4)交通行为分析

交通行为分析关注交通系统中最复杂的环节——驾驶人,主要研究驾驶人的行为与交通系统,尤其是其与交通安全之间的关系。交通系统分析包括以下主要方向:驾驶人分心行为、注视特性研究、危险驾驶行为以及驾驶人变道与跟车行为。

分心行为对驾驶人的影响是多层面的,包括视觉行为、操作行为、驾驶压力、感知危险能力等。在驾驶人分心行为中,视觉分心和认知分心被认为是影响最为严重且广泛存在的两种驾驶人分心行为。驾驶人的注视特性研究主要包括驾驶人视觉搜索行为模式、驾驶人兴趣区域以及不同类型驾驶人视觉行为差异。危险驾驶行为主要包括无证驾驶、超速驾驶、酒后驾驶、疲劳驾驶、明知存在安全隐患的车辆而驾驶的行为。车辆换道行为是指驾驶人基于自身驾驶特性,结合周围车辆的车速、车间距等环境信息,调整并完成自身驾驶目标策略的综合过程。变道是典型的分层决策过程。

5)我国交通安全技术标准与规范

我国自2004年5月1日实施《中华人民共和国道路交通安全法》,包括车辆和驾驶人、道路通行条件、道路通行规定、交通事故处理、执法监督和法律责任等规定 124 条。加上道路设计、安全评价、交通安全设施、交通安全管理、交通安全违法取证、交通安全宣传教育等交通安全各个层级的规范及法规的保障也在不断完善,使整个交通体系运行更加系统化、安全化。

三、交通安全设施系统

公路交通安全设施是为适应公路快速、便捷、安全和舒适的通行特点及管理需要而设置的,是公路主体工程的有机组成部分。公路不仅要满足汽车行驶的速度和交通容量方面的要求,还要满足行车安全、舒适的要求。因此,安全设施系统是必不可少的,其主要作用可以归纳为以下 4 个方面:

(1)预防和减少交通事故的发生,降低事故损失程度,提高交通安全性。

(2)提高公路通行能力和交通运行效率。

(3)提高行车舒适性。

(4)降低交通能耗和交通对环境的影响。

我国高速公路的迅猛发展及其通行能力日渐不足,对交通工程安全设施的发展提出了新的要求。随着高速公路网的形成,交通工程建设越来越体现出系统化、网络化和智能化的特征。如果不能科学地设计交通工程安全设施,势必会严重影响我国高速公路经济效益和社会效益的发挥。

1. 交通安全设施系统构成

高速公路交通安全设施涵盖的内容很多,除设置于高速公路上的标志、标线和护栏之外,还有防眩与视线诱导设施、隔离设施、防撞垫、减速设施、紧急避险车道、解体消能设施等。它们对减轻事故的严重度、排除各种纵横向干扰、提供视线诱导、增强道路景观起着重要的作用,直接影响着高速公路"安全、快速、环保、舒适、和谐"功效的发挥以及经济效益的实现。

1)交通标志

交通标志是用图形、符号、颜色和文字向交通参与者传递特定信息,设置在路侧或道路上方的安全设施,是交通法规具体化、形象化的表现形式,有"无声的交通警察"之称,能为道路使用者提供确切的交通信息,保证车辆安全、畅通、有序运行。

2)交通标线

交通标线是由施画于路面上的各种线条、箭头、文字、立面标记等构成的交通安全设施,它的作用是管制和引导交通,可以与标志配合使用,也可单独使用。

3)护栏

护栏能有效防止失控车辆越出中央分隔带或在路侧比较危险的路段冲出路基,不但可以减少交通事故的发生,降低事故的严重程度,还可以诱导行车视线。

4)防眩设施

防眩设施是设置在道路中央分隔带上用于消除汽车前照灯夜间眩光影响的道路交通安全设施,可以减少交通事故,提高行车的安全性。

5)视线诱导设施

视线诱导设施是一种沿车道两侧设置的,用以指示道路方向、车行道边界及危险路段设置的设施总称,它可以诱导驾驶人的视线,表明道路轮廓,保证行车安全。

6）其他安全设施

（1）隔离设施。隔离设施是为了对高速公路和需要隔离的一级公路进行隔离封闭的人为构造物统称，包括设置于公路路基两侧用地界线边缘上的隔离栅和设置于上跨公路主线的分离式立交桥或人行天桥两侧的防护网。

（2）防撞垫。防撞垫是一种防止驶离行车道的车辆撞上固定装置的保护设施。它可以逐渐降低车速而使车辆安全地停下来，避免车辆与固定装置发生正面碰撞，从而避免发生严重的事故，同时对行驶车辆还具有导向作用。

（3）紧急避险车道。紧急避险车道是道路上为失控车辆所设置的紧急避险通道，一般设置在较易发生事故的路段。它可使失控车辆从主线中分流，避免对主线车辆造成干扰，也能使失控车辆平稳停下来，避免出现人员伤亡、车辆严重损坏和装载货物严重散落的现象。

（4）减速设施。减速设施是通过物理手段，警示驾驶人或强制改变驾驶人行为的设施。可以使驾驶人能够自觉、主动地降低车速。

（5）解体消能设施。解体消能设施作为宽恕型设计理念的体现，也是路侧安全设计的重要组成部分。由于其特殊的结构设计，在满足支撑固定物的要求下又具有较小的抗剪强度，在遇到外力碰撞时，会发生预期的滑动或折断现象。

2. 交通安全设施设计原则

公路交通安全设施设置理念是"以人为本、以车为本"，强调驾驶人的失误不应以生命为代价，同时安全设施应与周边环境相协调，成为美化公路路容的重要组成部分。交通安全设施的设置数量、位置、形式、安装工艺以及与其他道路交通系统的协调配合，都要从交通工程学的观点出发，认真分析研究，设计和设置技术先进、经济合理的交通安全设施。交通安全设施在设计与设置时要从保证安全、减少事故损失、实行有效规范引导的角度出发，还要考虑到交通安全设施使用的方便性，使交通参与者在使用交通安全设施时感到方便、快捷、安全，即实现交通安全设施的人性化。因此，进行公路交通工程设计应遵循以下原则：

（1）遵守现行的国际、国家、交通运输部和有关行业颁布的标准和规范，未经中间实验和系统鉴定的方案不得采用，引进设备及其附件应是商用化产品。

（2）从最大限度发挥公路快速、安全、经济、舒适特性的要求出发，既要考虑建设者和经营者的直接经济效益，有利于节约资金和调动投资积极性，又要考虑公路的社会效益，发挥其对国民经济的推动作用。

（3）因地制宜，充分考虑公路所在区域实际情况，尽量向世界和国内先进水平看齐，保证其经济合理性和技术先进性，同时符合开放性标准，而且系统要成熟、安全、可操作性强，易于维修和更换。

（4）不但要考虑交通工程与道路工程的配合，而且还要注意交通工程各子系统之间的协调，达到系统组成的最优化，最大限度地发挥系统的总体调控功能，为道路使用者提供高效的服务。

（5）在进行交通工程各系统的容量设计时，方案应具有易扩展性和兼容性，满足近期使用、远期升级及系统联网需求，同时应考虑到公路的未来交通需求，预留必要的接口和数据通道，以利于系统的持续发展。

3. 交通安全设施设计内容

道路交通安全设施是保障公路行车安全，提高其服务水平的重要部分，能够为公路使用者提供指示、警告、禁令等信息,具有诱导视线,排除眩光、落物等干扰,保护路侧安全等功能。为此,公路在进行安全设施设计时应包括标志、标线、护栏、防眩板、视线诱导标、隔离栅、避险车道、减速设施等。

1)交通标志设计

交通标志是重要的公路交通安全设施,合理的交通标志设计能够保障道路信息及时准确的传达。设计过程主要参考《道路交通标志和标线》(GB 5768—2009)、《公路交通标志和标线设置规范》(JTG D82—2009)。道路交通标志设计主要包括:标志板面的设计、标志结构设计及标志的总体布设。其中,标志板面设计主要包括标志板面的颜色、形状、边框、衬边、字符、尺寸、反射材料及照明等。标志结构设计主要包括标志支撑方式的选择、结构计算以及标志板和支撑结构的材料选取。标志的总体布设是在交通分析的基础上,根据路网具体情况设计标志的设置顺序、信息选取及各类标志间信息衔接,避免冲突,实现单个标志设置合理,各类标志相互配合,使公路交通标志最大限度地发挥提高通行效率和保障行车安全的作用。

2)交通标线设计

交通标线施画于路面或其他设施上,用于管制和引导交通流,主要包括行车道分界线、行车道—边缘线、分合流端斑马线、导向箭头、导流渠化标线、路面标记、立面标记等。其设计应遵循《道路交通标志和标线》(GB 5768—2009)、《公路交通标志和标线设置规范》(JTG D82—2009)及相关规范、规定,坚持交通标线设计"人性化、数字化、系统化、适应路网"的原则。可分为一般路段、特殊路段、互通立体交叉、服务设施出入口、收费站等,应设计标线的颜色、宽度、间距、设置位置、箭头形式、材料选择等。

3)护栏设计

为保证护栏的安全性、有效性、连续性及预防性,最大限度地保障人车安全,应本着"以人为本、以车为本"的设置原则,在"系统、灵活、宽容、和谐"的设计思想指导下,对照相关的规范、标准设计各种护栏。护栏设计主要包括护栏的形式选择、设置位置、长度设计、横断布设、防阻块构造、护栏结构应力验算、端部设计及过渡段处理等。

4)防眩与视线诱导设施设计

对于防眩设施,主要从其形式选择、结构参数设计、设置位置和中央分隔带开口处防眩等方面对其进行设计。对于视线诱导设施的设计,要结合公路路线设计要素,按视线诱导设施类别,合理设计其结构,重点是从如何自然诱导驾驶人视线的角度计算视线诱导设施的合理设置间距。

5)其他道路安全设施设计

道路上使用的交通安全设施,除标志、标线、护栏、防眩设施外,还有隔离设施、防撞垫、紧急避险车道、减速设施、解体消能设施等,要从原理、形式选择、设置位置、结构、材料选用等方面对其进行设计。

四、道路交通组织优化概述

何谓交通组织?简言之就是交通的流量组织、流速组织、流向组织。道路交通组织优化,就是在现有交通现代控制技术、监控技术、诱导技术、信息技术、通信技术的条件下,制订科学的战略战术,进而使技术、业务、管理措施、警力达到高度统一,充分发挥出现代化管理的优势。

在现代交通管理中,"管"是强制性的,其目的是要创造一个有序的交通条件,其内容包括监控、执法、宣传；而"理"则是协调性的，其目的是充分有效地利用道路资源，适当进行需求控制，创造一个安全畅通的出行条件，其内容包括交通规划、交通组织优化、交通控制、交通诱导等。从目前看，全国已有多座城市建立了交通指挥中心，应用了电视监控、违章监测、信号控制、交通诱导等现代化交通技术，但管理不够科学，特别是在交通科学的战略战术方面还很欠缺，主要表现在交通组织不好、交通工程应用水平不高等方面。

道路交通组织优化是指在一定的道路条件、交通条件、路网条件、控制条件、环境条件下，通过设施科学合理地对交通的流量、流速、流向、车种等进行组织，从而使道路交通始终处于有序、安全、高效的运行状态。

道路交通组织优化的内容包括微观、区域和宏观交通组织优化设计。微观交通组织优化设计的内容包括交叉口交通组织、环岛交通组织、路口和路段交通组织、立交桥交通组织、平面交叉口渠化和交通信号协调控制等。区域交通组织优化设计内容包括单向交通、车种限制、路口禁止左转等长久和临时性交通组织措施。宏观交通组织优化设计包括车种优先通行、交通流错峰放行、经济杠杆等政策调节交通供需平衡。

五、道路设计及交通安全新理念

1. 宽容设计

宽容设计理念允许驾驶人犯错误驶出路外，即犯错误的驾驶人不应以牺牲自身和乘员生命为代价。这要求设计人员提供尽可能减少事故发生或降低事故严重程度的设计对策，不管什么原因致使车辆驶出路外，路侧环境都应该尽可能为驾驶人提供一个平缓的且无障碍物的路侧净区，以有效提高路侧安全性。根据单车冲出路外事故的发生阶段和过程分析，可按照以下优先次序采取系统化的技术对策实现宽容设计理念：

（1）尽量使车辆保持在正常车道内行驶。可采取合理设置标志、标线等设施，加强诱导等对策。

（2）及时提醒驶离车道即将冲出路外的驾驶人返回。可采取设置振动标线和路肩振动带等对策。

（3）降低冲出路外的车辆发生侧翻或与障碍物发生危险碰撞的可能性。可采取的技术对策主要有：放缓边坡，路肩硬化，消除路基边缘边坎，改宽大矩形边沟为浅碟形边沟，提供更宽的路侧净区等。

（4）当冲出路外车辆不可避免地发生碰撞事故时，应尽可能减轻事故严重程度。可采取设置护栏，缓冲消能设施，进行标志、公用设施杆柱可解体设计等对策。

2. 路侧安全净区

路侧净区是指位于行车道外侧边缘与路权限界范围内的区域，该区域不应存在能导致碰撞伤害的坚硬危险物，驶出路外的车辆在该区域上不会发生倾覆，行驶在净区内的车辆能得到有效控制，并且通常能再次安全地返回行车道。路侧净区是一种理想的路侧安全环境，建立路侧净区是防止路侧事故最为理想的对策，也是宽容路侧设计理念的本质体现。

路侧安全净空区在设计时，要保证足够的路侧安全净空区，应着重考虑边坡坡度、护栏设计、边沟等因素。

3. 灵活设计

"公路设计灵活性"的新理念并不是试图去创建一个新的标准。实际上，这种设计新理念完全是建立在灵活应用现有的标准、规范、规章制度和法律基础之上,在不降低安全性及尊重自然、保护环境的前提下,通过灵活设计寻求达到更符合公路沿线可持续发展需要和公众利益的目标。不同的地区有其独有的特征,包括地理位置、地形、地貌、气候气象、社会环境、不同的文化传统、风俗习惯、审美观,这些都形成不同地区特有的公路建设环境,在设计中应充分考虑并得到尊重。

1)地形地貌特征

公路线形灵活性设计中,应充分考虑所经区域的地形地貌特征。例如保护史前及历史上的遗址,重视沿线独特自然地貌特征,遵循河流与自然排水走向,重视路缘、围栏线、林木线,遵循历史道路痕迹,尽量结合原有的地形地貌与周围景物,避免割断生态环境空间或视觉景观空间,使公路与周围环境融合,充分保护自然地形的连续与完整。

公路线形与所处地形的配合,要注意公路不应支配环境,而要通过灵活设计服从于环境的变化,与环境融为一体,力争达到"像从大地生长出来的一样"。如在地形平坦地区,周围的构造物多构成直线环境,就应采用直线线形。山区、丘陵地带,则应以适合地形需要的各种曲线为宜,这样既可避免大填大挖,破坏自然植被和线形的连续性,又可降低工程土方数置,保证行车的安全性与舒适性,具有良好的经济性。

2)功能要求与用途

公路灵活性设计,应充分考虑所建公路的服务功能与用途。此条公路与该地区的其他公路相比有何不同?除交通外这条公路还将如何利用?沿旅游线路是否有标志景点,如有则是否需要供行人通过的安全通道?其他非机动车辆或行人是否使用此条公路?公路所经地区是否存在景观敏感区域?可见,满足所建公路功能所需的交通服务等级为公路设计者提供了一个设计基础,而不同的公路个性功能与用途又为设计者提供了设计的灵活性。

3)路域文化特征

公路在功能上的单纯性制约了公路在形态上的多样性,而巧妙利用公路所经地区民族特色的引导可以创造富含路域文化的景观环境。公路所经地区是否存在特色的民族地区、民族地区习性、特征及文化有何特点?是否存在代表该民族地区的典型文化符号?这些都是公路设计中使所有景观要素成为一个完整理念所要考虑的内容。

在公路设计中,从整体到局部,对公路所在地区文化符号进行提炼和表达,将其物化于公路沿线建筑及构造物,将公路所在地域文化巧妙地表达。设计者可以从沿线建筑自身的历史、风格以及环境要素间的原有文脉关系入手,以保持环境的历史延续性和整体性,通过公路沿线建筑或构造物的外观形象,如风格、材料、色彩等加以表达和体现,使其有机地融合于公路的整体景观之中。

4)线形安全与美观

在公路线形设计中,除要考虑车辆行驶的动力学要求外,公路线形的美学也是要考虑的重要因素。但目前我国在公路设计中美学原则还没有能够熟练地运用,许多公路显得僵直、呆板,与自然地形相较,周围环境不够协调,降低了行车的安全性、舒适性与美观性。要改变这种状况,仅依据公路工程技术标准和有关法规是不够的,还要注意在公路线形设计中掌握合理的美学原则,并灵活应用相关的技术和方法,这样才可能在不影响安全和运行效率的情况下,改善公路的外观及环境。因此,以美学原则为指导灵活进行公路线形设计,对改进公路线形安全和景观非常有益。

4. 车辆主动安全

车辆主动安全技术是通过多元化方式预测车辆潜在危险,从而采取主动安全措施避免交通事故发生或减轻事故严重程度。车辆主动安全技术按照不同的应用范围,可分为集成制动、悬架、转向等底盘电子控制系统的底盘一体化控制技术;车辆安全辅助驾驶技术;人—车安全状况监控与干预技术;基于车联网的汽车主动安全控制技术。

1)汽车底盘一体化控制技术

底盘一体化控制技术是通过中央底盘控制器,融合制动、悬挂、转向、动力传动系等各底层传感器信息,动态监测汽车行驶状态与驾驶人意图,集成协调优化各底盘电子系统(如电子稳定性控制系统、电动助力转向系统及侧倾稳定性控制系统等),最终获得最佳的车辆整体运动性能。

2)安全辅助驾驶技术

汽车安全辅助驾驶控制技术是通过安装在车辆上的多源传感器,采集道路环境、车辆控制以及周围车辆行驶状况等信息,通过车载处理器实时判别在车辆行驶过程中是否存在潜在危险,适时提醒驾驶人,如果驾驶人未采取措施,则自动控制车辆以避免事故发生或减轻事故严重程度。常见的车辆安全辅助驾驶系统包括:自适应巡航控制系统、前向避撞系统、车道偏离报警系统、制动辅助系统、盲区监测系统等。

3)人—车安全状况监控与干预技术

人—车安全状况监控与干预技术是运用多源传感信息采集技术,获取驾驶人状态、行车环境与车辆行驶状况等动态信息,结合交通环境信息评估人—车安全性,提高驾驶人警觉性并规范驾驶行为,消除行车环境以及车辆自身存在的安全隐患。

4)基于车联网的汽车主动安全控制技术

基于车联网的汽车主动安全控制技术是通过建立车辆与道路、车辆与车辆之间的信息交互框架体系,融合车载传感采集技术、图像处理技术、模式识别技术与网络通信等核心技术,获取道路线性、湿滑程度、交通状况、前方车辆、行人以及障碍物等信息,利用网络通信将关键特征信息在路面与车辆之间互相传递,结合车辆运行状况,对车辆危险行驶状态实时监测,在车联网环境下实现人—车—路协同式安全控制模式,不仅能够有效减少交通事故的发生,而且在提高行车安全性的同时能够缓解交通拥堵、提高出行效率。

5)汽车主动安全技术发展方向

汽车主动安全技术是将多源传感采集技术、视觉图像处理技术、网络通信技术、信息融合技术、自动控制技术合理地集成于一体,将会成为汽车安全技术发展的一个重要方向。未来汽车主动安全技术将会趋向于主动与被动安全系统于一体,根据实际情况自动地或辅助驾驶人采取适当的防护措施,最大限度地保护车辆、乘员乃至行人的安全。在汽车主动安全技术研发过程中,同时应该充分考虑我国道路交通实际状况,制订适合我国驾驶人行为的控制策略,提高汽车主动安全系统的适应性。

5. 智能交通系统

智能交通系统(ITS)是将先进的信息技术、传感技术、控制技术和计算机技术等有效地继承运用于整个交通运输管理体系,从而建立起一种在大范围内全方位实时、准确及高效的综合运输系统。智能交通系统的核心就是利用现代信息技术对传统的运输系统和载运工具进行改造,从而形成智能化、网连化的新一代交通运输体系。近年来,随着物联网、大数据、"互联网＋"等新型技术和产业的大力推动,智能交通系统也有了长足发展。一方面,模式识别、网络通信、信息融合等极大地促进了交通信息采集、处理和传输的便捷性和有效性;另一方面,智能告知、路径规划、决策控制等人工智能领域的最新技术也广泛应用于载运工具之上,促使其朝着协同化、无人化的阶段大步迈进。可以说,先进的交通信息服务、车路协同和智能车辆等是智能交通系统领域最重要的发展方向,正在引发智能交通技术和产业的大变革。

1)交通信息服务系统

交通信息服务系统(ATIS)是采用先进的通信技术、信息技术,采集、传输、处理、分析、发布相关的交通信息,从而在整个出行过程中,为出行者提供高质量的实时交通信息服务,使整个出行过程舒适、方便、高效。吸纳进的交通信息服务系统从技术层面上可分为交通信息采集、交通信息处理和交通信息发布。近年来,随着通信技术及计算机技术的发展,交通检测技术已由单一检测方式发展为基于视频的交通流检测、基于浮动车的动态交通检测、基于手机的动态交通检测、基于射频识别技术的交通信息获取。网络环境下的交通信息服务系统将具备更强的感知、通信与计算能力,从而为用户提供更加实时、准确、全面的交通信息。国内外的研究一致表明:交通信息服务系统正在从单方面的智能化信息服务应用(如不停车电子收费、电子导航、车辆驾驶服务等),向更高层次的合作型交通信息服务应用演进。

2)车路协同系统

车路协同系统(CVIS)基于无线通信、传感检测等技术进行人—车—路多源信息获取,通过车—车、车—路信息交互和共享,实现车辆和道路基础设施之间的智能协同与配合,达到优化利用系统提高道路交通安全、缓解交通拥堵的目标。作为ITS发展的主要方向之一,车路协同系统的应用范围非常广泛。基于车—路/车—车通信的车路协同系统不仅能有效减少各种碰撞事故的发生,如人车主动避障、车车主动避障、危险路段预警等,且能够在大范围内实现交通协调控制,如交通信号协调控制、实时路径诱导、公交优先控制等。车路协同技术在提高交通运输效率、缓解交通拥堵、减少尾气排放等方面可发挥重要作用。

3)智能车辆系统

智能车辆主要运用了现代传感、网络通信、智能计算与自动控制等技术,是一个集信息感知、规划决策和控制执行等功能于一体的综合系统。智能车辆作为智能交通系统的关键载体,广泛涵盖了以主动安全为导向的辅助驾驶和自动驾驶功能,并可显著提高道路通行能力,促进节能环保等。

随着计算机视觉、激光雷达、高精度定位与导航、专用短程通信、信息融合等新技术和新装备的应用,智能车辆技术已取得了突破性进展。当今的车辆辅助驾驶系统性能已经达到相当高的水平,一旦这些辅助驾驶系统开始搭载日渐成熟的环境感知技术,必然会加速自主驾驶时代的来临。

(1)先进驾驶辅助技术

先进驾驶辅助系统ADAS是智能车辆发展的技术基础。自适应巡航控制ACC、自动紧急制动AEB、前向碰撞预警FCW、车道偏离预警LDW等,这些广泛应用的ADAS均能在某些驾驶任务中部分或全部替代人类,减轻驾驶人的驾驶操作负担。在ADAS中,车辆动力学控制历经几十年发展,已经趋于成熟。而ADAS在向自主驾驶的转变过程中,迫切需要提高车辆对复杂环境和驾驶人状态的感知能力。

（2）自主驾驶

自主驾驶是智能车辆发展的终极目标。目前,围绕自主驾驶的谈论话题不仅在于该项技术的成熟度,也包括随之而来的安全监管与伦理道德问题。自主驾驶汽车引发的交通事故责任主体将由驾驶人转移至汽车本身,而问题在于汽车属于高度集成化的商品,它所涉及的企业不仅包括汽车制造商,还包括众多的零部件供应商,自主驾驶汽车的安全性问题不在于个体程序部件,而在汽车系统的整合,这些技术风险问题将会影响到未来交通事故定责和保险的发展。

（3）协同式自动驾驶

协同式自动驾驶是自主驾驶领域的一个重要组成部分,其是在高可靠性的无线通信基础上完成多车自主协同驾驶。目前,协同式自动驾驶最有应用前景的领域在于物流运输中,利用多辆货车之间的列队控制,大幅提高货运安全性,还可提高道路资源利用率。此外,通过对车辆列队行驶的空气动力学分析,发现列队行驶还可以降低车辆所受阻力,进而降低油耗,达到节约能源的目的。

6. 创作设计

在设计过程中建立一个包括交通工程师、生态学家、运输与城市规划师、景观建筑师、建筑师、景观设计师、历史学家、生物学家、地质学家、画家、其他学者等在内的多学科的设计团队,有助于充分考虑道路走廊周边的环境特征,并依次调整设计方案。多学科的设计团队有助于从透视的角度分析设计方案的物理尺寸和视距连续性是否达到了设计一致性。在设计过程中,为了更好地满足公众的要求,多学科的设计团队建立时间越早越好。同时,更多专业的技术人员参与决策有助于减少道路周边环境的破坏,使道路成为设计精品。创作设计还体现在设计细节的处理上,经过精心处理的设计,可以实现安全、美观的良好效果。

第二章

道路交通安全影响因素分析

第一节　交通心理与交通安全

一、驾驶信息处理

1.信息处理过程

驾驶人在完成驾驶过程时,首先要获取相关信息,包括车辆信息、道路信息、环境信息等,然后据此做出判断和决定,最后通过操作使车辆按照预定轨迹行驶。具体示意图如图 2-1 所示。

但在汽车运行过程中,会受到来自外部环境或驾驶人自身的各种各样因素影响,当对上述驾驶过程产生干扰时,就容易发生交通安全事故。其中,驾驶人作为主要道路使用者,应是一个积极因素,而非消极因素。因此,驾驶人既要对危险做出应有的反应,又要积极处理这些危险。驾驶人的生理、心理、素养、能力等特性都会对道路交通安全产生直接影响。

2.视觉特性

1)视力

视力,也称为视敏度,是指分辨细小或遥远的物体或物体细微部分的能力。在一定条件下,眼睛能辨别的两点之间的距离越小,视力就越好,根据眼睛观察物体所处的状态和环境的不同,可以将视力分为静视力、动视力和夜视力。

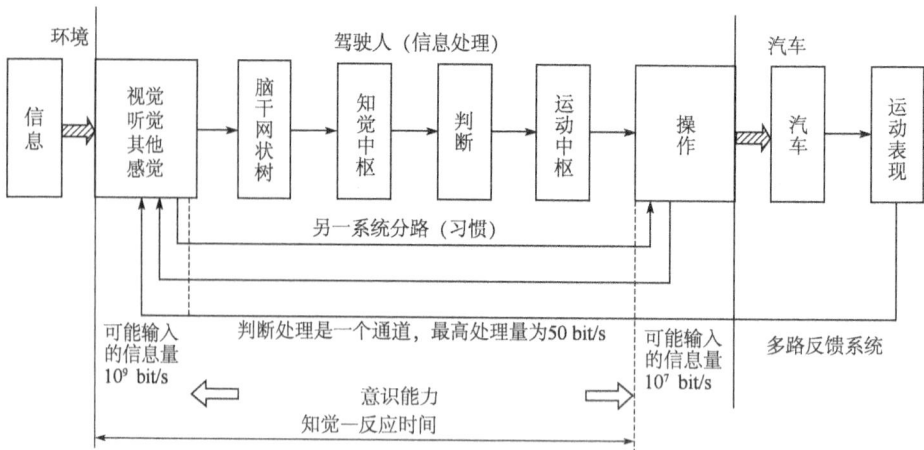

图 2-1 驾驶控制系统示意图

（1）静视力

静视力是指人和试标都保持静止不动状态下所测得的视力值,在进行驾驶人资格审查时,都会进行视力验查,一般认为 1.0 是正常视力,用 0.1～1.0 代表,每级差为 0.1,此外还有 1.2 和 1.5 两级。

（2）动视力

动视力是指一定速度下所测得的驾驶人视力,动视力要比静视力低。一般来说,随着车速的增加,视力下降,是人眼固有的生理特征,这一特征与驾驶过程的要求相抵触,直接影响对道路标志、标线的识别。如车速达到 60km/h 时,能够看清前方 240m 的标志,但当速度提高到 80km/h,接近标志 160m 处才能看清。此外,年龄越大的驾驶人动视力下降越快。

（3）夜视力

黑暗环境中的视力称为夜视力。夜间视力与光线亮度有关,亮度加大可以增强夜间视力。研究发现,夜间的交通事故往往与夜间光线不足、视力下降有直接关系。对驾驶人来说,黄昏是最危险的时候,主要原因是太阳落山前后照度急剧变化,而汽车前照灯亮度与环境亮度相近,不能形成鲜明对比,驾驶人往往难以看清周围行人和车辆,会因观察失误而发生事故。

夜视力同动视力一样,随车速增高而变差,且年龄越大,夜视力越差。

2）立体视觉

立体视觉是双眼观察景物能分辨物体远近形态的感觉。立体感觉是人对三维空间各种物体远近、前后、高低、深浅和凹凸的一种感知能力。欠缺立体视觉者,其视差传递或视中枢处理信息时会发生短路或紊乱,从而导致对深度距离的判断不准或反应迟钝。立体视觉良好是安全行车的重要条件。

3）适应性

视觉适应主要是指视觉器官的感受性随外界亮度的突然变化而变化的现象。

从光照强度大的地方到光照强度小的地方,适应过程称为明适应;从光照强度小的地方到光照强度大的地方,适应过程称为暗适应。视觉的明暗适应能力在时间上是有较大差别的。暗适应的时间较长,需要 3～6min 基本适应,30～40min 才能完全适应,而明适应可以在 1min

中达到完全适应。随着年龄的增高，人眼的明暗适应速度都会有所减缓。

4）眩目

眩目是指人的眼睛突然受到强光照射时，由于视觉神经受刺激而失去对眼睛的控制，本能地闭上眼睛或看不清暗处物体的生理现象，这种现象很容易造成交通事故。

眩目会使人的视力下降，下降程度取决于光源的强度、光源与视线的相对位置、光源周围的亮度和眼睛的适应性等多种因素。一般情况下，在道路中心线上的行人比在路侧的行人更容易被驾驶人发现。但在夜间会车时，由于对向车前照灯引起的眩目作用，驾驶人反而不容易看清中心线附近的人和物，因而夜间处于道路中心线上的人是很危险的。为防止夜间会车时发生眩目，汽车前照灯应备有远近两种灯光，会车时使用近光。在道路设施方面也要格外注意防眩，如在上下行车道间设置隔离带、防眩板、加强路灯照明，以使车辆夜间行车时不必使用前照灯等。

3. 反应特性

1）简单反应与复杂反应

反应有简单反应和复杂反应之分。

简单反应是指人对单一刺激物做出的确定反应，所需的时间称为简单反应时间。在简单反应中，大脑中枢活动比较简单，只要感知刺激物，不必过多地考虑与选择，就能立即做出反应。当驾驶人对外界某种刺激信息做出反应时，看上去反应时间很短，但也是一个过程，需要一定的时间，而一般来说，简单反应时间较短。

复杂反应是指驾驶人对各种可能出现的不同刺激物做出的不同反应，所需的时间称作复杂反应时间。在这一反应中，大脑中枢活动较为复杂，包括识别、判断和选择等因素，因此也叫作选择时间。随着呈现的信息量越大，复杂反应时间越长。

2）影响反应特性因素

（1）刺激

不同的刺激对于驾驶人的反应时间长短也有所不同。对于不需要选择就能做出的简单反应，其对应简单反应时间就很短；而当行驶环境较为复杂，驾驶人所受干扰较多，或由于其他原因需要对不同刺激因素做出判断时，选择时间往往占据了复杂反应时间较长的部分。

（2）机体状态

不同的驾驶人对于同一刺激做出的反应都各不相同。但总体来说，性别、年龄、情绪、性格等都是影响驾驶人反应状态的内在因素。如，年龄较大的驾驶人反应速度会有所下降，情绪低落等因素造成的注意力不集中也会导致驾驶人反应速度降低，这些都将影响行车安全。

（3）车速

车辆速度越快，驾驶人反应时间越长，车速慢时反应速度则短。从人的生理角度来看，车速越快，驾驶人的视野越窄，看不清视野以外的情况，情绪和中枢神经系统都处于相对紧张状态，导致反应时间变长。随着车辆运行速度的提高，驾驶人脉搏和眼动都加快，反应和感知变慢，对各种信息的感受刺激迟钝，在会车和超车中往往出现对车速估计过低，且容易对距离估计失误，这都会对交通安全造成影响。

（4）技术熟练程度

通过较多的练习，可以改进驾驶操作。因此，在实际驾驶中的复杂反应时间是可以通过练习缩短的，这是因为减少了决策时间的缘故，决策犹豫不决是新手驾驶员的特性，而有经验的驾驶人可以快速完成驾驶过程中的操作、判断、选择。

二、驾驶人个性特征

1. 感觉、知觉和错觉

1) 感觉

感觉是客观事物的个别属性作用于人体感官在头脑中的反映。感觉是最简单的心理过程,人对客观事物的认识过程是从感觉开始的。除了视觉外,感觉还包括听觉、运动、平衡觉等。对于感觉的产生,必须具备两个条件:一是外界事物要有足够的刺激强度;二是主观的感觉能力。前者是感觉阈值问题,后者是感受性问题。凡是能引起感觉的,持续一定时间和刺激强度,称为感觉阈值。感受性是指对适宜刺激的感觉能力,它是用感觉阈值的大小来度量的。因此,为了能更好地感知交通信息,保证行车安全,就必须提高驾驶人对各种信息的感受性。

2) 知觉

知觉是一系列组织并解释外界客体和事件的产生的感觉信息的加工过程。在实际生活中,人们都是以知觉的形式来直接反映客观事物。与驾驶活动有关的重要知觉有空间知觉、时间知觉及运动知觉。

空间知觉是指对物体距离、形状、大小、方位等空间特性的知觉,它实际上是根据观察中所形成的各种条件,通过大脑的整合作用,对视野中物体的三维空间关系做出的解释。驾驶过程中,超车、会车等行为都要通过空间知觉来防止碰撞。

时间知觉是指对客观现象延续性和顺序性的感知。人总是通过某种度量时间的媒介来感知时间。时间知觉的信息,既来自于外部,也来自于内部。

运动知觉是物体的运动特性在人脑中的直接反映。运动知觉直接依赖于对象运行的速度。非常缓慢的运动,人们很难感知它;而极迅速的运动,同样不易为人感知。

3) 错觉

错觉是人在特定的条件下产生的对外界事物歪曲的知觉。这种歪曲带有固定的倾向,只要条件具备,它就必然发生,主观努力难以克服。但是,人们可以通过掌握错觉的产生规律,在驾驶活动中设法辨认出错觉,采用积极的应对措施来避免它所带来的不利影响。

在车辆运行过程中,驾驶人也会产生错觉现象,驾驶错觉是指驾驶人在驾驶过程中,由于生理、心理或环境等主客观因素的影响而发生的对事物的感知失误。驾驶错觉会引起驾驶人判断的错误,从而导致驾驶错误,引发交通事故。错觉的产生是由主观、客观两方面造成的。

2. 注意力

注意力是心理活动对那些对个人具有意义的事件或物体的指向和集中。在道路交通系统中,驾驶人面临的道路环境事件和物体很多,但驾驶人并不需要同时感知所有的事物,而是带有选择性地感知其中与交通活动有关的事物。当驾驶人的感觉器官指向这些事物,并且集中在这些事物上,这种心理现象就是注意。而被注意的东西就成为一系列知觉和运动事件的"目标"。在道路上行驶,吸引驾驶人注意力的三个方面是:

①与道路有关的因素,如道路的各组成部分(如弯道、交叉口、标志等)和路边环境。

②与交通有关的因素,如其他汽车、自行车以及行人的情况。

③与交通无关的因素,如引人注目的建筑物,周围的景观,甚至飞过道路上空的飞机等。

1）注意力水平

驾驶人分配到各个目标上的注意力是不同的，它受外部的环境需要和内部的动机所影响。通常，分配于驾驶任务的注意量取决于道路环境，当环境需要增加时，驾驶人分配于驾驶任务的注意量也相应增加；当环境需要减少时，分配的注意量也减少。道路设计师的重要目标之一，是通过减少环境需要来减轻驾驶人负担，以使驾驶汽车成为一种简单的事情，当然，环境需要的过分减少也是危险的，它可能引起对驾驶任务的注意力水平不足。

2）注意力分布

驾驶人注意力分布类似于探照灯的光束，集中在小面积而分布在很大范围上，而且注意力分布可从一个范围转移到另一个范围，这是注意力分布的两个特点，既可把注意力集中在某一区域或目标上，又可把注意力分散到各个相关目标上。在视区范围内，驾驶人的注意力典型地集中在前面道路区域上，同时也分散一些注意力在边缘上，形成一个扇形视区，视区各部分的重要性不相同，对驾驶人来说，利用各部分视区信息的方便性也不同。驾驶人视区内图像的准确性取决于车速、转弯半径和驾驶人期望的停车距离。驾驶中扇形视区随车辆加速度和路面条件变化而变化，如图 2-2 所示。

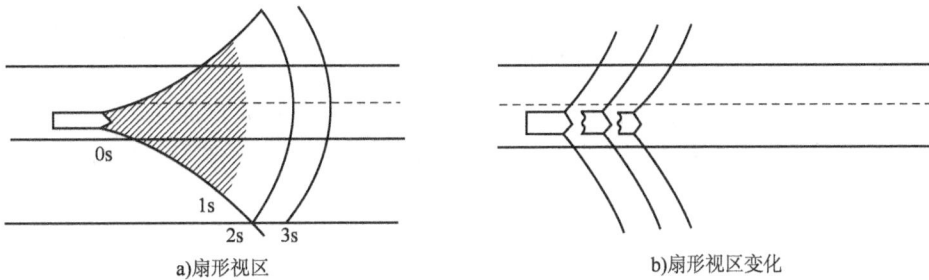

a)扇形视区　　　　　　　　　　　　b)扇形视区变化

图 2-2　行驶车辆的驾驶人视觉区

为了有效地注意有关的信息源，新驾驶人趋于把全部注意力集中在驾驶任务上，而有经验的驾驶人只会将少量分配在驾驶任务上，而把多数注意力分配到非驾驶任务上。在有经验的驾驶人中，有效分配注意力方式的差异也是影响安全驾驶的一个重要因素。

3. 情绪

情绪是指伴随着认知和意识过程产生的对外界事物的态度，是对客观事物和主体需求之间关系的反应。人的情绪可以根据其发生的速度、强度和延续时间的长短，分为激情、应激和心境三种状态。

激情是一种猛烈的、爆发性的、短暂的情绪状态。处于激情状态下的人，认知范围会缩小，理智分析能力受到抑制，意识控制作用大大减弱，已不能够约束自己的行为。应激是在出乎意料的紧急情况下所引起的情绪状态。当道路情况出现一些特殊状况时，驾驶人有时会呆若木鸡，做不出避让动作，有时会做出错误的反应。心境是一种微弱而持久的情绪状态，对人的长期活动有很大影响。驾驶人在心境不佳时，常常不能集中精力，反应迟钝。

4. 性格

性格是指一个人对周围现实的一种稳固的态度，以及与之相适应的习惯了的行为方式。心理学是将性格作为个性心理特征的一种来研究的，人的个性的心理特征除性格外，还有能力和气质，不过性格是心理特征的一个主要方面，是人与人之间差异的主要标志，人与人之间的性格与行车安全有着极其密切的关系。

驾驶人的性格类型是按照个体心理活动的倾向性来划分的,有外倾型和内倾型两种。外倾型性格的驾驶人性格开朗、活泼且善于交际,在行车过程中自我控制能力、协调性差,自我中心意识强;内倾型驾驶人则相反,一般表现为镇静、反应缓慢、喜欢独处、重视安全教育、行车中不冒险。

三、驾驶人可靠性

1. 驾驶能力

驾驶人的可靠性在很大程度上取决于职业训练素养,并伴随着职业技能熟练程度的提高而不断加强。驾驶汽车的技能在训练期间便开始形成,并在有的工作实践及应付各种道路环境的过程中不断完善,最终达到操纵自动化的程度。

驾驶人的驾驶能力不仅包含驾驶汽车的能力,也包括心理修养,主要指高尚道德品质的发展程度、思维分析能力和效能,在紧急情况下,及时采用正确措施的能力、沉着冷静和对信息反应的敏感性也属于这一范围。对驾驶人在道路上行车的观察研究发现,新驾驶人总是紧盯着前方和行驶车道的右边,而有经验的驾驶人注意左右观察,而且从反光镜中获取的信息比新驾驶人多。不仅如此,当特别要求注意道路标志时,没有经验的驾驶人与有经验的相比较,遗漏标志更多一些。对事故的深入调查分析表明,新驾驶人关心的是能否正确控制车辆在车道上的位置,没有经验的驾驶人比有经验的驾驶人更容易因控制不当而造成交通事故。

2. 疲劳、酒精及药物对驾驶行为的影响

1)疲劳

疲劳是由于过度的体力或脑力劳动引起的一种复杂的生理现象,它是人体一种正常生理活动规律。表现为瞌睡、精力不集中,同时人体的正常反应减慢,交感神经活动减弱,副交感神经增强。疲劳虽然是一个正常的生理现象,但是在一些特殊的群体中,就可能引起严重的后果,甚至危及生命。

驾驶疲劳导致错误的驾驶行为的事故成因流程图如图 2-3 所示。因此,为了防止因疲劳造成事故,驾驶人一次连续行车时间不能太长,每隔 2 ~ 3h 需要休息 10 ~ 15min。行车中感到

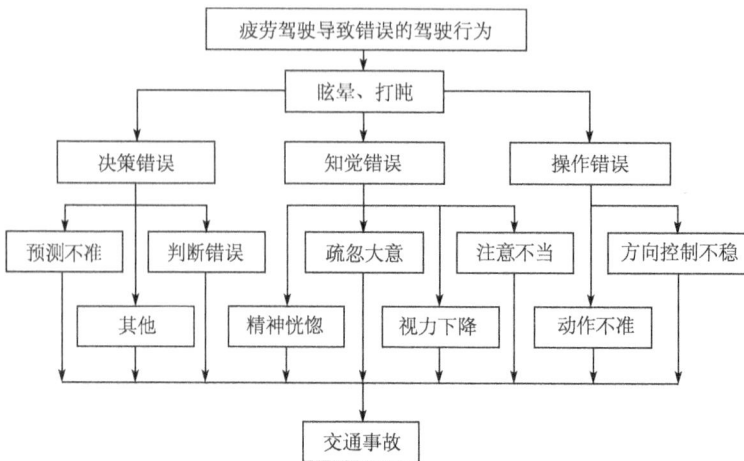

图 2-3　驾驶疲劳导致错误的驾驶行为操作事故流程图

困倦或无端烦躁时,应立即打开玻璃窗,呼吸新鲜空气。也可打开收音机,但最好听轻快或欢快的歌曲,不要听乏味的、催眠的音乐或球赛的实况转播,因为这会分散注意力。如果这一切都无效果,应靠边停车,下车活动一下身体。如果感到疲惫过度、睡意难以解除,最好睡20~30min,一般经过短时间睡眠,睡意即可减除。

2)酒精作用

酒驾是近年来造成交通事故的重要因素,因此,酒后驾驶已经入刑。酒精对于驾驶安全有很大的威胁。当驾驶人处于饮酒后的状态,随着驾驶人血液中酒精含量的增加,会使越来越多的驾驶能力相继丧失。在血液中酒精含量很低时,视觉和知觉判断能力开始受到影响,当血液中的酒精含量为中等程度时,决策能力也受影响,当血液中酒精含量超过0.15%时,运动协调能力受损伤。在驾驶任务中,这些能力的下降和丧失都会影响驾驶人操作。

所以,即使少量饮酒,酒精也会削弱对于安全使用道路的若干功能,包括视觉和驾驶技能,而且酒精的麻痹作用还会使得所有道路使用群体(包括驾驶人、骑行者、行人)增加卷入事故的机会。

3)药物

所有药物对驾驶能力都有潜在的危险,常见的危险是刺激中枢神经系统和压抑中枢神经系统。不同的药物和剂量对驾驶人生理状况甚至体重等都可能产生不同的影响。有时候,驾驶人同时受到两种以上药物的影响。两种以上药物一起对驾驶人的知觉、心理和运动功能的影响有三种情况:一是加成,各种药物影响的总和;二是对抗,一种药物的影响抵消另一种药物的影响;三是协和,两种以上药物的总影响大于各种药物影响总和。任意两种药物都会产生上述情况之一,因此,要保证驾驶人在身体状况不良、用药情况下也能保持驾驶所需的生理和心理状态,就要尽可能弄清楚不同用药状态下的影响,尽量消除或避免在药物影响下造成的生理、心理机能衰减而造成的事故。

第二节　车辆与交通安全

车辆是组成道路交通系统的重要组成要素,与交通安全有着密切的关系。虽然在交通事故原因的统计数字中,由于驾驶人的原因占相当大的比例,而直接因车辆问题引起的事故不超过10%,但这并不意味着车辆因素对于交通安全的影响不大。实际上,车辆的结构和性能如果能进一步完善和提高,能按规定进行安全检验,使车辆具有完好的技术状况,在某些情况下,本来是可以防止驾驶人失误的。即使发生事故,也有可能减轻事故的损失。从这个意义上来说,车辆因素对交通安全有着非常重要的影响。

一、车辆安全性能

1. 车辆动力性能

车辆动力性能是使用性能中最基本的一种性能。动力性能的好坏,直接影响运输效率的高低,同时也影响道路交通畅通与安全。车辆动力性能研究是其他性能研究的基础。

1)车辆动力性指标

衡量汽车动力性的主要指标有:

（1）最高车速 $v_{\max}$（km/h）。

（2）加速性能，包括车辆加速度 a（m/s²）、加速时间 t（s）及加速距离 l（m）。

（3）最大爬坡度 $i_{\max}$（%）。

汽车加速性能虽然有三个指标可用以评价，但最简捷易行的是加速时间，通常用原地起步时间与超车加速时间来评定。

原地起步加速时间是指车辆以1挡起步，并以最大加速强度迅速换至高挡，使车辆达到某一预定距离或车速所需时间。

超车加速时间是指车辆用最高挡或次高挡，由某一中等车速全力加速至某一高速所需的时间。因为超车时，车辆与被超车辆并行，容易发生交通事故，所以超车加速时间越短，并行行程就越短，在道路上行驶时就越安全。

最高车速是指满载车辆在良好水平路面能达到最高行驶速度。

最大爬坡度是指车辆满载时用1挡所能爬上的最大坡度，用100m水平距离所升高的高度来表示。

2）车辆驱动力

汽车的各种运动状态，都是各种外力作用的结果，这些外力有推动车辆运动的驱动力（牵引力）和阻碍车辆运动的各种阻力。只有当驱动力大于阻力和时，车辆才能行驶。

根据受力情况的不同，车辆车轮分为驱动轮和从动轮。驱动轮上有发动机曲轴传来的扭矩 M_k，在 M_k 的作用下驱使车轮滚动前进。而从动轮上则无扭矩的作用，它是借驱动轮上的力经车架传至从动轮的轮轴上而产生运动。普通汽车均系前轮从动，后轮驱动，只有某些特殊用途的汽车前后轮均为驱动轮。发动机曲轴上的扭矩 M 经过变速箱（速比 i_k）和主传动器（速比 i_0）两次变速，设这两次变速的总变速比 $\gamma = i_0 \cdot i_k$，传动系统的机械效率为 η_T，则传到驱动轮上的扭矩 M_k 为：

$$M_k = M\gamma\eta_T \tag{2-1}$$

式中：M_k——汽车驱动轮扭矩（N·m）；

M——发动机曲轴扭矩（N·m）；

γ——总变速比，$\gamma = i_0 \cdot i_k$；

η_T——传动系统的机械效率，发动机所发出的功率 P 在传到驱动轮的过程中，为了克服传动系统各部件中的摩擦，一部分功率 P_T 被消耗，则 $\eta_T = 1 - P_T/P$，传动效率因多种因素影响而变化，但对汽车进行动力性分析时可看作一个常数，一般载重汽车为 0.80 ~ 0.85，小客车为 0.85 ~ 0.95。

对于此时汽车所受到的驱动力，驱动轮上的扭矩 M_k 被用一对力偶 T_S 和 T 代替，作用在轮缘，与路面水平反力 F 抗衡，T 作用在轮轴上推动车辆前行，称为驱动力（或称牵引力），阻碍汽车行驶阻力 R 抗衡。

$$T = \frac{M_k}{r} = \frac{M\gamma\eta_T}{r} = 0.377\frac{n}{v}M\eta_T \tag{2-2}$$

由上式可知，如要获得较大的驱动力 T，必须要有较大的总变速比 γ。但 γ 增大，车速 v 就降低，对统一发动机要得到大的驱动力和高的车速，两者不可兼得。为此，对汽车设置几个排挡，每一排挡具有固定的总变速比 γ 以及该挡的最大车速和最小车速。当使用低排挡时，用较大的 γ 以获得较大的驱动力 T，但车速 v 较小；而是用高排挡时，用较小的 γ 值，具有较小的驱动力和较高的车速。

下式为驱动力 T 与扭矩 M 之间的函数关系式：

$$T = 0.377 \frac{n}{v} M \eta_\mathrm{T} = 3600 \frac{p}{v} \eta_\mathrm{T} \tag{2-3}$$

式中：P——发动机功率（kW）；

v——汽车行驶速度（km/h）。

3）车辆行驶阻力

汽车行驶时需要不断克服运动中所遇到的各种阻力，这些阻力有来自汽车周围空气介质的阻力，有来自道路路面不平整和上坡行驶所形成的阻力，也有来自汽车变速行驶时克服惯性的阻力。

（1）空气阻力

空气阻力由两部分组成：一是空气对汽车表面的摩擦阻力；二是压力阻力。后者又可分为两种情况：一是汽车前部对抗汽车前进的正压；二是车后部和拐角处空气变得稀薄而产生涡流，产生将汽车吸住的负压。空气阻力一般用下式计算：

$$F_\mathrm{w} = \frac{KAV^2}{21.15} \tag{2-4}$$

式中：F_w——空气阻力（N）；

V——汽车与空气的相对速度（km/h）；

K——空气阻力系数，由试验测得；

A——汽车迎风面积（m²）。

如表 2-1 所示，是几种汽车通过道路试验得到的空气阻力因数 KA 值。

不同车型空气阻力因数值   表 2-1

车型	KA 值	车型	KA 值
北京 BJ130	1.55	解放 CA13B	2.845
上海 SH130	1.491	黄河 JB150	3.041

试验表明，小轿车在 80km/h 时的空气阻力约等于滚动阻力；当车速为 100km/h 时，空气阻力占总阻力的 70%，也就是说，发动机功率有 60% ~ 70% 将消耗在克服空气阻力上。据有关资料介绍，对于一般载重汽车，如车厢用帆布按栏板高度覆盖并绷紧，可减少涡流，使空气阻力降低到原来的 68% 左右。

（2）道路阻力

道路阻力是由弹性轮胎变形和道路的不同路面类型及纵坡而产生的阻力，主要包括滚动阻力和坡度阻力。

①滚动阻力。弹性轮胎反复变形时，其材料内部发生摩擦要消耗一部分功率；柔性路面变形，轮胎与接触面之间产生摩擦要消耗部分功率；路面的不平整引起轮胎振动和撞击消耗部分功率。滚动阻力与汽车的总质量成正比，若坡道倾角为 α 时，其值可用下式计算：

$$R_\mathrm{f} = Gf\cos\alpha \tag{2-5}$$

因坡道倾角 α 一般较小，认为 $\cos\alpha \approx 1$，则：

$$R_\mathrm{f} = Gf \tag{2-6}$$

式中：R_f——滚动阻力（N）；

　　G——车辆总重力（N）；

　　f——滚动阻力系数，与路面类型、轮胎结构和行驶速度等有关，一般应由试验确定，在一定类型的轮胎和一定车速范围内，可视为只和路面状况有关的常数，具体见表 2-2。

各类路面滚动阻力系数 f 值

表 2-2

路面类型	水泥及沥青混凝土路面	表面平整黑色碎石路面	碎石路面	干燥平整路面	潮湿不平整土路
f 值	0.01 ~ 0.02	0.02 ~ 0.025	0.03 ~ 0.05	0.04 ~ 0.05	0.07 ~ 0.15

　　②坡度阻力。汽车在坡道倾角为 α 的道路上行驶时，车重 G 在平行由于路面方向的分力为 $G\sin\alpha$，上坡与汽车前进方向相反，阻碍汽车行驶；下坡与前进方向相同，助推车辆行驶。坡度阻力可用下式计算：

$$R_i = G\sin\alpha \tag{2-7}$$

　　因坡道倾角一般较小，一般认为 $\sin\alpha \approx \tan\alpha = 1$，则有：

$$R_i = GI \tag{2-8}$$

式中：R_i——坡度阻力（N）；

　　G——车辆总重力（N）；

　　I——道路纵坡，上坡为正，下坡为负。

　　滚动阻力和坡度阻力均与道路状况有关，且与汽车的总重力成正比，将其统称为道路阻力，以 R_r 表示，即

$$R_r = G(f + i) \tag{2-9}$$

式中：$f + i$——道路阻力系数。

　　（3）惯性阻力

　　汽车变速行驶时，需克服其质量变速运动所产生的惯性力和惯性力矩称为惯性阻力，用 RI 表示。汽车的质量分为平移质量和旋转质量（如飞轮、齿轮、传送轴和车轮等）。变速时平移质量产生惯性力，旋转质量产生惯性力矩。

　　平移质量的惯性力：

$$RI_1 = ma = \frac{G}{g}a \tag{2-10}$$

　　旋转质量的惯性力矩：

$$RI_2 = \sum I \frac{dw}{dt} \tag{2-11}$$

式中：I——旋转部分的转动惯量；

　　$\dfrac{dw}{dt}$——旋转部分转动时的角加速度。

　　旋转质量组成部分较多，且各部分转动惯量和角加速度不同，计算比较复杂，为简化计算，一般给平移质量惯性力乘以大于 1 的系数 δ，来代替旋转质量惯性力矩的影响，即

$$R_l = \delta \frac{G}{g}a \tag{2-12}$$

式中：R_l——惯性阻力（N）；

G——车辆总重力(N);

g——重力加速度(m/s^2);

a——汽车的加速度(正值)与减速度(负值)(m/s^2);

δ——惯性力系数(或旋转质量换算系数)。

2. 车辆制动性能

车辆制动性能是指车辆行驶时能在短时间内停车且维持行驶方向稳定性和在长下坡时能维持一定车速的性能。车辆制动性能是车辆的主要性能之一。制动性直接关系到道路交通安全,重大交通事故往往与制动距离太长、紧急制动时发生侧滑等情况有关。因此,车辆的制动性能是车辆安全行驶的重要保证。

车辆的制动性能主要从制动效能、制动效能恒定性、制动时车辆方向稳定性来分析。

1)制动效能及其评价指标

制动效能包括制动距离、制动减速度、制动力、制动时间。

(1)制动距离

制动距离反映出驾驶人从踩着制动踏板到车辆完全停止所经过的距离。从保证交通安全的角度考虑,把制动距离作为评价制动性能的指标是合理的,而且是直观的。

(2)制动减速度

在给定的初速度开始制动,到车辆安全停止,这一过程中速度的减少强度,称为制动减速度。制动减速度越大,制动效果越好。

(3)制动力

在制动过程中各车轮所受的制动力——制动器所产生的阻力。它不但表明车辆的减速度,还反映出各车轮的制动力及其分配情况。它是对车辆性能最本质的检验方法。在监测站中,所用的制动试验台大部分都是测定制动力的。

(4)制动时间

制动时间是从驾驶人踩着制动踏板到车辆安全停止所经过的时间。它是一个间接评价制动性能的指标,一般很少作为单独的评价指标。但它作为一个辅助的检验指标,有时(如各车轮的制动协调)还是不可缺少的。

2)制动方向稳定性

车辆在制动时的稳定性是影响交通安全的重要因素。如果车辆在制动过程中不能够维持原来的行驶方向,甚至失去控制,极易引起交通事故。跑偏量就是关于汽车制动方向稳定性的指标,它是用车辆在制动后偏离原来行驶方向的距离来表示的。

车辆制动稳定性问题,主要是制动跑偏、前轴失去转向能力和制动侧滑。

制动跑偏是指在制动过程中,车辆自行向左或向右偏驶的现象。前轴失去转向能力是指在弯道制动时车辆不再按照原来的弯道行驶而沿弯道的切线方向驶出;直线行驶时,虽然转动转向盘,但车辆仍按直线方向行驶的现象。制动侧滑是指车辆制动时,某一轴的车轮或两轴车轮同时横向滑动的现象。

3. 车辆操作稳定性

车辆操作稳定性是指车辆在行驶过程中,经受各种外部干扰后,尚能尽快恢复原行驶状态而不致失去控制,甚至产生侧翻和侧滑等现象的能力。

1）影响操作稳定性的因素

车辆的操作性是指车辆能正确的按照驾驶人的要求,维持或改变原行驶方向的能力。操作性的丧失将导致车辆的侧滑或侧翻,稳定性的丧失往往使车辆失去操纵性而处于危险状态。因此,一般把操作性和稳定性统称为车辆的操作稳定性。影响车辆操作稳定性的因素主要有:

(1)车辆本身结构参数。如车辆的轴距、轮距、重心位置、轮胎的特性、前后悬架的形式、前轮定位角及转向参数的影响。

(2)使用因素的影响。驾驶人如反应快、技术熟练、动作敏捷、体力好,就能及时准确地采取措施,从而使车辆的运动状态趋于稳定;反之,如果驾驶人的反应迟钝,判断错误,就可能导致稳定性的破坏、操作性的丧失。

(3)地面的不平度、坡度、轮胎与地面的附着情况、风力、交通情况等外界条件。

2）操作稳定性指标

(1)纵向操作稳定性。车辆的纵向稳定性是指上(或下)坡时,车辆抵抗绕后(或前)轴翻车的能力。

随着运动状态的改变,当车辆前轮的法向反作用力变为零时,前轮的偏转不能确定车辆的运动方向而造成操纵失灵;当后轮的法向反作用力为零时,对于后轴驱动的车辆,将失去行驶能力。上述两种情况都会使车辆的稳定性受到破坏。

(2)横向稳定性。车辆的横向稳定性是指车辆抵抗侧翻和侧滑的能力。主要包括在有横向坡度的直线上行驶时,要防止横向坡度过大而引起的侧翻或侧滑,以及在水平曲线上行驶时,要防止车辆所受的离心力过大而引起侧翻或侧滑。

二、汽车安全结构

车辆的结构对于行车安全具有重要的影响。车辆在结构设计上要满足人的心理和生理特点,按照人体生物力学特性进行合理布置,同时在发生事故时,车体结构要尽可能地缓解和吸收冲击能量,以降低对乘员的伤害程度。

1. 车辆驾驶视野

车辆安全行驶需要驾驶人能及时接收足够正确的信息,而驾驶人接收的信息80%是通过视觉获取的。车辆驾驶视野的设计是以驾驶人的眼睛位置(多称为视点)为定位基准。车辆驾驶视野是车辆主动安全系统中的重要组成部分,车辆驾驶视野的宜人化程度直接决定了车辆主动预防交通事故的性能。

1）前方视野

前方视野是从前风窗玻璃所能看到的范围及车厢内部的仪表板部分。前方视野是车辆行驶中最为关键的视野。前风窗玻璃框架横框和立柱位置以眼椭圆为基准,并综合考虑车辆使用环境、人眼的视觉特性和能使驾驶人既方便获取交通信号又避免太阳光照射而眩目等因素最终确定。视野太大,路感等刺激增大,容易引起驾驶人的疲劳;视野太小,则不能获取足够多重要的信息。除此之外,为了保证车辆在雨雪天能为驾驶人提供良好的前方视野,还应设除霜、除雾系统。

2）后方视野

后方视野是通过车内、车外后视镜间接观察到的可见范围。其视角大小和方位主要取决于后视镜的尺寸和布置位置。后视镜的大小、镜面曲率与视野角度密切相关。镜面面积与曲率越大,视野角就越大。然而,如果镜面面积过大,物象会产生畸变失真;镜面曲率过大,则难以判断物象的距离,而且在后车快速接近时会产生物象急剧变化的眩目感,不利于驾驶安全。因此应在镜面面积与曲率之间求得平衡,保证视野和物象二者都能有效的效果。

3)侧方视野

侧方视野是指驾驶人通过侧门风窗等直接可见的驾驶视野。大客车、货车的视点位置高,它的侧方显得比轿车更为重要。大客车增加侧方视野主要靠右侧(左置转向盘时)以下来加大风窗面积。货车靠在右侧门窗玻璃下增设下窥窗,增大侧方视野的下视角。

4)夜间视野

为确保夜间行车安全,车辆必须配备用于前方视野的前照灯、用于倒车的倒车灯,并应设有前、后雾灯及其他专门用于传递信息的转向灯、制动灯、驻车灯、侧位灯和反射器等。对夜间视野起主要作用的是前照灯配光性能和近光照射位置。

2. 车辆灯光

车辆灯光的作用是为车辆行驶提供照明,并将其行驶状况向其他交通参与者发出信号。在每年全国发生的安全事故中,夜间发生的交通事故大约是白天的 3 倍,具有良好照明条件的道路上的交通事故数是没有照明或照明条件不良道路交通事故数的30%。因此,车辆灯光对车辆的安全行驶具有重要意义。

1)前照灯

前照灯是照明车辆前方道路的主要灯具,也称前大灯。前照灯装于车辆前部两侧,现代车辆的前照灯都具有远光和近光两种光学系统。前照灯除照明外,还可利用其远、近光变换示意超越前方车辆以及利用近光会车等。

2)雾灯

雾灯包括前雾灯和后雾灯。前雾灯是在雾、雨、雪或沙尘天气等有碍可见度的情况下,为改善车辆前部道路照明和使迎面来车易于发现车辆的灯具;后雾灯是在上述同样情况下,为使车辆后方其他交通参与者易于发现,安装在车辆尾部的红色信号灯。

3)倒车灯

倒车灯既用于倒车时车辆后面的照明,又向其他道路参与者传递信息。倒车灯也属于汽车必须配备的灯具。倒车灯装于汽车的尾部,受倒车灯开关控制,倒车灯开关一般装在变速器上,当换入倒挡时接通倒车灯,光线为白色。

4)转向信号灯

车辆行驶时向左或向右转弯、掉头、变换车道、起步或停车以及超车时,都要开启转向信号灯,以告知其他道路参与者及交通指挥人员。转向信号灯受转向灯开关专门控制,在车辆同一侧的所有转向灯都由一个开关控制,同时打开或同时关闭,并同时闪烁。

5)制动灯

制动灯是向车辆后方其他道路参与者表明车辆正在制动的灯具,安装于车辆后面,光为红色。制动灯的可见度在阳光下为 100m,夜间良好天气为 300m。制动灯主要用于防止后车追尾碰撞。

6)指示装置

指示装置包括指示仪表、指示器及信号装置和它们的标志。为及时了解车辆主要部件尤其是发动机的运行情况,及时发现某些故障,在驾驶室内装有不少仪表、指示器及信号装置。

由若干仪表、指示器(灯)、信号装置等组装在一起所构成的总体为仪表板总成。由于现代汽车显示和控制元件不断增加,仪表板总成逐渐演变成仪表板显示终端。

按《机动车运行安全技术条件》(GB 7258—2017)规定,汽车应装有水温表或水温报警灯、燃油表、车速里程表和机油压力表或油压报警灯等各种仪表或开关,并保持其灵敏有效。采用气压制动系统的车辆,还应装有气压表。

三、车辆主动安全性

1. 车辆主动安全概述

车辆自身的主动安全性,反映了车辆驾驶人在正常操纵状况下,汽车能够按照驾驶人的意志运行,有效地避免或减少事故发生的可能性的能力。主动安全性通常取决于车辆的制动性、操纵稳定性、汽车的后备功率、关键总成部件的疲劳强度、汽车的照明效果、驾驶人工作区环境质量等因素。对于高速行驶的车辆来讲,车辆的空气动力稳定性也是不可忽视的影响因素。

2. 车辆主动安全性新技术

1) AWS 系统

车辆碰撞预警系统(Advance Warning System, AWS),是一个意外事故预防和缓和的驾驶辅助系统,在危险发生前给驾驶人提供及时的声音和视觉报警。通过在汽车上安装汽车碰撞预警系统,利用技术手段分析车道、周围车辆的状况等驾驶环境信息。一旦驾驶人发生疲劳及精神分散,汽车出现无意识的车道偏离及汽车间车距过近存在追尾可能时,能够及时给予驾驶主动预警,是减少公路交通事故行之有效的技术措施。

2) TCS 系统

牵引力控制系统简称 TCS 系统,又称循迹控制系统。TCS 依靠电子传感器探测车轮驱动情况,不断调节动力的输出,从而使车轮不打滑,提高加速性与爬坡能力。如果车辆在摩擦系数小的湿滑、积雪、结冰等路面起动或加速时,驱动轮容易打滑导致汽车失控。TCS 系统一旦发现某车轮有这种趋势,就迅速调节该车轮的输出扭矩,同时起动 ABS 对打滑的驱动轮进行适当制动,以平衡每个车轮的抓地力使其不致出现打滑或空转,保证车辆能迅速稳定地起动或加速,保持良好的操控性和方向稳定性。

3) ABS 系统

车辆防抱死系统(Anti-lock Braking System, ABS)。目前大多数轿车都装有 ABS。在遇到紧急制动时,汽车安全经常需要汽车立刻停下来,但大力制动容易发生车轮锁死的状况——如前轮锁死引起汽车失去转弯能力,后轮锁死容易发生甩尾事故等。安装 ABS 就是为解决制动时车轮锁死的问题,从而提高制动时汽车的稳定性及较差路面条件下的汽车制动性能。

4) VSA 系统

车辆稳定性控制系统(Vehicle Stability Assist, VSA),是具有世界先进水平的提高车辆稳定性和行驶安全性的控制系统。该系统除具有传统的制动防抱死(ABS)功能和牵引力控制(TCS)功能外,还具有防滑控制(Skid Control)功能。在车辆被判断为转向不足或转向过度时,通过计算,使车辆产生反方向的转矩,从而抑制转向不足或转向过度,保证了车辆在直行、转向以及制动等各种行驶状态下的稳定性。特别在遇到紧急情况突然转向、通过湿滑路面等情况下,能够最大限度地确保车辆的行驶安全。

5)ESP 系统

电子稳定装置(Electronic Stability Program,ESP)是一种牵引力控制系统,不但控制驱动轮,而且可以控制从动轮。如后轮驱动汽车常出现的转向过度的情况,此时后轮会失控而甩尾,ESP 便会通过对外侧的前轮的适度制动来稳定车辆。转向不足时,为了校正循迹方向,ESP 则会对内后轮制动,从而校正行驶方向。这一系统能够在汽车与其他物体发生撞前的瞬间,自动进行干预以保证安全。

6)ASR 系统

即驱动防滑系统(Acceleration Slip Regulation,ASR),其目的就是要防止车辆尤其是大马力车子,在起步、再加速时驱动轮产生打滑,以维持车辆行驶方向的稳定性。

当汽车行驶在易滑的路面上时,没有 ASR 的汽车加速时驱动轮容易打滑,如果是后驱动轮打滑,车辆容易甩尾,如果是前驱动打滑,车辆方向容易失控。有 ASR 时,汽车在加速时就不会有或能够减轻这种现象。在转弯时,如果发生驱动轮打滑会导致整个车辆向一侧偏移,当有 ASR 时就会使车辆沿着正确的路线转向。

四、车辆被动安全性

车辆的被动安全性,体现了车辆在发生事故的过程中和事故发生之后,如何保证乘员不受伤害或最大限度减少伤害程度的能力。被动安全性包括车辆的耐撞性能、抗翻滚性能、乘员的约束系统、吸能结构、不同车辆碰撞相容性问题和碰撞后紧急撤离等。车辆主动安全性的提高,有助于减少事故的发生,但无法避免。当事故发生时,如何最大限度地降低事故带来的损失,减少乘员损伤,往往更加重要。

1. 车体构造与耐冲击性能

1)前部

对于车体前部的构造,必须把车体的变形集中在车体的前部,而尽量减小驾驶室的变形量。车体前部和驾驶室的结合部也非常重要,对于车体前部产生的负荷应能高效地传送到包括驾驶室在内的车体后部,越是高速的情况,结合部就越要求坚固。

另外,转向管柱在车体上的安装部位、座椅的安装部位、座椅安全带的固定处等局部负荷较大的地方必须有足够的强度和刚度。

2)后部

车体后部安全构造主要防止追尾等情况发生时的安全性能。其安全考虑有两点:

(1)确保乘员的生存空间。

(2)防止火灾的发生。

一般来说,追尾撞车时乘员的减速度是比较小的,乘员受到的冲击也比较小。车辆碰撞能量的吸收方法与正面撞车相同。但由于没有发动机、变速器等坚固的大型构件,碰撞时的能量几乎都由车体直接吸收。车身后部吸收冲击能量的结构方案与车身前部基本相同,对于承载式车身,可安装专门的吸能杆件;对于非承载式车身,可由车架后部的特殊结构来吸收能量。另外,在车身后部构造中,后地板、后翼子板、后柱内侧等车体板壳也应有较好的能量吸收特性。

2. 防侧撞系统

侧面撞击是另一种最常见的道路交通事故类,其撞击过程可划分为三个阶段:

(1)加速度作用于车的侧面,指撞击汽车以一定速度撞上被撞汽车(0~20 m/s)。

(2)乘员受伤(20~30 m/s)。

(3)车身最后变形(30~70 m/s)。

在一般的车体构造中,由于主要构件贯穿于车体的前后方向,所以当侧面碰撞发生时,车体承受的横向力较大,乘员室的生存空间易受到严重损坏。因此对于前后车门和下纵梁要加大强度,以吸收必要的撞车能量。在一些安全试验车上,部分构件沿车辆横向贯穿,以确保乘员室的强度,还有的在车门内侧安装车门梁,以防止车门钢板进入乘员室。总之,高效的防侧撞系统应具有坚固的车侧结构、地板横向连接结构、车顶横向连接结构和座椅支承架,在一些新型车辆上还安装了防侧撞气囊。

3. 防翻车结构

针对车辆行驶中由于急打转向盘使车辆翻车的情况,为确保乘员的生存空间,必须增强车辆结构强度。主要是对构成乘员室侧向构造的车顶纵梁、前柱、中柱等进行增强,以保证翻车后车顶等部分向乘员室内的突入量较小。具体方法是增加上述构件的板厚或采用双重结构等。此外,还有采用高强度钢,把左、右、中柱用强力构建结合起来的翻车保护杠等。

4. 成员约束系统

1)安全带

安全带是重要的乘员保护约束措施,能够避免车辆发生碰撞事故时乘员身体冲出座椅发生二次碰撞,是行车最有效的防护装置之一。安全带主要约束正面碰撞、追尾碰撞及翻车事故中人体相对于车体的运动,尤其是可以减少乘员的胸部和头部的伤害。

2)安全气囊

车辆的安全气囊系统属于辅助安全系统,通常作为安全带的辅助安全装置使用(图2-4)。许多测试结果和实践表明,在车辆发生碰撞事故时,其单独使用可以减少18%的死亡率,而与安全带配合使用则可减少74%的死亡率,达到比较理想的保护效果。美国高速公路安全保险机构指出,配置安全气囊的车辆发生车祸所造成中重度创伤的机会将会降低25%~29%。事实已证明,在车辆上安装安全气囊系统能够挽回许多驾乘人员的生命。

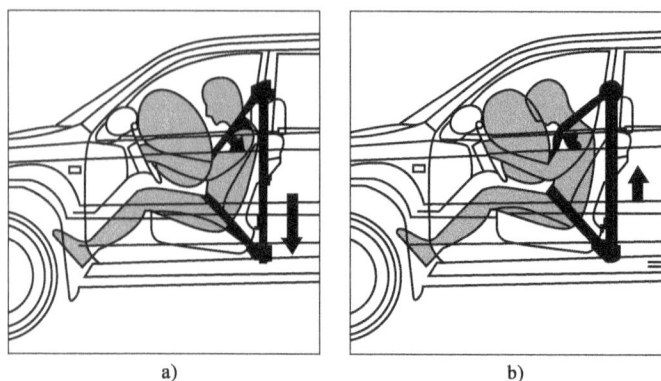

a)   b)

图2-4 安全气囊弹出图

5.提高碰撞相容性

当今世界虽然汽车工业已经得到很大发展,但是碰撞相容性方面还是做得不够。在车—车碰撞中,大质量车驾驶人的死亡率比小质量车小得多,也就是更安全。这就是说现实交通事故中汽车的碰撞相容性问题还是非常突出的,小质量车始终处于非常不利的地位,这使市场上备受青睐的经济型车辆的碰撞安全性能难以实现。所以我们必须提出切实可行的措施来改善这一不利局面,提高不同质量车辆间的碰撞相容性,建议主要从以下两方面来进行:

(1)加强自身乘员保护系统。

(2)降低大质量车的前端刚度,提高小质量车的前端刚度。

第三节　道路与交通安全

在世界上多数国家,从交通管理部门的统计结果所知,认为事故的基本原因是驾驶人的粗心和失误,一般占70%左右,而道路条件仅为12%。但从诸多事故的背后,仔细分析内在隐含的本质原因,不难发现,至少40%以上的事故都是由于困难与不舒适的道路条件造成的。

一、道路几何线形

1.平面线形

1)直线

(1)最大长度

作为平面线形要素之一的直线,在道路设计中使用较多。因两点间直线最短,一般在定线时,只要地势平坦、无大的地形障碍,定线人员首先考虑采用直线通过。笔直的道路会形成短捷、直达的美学效果。车辆在直线上行驶受力简单,方向明确,驾驶操作简易。测设中,直线只需定出两点,就可方便地测定方向和距离。基于直线的这些优点,在道路线形设计中被广泛采用。

但是,过长的直线并不好。在地形起伏较大的地区,直线难与地形相适应,产生高填深挖路基,破坏自然景观。若长度运用不当,会影响线形的连续性。过长的直线会使驾驶人感到单调、疲倦和急躁,易超速行驶,对安全行车不利。所以,在定线中,对直线的运用、长度的确定,应慎重考虑,不宜采用过长的直线。

(2)最小长度

平曲线之间以直线过渡,当直线过短时,发生交通事故的潜在危险也将提高,这其中有具体划分为反向曲线间的直线段与同向曲线间的直线段。

①同向曲线间最小长度。同向曲线是指两个转向相同的圆曲线中间用直线或缓和曲线或径相连接而成的平面线形,若用直线连接时,直线长度是指迁移曲线终点到后一曲线起点之间的距离。《公路路线设计规范》(JTG D20—2006)规定:当设计速度≥60km/h时,同向圆曲线间的直线最小长度(以 km 计)以不小于设计速度(以 km 计)的 6 倍为宜。

②反向曲线间最小长度。反向曲线是指两个转向相反的圆曲线之间以直线或缓和曲线或径相连接而成的平面线形。因两弯道转弯方向相反,考虑超高和加宽过渡的需要以及驾驶人

操作的方便,其间直线的最小长度应予限制。《公路路线设计规范》(JTG D20—2017)中规定:当设计速度≥60km/h时,反向圆曲线间最小长度(以km计)以不小于设计速度(以km计)的2倍为宜。当曲线两端设有缓和曲线时,也可以直接相连,构成S形曲线。

2) 平曲线

大量的事故数据资料显示,平曲线与道路安全关系重大。一般在进入和驶出曲线路段时,驾驶人最容易产生诱发事故的错误操作。车辆在曲线路段上行驶时速度会降低,单位时间内速度降低得越大,发生错误操作和事故的可能性就越大。

(1) 圆曲线

我国《公路工程技术标准》(JTG B01—2014)中根据不同的摩阻系数值,对不同等级的公路规定了极限最小半径、一般最小半径和不设超高的最小半径,详见表2-3、表2-4。

各级公路圆曲线最小半径　表2-3

设计速度(km/h)		120	100	80	60	40	30	20
极限最小半径(m)		650	400	250	125	60	30	15
一般最小半径(m)		1000	700	400	200	100	65	30
不设超高的最小半径(m)	路拱≤2%	5500	4000	2500	1500	600	350	150
	路拱>2%	7500	5250	3350	1900	800	450	200

城市道路圆曲线最小半径　表2-4

设计速度(km/h)	80	60	50	40	30	20
设超高的最小半径(m)	250	150	100	70	40	20
设超高的推荐最小半径(m)	400	300	200	150	85	40
不设超高的最小半径(m)	1000	600	400	300	150	70

① 极限最小半径。极限最小半径是指保证车辆按设计速度安全行驶所规定的圆曲线半径最小值,是在路线设计中的极限值,在特殊困难条件下不得已才使用的,一般不轻易采用。

② 一般最小半径。一般最小半径是指各级公路对按设计速度行驶的车辆能保证其安全、舒适的最小圆曲线半径,通常情况下推荐采用的最小半径。一是考虑车辆在这种圆曲线上以设计速度或接近设计速度行驶时,乘员有充分的舒适感;二是考虑在地形比较复杂的情况下不会过多增加工程量。

③ 不设超高的最小半径。当圆曲线半径较大时,离心力的影响较小,车辆沿双向路拱(不设超高)外侧行驶的路面摩阻力可以保证车辆有足够的稳定性,这时可不设超高,设置与直线段上相同的双向横坡路拱形式。因此,不设超高最小半径是指不必设置超高就能满足行驶稳定性的圆曲线最小半径。

所以,在道路平面设计时,应根据沿线地形、地物等条件,尽量选用较大半径,以保证行车安全舒适。在选定半径时既要考虑技术合理,又要经济适用;既不盲目采用高标准(大半径)而过分增加工程量,也不只考虑眼前通行要求而采用低标准。

(2) 缓和曲线

在设置缓和曲线时,需要使驾驶人能够从容地打转向盘、乘员感到舒适、线形美观流畅,圆曲线上的超高和加宽的过渡也能在缓和曲线内平顺完成,所以应规定缓和曲线的最小长度。考虑影响缓和曲线长度的各项规定,各级规范中制订了各级公路缓和曲线最小长度和城市道路的最小缓和曲线长度。缓和曲线最小长度如表 2-5、表 2-6 所示。

各级公路缓和曲线最小长度　　　　　　　　　　　表 2-5

设计速度(km/h)		120	100	80	60	40	30	20
缓和曲线最小长度(m)	一般值	130	120	100	80	50	40	25
	最小值	100	85	70	60	40	30	20

城市道路缓和曲线最小长度　　　　　　　　　　　表 2-6

设计速度(km/h)	80	60	50	40	30	20
缓和曲线最小长度(m)	70	50	45	45	25	20

2. 纵断面线形

纵断面线形主要指表示道路前进方向上坡、下坡的纵向坡度及在两个坡段的转折处插入的竖曲线。

1)最大纵坡

最大纵坡是根据道路等级、自然条件、行车要求等因素所限定的路线纵坡最大值,它是道路纵断面设计的重要控制指标。我国规范中规定的各级公路最大纵坡见表 2-7。

各级公路最大纵坡　　　　　　　　　　　表 2-7

设计速度(km/h)	120	100	80	60	40	30	20
最大纵坡(%)	3	4	5	6	7	8	9

城市道路最大纵坡约相当于公路按设计速度计的最大纵坡减少 1%。

高速公路受地形条件或其他特殊情况限制时,经技术经济论证合理,最大纵坡可增加 1%。

2)坡长

坡长对交通安全的影响依赖于坡度对安全的影响,坡长主要起到一个对坡度的影响加强或削弱的作用。

(1)长陡坡造成加速度或减速度的积累,使车速过高或过低而诱发事故。

(2)纵坡过长易使驾驶人对坡度判断失误。如长而陡的下坡路段连接一段较平缓的下坡时,驾驶人会误认为下一路段坡度为上坡,从而采取加速行驶的错误操作。

尽管我国《公路工程技术标准》(JTG B01—2014)对应于不同的设计车速给出了最大纵坡和坡长值,但是通过连续下坡路段的线形设计分析以及交通事故频发的事实表明,目前用于道路设计的纵断面指标仍需进一步研究和探讨。

3)竖曲线

竖曲线半径,将直接影响过渡效果,对道路交通安全有一定的影响。竖曲线半径对交通安全的影响主要体现在:

①对行车视距产生影响满足视距要求,如图 2-5 所示。半径越大,提供的行车视距就越大,小半径竖曲线往往不能满足视距要求。在任何道路上,可获得的视距应大于等于停车视距、小半径竖曲线易造成平、纵组合不合理而使视线不连续。当为凸曲线时,会使驾驶人产生悬空的感觉失去驾驶方向;在凹曲线上夜晚易造成视距不足。

②汽车在小半径竖曲线上行驶时,受到的竖向离心力作用使驾驶人产生超重或失重感过

大,易造成驾驶失控。离心力的影响还会造成车辆与路面间的摩擦系数减小,影响交通安全。

③在小半径凹曲线底部可能会出现排水不畅的问题。如果排水设施不足,而且凹曲线是位于平曲线的高程过渡段,这种积水情况会更加严重。竖曲线既要保证有足够大的半径,还要保证有足够的长度。在相同的半径条件下,发生在凸曲线上的事故率比凹曲线大,而平曲线和竖曲线组合的路段事故率明显偏高。

a)凸曲线视距不足   b)凹曲线视距不足

图 2-5　凸曲线、凹曲线度行车视距的影响

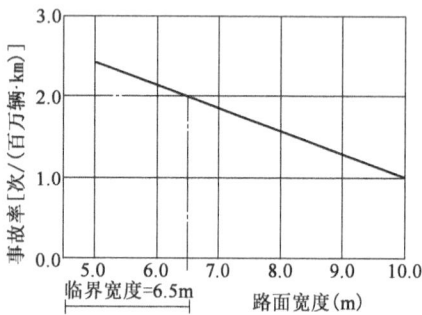

图 2-6　双车道公路事故率与路面宽度的关系

3.横断面线形

1)路面宽度

一般来说,较宽的路面有利于行车安全。如图 2-6 所示为美国双车道公路事故率与路面宽度的关系,其相关系数为 0.84。总体来看,事故率与路面宽度基本上呈现线性关系,路面越宽,事故率越小。但是双车道公路路面宽度如果过大,会使得道路余宽值加大,驾驶人就会试图利用余宽,在非超车带进行超车,或因高速行车而肇事。

2)路肩

路肩由土路肩和硬路肩组成。路肩对安全行车的作用主要有以下两点:

(1)为发生故障的车辆提供临时停靠的地点,有利于防止交通事故和避免交通紊乱。紧急状态下,路肩还可以作为事故救援的备用道。

(2)作为侧向净宽的一部分,能增进驾驶人的安全感和舒适感,尤其在挖方路段,可以增加弯道视距,减少行车事故。一般情况下,路肩较宽可以给驾驶人以较大的操作空间,但是路肩宽度的过量增加并不会显著减少事故率。路肩的结构对车辆的安全行驶也极为重要,车辆一旦离开路面进入土质路肩区,若路肩结构与路面结构差异较大,车辆很容易失去控制而发生危险,这说明修建硬质路肩更有利于交通安全。因此,虽然双车道公路可以不设硬路肩,但在村镇附近及混合交通量大的路段应予以加固。

3)行车道数

车道数与相对交通事故率之间有着显著的关系,如表 2-8 所示。

车道数与相对交通事故率 表 2-8

车道数	相对交通事故率
2 车道	1(假设双车道公路相对事故率为1)
3 车道	1.5
4 车道(没有中央分隔带)	0.80
4 车道(有中央分隔带,平面交叉)	0.65
4 车道(有中央分隔带,立体交叉)	0.30
8 车道	0.30

此外,双车道公路是我国目前公路类型中所占比例最大的一种,占干线公路网95%以上。双车道公路包括二级、三级、四级及等外公路。

因此,解决好双车道公路的交通安全问题是解决整个路网交通安全问题的关键。如果双车道公路上的交通事故能够得到较好的控制,那么对于进一步解决整个路网交通安全问题将是一个重要的参考案例。

4.线形组合

1)平面线形组合

平面线形由直线、圆曲线和缓和曲线构成。平面线形主要依据汽车的行驶轨迹特性进行设计,也就是使平面线形与汽车的行驶轨迹相符合或相接近。下述不良的平面线形组合常是交通安全的隐患:

(1)在两个同向或反向平曲线之间插入短直线。前者形成"段背曲线",如图2-7所示,容易使驾驶人产生错觉,把直线和两端的曲线看成反向曲线,或者把两个曲线看成一个曲线,导致驾驶失误;后者由于不能充分设置超高和加宽而难以实现反向变化的平稳过渡,使驾驶人不能操作自如,对行车也是非常不利的。

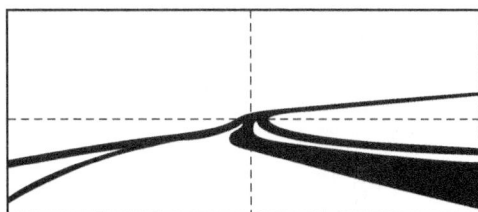

图2-7　断背曲线示意图

(2)道路交角过小(小于7°)。当道路交角过小时,转角处的曲线长度往往看上去比实际短,因为在曲线两端附近的曲线部分会被误认为是直线,因而给驾驶人造成急转弯的错觉而影响行车安全。

(3)在长直线的末端设置小半径平曲线即急转弯线。当汽车在长直线上行驶时,驾驶人容易高速驾驶汽车,直到接近急转弯处,才发现是急转弯路线,不得不采取紧急措施减小车速,这样行车是非常不安全的。特别是冬天雪后路滑,路面的附着系数降低,汽车极易驶离原车道而发生交通事故。

(4)连续急转线形。遇到这种线形,驾驶人需在很短的时间内连续或反复急打转向盘,且所受离心力大小或方向连续或反复变化,造成驾驶疲劳、紧张甚至眩晕,导致交通事故。

2)纵面线形组合

纵断面线形由直线和竖曲线构成。直线(即均匀坡度线)有上坡和下坡之分,竖曲线有凹形和凸形两种。纵断面线形主要依据汽车类型及其行驶性能进行设计。下述不良的纵断面线形组合也常是交通安全的隐患:

(1)由很多短坡连在一起的线形。在短距离内出现凹凸的纵面,一是由于汽车随道路反复起伏所产生的增重与减重的变化频繁,导致乘员感觉不适;二是在汽车行驶中驾驶人只能看见凸出的部分,看不见凹下隐藏的部分,视线时续时断,导致行车不畅,使事故发生的可能性增大。

(2)相邻纵坡以小半径竖曲线相连的线形。竖曲线半径越小,行车视距越短,尤其是在凸形竖曲线路段,视距受限会大大增加交通事故率。竖曲线半径小,还会使驾驶人产生对坡道估计过陡的差错,导致驾驶不当而发生事故。如果凹形竖曲线过小,还会由于不能有效缓冲汽车在坡谷转折处所受到的冲击,导致碰撞、翻车等恶性事故。

3)平纵线形组合

平、纵线形组合不良,即使二者都分别符合设计规定,也常常会成为道路交通安全隐患。

常见的不利线形组合包括：

（1）在长直线上设置陡坡。

（2）在长直线上插入小半径凹形竖曲线。

（3）在凸形竖曲线与凹形竖曲线的顶部或底部插入急转弯的平曲线。

（4）转弯半径小的平曲线与陡坡组合在一起，如图2-8所示。

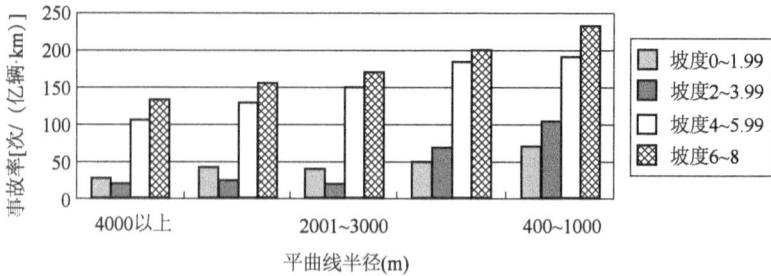

图2-8　弯道与坡度组合与交通事故率之间的关系

（5）在长直线下坡路段的尽头设置小半径平曲线。

（6）在一个平曲线内存在几个变坡点或在一个竖曲线内设置几个平曲线。

（7）在驾驶人的视域内出现反复变化的线形，会使线形外观不连贯，形成视线盲区和错觉，使驾驶人产生紧张感，影响行车舒适性和安全性。

5. 视距

1）行车视距

行车时应使驾驶人看到前方一定距离的道路，以便当发现路上的障碍物或迎面的来车时，能在一定车速下及时停车或避让，避免发生事故，这一段必需的最短的距离称为行车视距。

行车视距分为道路平面上、纵断面上两种。道路平面上的视距又分为停车视距、会车视距及超车视距。

（1）停车视距

停车视距是所有道路（无论是分道还是不分道行车），都必须满足的最低要求。当车辆在道路上行驶时，驾驶人在离地面1.2m高处，看到前方路面上的障碍物开始制动至到达障碍物前完全停止所需要的最短距离称为停车视距，或称路面视距。

停车视距由三部分距离组成，即反应距离 l_1、制动距离 $l_制$ 及安全距离 l_0，如图2-9所示。图中 v_0（km/h）为汽车行驶速度，φ 为车轮在道路上的附着系数，g 为重力加速度。

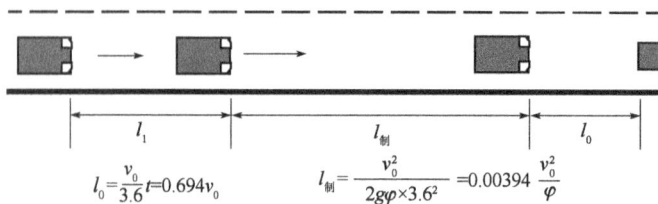

$$l_0 = \frac{v_0}{3.6} t = 0.694 v_0 \qquad l_制 = \frac{v_0^2}{2g\varphi \times 3.6^2} = 0.00394 \frac{v_0^2}{\varphi}$$

图2-9　停车视距

（2）会车视距

会车视距是指在单车道的道路上，或在没有分隔带的双车道路上，车辆习惯在道路中央行驶。当车辆遇到迎面来车时,无法避让或来不及错车,则只能双方采取制动使车辆在碰撞前完全停止,以保证安全。因此,在双方离地 $1 \sim 2m$ 高的驾驶员视点之间,应该保证有足够的安全制动距离,称为会车视距。

会车视距由三部分距离组成,即反应距离 l_1、制动距离 $l_制$ 及安全距离 l_0,如图 2-10 所示。

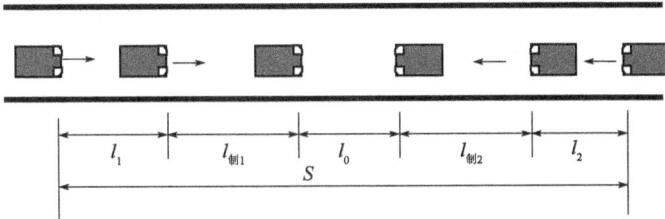

图 2-10 会车视距

(3)超车视距

当车辆绕道相邻车道超车时,驾驶人在开始离开原行车路线能看到相邻车道上对向驶来的车辆以便在碰到对向驶来车辆之前能超前并驶回原来车道所需的最短距离,称为超车视距。当后车速度高于前车,以行驶时的车速超越前车时,超车时两车的间距 l_2 等于两车制动距离之差,加上超车车辆的反应距离 l_1,如图 2-11 所示。

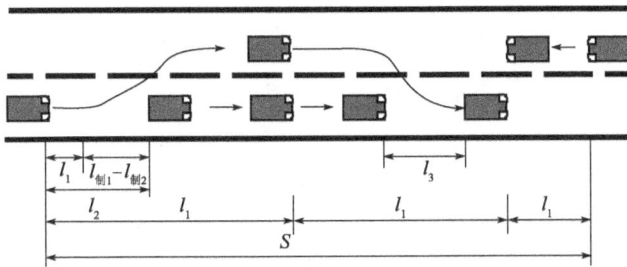

图 2-11 超车视距

(4)错车视距

汽车在行驶中同迎面车辆在同一条车道上行驶,而从来车左边绕至另一车道并在对面来车平面上保持安全距离时两车所行驶的最短距离,称为错车视距,如图 2-12 所示。

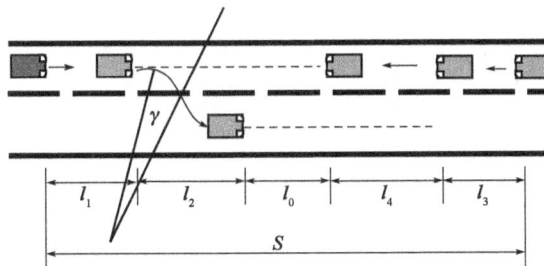

图 2-12 错车视距

2)行车视距与交通安全的关系

在平曲线和纵曲线半径小的地段,往往由于视距不足而形成交通事故多发点,特别是在那些路面规格较高,认为可以高速行驶的道路上,如果某一段视距不够,该处就更容易发生交通事故。

3)各级公路所需的最小视距

各级公路在平曲线与纵断面上的停车与超车视距,不应小于表2-9的规定。

各级公路停车与超车视距 表2-9

公路等级	汽车专用公路						
	高速公路			一级公路		二级公路	
地形	平原微丘	重丘	山岭	平原微丘	山岭重丘	平原微丘	山岭重丘
停车视距(m)	210	160	110	160	110	75	40
超车视距(m)	550			550		550	200

公路等级	一 般 公 路					
	二级公路		三级公路		四级公路	
地形	平原微丘	山岭重丘	平原微丘	山岭重丘	平原微丘	山岭重丘
停车视距(m)	110	40	75	30	40	20
超车视距(m)	550	200	350	150	200	100

注:对向行驶的双车道公路,应结合地形设置保证具有超车视距的路段。

对于视距不符合标准的路段,应加强对驾驶人的安全教育,使之养成习惯,在视距不充分的地方自觉地不超车,不高速行驶,从而降低事故率。

二、路面条件

道路除了应有强度的路面结构外,从人体观点看,为安全舒适地行驶汽车,它还应有路面行车质量,就是道路对驾驶人的便利程度。例如汽车驾驶操纵是否自如、乘客是否舒适、行驶费用高低以及轮胎与路面间产生的抗滑性能等。

1.路面平整度

路面坎坷不平,即路面平整度差,则行车阻力大,车辆颠簸振动,机件、轮胎磨损就会加快,行车安全性和舒适性就会降低,甚至造成交通事故。

1)平整度标准

我国沥青路面平整度采用连续式路面平整度仪或3m直尺控制施工质量,其数据如表2-10所示。用3m或4m直尺量测路面平整度是当前各国仍在沿用的简易方法,表2-10的允许偏差实际上依验收或养护路面而定,并非是汽车行驶的路面行车质量与理论的推导值。

我国水泥混凝土路面平整度,规定用3m直尺连续量测3次,取最大3点的平均控制施工质量。高速公路和一级公路的允许偏差为3mm,其他公路为5mm。

2)路面粗糙度

路面粗糙度可用车辆纵向紧急制动距离、纵向摩擦系数及横向摩擦系数来表示。目前,常用摆动式摩擦系数测定仪测定路面的摩擦系数。

施工中沥青路面面层平整度控制标准　　　　　　　　表 2-10

沥青路面种类	允许偏差		检查频率					检查方法	
	平整度仪 δ（mm）	3m 直尺（m）	范围（m）	数　　量				平整度仪	3m 直尺
				平整度仪	3m 直尺				
沥青混凝土沥青碎石	>2.5	>5	100	连续	公路	10 杆		(1)2 车道测 1 条轨迹；(2)4 车道测 2 条轨迹	连续或随机抽样
上拌下灌灌入	>3.5	>5			城市道路	路宽（m）	<9	5 杆		
							9~15	10 杆		
表面处治	>4.5	>10					>15	15 杆		

3）路面构造深度

路面构造深度是用于评定路面表面的宏观粗糙度、路面表面的排水性能及抗滑性能的指标。路面构造深度越小，表明路面越光滑。在一般情况下，路面摩擦系数变小，会丧失渗水、排水的功能，容易产生汽车滑水现象，造成严重的交通事故，因而路面必须保持一定的粗糙度。

2. 路面抗滑

当道路表面的抗滑能力小于要求的最小限度时，车辆行驶中稍一制动就可能产生侧滑而失去控制。特别是道路表面潮湿或覆盖冰雪时，发生侧滑的危险性增大，在弯道、坡路和环形交叉处，尤其容易发生滑溜事故。

路面摩擦系数又称为路面抗滑系数。汽车在水平路面上行驶或制动时，路面对轮胎滑移的阻力与轮载的比值称为路面摩擦系数。我国用摆式仪测定摩擦系数，它可以测定路面干燥或湿润条件下的纵向、横向的摩擦系数。沥青路面抗滑标准如表 2-11 所示。

沥青路面抗滑标准　　　　　　　　表 2-11

公路等级＼路段分类	一级公路			环境不良路段		
	摩擦系数	构造深度（mm）	石料磨光值	摩擦系数	构造深度（mm）	石料磨光值
高速公路、一级公路	52~55	0.6~0.8	42~45	57~60	0.6~0.8（1.0~1.2）	47~50
二级公路	47~50	0.4~0.6	37~40	52~55	0.3~0.5（1.0~1.2）	40~45
三级公路、四级公路	≥45	0.2~0.4	≥35	≥50	0.2~0.4（1.0~1.2）	≥40

轮胎与路面间的摩擦系数随车速增高而减小。最大摩擦系数出现在汽车车轮与路面的滑移率为 15% 的时候。干燥路面上车速增高，摩擦系数稍减小，潮湿路面上随着车速增高，摩擦系数明显减小。

3. 路面病害

1）泛油

由于油石比过大，矿料用量不足，在气温高时就会形成泛油，轻则形成软黏面，重则形成"油海"。油黏在轮胎上，降低了行车速度，增加了行驶阻力。雨天，多余的沥青降低了路面防滑性能，影响行车安全。

2)油包、油垄

由于石料级配不当,油量过大,使得路面在车辆水平力作用下推移变形。车辆制动或起动时摩擦力比匀速行驶时要大,故这种病害多发生在路口、停靠站的路面上。油包、油垄严重影响行车的舒适性,同时也加快了机件的磨损。

3)裂缝

由于施工不良、路基沉陷,造成路面整体性不好;或沥青材料老化、沥青质量低、油石比过小等原因,路面出现龟裂、网裂或纵横裂缝,影响路面的平整度,干扰车辆正常行驶。

4)麻面

麻面主要是由于施工不符合规范要求、油石比小、拌和不均匀等造成,严重时可使行车颠簸,对于自行车交通影响更大。

5)滑溜

石料磨光、磨损或泛油形成表面滑溜,危及行车安全,对交通影响很大。

第四节　环境与交通安全

在人、车、路、环境构成的道路交通系统中,交通环境是交通活动的基础条件和关键要素,对交通安全有明显的影响。影响交通安全的交通环境因素主要有交通条件、交通设施、道路景观及特殊天气等。

一、交通条件

交通量、交通组成以及车速等交通条件决定了车辆、非机动车、行人之间的相互作用方式以及冲突的可能性与强度,对交通运行的安全性有明显的影响。

1. 交通流状态

1)交通流状态与交通安全关系

交通流处于自由状态或稳定流状态前期时,其交通安全水平和道路服务水平均较高;随着饱和度增大,交通流进入稳定流后期,超车危险性越来越大,行车安全性较差,事故率迅速增长,在接近饱和状态前到达最高峰;交通流处于阻塞状态时,车辆的轨迹、行驶自由度完全被限制,没有任何超车机会,车速缓慢,事故率迅速降低。

2)交通量与交通安全的关系

Cwynne(1967)首次研究了交通量与事故率之间的关系,发现事故率与交通量呈 U 形关系,当交通量为 500veh/(h·车道)时事故率最低,而交通量为 1000 ~ 1500veh/(h·车道)时事故率最高。同时,他还对单车事故率和多车事故率进行了研究,单车事故与多车事故表现出不同的特征:交通量越小,单车事故率越高,随着交通量增大,单车事故率逐渐降低;而多车事故随着交通量增大,事故率逐渐升高。

3)速度与交通安全的关系

国内外研究表明,速度是影响道路交通事故的重要因素,速度分布的不均匀性更是关键,基于此,车速管理成为道路交通安全管理的重要手段之一,通过限速减少超速驾驶,可以极大限度改善道路交通安全性。

2．混合交通

1）概述

混合交通是指多种交通工具或各种交通工具与行人共用同一单幅道路的交通现象，它是我国城市交通的主要特点。混合交通中由于各种交通方式的完全不同交通特性，对出行效率和安全带来极大影响。相关资料表明，在混合交通环境下发生的交通事故数量为事故总数的55%左右。

2）混合交通对交通安全影响

一方面，在机非混行的道路上，机动车与非机动车在有限的空间里同向行驶，由于二者的运行速度、动力性能、稳定性差异较大，导致了冲突形成；另一方面，当机动车在路边停车占用非机动车行驶路径，非机动车流向机动车流"挤压"，增大了机非冲突机会。相比机非冲突，"机—人"冲突更严重，行人过街路径垂直于机动车流，导致"截断"车流的结果，即使在有人行横道和信号灯控制的路段，如果有行人违规穿行车道，也会影响到行人和驾驶人的安全。

二、交通设施

交通设施的缺失、误导或者信息过载都会造成安全隐患。

交通标志和标线作为驾驶人提高诱导、管理信息的载体，能够引导道路使用者有秩序地使用道路，并告知道路使用者道路的通行权利，明示道路交通禁止、限制、遵行情况，告知道路状况和交通状况等信息。标志标线主要通过驾驶人的视觉、视力、反应能力等生理指标，来反映其对驾驶人驾驶行为的影响。

交通标志信息量越多，驾驶人接收信息所需的时间和距离越长；而信息不足，则无法满足驾驶人的信息需求量，因此信息过载或不足，都会对驾驶人产生负面影响。标志的设置位置、图案设计有效性、材料视认性和反光性是否满足信息获取的要求，都直接关系的驾驶人的行车安全。

公路护栏在交通运行中除了可阻止失控车辆越出路外，还具有视线诱导、隔断干扰因素、确定可行驶的边界以及阻止交通流量等重要功能。但是其核心价值仍是阻停失控车辆和保护乘员，尤其对于方向失控的单车事故和多车事故。

强制减速设施主要通过控制行驶速度来提高驾驶安全性，通过合理选择制成材料和几何样式，可达到预定的减速幅度，达到减少交通事故的目的。

道路上可使用彩色路面通过影响驾驶人的心理效应，与交通标志标线合理配合，刺激驾驶人感官，使其注意力集中，提高行车安全性。

三、道路景观

景观对安全的作用主要体现在视觉诱导、消除紧张和疲劳、遮光防眩。

1）道路线形

道路线形是影响道路景观的一个重要因素。直线线形带有很明确的方向，给人以简洁明了之感，但直线线形道路从车行道的视线上看比较单调、呆板，景观上看路线缺乏动感，容易使驾驶人注意力不集中，产生事故。曲线线形流畅，具有动感，在曲线上行驶可以很清楚地判别方向变化，看清道路两侧景观，并可能在道路前方封闭视线形成优美的街景，有利于驾驶安全；

而且曲线容易配合地形,同时可以绕越已有地物,在道路改造是容易结合现状。纵断面线形对道路使用者视觉及街景变化也有影响,尤其凸形竖曲线对道路景观影响较大。在道路设计中尽可能采用较大的竖曲线半径,以避免产生街景的"驼峰点",导致景观不连续,而破坏道路空间序列,引起驾驶的不舒适感。

道路线形设计合理,充分考虑了视距要求,驾驶人看到的曲线恰好落于视距矩形范围内,从而使驾驶人在不需要移动视线或转动头部的情况下即可充分了解道路及交通情况,同时也提高了行车舒适性、减少了行车疲劳和紧张感。

2)绿化

道路景观由多种景观元素组成,各种景观元素的作用、地位都应当恰如其分。一般情况下绿化应与道路环境中的景观诸元素协调,应该让道路使用者从各方面来看都有良好的效果。有些道路绿化成立视线的障碍,使道路使用者看不清街道面积,从街道景观元素协调来看就不适宜。绿化具有诱导视线、防眩、缓冲、遮蔽、协调、指路标记、保护坡面、沿线保护等安全功能。

在弯道中央分隔带种植树木,夜间行车时,能遮挡对向车灯光线,避免产生眩光。

3)建筑

一条道路的景观好坏,建筑是否与道路协调是最主要的因素,而建筑与道路宽度的协调则是关键。不同交通性质道路的建筑高度 H 与道路宽度 D 的比例关系不同。一般认为,$1 < D/H < 2$ 时,既具有封闭空间的能力,又不会有压迫感。在这种空间比例下的步行和驾车可取得一定的亲切感和热闹气氛,而且绿化为两侧建筑群体空间提供了一个过渡,使两侧高达建筑群之间产生了一种渐进关系,而避免了两侧建筑群体的空间离散作用,使人感到突然和单薄。对于商业街,D/H 宜小,这样空间紧凑,显得繁华热闹;而居住区需要对建筑有一定的观赏机会,这种比例就应大些;交通干道的道路宽度较大,建筑物的尺寸、体量也会较大,而且高低错落,这时可按低的建筑高度 $D/H = 1/4$ 来控制。这样可以看清建筑的轮廓线,让人有和谐明朗的印象。

4)照明

道路景观的亮化是指道路夜景的统一设计和道路两侧建筑立面的橱窗、景观灯、霓虹灯及绿化的地灯等统一设计,烘托建筑轮廓线,亮化道路的夜景观。千姿百态的路灯设施不仅照亮了城市,也美化了城市,五光十色的灯光形成了城市夜晚一道亮丽的风景。照明除了给人好的视觉效果外,还具有安全功能,它可以指示道路方向、道路标记,但照明设计不好也会引发眩亮,引起交通事故。同时,要注意节约能源和防止光污染。

四、特殊天气

气候条件对交通的直接影响主要表现在改变了路面物理性、观察视线、车辆自身安全性等方面。在强风、大雨、浓雾、冰雪等天气条件下,驾驶人的视线会受到影响,车辆也较正常情况下变得难以控制。

1. 雨天行车的交通安全

雨水作用导致路面摩擦系数降低是雨天道路交通安全性较低的关键,路面潮湿或积水都会影响路面摩擦系数。雨天的事故类型主要有:

(1)撞击路侧安全设施或行人。雨天环境下,驾驶人的视野受到刮水器运动范围的限制,前风窗玻璃和侧后视镜附着雨水影响驾驶人清晰观察路侧环境,不能及时发现障碍物而引发碰撞事故。

(2)追尾事故。雨天时,因路面潮湿,与干燥的路面相比制动距离更长。因此尾随前车的后车若以同晴天一样的跟车距遇到意外情况突然停车时,容易发生追尾事故。

(3)正面碰撞。由于车辆轮胎和路面的摩擦系数下降,车辆轮胎的横向摩擦力减小,在弯道处,由于离心力作用,导致车辆产生滑移与对向车道上的车辆发生正面碰撞。

2. 雾天行车的交通安全

雾天环境下,能见度降低,视线障碍大,驾驶人可视距离大大缩短,容易判断失误,导致前后车辆追尾碰撞事故。同时,雾会使光线散漫,并吸收光线,致使视物的亮度下降,影响驾驶人观察。

大雾对交通安全的影响主要表现在以下 3 个方面:

(1)能见度降低。由于雾使光线发生散射,并能吸收光线,使视物明度下降,致使驾驶人对车距、车速估计不足,对交通标志、路面设施的识别困难,容易引发追尾事故。

(2)减少车辆与路面的摩擦系数。雾水与积灰、尘土混合,导致轮胎与路面的附着系数减小,特别是北方冬季,冰雹在道路表面形成一层薄冰,使附着系数下降更为明显,从而导致制动距离延长、行驶打滑、制动跑偏等现象发生。

(3)造成驾驶人心理紧张。由于大雾影响,驾驶人很难正确判断,心理压力增大,一旦发生意外,采取措施不当而引发交通事故。

3. 冰雪天行车的交通安全

冰雪天气给人们出行带来极大不便,积雪和低温易导致车辆零件冰冻,引发故障,使车辆控制难度增大;积雪和冰冻严重危害桥梁等结构物,给交通带来安全隐患;冰雪降低公路的通行能力,当冰雪厚度达到一定大小时,可阻碍车辆通行,严重时甚至发生雪崩、雪阻,使交通完全中断;飘雪导致能见度降低;最后,雪花会覆盖交通标志板面,使标志失去作用。

第三章

交通安全基本理论

交通安全基本理论是揭示交通安全的本质和运动规律的学科知识体系,是交通安全研究的基础,包括事故致因理论、可靠性理论和事故预防理论。人们在实践的基础上,积累安全生产经验,并运用自然科学、社会科学以及人文科学等的研究成果,形成了一门新兴的交叉学科——系统安全科学。系统安全科学是多种学科的横断学科,是应用系统论的观点、方法去研究系统的事故过程、分析事故致因和机理,研究事故的预防和控制策略、事故时的缓解措施等的学科,事故致因理论是系统安全科学的基石,支撑了系统安全科学的理论和方法的发展,可以在理论上比较好地解析事故产生的原因。

第一节 事故致因理论分析

一、单因素事故致因理论

单因素事故致因理论的基本观点是:事故是由单一因素(因素是指人或环境的某种特性)引起的,其代理性理论主要是事故倾向性理论。

1919 年,英国的格林伍德(Greenwood)和伍兹(Wood)对许多工厂里的伤亡事故发生的次数和有关数据,按不同的统计分布(偏倚分布、泊松分布和非均匀等分布)进行统计检验,发现工人中的某些人较其他工人更容易发生事故。后经 1926 年纽伯尔德(Newboid)以及 1939 年法默(Farmer)等人研究,逐渐演化成事故倾向性理论。

事故倾向性理论是早期的事故致因理论,只确认了事故原因的一个侧面,并且只提出单一的补救措施。19 世纪末 20 世纪初,差别心理学盛行,事故倾向性理论正是在这一背景下形成的,曾在安全管理界产生重大影响长达半个世纪之久,被许多西方工业界作为招聘、安排职业、进行安全管理的理论依据。但这一理论存在的最大的弱点是过分强调了人的个性特征在事故中的影响,把工业事故的原因归因于少数事故倾向者,而且不能解释何以在同等危险暴露情况下,人们受伤害的概率都不相等。

二、事故因果连锁理论

1. 事故产生原因分析

1)人因素分析

在交通运输系统中,由于人的因素造成的事故占到事故总数的70%以上。在整个运输生产过程中,如果人的操作不发生错误,即使其他方面某一环节或几个环节出了故障,也会由于人的调节和控制,可能避免事故的发生或降低事故的损失;但是如果人的操作出了差错,除非装有自控保护装置,否则事故将是不可避免的。研究人员系统的可靠性切入点为人为失误。

人为失误,即人的行为失误,是指工作人员在生产、工作过程中导致实际要实现的功能与所要求的功能不一致,其结果可能以某种形式给生产、工作带来不良影响的行为。

根据安全行为学,安全心理学、安全人机工程及可靠性工程等学科关于人为失误的有关理论,造成人为失误的因素列举如下:

(1)生理因素:身高、眼高、年龄、视力、视野、色觉、听力、神经症、精神症状等。

(2)心理因素:心理疲劳、人格、性格、动机、情绪、意志、安全态度、压力等。

(3)人机界面因素:作业空间,显示装置、作业岗位的设计,安全防护装置等。

(4)环境因素:照明、颜色、噪声、微气候、空气等。

(5)社会因素:家庭情况、业余生活、人际关系、文化背景等。

(6)职业因素:专业技能、工龄、文化程度、职业培训作业强度等。

(7)管理因素:安全投入、作业人员、奖惩机制、监督管理、劳动组织等。

2)"机"因素分析

交通运输系统中的"机"是指人所控制的一切对象(设备或生产过程)的总称,如轨道行车系统的线路、车站、机车车辆、通信信号等。

机子系统设备故障的含义是指机车车辆、信号通信设备和固定设备设施及其附属的部件,在运行中丧失或降低原有的功能而导致系统不能完成预定功能的情况。

按照引起故障的原因,设备故障可以分为本质故障、诱发故障及指令性故障三类。

(1)本质故障:是指在规定的工作强度和环境条件下由于部件本身的原因而产生的故障。

(2)诱发故障:是指工作强度和环境急剧变化而导致的故障。

(3)指令性故障:是指设备本身能够正常工作,由于错误的操作指令导致的故障。

3)环境因素分析

交通运输系统环境子系统是由自然环境、社会环境及作业环境三个要素构成的,由于人和机总是处于特定的环境中工作,环境不断地对人和机产生着各种影响,进而影响着人子系统和机子系统的可靠性，从而间接地影响整个道路运输系统的可靠性。

环境因素包括以下三种：

（1）自然环境因素：包括地址灾害、气象灾害等。

（2）社会环境因素：包括治安环境、生活环境和管理环境。

（3）作业环境因素：是人员进行生产作业所处空间的环境，在交通运输系统中主要是指站场、维修车间、操纵室等场所。

4）管理因素分析

可靠性管理指保证产品可靠性达到预期指标的组织管理措施。可靠性管理的主要内容包括：组织可靠性质量保证系统，规定要管理的任务及有关部门负责人员的职责，指导、检查和督促分担任务的协作单位的可靠性工作，制订可靠性计划并检查督促计划的执行等。

2. 事故因果连锁理论基本内容

事故因果连锁理论的基本观点是：事故是由一连串因素以因果关系依次发生，就如链式反应的结果。其代表性理论主要有：海因里希事故因果连锁理论、博德事故因果连锁理论及亚当斯事故因果连锁理论。此处主要介绍海因里希事故因果连锁理论。

1936 年海因里希（H. W. Heinrich）提出了"工业安全公理"，认为事故连锁过程受以下 5 个因素的影响：

（1）遗传及社会环境。遗传及社会环境是造成人的缺点的原因。

（2）人的缺点。包括鲁莽、固执、过激、神经质、轻率个体等性格上的先天缺点，以及缺乏安全生产知识和技术等后天缺点。

（3）人的不安全行为或物的不安全状态。是指那些曾经引起过事故，可能再次引起事故的人的行为或机械、物资的状态，它们是造成事故的直接原因。

（4）事故。即由于人物或环境的作用或反作用，使人员受到伤害或可能受到伤害，出乎意料地失去控制的事件。

（5）伤害。即直接由事故产生的财产损害或人身伤害。

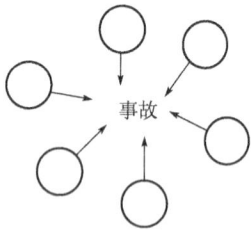

图 3-1　多因致果集中型

事故与事故起因之间存在着复杂的关系，按照事故和事故起因之间的关系可以分为以下三类：多因致果集中型、因果连锁型、集中连锁复合型。

①由多种不同因素在同一时间同一地点共同导致事故的发生，称为"多因致果集中型"，如图 3-1 所示。

②由一原因要素促成下一要素发生，因果连锁发生的事故，称为"因果连锁型"，如图 3-2 所示。

③由因果连锁，又由一系列原因集中复合组成事故结果，称为"集中连锁复合型"。单纯的集中型或单纯的连锁型均较为少见，实际事故的发生大多数是集中连锁复合型的，如图 3-3 所示。

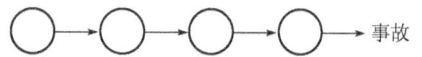

图 3-2　因果连锁型

在此基础上，Heinrich 提出了多米诺骨牌理论（Domino Theory），用 5 块骨牌形象地描述这种因果关系，如图 3-4 所示。在骨牌系列中，第一颗骨牌被碰倒了，会发生连锁反应，其余的几颗骨牌相继被碰倒。如果移去中间的一颗骨牌，则连锁被破坏，事故过程被中止。Heinrich 认为，企业安全工作的中心是防止人的不安全行为，消除机械的或物质的不安全状态，中断事故的进程以避免事故的发生。控制事故的方法也必须针对人的失误,移去中间因素,使系统中断,令前级因素失去作用。

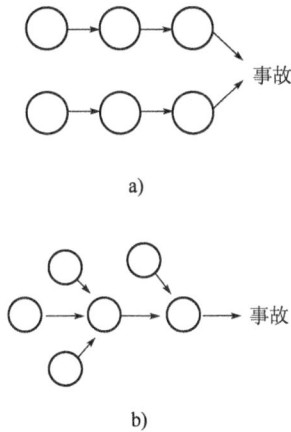

图 3-3 集中连锁复合型

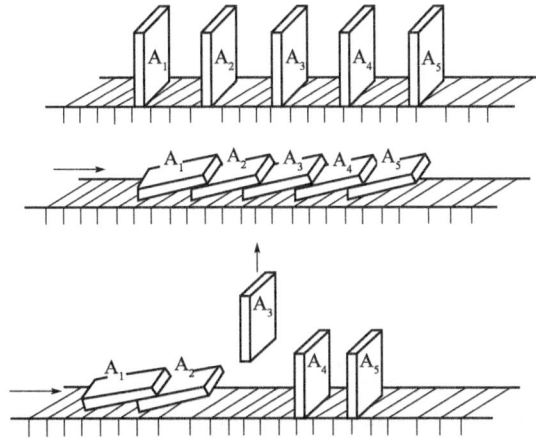

图 3-4 Heinrich 事故因果连锁模型

美国前国际损失控制研究所所长弗克兰·博德(Frank Bird)在 Heinrich 事故因果连锁理论的基础上,提出了现代事故因果连锁理论。博德认为,尽管人的不安全行为和物的不安全状态是导致事故的重要原因,但认真追究,却不过是其背后原因的征兆,是一种表面现象。他认为事故的根本原因是管理失误。

Heinrich 理论不仅确立了事故致因的事件链概念,开创性地用骨牌形象直观地描述了事故发生的因果关系,而且提出了抽除一张牌,即可破除事故链而达到防止事故发生的诱人思路。这一理论是事故研究科学化的先导,具有重要的历史地位,在实际的安全管理中广泛应用。

三、管理失误论

这一事故致因模型侧重研究管理上的责任,强调管理失误是事故的主因。

事故的直接原因是人的不安全行为和物的不安全状态。但是,造成"人失误"和"物故障"的这一直接原因却常常是管理上的缺陷。后者虽是间接原因,但它却是背景因素,而常常又是发生事故的本质原因。

人的不安全行为可以促成物的不安全状态;而物的不安全状态又会在客观上造成人之所以有不安全行为的环境条件。

"隐患"来自物的不安全状态即危险源,而且和管理上的缺陷或管理人失误共同耦合才能形成;如果管理得当,及时控制,变不安全状态为安全状态,则不会形成隐患。客观上一旦出现隐患,主观上又有不安全行为,就会立即显现为伤亡事故。在企业中,如果管理者能够充分发挥管理的控制技能,则可以有效地控制人的不安全行为和物的不安全状态。

1. 博德事故因果连锁

博德在海因里希事故因果连锁的基础上,提出了反映现代安全观点的事故因果连锁(图 3-5)。

1)控制不足—管理失误

事故因果连锁中一个最重要的因素是安全管理。安全管理人员应该充分理解,他们的工作要以得到广泛承认的企业管理原则为基础。

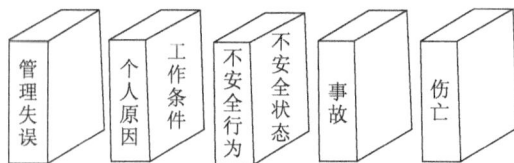
图3-5 博德的事故因果连锁

2）基本原因—起源论

所谓起源论,是在于找出问题基本的、背后的原因,而不仅是停留在表面的现象上,只有这样,才能实现有效的控制。

3）直接原因—征兆

不安全行为或不安全状态是事故的直接原因。这一直接原因是最重要的,必须加以追究。但是,直接原因不过是像基本原因那样的深层原因的征兆,是一种表面的现象。在实际工作中,如果只抓住了作为表面现象的直接原因而不追究其背后隐藏的深层原因,就永远不能从根本上杜绝事故的发生。

4）事故—接触

从实用的目的出发,往往把事故定义为最终导致人员肉体损伤、死亡,财物损失,不希望的事件。但是,越来越多的安全专业人员从能量的观点把事故看作是人的身体或构筑物、设备与超过其阈值的能量的接触,或人体与妨碍正常生理活动的物质的接触。于是,防止事故就是防止接触。

5）伤害—损坏—损失

博德的模型中的伤害,包括了工伤、职业病,以及对人员精神方面、神经方面或全身性的不利影响。人员伤害及财物损坏统称为损失。在许多情况下,可以采取恰当的措施使事故造成的损失最大限度地减少。

2. 亚当斯事故因果连锁

亚当斯(Edward Adams)提出了与博德的事故因果连锁论类似的事故因果连锁模型(表3-1)。

亚 当 斯 连 锁 论   表3-1

管理体制	管 理 失 误		现场失误	事故	伤害或损坏
目标	领导者在下述方面决策错误或没做决策	安技人员存在管理失误或疏忽	不安全行为		伤害
组织	政策、目标、权威、责任、职责	行为、责任、权威、规则指导	不安全状态	事故	损坏
机能	注意范围、权限授予	主动性、积极性、业务活动			

在亚当斯因果连锁理论中,把事故的直接原因,即人的不安全行为和物的不安全状态称作现场失误。该理论的核心在于对现场失误的背后原因进行了深入的研究。操作者的不安全行为及生产作业中的不安全状态等现场失误,是由于企业领导者及事故预防工作人员的管理失误造成的。管理人员在管理工作中的差错或疏忽,企业领导人决策错误或没有作出决策等失误,对企业经营管理及事故预防工作具有决定性的影响。

四、人因素的系统理论

系统理论指把人、机、环境作为一个整体(系统)看待,研究人、机、环境之间的相互作用、反馈和调整,从中发现事故的致因,揭示出预防事故发生的途径。以人对信息的处理过程为基础描述了事故发生的因果关系。这些理论认为外界信息不断地通过感官反映到大脑,人若能理解和判断,做出正确决策和采取行动,就可以避免事故和伤亡。反之,如果人未能察觉、认识所面临的危险,或判断不准确而未采取正确的行动,就会导致事故发生。

(1)S-O-R 的因素模型。1969 年瑟利(J. Surry)提出了一个事故模型,它包括两组问题(危险构成和显现危险的紧急时期),每组问题共有三个心理学成分:对事件的感知(刺激,S),对事件的理解(内部响应、认识活动,O),对事件的行为响应(输出,R)。该模型以人对信息的处理过程为基础描述事故发生因果关系,被称为瑟利事故模型(Surry's Accident Mode),如图 3-6 所示。

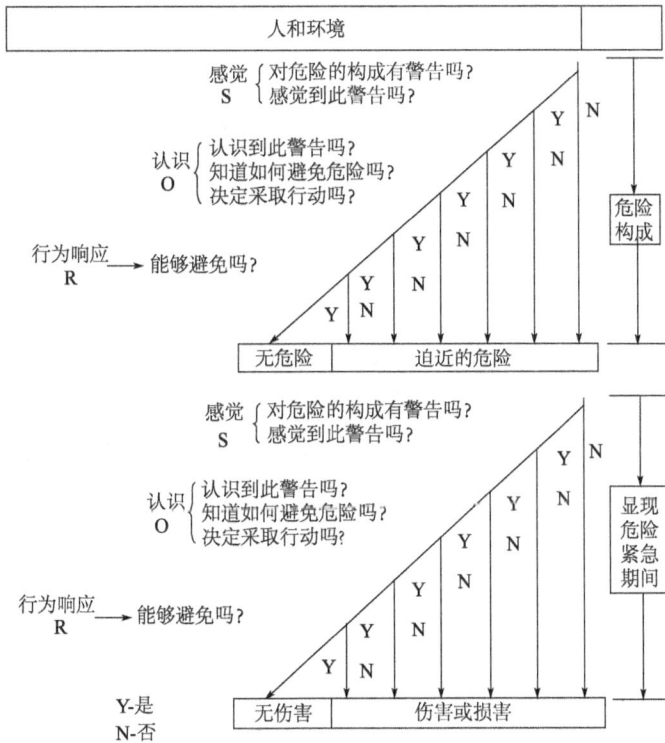

图 3-6　瑟利事故模型

(2)操作过程与 S-O-R 人因素模型的综合。1978 年安德森等在分析 60 起工伤事故中应用了瑟利模型,发现其存在一定的缺陷。安德森等人认为,瑟利模型虽然清楚地处理了操作者的问题,但未涉及机械及其周围环境的运行过程。于是,他们对瑟利模型做了扩展,在瑟利模型之上增加一组前提步骤,即有关危险线索的来源及考察性,运行系统内的波动(变异性),以及控制和减少这些被动与人的操作的行为波动相一致。这一扩展使瑟利模型变得更为有用和协调。安德森对瑟利模型的整补始于可控制系统(一个不可控系统如闪电,不能为模型的开始组所阐明)。如图 3-7 所示。

(3)海尔(Hale)模型。1970 年海尔研究认为,当人们对事件的真实情况不能做出适当响

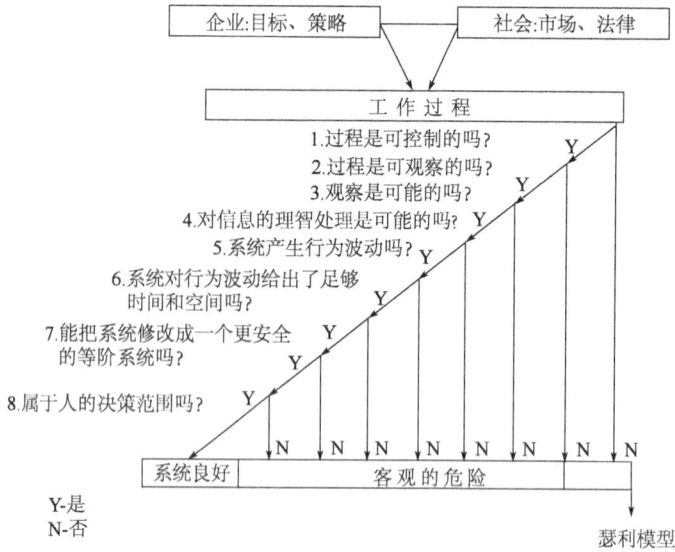

图 3-7　安德森对瑟利模型的整补图

应时,事故就会发生,但并不一定造成伤害。海尔模型集中于操作者与运行系统的相互作用,是一个闭环反馈系统,主要分为下列 4 个部分:察觉情况,接收信息;处理信息;操作者用行动改变形势;新的察觉、处理与响应。如图 3-8 所示。

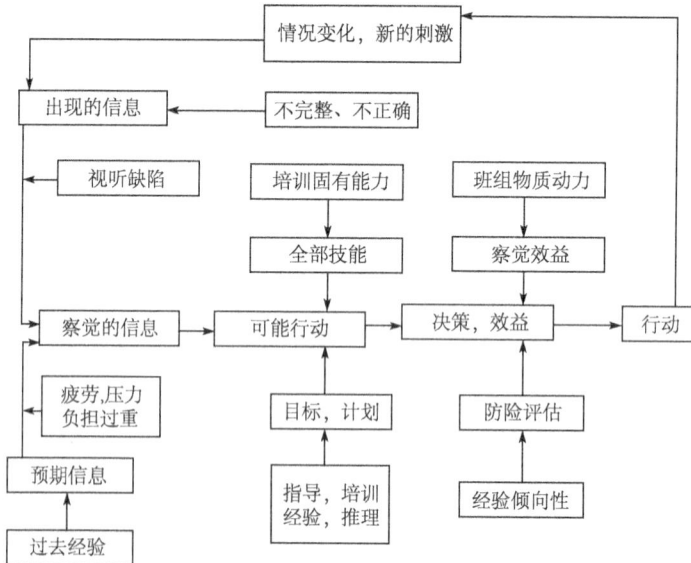

图 3-8　海尔模型

　　信息包括操作者在运行系统中收到的信息。这种信息可能由于机械的故障而不正确,也会因为试听不佳而视察不到,即不完整的信息。这两种情况都可能导致行动失误。预期的信息是指经常指导对信息收集和选择的预测。就预测指导感觉而言,可能发生两种类型的失误:一是操作者感觉上的失误;二是对危险征兆没有察觉。负担过重、有压力、疲劳或药物的不良影响,都有可能使操作者对收集信息的注意力削弱,以致不能对危险保持警惕。

五、轨迹交叉论

20 世纪 60 年代末 70 年代初,日本劳动省调查分析了 50 万起事故的形成过程,总结出从人的系列分析,只有约 4% 的事故与人的不安全行为无关;从物的系列分析,只有约 9% 的事故与物的不安全状态无关。这些统计数字表明,大多数伤害事故的发生,既与人的不安全行为相关,也与物的不安全状态相关。在此基础上,日本劳动省提出了"轨迹交叉理论"(Orbit Intersecting Theory),并构建了一系列模型来描述这一理论,如图 3-9 所示。

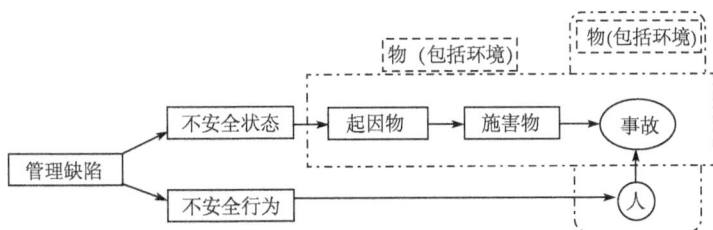

图 3-9 轨迹交叉理论模型

轨迹交叉理论的基本思想是:伤害事故是许多相互关联的事件顺序发展的结果。这些事件概括起来不外乎人和物两个发展系列,当人的不安全行为和物的不安全状态在各自发展过程中(轨迹),在一定时间、空间发生了接触(交叉),能量"逆流"于人体时,伤害事故就会发生。人流与物流(能量流)的轨迹交叉点,就是发生人为灾害的"时空"。

(1)人的事件链。人的不安全行为基于生理、心理、环境、行为等方面而产生:①生理、先天身心缺陷;②社会环境、企业管理上的缺陷;③后天的心理缺陷;④视、听、嗅、味、触五感能量分配上的差异;⑤行为失误。人的行为自由度很大,生产劳动中受环境条件影响,加之自身生理、心理缺陷都易于发生失误动作或行为失误。

(2)物的事件链。在机械、物质系列中,从设计开始,经过现场的种种程序,在整个生产过程中各阶段都可能产生不安全状态。①设计上的缺陷;②制造、工艺流程上的缺陷;③维修保养上的缺陷,降低了可靠性;④使用上的缺陷;⑤作业场所环境上的缺陷。

总之,人的事件链随时间进程的运动轨迹按① – ② – ③ – ④ – ⑤的方向线顺序进行;物质或机械的事件链随时间进程的运动轨迹按① – ② – ③ – ④ – ⑤的方向线进行。

轨迹交叉理论的侧重点是说明人为失误难以控制,但可控制设备、物流不发生故障。管理的重点应放在控制物的不安全状态上,即消除了"起因物",当然就不会出现"施害物","砍断"物流连锁事件链,使人流与物流的轨迹不相交叉,事故即可避免。

在轨迹交叉理论中,人的不安全行为和物的不安全状态是事故发生的表面原因和直接原因,如果对它们进行更进一步的分析,则可以进一步挖掘出二者背后深层次的原因,即事故发生的间接原因和基础原因。如表 3-2 所示。

轨迹交叉理论事故发生原因   表 3-2

直接原因	间接原因	基础原因
人的不安全行为	生理和心理状况、知识技能情况、工作态度、规章制度、人际关系、领导水平等	遗传、经济、文化、教育培训、民族习惯、社会历史、法律等
物的不安全状态	维护保养不当、保养不当、故障、使用错误等	设计缺陷、施工和制造缺陷、标准缺乏等

从伤亡事故逻辑系统图可以看出，只有"人的失误"事件和"物的不安全状态"事件同时发生，事故才会发生；反之，只要"人的失误"事件和"物的不安全状态"事件中任意一个事件发生的概率为零，不论另一个事件发生的概率有多大，事故也不会发生，或者说"人的失误"事件和"物的不安全状态"事件发生的概率越小，事故发生的概率就会降低得越小。

轨迹交叉理论模型启发我们预防事故可以从防止人、物运动轨迹的交叉，控制人的不安全行为和控制物的不安全状态三个方面来考虑。

六、能量意外释放论

能量是物体做功的本领，人类社会的发展就是不断地开发和利用能量的过程。但能量也是对人体造成伤害的根源，没有能量就没有事故，没有能量就没有伤害。1961 年吉布森，1966 年哈登等人提出了解释事故发生物理本质的能量意外释放论。其基本观点是：不希望或异常的能量转移是伤亡事故的致因。即人身伤害的原因只能是某种能量向人体的转移，而事故则是一种能量的不正常或不期望的释放。

在能量意外释放论中，把最能引起的伤害分为两大类。第一类伤害是由于施加了超过局部或全身性的损伤阈值的能量而产生的。人体各部对每一种能量都有一个损伤阈值。当施加于人体的能量超过该阈值时，就会对人体造成损伤。大多数伤害均属于此类伤害。第二类伤害则是由于影响局部或全身性能量交换引起的。例如因机械因素或化学因素引起的窒息（如溺水、一氧化碳中毒等）。

能量转移论的另一个重要概念是：在一定条件下，某种形式的能量能否造成伤害及事故，主要取决于：人所接触的能量大小，接触的时间长短和频率，力的集中程度，受伤害的部位及屏障设置的早晚等。

能量转移论与其他事故致因理论相比，具有两个主要优点：一是把各种能量对人体的伤害归结为伤亡事故的直接原因，从而决定了以对能量源及能量输送装置加以控制作为防止或减少伤害发生的最佳手段这一原则；二是依照该理论建立的对伤亡事故的统计分类，可以全面概括、阐明伤亡事故类型和性质。能量转移论的不足之处是：由于机械能（动能和势能）是工业伤害的主要能量形式，因而使得按能量转移的观点对伤亡事故进行统计分类的方法尽管具有理论上的优越性，在实际应用上却存在困难。它的实际应用有待于对机械能的分类作更为深入细致的研究，以便对机械能造成的伤害进行分类。

从能量意外释放论出发，预防伤害事故就是防止能量或危险物质的意外释放。防止人体与过量的能量或危险物质接触。约束、限制能量，防止人体与能量接触的措施称作屏蔽。这是一种广义的屏蔽，在工业生产中经常采用的防止能量意外释放的屏蔽措施主要包括用安全的能源代替不安全的能源、限制能量、防止能量蓄积、缓慢地释放能量、设置屏蔽设施、在时间和空间上把能量与人体隔离、信息形式的屏蔽等。

从能量的观点出发，按能量与被害者之间的关系，可以把伤害事故分为 3 个种类，相应地，应采取不同的预防伤害措施。

（1）能量在规定的能量流通渠道中流动，人员意外地进入能量流通渠道而受到伤害。设置防护装置之类的屏蔽设施防止人员进入，可以避免此类事故。警告、劝阻等信息形式的屏蔽也可以约束人的行为。

（2）在与被害者无关的情况下，能量意外地从原来的渠道里逸脱出来，开辟新的流通渠道使人员受伤害。

（3）能量意外地越过了原有的屏障而开辟新的流通渠道,同时被害者误入新开通的能量渠道而受到伤害。这种情况实际上较少发生。

七、综合原因论

事故之所以发生是由于多重原因综合造成的,既不是单一原因造成的,也不是个人偶然失误或单纯设备故障所形成,而是各种因素综合作用的结果。事故之所以发生,有其深刻原因,包括直接原因、间接原因和基础原因。

综合原因论认为,事故是社会因素、管理因素和生产中危险因素被偶然事件触发所造成的结果。

意外(偶然)事件之所以触发,是由于生产中环境条件存在着危险因素即不安全状态,后者和人的不安全行为共同构成事故的直接原因。这些物质的、环境的以及人的原因是由于管理上的失误、缺陷、管理责任所导致,是造成直接原因的间接原因。形成间接原因的因素,包括社会经济、文化、教育、社会历史、法律等基础原因,统称为社会因素。

事故的发生过程可以表述为由基础原因的"社会因素"产生"管理因素",进一步产生"生产中的危险因素",通过人与物的偶然因素触发而发生伤亡和损失。

第二节　可　靠　性

一、可靠性基本概念

可靠性是产品质量的重要组成部分,也是衡量产品质量的一项指标。对于公众而言,在购买相关产品时,不仅要看其基本的技术性能,更看重其产品具有较高的可靠性。对汽车、轨道车辆、航天飞机等来说,如果核心零部件不可靠,会直接导致事故的发生,从而造成经济损失,甚至危及人员的生命安全及国家荣誉。

可靠性的经典定义是:产品或系统(设备)在规定条件下和规定时间内完成规定功能的能力。它最早由美国的 AGREE 在 1957 的报告中提出,并在 1966 年美国的 MIL-STD-721B 中较正规地给出,并为世界各国的标准所引用。

可靠性包括下列 5 个要素:

（1）产品。指作为单独研究和分别试验对象的任何元件、设备或系统,可以是零件、部件,也可以是由它们装配而成的机器,或由许多机器组成的机组和成套设备,甚至还把人的作用也包括在内。在具体使用"产品"这一词时,其确切含义应加以说明。例如汽车板簧、汽车发动机、汽车整车等。

（2）规定条件。一般指的是使用条件、环境条件。包括应力温度、湿度、尘沙、腐蚀等,也包括操作技术、维修方法等条件。

（3）规定时间。是可靠性区别于产品其他质量属性的重要特征,一般也可认为可靠性是产品功能在时间上的稳定程度。因此以数学形式表示的可靠性各特征量都是时间的函数。这里的时间概念不限于一般的年、月、日、分、秒,也可以是与时间成正比例的次数、距离。例如应力循环次数、汽车行驶里程。

（4）规定功能。要明确具体产品的功能是什么,怎样才算是完成规定功能。产品丧失规定功能称为失败,对可修复产品通常也称为故障。

（5）能力。只作定性的理解是比较抽象的,为了衡量检验,后面将加以定量描述。产品的失败或故障均具有偶然性,一个产品在某段时间内的工作情况并不能很好地反映该产品可靠性的高低,而应该大量观察该种产品的工作情况并进行合理的处理后,才能正确地反映该产品的可靠性,因此对能力的定量需用概率和数理统计的方法。

按产品可靠性的形成,可靠性可分为固有可靠性和使用可靠性。固有可靠性是通过设计、制造赋予产品的可靠性;使用可靠性既受设计、制造的影响,又受使用条件的影响。一般使用可靠性总低于固有可靠性。

二、可靠性指标

1. 可靠度

可靠度是产品在规定条件下和规定时间内,完成规定功能的概率,一般记为 R。它是时间的函数,故也记为 $R(t)$,称为可靠度函数。

如果用随机变量 T 表示产品从开始工作到发生失效或故障的时间,其概率密度为 $f(t)$,若用某一指定时刻,则该产品在该时刻的可靠度为：

$$R(t) = P(T > t) - \int_i^\infty f(t)\,\mathrm{d}t \tag{3-1}$$

对于不可修复的产品,可靠度的观测值是指直到规定的时间区间终了为止,能完成规定功能的产品数与在该区间开始时投入工作产品数之比,即

$$R'(t) = \frac{N_s(t)}{N} = 1 - \frac{N_f(t)}{N} \tag{3-2}$$

式中：N ——开始投入工作产品数;

$N_s(t)$ —— 到 t 时刻完成规定功能产品数,即残存数;

$N_f(t)$ —— 到 t 时刻未完成规定功能产品数,即失效数。

2. 可靠寿命

可靠寿命是给定的可靠度所对应的时间,一般记为 $t(R)$。一般可靠度随着工作时间 t 的增大而下降,对给定的不同 R,则有不同的 $t(R)$,即

$$t(R) = R^{-1}(R) \tag{3-3}$$

式中：R^{-1}——R 的反函数,即由 $R(t) = R$ 反求 t。

可靠寿命的观测值是能完成规定功能的产品的比例恰好等于给定可靠度时所对应的时间。

3. 累积失效概率

累积失效概率是产品在规定条件下和规定时间内未完成规定功能(即发生失效)的概率,也称为不可靠度。一般记为 F 或 $F(t)$。

因为完成规定功能与未完成规定功能是对立事件,按概率互补定理可得：

$$F(t) = 1 - R(t) \tag{3-4}$$

$$R(t) = P(T \le t) - \int_{-\infty}^t f(t)\,\mathrm{d}t \tag{3-5}$$

对于不可修复产品和可修复产品累积失效概率的观测,都可按概率互补定理,取:

$$F(t) = 1 - R'(t) \tag{3-6}$$

4. 平均寿命

平均寿命是寿命的平均值。对不可修复产品常用失效前平均时间,一般记为 MTTP;对可修复产品则常用平均无故障工作时间,一般记为 MTBF。它们都表示无故障工作时间 T 的期望 $E(T)$,或简记为 t。如已知 T 的概率密度函数 $f(t)$,则:

$$\bar{t} = E(T) = \int_0^\infty tf(t)\,\mathrm{d}t \tag{3-7}$$

经分部积分后也可求得:

$$\bar{t} = \int_0^\infty R(t)\,\mathrm{d}t \tag{3-8}$$

5. 失效率和失效率曲线

1) 失效率

失效率是工作到某时刻尚未失效的产品,在该时刻后单位时间内发生失效的概率。一般记为 λ,它也是时间 t 的函数,故也记为 $\lambda(t)$,称为失效率函数,有时也称为故障率函数或风险函数。

按上述定义,失效率是在时刻 t 尚未失效产品在 $t + \Delta t$ 的单位时间内发生失效的条件概率,即

$$\lambda(t) = \lim_{t, \Delta t \to 0} \frac{1}{\Delta t} P \quad (t < T \leq t + \Delta t \mid T > t) \tag{3-9}$$

它反映 t 时刻失效的速度,也称为瞬时失效率。

失效率的观测值是在某时刻后单位时间内失效的产品数与工作到该时刻尚未失效的产品数之比,即

$$\lambda(t) = \frac{\Delta Nf(t)}{N_s t \Delta t} \tag{3-10}$$

2) 失效率曲线

典型的失效率(或故障率)曲线反映产品总体各寿命期失效率的情况。如图 3-10 所示为失效率曲线的典型情况,有时形象地称为浴盆曲线。失效率随时间变化可分为以下 3 段时期:

(1)早期失效期。失效率曲线为递减型。产品投入使用的早期,失效率较高而下降很快。主要由于设计、制造、储存、运输等形成的缺陷,以及调试、磨合、启动不当等人为因素所造成的。当这些所谓先天不良的失效后且运转也逐渐正常,则失效率就

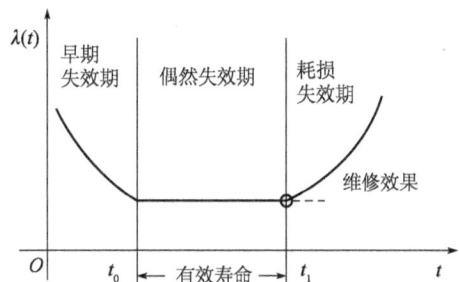

图 3-10 典型失效曲线

趋于稳定,到 t_0 时失效率曲线已开始变平。t_0 以前称为早期失效期。针对早期失效期的失效原因,应该尽量设法避免,争取失效率低且 t_0 短。

(2)偶然失效期。失效率曲线为恒定型,即 t_0 到 t_1 间的失效率近似为常数。失效主要由非预期的过载、误操作,意外的天灾以及一些尚不清楚的偶然因素所造成。由于失败原因多属偶

然,故称为偶然失效期。偶然失效期是能有效工作的时期,这段时间称为有效寿命。为降低偶然失效期的失效率而增长有效寿命,应注意提高产品的质量,精心使用维护。加大零件截面尺寸可使抗非预期过载的能力增大,从而使失效率显著下降,然而过分地加大尺寸,将使产品笨重,不经济,往往也不允许。

(3)耗损失效期。失效率是递增型。在 t_1 以后失效率上升较快,这是由于产品已经老化、疲劳、磨损、蠕变、腐蚀等所谓有耗损的原因所引起的,故称为耗损失效期。针对耗损失效的原因,应该注意检查、监控、预测耗损开始的时间,提前维修,使失效率仍不上升,如图 3-11 中虚线所示,以延长寿命。当然,修复若需花很大费用而延长寿命不多,则不如报废更为经济。

三、可靠性技术

可靠性的技术基础范围相当广泛,大致分为定性和定量的两大类方法。定量化的方法要从故障(失效)的概率分布讲起,即解决如何能定量地设计、试验、控制和管理产品的可靠性。定性方法则是经验为主,也就是要把过去积累处理失效的经验设计到产品中,使它具有免故障的能力。定性和定量方法是相辅相成的。可靠性设计和试验分析技术,其目的是在设计阶段预测和预防所有可能发生的故障和隐患,消除于未然,把可靠性设计到产品中去。

1. 可靠性设计经验

(1)选择设计方案时尽量不采用还不成熟的新系统和零件,尽量采用已有经验并已标准化的零部件和成熟的技术。

(2)结构简化,零件数消减。如日本横河记录仪表 10 年中无件数消减 30%,大大提高了可靠性。

(3)考虑功能零件的可接近性,采用模块结构等以利于可维修性。

(4)设置故障检测和诊断设置。

(5)保证零部件设计裕度(安全系数/降额)。

(6)必要时采用功能并联、冗余技术。如日本的液压挖掘机,采用双泵、双发动机的冗余设计。

(7)考虑零件的互换性。

(8)失效安全设计(Failure Safe),系统某一部分即使发生故障,但使其限制在一定范围内,不致影响整个系统的功能。

(9)安全寿命设计(Safe Life),保证使用中不发生破坏而充分安全的设计。例如对一些重要的安全性零件如汽车制动、转向机构等保证在极限条件下不能发生变形、破坏。

(10)防误操作设计(Error Proofing)。

(11)加强连接部分的设计分析,例如选定合理的连接、止推方式。考虑防振、防冲击、对连接条件的确认。

(12)可靠性确认试验,在没有现成数据和可用的经验时,这是唯一的手段。尤其机械零部件的可靠性预测精度还很低。主要通过试验确认。

2. 可靠性设计辅助措施

为了使设计时能充分地预测和预防故障,把更多的失效经验设计到产品中,因而必须帮助设计人员充分地掌握故障情报资料和设计依据。采取以下措施:

（1）列可靠性检查表。从可靠性观点出发，列出设计中应考虑的重点。设计时逐项检查。考虑预防的对策。

（2）推行 FMEA、FTA 方法。FMEA（失效模式影响分析）和 FTA（故障树分析）是可靠性分析中的重要手段。FMEA 是从零部件故障模式入手分析，评定它对整机或系统发生故障的影响程度，以此确定关键的零件和故障模式。FTA 则是从整机或系统故障开始，逐步分析到基本零件的失效原因。这两种方法在国外被看作是和设计图纸一样重要，作为设计的技术标准资料，它收集总结了该种产品所有可能预料到的故障模式和原因。设计者可以较直观地认识到设计中存在的问题。

（3）制作故障事例集。把过去技术上的失败和改进的事例做成手册，供设计者随时参考。通常用简图表示，将故障和改进作对比。对故障的原因、情况附有简单说明，这手册是各公司积累的技术财富，同设计规范一样重要。

（4）建立数据库。广泛有限地收集设计、制造中的失败和改进经验，试验和实际用的数据形成检索系统和数据，使设计者超越本单位充分利用别人实践过的经验，如电子产品已形成世界性可靠性信息交换网。

（5）不断充实、改善设计、试验规范。从使用实际得来的故障教训反馈到设计、试验方法的改进，要将这些改进效果作为产品设计规范，包括材料选定、结构形式、许用应力、安全系数值和试验标准的改进依据，使它们成为设计技术的一部分。

3. 加强失效物理技术研究

失效物理是研究故障的原因，材料劣化的机制、缺陷的检测和消除、寿命预测和强化寿命机理以及应力分析等技术，目的是找出失效原因，做出和更换改进决策，避免类似事故再发生。

总之，为确保产品可靠、少出故障，必须加强故障的事前（设计）、事中（运行的故障诊断）和事后（失效分析）的分析研究工作。

四、系统可靠性

1. 表决系统可靠性

表决系统是组成系统的 n 个单元中，不失效的单元不少于 k（k 介于 1 和 n 之间），系统就不会失效的系统，又称为 k/n 系统。如图 3-11 所示为表决系统的可靠性框图。通常 n 个单元的可靠度相同，均为 R，则可靠性数学模型为：

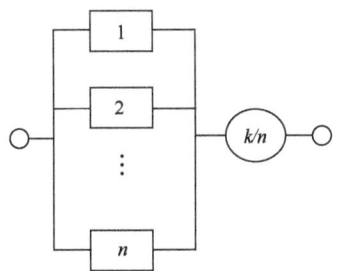

图 3-11 表决系统

$$R_s = \sum_{i=k}^{n} \binom{n}{i} R^i (1-R)^{r-1} \tag{3-11}$$

如果 $k=1$，即为 n 个相同单元的并联系统，如果 $k=n$，即为 n 个相同单元的串联系统。

2. 串联系统可靠性

串联系统是组成系统的所有单元中任一单元失效就会导致整个系统失效的系统。如图 3-12 所示为串联系统的可靠性框图。假定各单元是相互独立的，则其可靠性数学模型为：

$$R_a = \prod_{i=1}^{n} R_i \quad (i = 1, 2, 3, \cdots, n) \tag{3-12}$$

式中：R_a——系统可靠度；

$\quad\quad R_i$——第 i 单元可靠度。

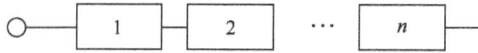

图 3-12　串联系统可靠性框图

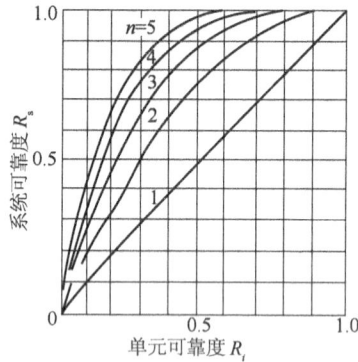

串联系统的可靠度随着单元可靠度的减少及单元数的增多而迅速下降。因此，为提高串联系统的可靠性，单元数宜少，且应重视改善最薄弱单元的可靠性。

3. 并联系统可靠性

并联系统是组成系统的所有单元都失效时才失效的系统。如图 3-13 所示为并联轴系统的可靠性框图，假定各单元是相互独立的，则其可靠性数学模型为：

$$R_a = 1 - \prod_{i-1}^{n} F_i = 1 - \prod_{i-1}^{n}(1 - R_i) \quad (i = 1, 2, 3, \cdots, n) \quad\quad (3\text{-}13)$$

式中：R_a——系统可靠度；

$\quad\quad F_i$——第 i 单元不可靠度；

$\quad\quad R_i$——第 i 单元可靠度。

并联系统对提高系统的可靠度有显著的效果，图 3-14 表示各单元可靠度相同时 R_1 和 n 与 R_1 的关系，机械系统采用并联时，尺寸、质量、价格都随并联数 n 成倍地增加，因此不如电子、通信设备中用得广泛。采用时并联数也不多。例如在动力装置、安全装置、制动装置采用并联时，常取 $n = 2 \sim 3$。

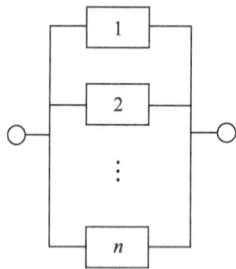

图 3-13　并联系统可靠性框图　　图 3-14　n 个相同单元并联系统可靠度

4. 混联系统可靠性

混联系统是由串联和并联混合组成的系统。如图 3-15 所示为混联系统的可靠性框图，其数学模型可运用串联和并联两种基本模型将系统中一些串联及半联部分简化为等效单元。例如图 3-15 中的 a 可按图中 b、c、d 的次序依次简化，则：

$$R_{s1} = R_1 R_2 R_3$$

$$R_{s2} = R_4 R_5$$

$$R_{s3} = 1 - (1 - R_{s1})(1 - R_{s2})$$

$$R_{s4} = 1 - (1 - R_6)(1 - R_7)$$

$$R_s = R_{s3} R_{s4} R_5$$

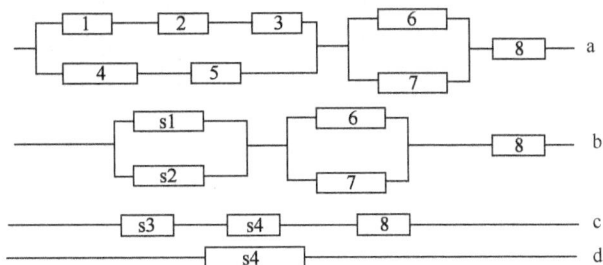

图 3-15 混联系统及其简化

混联系统的两个典型情况为串并联系统[图 3-16a)]和并串联系统[图 3-16b)]。串并联系统的数学模型为：

$$R_s = \prod_{j-1}^{n} \left[1 - \prod_{t-1}^{mj} (1 - R_{ij}) \right] \qquad (3-14)$$

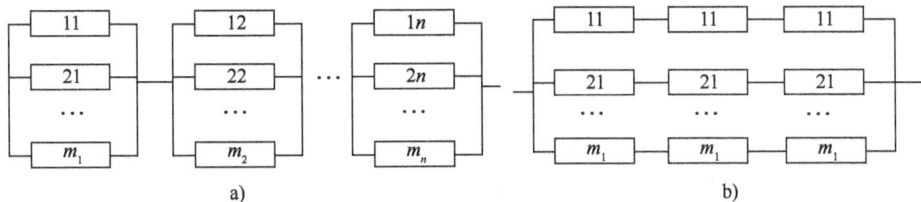

图 3-16 串并联系统和并串联系统

当各单元可靠度均相等，均为 $R_{ij} = R$。

且 $m_1 = m_2 = m_3 = \cdots = m_n = m$，则：

$$R_i = [1 - (1 - R)m]n \qquad (3-15)$$

并串联系统的数学模型为：

$$S = 1 - \prod_{i-1}^{m} (1 - R_{ij}) \qquad (3-16)$$

当各单元可靠度都相等，均为 $R_{ij} = R$，且 $n_1 = n_2 = \cdots = n_m = n$，则：

$$R_s = 1(1 - R_n)m \qquad (3-17)$$

一般串并联系统的可靠度，对单元相同的情况，高于并串联系统的可靠度。

五、人的可靠性

人在各种工程系统的可靠性中起着重要的作用。因为各种系统都是由人这个环节使之相互联系的，为了使可靠性分析有意义，必须考虑人的可靠性因素。

人的可靠性定义为：人在系统工作的任何阶段，在规定的最小时间限度内（假定时间要求是给定的）成功地完成一项工作或任务的概率。

在系统设计阶段，遵循人的因素的原则能有效地提高人的可靠性，另一方面，诸如仔细地挑选和培训有关人员等也有助于提高人的可靠性。

1. 应力

应力是影响人的行为及其可靠性的一个重要因素。显然，一个承受过重应力的人会有较高的可能性造成失误。根据研究表明，人的工作效率与应力（或忧虑）之间有如图 3-17 所示的关系。

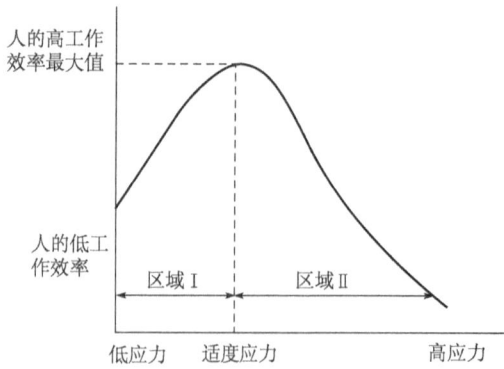

图 3-17　人的工作效率与应力的关系

从图 3-17 中可看出,应力不完全是一种消极因素。实际上,适度的应力有利于把人的工作效率提高到最佳状态,如果应力过轻,任务简单且单调,反而会使人觉得工作没有意义而变得迟钝,因而人的工作效率不会到达高峰状态;相反,若应力过重,超过中等应力情况,将导致人的工作效率下降。图 3-17 中曲线划分为两个区域:在区域 Ⅰ 内,人的工作效率随应力的增加而提高;在区域 Ⅱ 内,人的工作效率随应力增加而降低。

1)职业应力

职业应力可分为以下 4 种类型:

(1)类型 Ⅰ。与工作负荷有关。在超负荷工作的情况下,任务要求超过了个人满足要求的能力;同样,在低负荷工作的情况下,一个人完成的工作调动不起积极性。低负荷工作的例子有:①不需要动脑筋;②没有发挥个人专长和技能的机会;③重复性工作。

(2)类型 Ⅱ。与职业变动有关,职业改变破坏了个人行为上的、心理上的和认识上的功能模式。这种应力类型出现在与生产率和增长有关的机构中,职业变动的形式如调整编制、职务提升、科研开发和重新安置等。

(3)类型 Ⅲ。与职业上受到挫折有关。当工作不能满足预先的目标时,会导致这种情况,如缺乏联系、分工不明确、官僚主义、缺乏职业开发准则等。

(4)类型 Ⅳ。其他可能的职业性环境因素,如振动、噪声、高温、光线太暗或太亮、不好的人际关系等。

2)操作人员的应力特征

人都有一定的局限性,当执行某一具体任务时,若超过这些限度,差错的发生概率就会上升。为了使人的差错减到最小,设计工程师和可靠性工程师应密切配合,在设计阶段应考虑到操作人员的能力限度和特性。操作人员可能受到的应力特征是:

(1)反馈给操作人员的信息不充分,不能确定其工作正确与否。

(2)要求操作人员迅速地对两个或两个以上的显示值做出比较。

(3)操作人员要在很短时间内做出决策。

(4)要求操作人员延长监视时间。

(5)为了完成一项任务,所要做的步骤很多。

(6)有一个以上的显示值难以辨认。

(7)要求同时高速完成一个以上的控制。

(8)要求操作人员高速完成操作步骤。

(9)要求根据不同来源收集到的数据做出决策。

3)个人的应力因素

个人的应力因素是指一般工作人员可能因某种原因造成了心理压力而引起的应力。这些因素中有些是在一个人的一生中遇到的实际问题。将其中一些列举如下:

(1)必须与性格难以捉摸的人在一起工作。

（2）不喜欢做现在的工作或事情。

（3）与配偶或子女有矛盾。

（4）严重的经济困难造成的心理上的压力。

（5）在工作中有可能成为编外人员。

（6）在工作中得到晋升的机会很少。

（7）缺乏完成现在工作的能力。

（8）健康欠佳。

（9）时间上要求很紧的工作。

（10）为了按期完成工作，不得不加班干；工作上上级提出过多的要求；做一项凭自己的能力和经验不屑去做的工作等。

2. 人的差错（失误）

1）人的差错含义及原因

人的差错是指人在执行规定任务时发生失误（或做了禁止的动作）而可能导致预定操作中断或引起人员伤亡和财产损坏。人的差错对系统产生的影响依不同的系统而不同，造成的后果也是不一样的。因此，必须对人的差错的特点、类型以及后果加以分析，并定量化地给出它们发生的概率。人的差错的发生有各种原因，大多数人的差错发生的原因是基于这样一个事实，即人可以用各种不同方式去做各种不同的事情。

2）人的差错分类

人的差错一般可按以下几种形式分类：

（1）按信息处理过程分类

①未正确提供、传递信息。如果发现提供的信息有误，那就不能认为是操作人员的差错，在分析人的差错时，对这一点的确认是绝对必要的。

②识别、确认错误。如果正确地提供了操作信息，则要查明眼、耳等感觉器官是否正确接收到这一信息，进而是否正确识别到了。如果肯定其过程中某处有误的话，就判定为识别、确认错误。这里所谓识别，是指对眼前出现的信号或信息的识别；确认是指操作人员积极搜寻并检查作业所需的信息而言。

③记忆、判断错误。进行记忆、判断或者意志决定的中枢处理过程中产生的差错或错误属于此类。

④操作、动作错误。中枢神经虽然正确发出指令，但它未能转换为正确的动作而表现出来。这种情况包括姿势、动作的紊乱所引起的错误，或者拿错了操作工具及弄错了操作方向等错误，遗漏了动作等。

（2）按执行任务性质分类

人的差错按照执行任务阶段的错误性质，可划分为几种类别：

①设计错误。这是由于设计人员设计不当造成的错误，错误一般分为 3 种情况：设计人员所设计的系统或设备不能满足人机工程的要求，违背了人机相互关系的原则；设计时过于草率，设计人员偏爱某一局部设计导致片面性；设计人员在设计过程中对系统的可靠性和安全性分析不够或没有进行分析。

②操作错误。这是由于操作人员在现场环境下执行各种功能时所产生的错误，主要有：缺乏合理的操作规程，任务复杂而且在超负荷条件下工作；人的挑选和培训不够；操作人员对工

作缺乏兴趣,不认真工作;工作环境太差;违反操作规程,等等。

③装配错误。生产过程中装配错误有:使用了不合格的或错误的零件;漏装了零件;零部件的装配位置与图纸不符;虚焊及导线接反等。

④检验错误。检验的目的是发现缺陷或毛病。由于在检验产品过程中的疏忽而没有把缺陷或毛病完全检测出来从而产生检验错误,这是允许的,因为检验不可能存在 100% 的准确性。一般认为检验的有效度只有 85%。

⑤安装错误。没有按照设计说明书、图纸或安全手册进行设备安装造成的错误。

⑥维修错误。维修保养中发生的错误例子很多,如设备调试不正确、校核疏忽、检修前和检修后忘记关闭或打开某些阀门、某些部位用错了润滑剂等。随着设备的老化,维修次数增多,发生维修错误的可能性增加。

(3)哈默的"人的差错"分类

①疏忽性。对困难做出不正确的决策。

②执行性。不能实现所需的功能。

③多余性。完成一项不该完成的操作。

④次序性。执行操作时,发生次序差错。

⑤时间性。时间掌握不严,对意外事件反应迟钝,不能意识到的风险情况。

3)人的故障模式

人的差错的发生有各种不同的原因,诸如信息提供、识别、判断、操作等一个或多个人的活动都可涉及人的差错,这些差错归纳起来为人的故障模式,如图 3-18 所示。

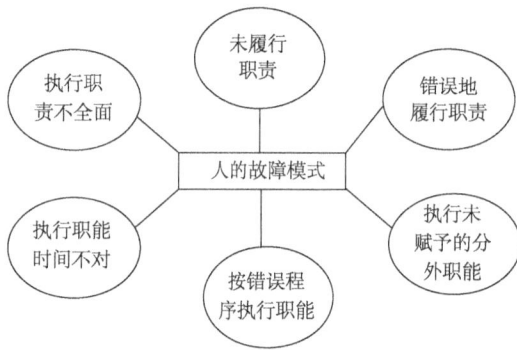

图 3-18　人的故障模式

4)人的差错概率估计

人的差错概率是对人的行为的基本量度。其定义如下:

$$P = \frac{E}{O} \tag{3-18}$$

式中:E——某项工作(作业对象)中,发生的差错数;

O——某项工作中,可能发生差错的机会的总次数;

P——在完成某项工作中,差错发生的概率。

如表 3-3 所示为一些典型的人的差错概率值。如表 3-4 所示为美国商用核电站风险评价报告(WASH－1400)关于操纵人员失误概率的估计值。

典型人的差错概率　　　　　　　　　　　　　　表 3-3

序　号	操　作　说　明	人的差错概率
1	图表记录仪读数	0.006
2	模拟仪表读数	0.003
3	读图表	0.010
4	不正确地理解指示灯上的指示	0.001
5	在高度紧张情况下将控制器拧错了方向	0.500

续上表

序号	操 作 说 明	人的差错概率
6	把控制器转错了方向(没有违反群体习惯)	0.0005
7	拧上插接件	0.010
8	阀门关闭不正	0.002
9	在一组仅靠标签识别的相同控制器中选错了标签	0.003
10	阅读技术说明书	0.008
11	确定多位置电气开关的位置	0.004
12	安装垫圈	0.004
13	安装鱼形夹	0.004
14	固定螺母、螺钉和销子	0.003
15	准备书面规程中疏忽了一项或书写错了一项	0.003
16	分析真空管失真	0.004
17	分析锈蚀和腐蚀	0.004
18	分析凹陷、裂纹和划伤	0.003
19	分析缓变电压和电平	0.040

操纵人员失误概率估计 表3-4

序号	失 误 行 为	估计概率
1	误选一个与应选的形状和位置完全不同的开关(假定不是由于错误判断),例如操纵员误拉一个大把手开关而不是应该拉的小把手开关	0.001
2	通常的执行错误,例如贴错了标志,因而错拉了开关	0.003
3	由于控制室内没有相应的状态显示而引起的通常疏忽错误,例如在检修后没有将手动调试阀门开或关到应有位置	0.010
4	与上例不同的通常的疏忽错误,疏忽发生在某一过程之中而不在末尾	0.003
5	由于没有另用一张纸进行校算而产生的简单运算错误	0.030
6	当应动作的开关附近有 $x \leqslant 5$ 个形状相同的不应动的开关时,操纵员的误操作概率	$1/x$
7	操纵员错开一个电动阀门的开关的概率,该阀门原处于正确位置,并已有指示,但操纵员未注意指示而改变了阀门位置且他未发现	0.100
8	检测或检查人员没有发现操纵人员误操作的概率,在报警后会使概率下降	0.100
9	人员换班后,除了查核表或书面指示要求的项目外,不检查其他硬件状态的概率	0.100
10	不采用查核表时,检查人员一般巡视不能发现阀门位置不正确的概率	0.500
11	高应力条件操作失误概率	0.200~0.300

人的差错概率受多种因素的影响,如操作的紧迫程度、单调性、不安全感、设备状况、人的生理状况、心理素质、教育、训练程度以及社会影响和环境因素等。因此,具体进行人的可靠性分析非常复杂,一般要根据操作的内容、环境等因素进行修正,而且在决定这些修正系数时带

来很大的经验性和主观性。

人们在处理或执行任何一次任务时,例如操作人员在操纵使用和处理设备、装置和物料时,都有一个对任务(情况)的识别(输入)、判断和行动(输出)3 个过程,在这 3 个过程中都有发生差错的可能性。因此,就某一行动而言,作业者的基本可靠度 R 为:

$$R = R_1 R_2 R_3 \tag{3-19}$$

式中:R_1——与输入有关的可靠度;

$\quad\quad R_2$——与判断有关的可靠度;

$\quad\quad R_3$——与输出有关的可靠度。

R_1、R_2、R_3 的参考值见表 3-5。

R_1、R_2、R_3 的参考值 表 3-5

类别	影 响 因 素	R_1	R_2	R_3
简单	变量不超过几个,人机工程学上考虑全面	0.9995 ~ 0.9999	0.9990	0.9995 ~ 0.9999
一般	变量不超过 10 个	0.9990 ~ 0.9995	0.9950	0.9990 ~ 0.9995
复杂	变量超过 10 个,人机工程学上考虑不全面	0.9900 ~ 0.9990	0.9900	0.9900 ~ 0.9990

由于受作业条件、作业者自身因素及作业环境的影响,作业者的基本可靠度还会降低。例如有研究表明,人的舒适温度一般为 19 ~ 22℃,当人在工作时,环境温度若超过 27℃,人的失误概率就会上升 40%。因此,还需要修正系数 k 加以修正,从而得到作业者单个动作的失误概率为:

$$q = k(1 - R) \tag{3-20}$$

式中:k——修正系数,其计算公式为:

$$K = abcde \tag{3-21}$$

$\quad\quad a$——作业时间系数,取值范围见表 3-6;

$\quad\quad b$——操作频率系数,取值范围见表 3-6;

$\quad\quad c$——危险状况系数,取值范围见表 3-6;

$\quad\quad d$——生理、心理条件系数,取值范围见表 3-6;

$\quad\quad e$——环境条件系数,取值范围见表 3-6。

a、b、c、d、e 取值范围 表 3-6

符号	项 目	内 容	取值范围
a	作业时间	有充足的时间	1.0
		没有充足的富裕时间	1.0 ~ 3.0
		完全没有富裕时间	3.0 ~ 10
b	操作频率	频率适当	1.0
		连续操作	1.0 ~ 3.0
		很少操作	3.0 ~ 10
c	危险情况	即使误操作也安全	1.0
		误操作时危险性大	1.0 ~ 3.0
		误操作时有产生重大灾害的危险	3.0 ~ 10

续上表

符号	项 目	内 容	取值范围
d	生理、心理条件	综合条件(如教育、训练、健康状况、疲劳、愿望等)较好	1.0
		综合条件不好	1.0~3.0
		综合条件很差	3.0~10
e	环境条件	综合条件较好	1.0
		综合条件不好	1.0~3.0
		综合条件很差	3.0~10

3. 人的可靠性分析方法

1)广义人的行为可靠度函数与差错纠正函数

把人看作是系统中的一个部件,采用完全类似的经典的可靠性理论,可以建立广义人行为的可靠性模型。

记与时间有关的人的差错率为 $h_e(t)$,则有:

$$h_e(t) = -\frac{1}{R_e(t)}\frac{dR_e(t)}{dt} \tag{3-22}$$

式中:$R_e(t)$——时间 t 时人的行为可靠度。

上式改写后得到:

$$h_e(t)dt = -\frac{1}{R_e(t)}dR_e(t) \tag{3-23}$$

在时间间隔 $[0,t]$ 内,对上述方程的两边进行积分得:

$$\int_0^t h_e(t)dt = -\int_{R_e(0)}^{R_e(t)} \frac{1}{R_e(t)}dR_e(t) \tag{3-24}$$

式中当 $t=0$,$R_e(0)=1$,于是可得:

$$\ln R_e(t) = -\int_0^t h_e(t)dt \tag{3-25}$$

$$R_e(t) = e - \int_0^t h_e(t)dt \tag{3-26}$$

当 $h_e(t) =$ 常数,$R_e(t)$ 服从指数分布。对一些人的操作的统计表明,有些情况下威布尔分布更接近经验数据。

2)人的差错率预测方法

影响人失误的因素很复杂,很多专家、学者对此做过专门研究,提出了不少关于人的失误概率估算方法,但都不是很完善。现在能被大多数人接受的是 1961 年斯温(Swain)和罗可(Rock)提出的"人的差错率预测方法"(Technique for Human Error Rate Prediction,THERP),用来分析操作人员在系统运行过程中,采取必要的操作与措施时发生失误的概率。这种方法的分析步骤如下:

①根据人的差错定义系统故障或分系统故障。

②辨识和分析有关人的操作,主要采用系统和任务分析方法,亦即把整个程序分解成单个作业,再把每一单个作业分解成单个动作。

③确定单人单项操作或多项操作的差错率。可以根据从各种渠道可能得到的数据来估算

与系统故障有关的各种人的操作差错率。

④评估人的差错对所考虑系统的影响。

⑤提出必要的建议。

上述 5 个步骤是一个累积的过程,而且一直重复到由人的差错引起的系统性能下降达到某个可容许的水平为止。要注意的是,上述步骤未必总是按同样次序进行重复。

4. 人的差错预防办法

1)人—机系统分析法

20 世纪 50 年代初,弥勒(Robert B. Miller)研究并提出了人—机系统分析法。该方法能使系统中人的差错的不良效果降低到某种可容许的程度,该方法包括如下 10 个步骤:

①概括系统的功能和目标。

②概括情况特征。它与人们完成各种任务和工作时必须承受的工效形成因子(即情况特征)有关。工效形成因子的典型例子包括照明、联合动作、空气的新鲜程度、清洁状况等。

③概括有关系统的人力特征。它涉及有关系统中人力特征的辨识和估计,例如培训、经验、工作动机和技能等。

④概括由系统人力实现的任务和工作。

⑤根据表面潜在可能差错条件和其他有关的困难完成任务和工作的分析。

⑥得出每种潜在差错的估计。

⑦得出对某种潜在差错未被发现的未经校正的可能性分析。

⑧得出对每种未被发现潜在差错的后果估计。

⑨对系统提出修改意见。

⑩重复大部分上述步骤,再评价每个系统的修改。

2)差错原因排除程序

这种方法不是只强调弥补的方法,而主要是强调预防性措施,它可在生产操作进行时把人的差错减少到可容许的程度。而且,这种方法要求工人直接参加,因此可用来提高工人完成工作的满意程度,所以可把这种方法直接称为减少人的差错的工人参与程序法,工人直接参与数据的收集、分析和设计、建议等。这种直接参与使工人把差错原因排除程序作为他们自己的任务。

差错原因排除程序法要有若干个工人小组。每个小组都有一名协调员,其责任是要使本组瞄准自己的活动目标,亦即减少差错。这些协调员具有专门的技术和组织才能,而他们本人可以是工人,也可以是管理人员。小组的规模为 8~12 人。在定期召开的差错原因排除会上,由工人提出的差错情况报告,然后对这些报告进行评审和讨论,最后提出补救或预防措施的建议。各组的协调员向小组提出管理工作的建议,每个小组和管理人员都得到人因工程(Human Engineering)专家和其他专家的帮助。这些专家就所提出的设计方法的评估和实现对双方进行帮助。差错原因排除程序法的重要准则如下:

①收集的数据应包括可能出现差错的情况、易发生事故的情况和差错。

②程序应限于辨识为了可能的差错需要重新设计的工作条件。

③差错原因排除小组对于诸如减少差错的数量、提高工作满意程度和费用有效性等因素所提出的工作情况的每项重新设计应该由专家组进行评定。

差错原因排除程序包括下列基本内容:

①由管理人员来实施最合适的设计方法。

②由管理人员对工人在差错原因排除程序中所起的作用做恰如其分的认可。

③对差错原因排除程序所涉及的每个人进行教育,使其了解该程序的用处。

④人因工程专家和其他专家从费用与价值角度对提出的设计方法做出评估,此外,他们还要从这些方法中选出最合适的方法或者提出其他解决方法。

⑤对差错原因排除组的协调员和工人进行数据收集和分析技术方面的培训。

⑥人因工程专家和其他专家利用差错原因排除程序的连续输入对生产过程改变的影响进行评估。

⑦工人对差错和可能出现的差错情况提出报告并确定产生差错的原因。此外,为排除或适当地减少产生这些差错的原因,工人提出解决办法的方案。

3)质量控制小组法

1963年,日本开始用此法解决质量控制问题。在日本,该方法的应用获得了极大的成功。

质量控制小组法和差错原因排除程序法有许多共同点。它们的某些内容是相同的,这些相同的内容为:

①参加者享有民主权利。

②目的在于解决问题。

③各管理等级之间有交叉。

质量控制小组法和差错原因排除程序法的不同点在于:

①利用因果图和巴雷特(Pareto)分析法来研究问题。

②强调协同工作和成员与集体的一致性。

③强调进行质量控制统计方法培训。

一个组在自愿的基础上由8~10人组成。这些人员是进行相互有关的或相同工作的生产工程师、管理人员和工人。

对所有这些人都要进行质量控制统计方法的培训。培训所包括的范围如下:因果图,质量控制图,巴雷特图,直方图,二项分布。

其中,因果图是由日本人石川(Ishikawa)在1950年首先提出。这种图是这样产生的:先确定一个结果,然后把它化为若干个称为原因的起作用的因素。他提出因果图首先要列出用材料、人员、机器、技术四种分类法表示的有关原因。此外,还要把有关的原因反复地分成更小的分原因。只有列出了全部可能的原因后,过程才终止。要仔细地分析所涉及的全部原因产生的影响。

4)防止操作人员发生差错的预防措施

引起操作人员差错的原因有许多。下面仅就一些常见的人的差错原因及其预防措施进行介绍。

(1)注意力不集中。注意力不集中和疲劳是引起操作员差错的两个主要原因。应考虑的防止注意力不集中的措施为:在重要场所安装能引起注意的装置、提供舒适的工作场所以及在程序步骤之间避免过长的间隔。

(2)疲劳。防止疲劳的措施为:消除不合理的工作位置和不合理的操作方式,避免精力集中的时间过长,排除环境产生的应力和产生疲倦的精神因素等。

(3)注意不到重要的指示。光凭指针显示危险情况,易造成人的差错。若采用发声和发光手段来引起操作人员对问题的注意,则可避免出现忽视重要显示的情况。亦即,防止注意不到重要的指示的措施是使用视觉和听觉方法把操作员的注意力引到出现的问题上。

(4)操作员对控制器件的调整不精确。采用带定位销的控制器件或不需进行精密调整的控制器件,可以避免操作员因对控制器件调整不精确而引起的问题。对要求精确调节的控制装置,首先要求机构灵活且用力较小;同时利用"咔哒咔哒"发声来控制装置,则能避免由操作人员引起的控制不精确问题。

(5)接通控制器件的顺序不对。为避免不按顺序要求接通控制装置,可在关键部位设置联锁装置,并保证功能控制装置按其要求以一定的顺序排列。另外要避免采用外形相似或控制记号难以理解的控制装置。

(6)读错仪表读数。对读错仪表读数的预防措施是要解决清晰度问题。读数者要挪动身体,仪器不要放在不合适的位置上,这两点也很重要。一般从仪表上读数能造成错误,可采取的措施有:消除视觉误差问题,当仪表位置分散时,读表人可移动身体,合理安排仪表位置,采用数字排列方式以达到符合人视觉的要求。

(7)用错控制器件。避免用错控制器件的办法有:使用时不要用力过大,关键的控制器件不要互相离得很近或相似,控制器件不要使用难以看懂的标记。

(8)振动和噪声的刺激。在不规则的振动和高噪声的环境下,操作易发生差错,可采用隔振器和吸声装置来克服,最好是从振源和声源上采取措施。

(9)设备有缺陷,该工作时不能工作。克服的办法是采取各种措施保证仪器工作正常并提供一些测试和校准的程序。

(10)没有按照规程操作。不遵守规定的程序是操作人员产生差错的一个重要原因。其措施是避免太长、太慢或太快的操作程序和设置符合人的群体习惯的操作方式等。

(11)因噪声没有听清命令。噪声会影响操作人员交谈,造成对指令不能正确理解。排除方法是将操作员和噪声隔离或者从根本上治理噪声。

(12)生理和心理上的应力。消除和减轻生理和心理上的应力是减少人的差错的重要方面,除了加强教育与培训之外,改善环境条件及创造和谐的氛围都是有力的措施。例如,工作场所的布置,除保证操作人员能迅速地在设备之间活动,并及时与其他操作人员保持联络外,应设法避免其他人员对操作人员个人空间的侵犯,保证合理的空间间隔与个人"领土"。这不仅涉及人体尺寸和感觉系统,还涉及人的个性、性别、年龄、文化、感情状态和人际关系等社会因素。

5)容错与防错措施

为了真正做到减少人的错误,在实际工作中人们想了许多办法,如检查单制度、双岗制等。这里仅列出7条行之有效的方法。

(1)提高操作的冗余度。建立相互监督和相互纠错的交叉检查制度是提高人的可靠性的重要途径。研究表明,在简单重复性任务的操纵过程中,人犯错误发生率为百分之一到千分之一。如果做好交叉检查,班组(乘务组)整体的出错频率就会大大下降,可靠度就可以大大提高。人与机在功能上的重复也是重要的监督手段。因此真正做好人—机间、人—人间的监督和核查工作是减少人的错误的重要途径。

(2)系统界面改进。技术改进、容错和防错装置或程序的采用是减少人员操作错误的重要途径。例如,航空运输中近地警告系统(GPWS)的大面积采用,减少了约90%的可控飞行撞地事故;某些程序设计中,没有考虑认读可能出错的因素,如3280有可能被误认为是2380而导致事故的发生。但是如果考虑该因素,将其改为3300,即可大大增加认读的准确性。

(3)提高人的意识水平。保持良好的心境和情绪,避免消极心理和有害态度的影响。此外,调整工作负荷、改变技能层次、增加任务难度等,都能在一定程度上提高意识水平。

(4)检查单制度。事先对问题的解决方案进行归纳,并制成检查单卡。一旦发生类似问题,对照检查单,可以从容不迫地应对。当然,检查单须念,而不能背。念检查单要口到、手到、眼到,还要有心到,才能使错误不漏掉。

(5)按章办事,坚持标准操作程序。标准操作程序综合考虑安全、效益和操作方便,是精心设计和经验积累的结果,有些甚至是血的代价换来的。偏离标准操作程序是各类交通事故的主要因素。显然贯彻标准操作程序,即设计者对人所要求的标准作业方法,是人的因素的重要内容。只有严格按章作业,杜绝违章操作,才能保证安全和效益。

(6)班(机)组分工明确,配合协调。现代交通运输更加强调班(机)组的协调与配合。班(机)组成员之间应当进行信息交换以达到信息共享、协调配合互相提醒,及时纠正错误。如果班(机)组缺少合理分工、协调配合、充分的交流,可能造成班(机)组成员之间的操作矛盾,不了解对方的操作意图,后果是十分危险的。

(7)主动报告安全问题,实事求是对待人的错误。我国部分航空公司根据自己的实际情况,建立了自愿报告制度。应当说明的是,自愿(主动)报告制度是事件报告体系的有益补充。尽管为了鼓励主动报告,采取了减轻处罚或免于处罚的方法,但是要依照造成后果、情节轻重和动机如何等进行处罚,要看问题的实际和情节轻重,不能一概而论。

第三节 事故预防理论

一、事故预防原则

事故有其固有规律,除了人类无法左右的自然因素造成的事故(如地震、洪水、泥石流等)以外,在人类生产和生活中所发生的各种事故都是可以预防的。

事故的预防工作应该从技术和组织管理两个方面考虑,应当遵循的基本原则有技术原则和组织管理原则。

1.技术原则

在生产过程中,客观上存在的隐患是事故发生的前提,因此,要预防事故的发生,就需要针对隐患采取有效的技术措施进行治理。在采取有效技术措施进行治理过程中,应当遵循的基本原则是:

(1)消除潜在危险原则。即从本质上消除事故隐患,其基本做法是:以新的系统、新的技术和工艺代替旧的不安全的系统和工艺,从根本上消除发生事故的可能性。例如,用不可燃材料代替可燃材料,改进机器设备,消除人体操作对象和作业环境的危险因素,消除噪声、尘毒对工人的影响等,从而最大可能地保证生产过程的安全。

(2)降低潜在危险严重度的原则。即在无法彻底消除危险的情况下,最大限度地限制和减少危险程度。例如,手电钻工具采用双层绝缘措施,利用变压器降低回路电压,在高压容器中安装安全阀等。

(3)闭锁原则。在系统中通过一些元器件的机器连锁或机电、电气互锁,作为保证安全的条件。例如,冲压机械的安全互锁器,电路中的自动保护器。

(4)能量屏蔽原则。在人、物与危险源之间设置屏障,防止意外能量作用到人体和物体上,以保证人和设备的安全。例如,建筑高空作业的安全网、核反应堆的安全壳等都应起到保护作用。

(5)距离保护原则。当危险和有害因素的伤害作用随着距离的增加减弱时,应尽量使人与危险源距离远一些。例如,化工厂建立在远离居民区、爆破时的危险距离控制等。

(6)个体保护原则。根据不同作业性质和条件,配备相应的保护用品及用具,以保护作业人员的安全与健康。例如,采用安全带、护目镜、绝缘手套等保护用品及用具。

(7)警告、禁止信息原则。用光、声、色等其他标志作为传递组织和技术信息的目标,以保证安全。例如警灯、警报器、安全标志、宣传画等。

此外,还有时间保护原则、薄弱环节原则、坚固性原则、代替作业人员原则等,可以根据需要,确定采用相关的预防事故的技术原则。

2.组织管理原则

预防事故的发生,不仅要遵循上述的技术原则,而且还要在组织管理上采取相关的措施,才能最大限度地减少事故发生的可能性。

(1)系统整体性原则。安全工作是一项系统性、整体性的工作,它涉及企业生产过程中的各个方面。安全工作的整体性要体现出:有明确的工作目标,综合地考虑问题的原因,动态地认识安全状况;而且落实措施要有主次,要有效地抓住各个环节,并且能够适应变化的要求。

(2)计划性原则。安全工作要有计划和规划,近期的目标和长远的目标要协调进行。工作方案、人、财、物的使用要按照规划进行,并且有最终的评价,形成闭环的管理模式。

(3)效果性原则。安全工作的好坏,要通过最终成果的指标来衡量。但是,由于安全问题的特殊性,安全工作的成果既要考虑经济效益,又要考虑社会效益。正确认识和理解安全的效果性,是落实安全生产措施的重要前提。

(4)党政工团协调安全工作原则。党组织制定正确的安全生产方针和政策,教育干部和群众遵章守法,了解和解决工人的思想负担,把不安全行为变为安全行为。政府实行安全监督管理职责,不断改善劳动条件,提高企业生产的安全性。工会代表工人的利益,监督政府和企业把安全工作做好。青年是劳动力中的有生力量,青年工人中往往事故发生率高,因此,动员青年开展事故预防活动,是安全生产的重要保证。

(5)责任制原则。各级政府及相关的职能部门和企事业单位应当实行安全生产责任制,对违反劳动安全法规和不负责任的人员而造成的伤亡事故应给予行政处罚,造成重大伤亡事故的应对其追究刑事责任。只有将安全责任落到实处,安全生产才能得以保证,安全管理才能有效。

综上所述,事故的预防要从技术、组织管理和教育多方面采取措施,从总体上提高预防事故的能力,才能有效地控制事故,保证生产和生活的安全。

二、海因里希工业安全公理

美国安全工程师海因里希在《工业事故防止》一书中,对事故预防工作进行了深入研究,提出了工业事故预防的 10 项原则,称为海因里希工业安全公理(Axioms of Industrial Safety)。

具体内容如下：

（1）工业生产过程中人员伤亡的发生，往往是处于一系列因果连锁之末端的事故的结果；而事故常常起因于人的不安全行为或（和）机械、物质（统称为物）的不安全状态。

（2）人的不安全行为是大多数工业事故的原因。

（3）由于不安全行为而受到了伤害的人，几乎重复了300次以上没有造成伤害的同样事故。换言之，人员在受到伤害之前，已经数百次面临来自物方面的危险。

（4）在工业事故中，人员受到伤害的严重程度具有随机性质。大多数情况下，人员在事故发生时可以免遭伤害。

（5）人员产生不安全行为的主要原因有：

①不正确的态度——个别职工忽视安全，甚至故意采取不安全行为。

②技术、知识不足——缺乏安全生产知识、缺乏经验或技术不熟练。

③身体不适——生理状态或健康状况不佳，如听力、视力不良，反应迟钝，疾病、醉酒或其他生理机能障碍。

④物的不安全状态及不良的物理环境——照明、温度、湿度不适宜，通风不良，强烈的噪声、振动，物料堆放杂乱，作业空间狭小，设备、工具缺陷等不良的物理环境，已有操作规程不合适，没有安全规程和其他妨碍贯彻安全规程的事物。这些原因因素是采取预防不安全行为产生措施的依据。

（6）防止工业事故的四种有效的方法是：

①工程技术方面的改进。

②对人员进行说服、教育。

③人员调整。

④惩戒。

（7）防止事故的方法与企业生产管理、成本管理及质量管理的方法类似。

（8）企业领导者有进行事故预防工作的能力，并且能把握进行事故预防工作的时机，因而应该承担预防事故工作的责任。

（9）专业安全人员及车间干部、班组长是预防事故的关键，他们工作的好坏对能否做好事故预防工作有影响。

（10）除了人道主义动机之外，下面两种强有力的经济因素也是促进企业事故预防工作的动力：

①安全的企业生产效率也高，不安全的企业生产效率也低。

②事故后用于赔偿及医疗费用的直接经济损失，只不过占事故总经济损失的1/5。

尽管随着时代的前进和人们认识的深化，该"公理"中的一些观点已经不再是"自明之理"了，许多新观点、新理论相继问世。但是该理论中的许多内容仍然具有强大的生命力，在现今的事故预防工作中仍产生重大影响。

三、事故预防的3E准则

海因里希把造成人的不安全行为和物的不安全状态的主要原因归结为四个方面的问题：不正确的态度；技术、知识不足；身体不适；不良的工作环境。针对这4个方面的原因，海因里希提出工程技术方面改进、说服教育、人事调整及惩戒四种对策。这4种安全对策后来被归纳为众所周知的 3E 原则：

（1）工程技术（Engineering）。即利用工程技术手段消除不安全因素,实现生产工艺、机械设备等生产条件的安全。

（2）教育（Education）。即利用各种形式的教育和训练,使职工树立"安全第一"的思想意识,掌握安全生产所必需的知识和技能。

（3）强制（Enforcement）。即借助于规章制度、法规等必要的行政乃至法律的手段约束人们的行为。

这里,安全技术对策着重解决物的不安全状态的问题,安全教育对策和安全管理对策则主要着眼于人的不安全行为的问题,安全教育对策主要使人知道应该怎么做,而安全管理对策则要求人必须怎么做。

一般地讲,在选择安全对策时应该首先考虑工程技术措施,然后是教育、训练。实际工作中,应该针对不安全行为和不安全状态的产生原因,灵活地采取对策。例如,针对职工的不正确态度问题,应该考虑工作安排上的心理学和医学方面的要求,对关键岗位上的人员要认真挑选,并且加强教育和训练,如能从工程技术上采取措施,则应该优先考虑;对于技术、知识不足的问题,应该加强教育和训练,提高其知识水平和操作技能;尽可能地根据人机学的原理进行工程技术方面的改进,降低操作的复杂程度。为了解决身体不适的问题,在分配工作任务时要考虑心理学和医学方面的要求,并尽可能从工程技术上改进,降低对人员素质的要求。对于不良的物理环境,则应采取恰当的工程技术措施来改进。

即使在采取了工程技术措施,减少、控制了不安全因素的情况下,仍然要通过教育、训练和强制手段来规范人的行为,避免不安全行为的发生。

为了防止事故发生,不仅要在上述三个方面实施事故预防与控制的对策,而且还应始终保持三者间的均衡,合理地采取相应措施和综合使用上述措施,才有可能做好事故预防工作。

四、事故预防工作模型

海因里希定义事故预防是为了控制人的不安全行为、物的不安全状态而开展以某些知识、态度和能力为基础的综合性工作,是一系列相互协调的活动。

掌握事故发生及预防的基本原理,拥有对人类、国家、劳动者负责的基本态度,以及从事事故预防工作的知识和能力,是开展事故预防工作的基础。在此基础上,事故预防工作包括以下5 个阶段的努力：

（1）建立健全事故预防工作组织,形成由企业领导牵头的,包括安全管理人员和安全技术人员在内的事故预防工作体系,并切实发挥其效能。

（2）通过实地调查、检查、观察及对有关人员的询问,加以认真的判断、研究,以及对事故原始记录的反复研究,收集第一手资料,找出事故预防工作中存在的问题。

（3）分析事故及不安全问题产生的原因。包括弄清伤亡事故发生的频率、严重程度、场所、工种、生产工序、有关的工具、设备及事故类型等,找出其直接原因和间接原因、主要原因和次要原因。

（4）针对分析事故和不安全问题得到的原因,选择恰当的改进措施。改进措施包括工程技术方面的改进、对人员说服教育、人员调整、制订及执行规章制度等。

（5）实施改进措施。通过工程技术措施实现机械设备、生产作业条件的安全,消除物的不安全状态,通过人员调整、教育、训练,消除人的不安全行为,在实施过程中要进行监督。

以上对事故预防工作的认识被称作事故预防工作五阶段模型。该模型包括了企业事故预防工作的基本内容。但是,它以实施改进措施作为事故预防的最后阶段,不符合"认识—实践—再认识—再实践"的认识规律以及事故预防工作永无止境的客观规律。因此,对事故预防工作五阶段模型进行改进,得到如图 3-19 所示的模型。

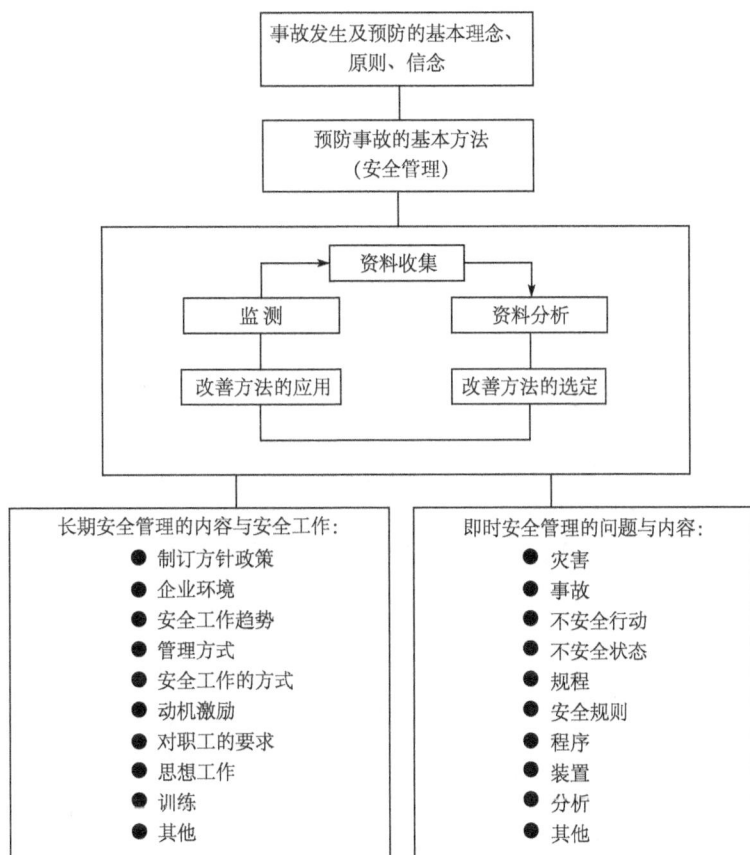

图 3-19 改进的事故预防模型

事故预防工作是一个不断循环进行、不断提高的过程,不可能一劳永逸。在这里,预防事故的基本方法是安全管理,它包括:资料收集,对资料进行分析来查找原因,选择改进措施,实施改进措施,对实施过程及结果进行检测和评价,在检测和评价的基础上再收集资料,发现问题等。

事故预防工作的成败,取决于有计划、有组织地采取改进措施的情况,特别是执行者工作的好坏至关重要。因此,为了获得预防事故工作的成功,必须建立健全事故预防工作组织,采用系统的安全管理方法,唤起和维持广大干部、职工对事故预防工作的关心,不断地做好日常安全管理工作。

海因里希认为,建立与维持职工对事故预防工作的兴趣是事故预防工作的第一原则,其次是要不断地分析问题和解决问题。

改进措施可分为直接控制人员操作和生产条件的即时的措施,以及通过指导、训练和教育

71

逐渐养成安全操作习惯的长期的改进措施。前者对现存的不安全状态及不安全行为立即采取措施解决;后者用于克服隐藏在不安全状态及不安全行为背后的深层原因。

如果有可能运用技术手段消除危险状态、实现本质安全时,则不管是否存在人的不安全行为,都应该首先考虑采取工程技术上的对策。当某种人的不安全行为引起了或可能引起事故,而又没有恰当的工程技术手段防止事故发生时,则应立即采取措施防止不安全行为重复发生。这些即时改进对策是十分有效的。然而,我们绝不能忽略所有造成工人不安全行为的背后原因,这些原因更重要。否则,改进措施仅仅解决了表面的问题,而事故的根源没有被铲除掉,以后还会发生事故。

五、本质安全化方法

预防事故应当采取的本质安全化方法,主要从物的方面考虑,包括降低事故发生概率和降低事故严重程度。

1. 降低事故发生概率的措施

降低系统事故的发生频率,最根本的措施是设法使系统达到本质安全化,使系统中的人、物、环境和管理安全化。一旦设备或系统发生故障时,能自动排除、切换或安全地停止运行;当人发生操作失误时,设备、系统能自动保证人机安全。

要做到系统的本质安全化,应采取以下综合措施:

1)提高设备的可靠性

(1)提高元件的可靠性。设备的可靠性取决于组成元件的可靠性,要提高设备的可靠性,必须加强对元件的质量控制和维修检查,一般可采取以下措施:

①使元件的结构和性能符合设计要求和技术条件,选用可靠性高的元件代替可靠性低的元件。

②合理规定元件的使用周期,严格检查维修,定期更换或重建。

(2)增加备用系统。在规定时间内,多台设备同时全部发生故障的概率等于每台设备单独发生故障的概率的乘积。因此,在一定条件下,增加备用系统(设备),使每台单元设备或系统都能完成同样的功能,一旦其中一台或几台设备发生故障时,系统仍能正常运转,不致中断正常运行,从而提高系统运行的可靠性,也有利于系统的抗灾救灾。

(3)对处于恶劣环境下运行的设备采取安全保护措施。为了提高设备运行的可靠性,防止发生事故,对处于恶劣环境下运行的设备应当采取安全保护措施。如对处于有摩擦、腐蚀、侵蚀等条件下运行的设备,应采取相应的防护措施;对振动大的设备应加强防振、减振和隔振等措施等。

(4)加强预防性维修。预防性维修可以有效排除事故隐患、排除设备的潜在危险,为此,应制订相应的维修制度,并认真贯彻执行。

2)选用可靠的工艺技术、降低危险因素的感度

危险因素的存在是事故发生的必要条件。危险因素的感度是指危险因素转化成为事故的难易程度。降低危险因素的感度,关键是选用可靠的工艺技术。

3)提高系统的抗灾能力

系统的抗灾能力是指当系统受到自然灾害和外界事物干扰时,自动抵抗而不发生事故的能力,或者指系统中出现某危险事件时,系统自动将事态控制在一定范围的能力。例如采用漏

电保护装置、安全监测、监控装置等安全防护装置。

4）减少人的失误

由于人在生产过程中的可靠性远比机电设备差，很多事故大多是因人的失误造成的。降低系统事故发生概率，必须首先减少人的失误，主要方法有：

（1）对工人进行充分的安全知识、安全技能、安全态度等方面的教育和训练。

（2）以人为中心，改善工作环境，为工人提供安全性较高的劳动生产条件。

（3）提高机械化程度，尽可能用机器操作代替人工操作，减少现场工作人员。

（4）注意用人机工程学原理进行系统设计，合理分配人机功能，并改善人机接口的安全状况。

5）加强监督检查

建立健全各种自动制约机制，加强专注于兼职、专管与群管相结合的安全检查工作。对系统中的人、事、物进行严格的监督检查，在各种劳动生产过程中是必不可少的。实践表明，只有加强安全检查工作，才能有效地保证企业的安全生产。

2. 降低事故严重度的措施

1）限制能量分散风险

为了减少事故损失，必须对危险因素的能量进行限制。如各种油库、火药库的存储量的限制，各种限流、限压、限速等设备就是对危险因素的能量进行的限制。此外，通过把大的事故损失化为小的事故损失，可达到分散风险的效果。

2）防止能量逸散的措施

防止能量逸散就是设法把有毒、有害、有危险的能量源存储在有限允许范围内，而不影响其他区域的安全。如防爆设备的外壳、密闭墙、密闭火灾、放射性物质的密封装置等。

3）加装缓冲能量的装置

在生产中，设法使危险源能量释放的速度减慢，可大大降低事故的严重度，而使能量释放速度减慢的装置称为缓冲能量装置。在工业企业和生活中使用的缓冲能量装置较多。如汽车、轮船上装备的缓冲设备、缓冲阻车器，以及各种安全带、安全阀等。

4）避免人身伤亡的措施

避免人身伤亡的措施包括两个方面的内容：一是防止发生人身伤害；二是一旦发生人身伤害时，采取相应的急救措施。采用遥控操作、提高机械化程度、使用整体或局部的人身个体防护都是避免人身伤害的措施。在生产过程中及时注意观察各种灾害的预兆，以便采取有效措施，防止事故发生。即使不能防止事故发生，也可及时撤离人员，避免人员伤亡。做好救护和工人自救准备工作，对降低事故的严重度有着十分重要的意义。

六、人机匹配法

随着科学技术的进步，人类的生产劳动越来越多地为各种机器所代替。例如，各类机械取代了人的手脚，检测仪器代替了人的感官，计算机部分地代替了人的大脑。用机器代替人，既减轻了人的劳动强度，有利于安全健康，又提高了工作效率。

1. 人的机器功能特征的比较

人与机器各有自身的特点，在人机环境系统中，如何使人机分工合理，从而达到整个系统的最佳效率的发挥，这是需要人们进一步研究的问题。人与机器的功能特征可归纳为九个方面进行比较,如表 3-7 所示。

人与机器功能特征比较　　　　　　　　表 3-7

比较内容	人 的 特 征	机 器 的 特 征
创造性	具有创造能力,能够对各种问题具有全新的、完全不同的见解,具有发现特殊原理或关键措施的能力	完全没有创造性
信息处理	人有智慧、思维、创造、辨别、归纳、演绎、综合、分析、记忆、联想、决断、抽象思维等能力	对信息有存储和迅速提取能力,能长期存储,也能一次废除,有数据处理、快速运算和部分逻辑思维能力
可能性	就人脑而言,可靠性远远超过机器,但工作过程中,人的技术高低、生理和心理状况等对可靠性都有影响	经可靠性设计后,可靠性高且质量保持不变,但本身的检查和维修能力差,不能处理意外的紧急事态
控制能力	可进行各种控制,且在自由度调节和联系能力等方面优于机器。同时,其动力设备和效应运动完全合为一体	操纵力、速度、精密度操作等方面都超过人的能力,必须外加动源
工作效能	可依次完成多种功能作业,但不能进行高阶运算,不能同时完成多种操作和在恶劣环境条件下的工作	能在恶劣环境条件下工作,可进行高阶运算和同时完成多种操纵控制。单调、重复的工作也不会降低效率
感受能力	人能识别物体的大小、形状、位置和颜色等特征,并对不同音色和某些化学物质也有一定的分辨能力	在识别超声、辐射、微波、电磁波、磁场等信号方面,超过人的感受能力
学习能力	具有很强的学习能力,能阅读也能接收口头指令,灵活性强	无学习能力
归纳性	能够从特定的情况推出一般的结论,具有归纳思维能力	只能理解特定的事物
耐久性	容易产生疲劳,不能长时间地连续工作	耐久性高、能长期连续工作,并超过人的能力

从表 3-7 中可以看出,机器优于人的方面有:操作速度快、精度高、能高倍放大和进行高阶运算。人的操作活动适宜的放大率为 1∶1～4∶1,机器的放大倍数则可达 10 个数量级。人一般只能完成两阶段内的运算,而计算机的运算阶数可达几百阶,甚至更高。机器能量大,能同时完成各种操作,且能保持较高的效率和准确度,不存在单调和疲劳,感受和反应能力较高,抗不利环境能力强,信息传递能力强,记忆速度和保持能力强,可进行短暂的储存记忆等。人优于机器的方面有:人的可靠度高,能进行归纳、推理和判断,并能形成概念和创造方法,人的某些感官目前优于机器,人的学习、适应和应付突发事件的能力强。人的情感、意识与个性是人的最大特点,且具有无限的创造性和能动性,这是机器所无法比拟的。

2. 人和机器的功能分配

将人和机器特性有机结合起来,可以组成高效、安全的人机系统。但在实际应用中,并不是简单地把人和机器联系在一起,就算解决了人机功能分配问题。哪些功能由人来完成,哪些功能由机器来完成,必须进行具体的分析和研究。在实际应用中,需要考虑人、机不同的适用范围及基本界限。另外,在异常情况下,需要由人员来操作,以保证安全。

第四章

交通安全分析方法

第一节 概 述

交通安全分析是使用系统工程的原理和方法,辨别和分析交通系统中存在的危险因素,并根据实际需要对其进行定性、定量描述的技术方法。其目的是保证系统安全运行,查明系统中的危险因素,以便采取相应措施控制危险。

交通安全评价也称危险性评价或风险评价,它是以实现系统安全为目的,应用安全系统工程原理和工程技术方法,对系统中固有或潜在的危险因素进行定性和定量分析,得出系统发生危险的可能性及对其后果严重程度进行评价。通过与评价标准的比较得出系统的危险程度,提出改进措施,以寻求最低事故率、最少的损失和最优的安全投资。

一、安全分析的内容

安全分析是从安全角度对交通系统中的危险因素进行分析,主要是用来分析导致系统故障或事故的各种因素及其相关关系,通常包括如下内容:

(1)对可能出现的初始的、诱发的和直接引起事故的各种危险因素及其相互关系进行调查和分析。

(2)对与系统有关的环境、设备、人员及其他有关因素进行调查和分析。

（3）对能够利用适当的设备、规程、工艺或材料控制或根除某种特殊危险因素的措施进行分析。

（4）对可能出现的危险因素的控制措施及实施这些措施的方法进行调查和分析。

（5）对无法根除的危险因素失去控制或减少控制可能出现的后果进行调查和分析。

（6）对预防危险因素一旦失去控制，造成伤害和损害的安全防护措施进行调查和分析。

二、安全分析方法的分类

安全分析方法有很多种，在危险因素辨识中得到广泛应用的安全分析方法主要有以下几种：

（1）统计图表分析（Statistic Figure Analysis，简称 SFA）。

（2）因果分析图（Caise-Consequence Analysis，简称 CCA）。

（3）安全检查表（Safety Check List，简称 SCL）

（4）预先危险性分析（Preliminary Hazard Analysis，简称 PHA）。

（5）故障模式及影响分析（Failure Modeland Effects Analysis，简称 FMEA）。

（6）危险性和可操作性研究（Hazardand Operability Analysis，简称 HAZOP）。

（7）事件树分析（Event Tree Analysis，简称 ETA）。

（8）事故树分析（Fault Tree Analysis，简称 FTA）。

此外，还有管理疏忽和风险树分析、原因—后果分析、共同原因分析等方法，可用于特定目的的危险因素辨识。

三、安全分析方法的特点及适用范围

不同的安全分析方法都是根据危险性的分析、预测以及特定的评价需要而研究开发的，因此，它们都有各自的特点和适用范围。

（1）统计图表分析。是一种定量分析方法，适用于对系统发生事故情况进行统计分析，便于找出事故发生规律。

（2）因果分析图。将引发事故的重要因素分层（枝）加以分析，分层（枝）的多少取决于安全分析的广度和深度要求，分析结果可供编制安全检查表和事故树用。此方法简单、用途广泛，但难以揭示各因素之间的组合关系。

（3）安全检查表。按照一定方式（检查表）检查设计、系统和工艺过程，查出危险性所在。此方法简单、用途广泛，没有任何限制。

（4）预先危险性分析。确定系统的危险性，尽可能避免采用不安全的技术路线，危险性物质、工艺和设备。其特点是把分析工作做在行动之前，避免由于考虑不周而造成损失，当然在系统运转周期的其他阶段，如检修后开车、制定操作规程、技术改造之后、使用新工艺等情况时，都可以采用这种方法。

（5）故障模式及影响分析。以硬件为对象，对系统中的元件进行逐个检查，查明每个元件的故障模式，然后再进一步查明每个故障模式对子系统以致全系统的影响。该方法易于理解，是广泛采取的标准化方法。但一般用于考虑非危险性失效，费用较多，而且一般不能考虑人、环境和部件之间相互关系等因素，主要用于设计阶段的全能分析。

（6）致命度分析。确定系统中每个元件发生故障后造成多大程度的严重性，按其严重度定出等级,以便改进系统性能。该法用于各类系统、工艺过程、操作程序和系统中的元件,是比较完善的标准方法。虽然易于理解,但需要在故障模式及影响分析之后进行。与故障模式及影响分析一样,不能包含人和环境及部件之间相互作用等因素。

(7)事故树分析。由于不希望事件(顶事件)开始,找出引起顶事件的各种失效的事件及其组合,最适合用于找出各种失效事件之间的关系,即寻找系统失效的可能方式。该法可包含人、环境和部件之间相互作业等因素,加上简明、形象化的特点,已成为安全系统工程的主要分析方法。

(8)事件树分析。由初始(希望或不希望)的事件出发,按照逻辑推理推论其发展过程及结果,即由此引起的不同事件链。该法广泛用于各种系统,能够分析出各种事件发展的可能结果,是一种动态的宏观分析方法。

(9)危险性和可操作性研究。研究工艺状态参数的变动,以及操作控制中偏差的影响和其发生的原因。其特点是由中间的状态参数的偏差开始,分别向下找原因,向上判明其后果,是故障模式及影响分析和事故树分析方法的延伸,具有二者的优点,适用于流体或能量的流动情况分析,特别适用于大型化工企业。

(10)原因—后果分析。是事件树分析和事故树分析方法的结合,从某一初始条件出发,向前用事件树分析,向后用事故树分析,且兼有两者的优缺点。此方法灵活性强,可以包罗一切可能性,易于文件化,可以简明地表示因果关系。

(11)共同原因分析就是进行共因失效分析。共同失效是一种相依失效事件,避免了故障模式及影响分析仅从单一输入的故障模式的优缺点。因此,该方法是故障模式及影响分析和事故树分析方法的补充。

四、交通安全分析方法的选择

在进行交通安全分析方法选择时应根据实际情况,并考虑如下几个问题:

1. 分析的目的

交通安全分析方法的选择应该满足对分析的要求。交通安全分析的最终目的是辨识危险源,而在实际工作中要达到一些具体目的,例如:

(1)对系统中所有危险源,查明并列出清单。

(2)掌握危险源可能导致的事故,列出潜在事故隐患清单。

(3)列出降低危险性的措施和需要深入研究的部位清单。

(4)将所有危险源按危险大小排序。

(5)为定量的危险性评价提供数据。

由于每种方法都有其自身的特点和局限性,并非处处通用。使用中有时要综合应用多种方法,以取长补短或相互比较,来验证分析结果的正确性。

2. 资料的影响

关于资料收集的多少、详细程度、内容的新旧等,都会对选择系统安全分析方法有着至关重要的影响。

一般来说,资料的获取与被分析的系统所处的阶段有直接关系。例如,在方案设计阶段,采用危险性和可操作性研究或故障类型和影响分析的方法就难以获取详细的资料。随着系统的发展,可获得的资料越来越多、越来越详细。为了能够准确分析,应该收集最新的、高质量的资料。

3. 系统的特点

要针对被分析系统的特点选择交通安全分析方法。对于复杂和规模大的系统,由于需要的工作量和时间较多,应先用较简捷的方法进行筛选,然后根据分析的详细程度选择相应的分析方法。对于不同类型的操作过程,若事故的发生是由单一故障(失误)引起的,则可以考虑危险性与可操作性研究;若事故的发生是由许多危险因素共同引起的,则可以选择事件树分析、事故树分析等方法。

4. 系统的危险性

当系统的危险性较高时,通常采用系统、严格、预测性的方法,比如故障类型分析和影响分析、事件树分析、事故树分析等方法;当危险性较低时,一般采用经验的、不太详细的分析方法,如安全检查表法。

在使用交通安全分析方法时应注意:使用现有方法不能生搬硬套,必要时应要改造或简化;不能局限于已有分析方法的应用,而应从系统原理出发,开发新交通安全分析方法。

第二节 统计图表分析方法

统计图表分析法,就是利用统计图表对交通事故数据进行整理并进行粗略的原因分析,这也是交通安全管理与分析中常用的方法。由于一系列交通数据能从图中直观地看出,所以从图表中可以看出造成结果的初步原因。统计图表分析方法是一个综合的体系,它包括比重图、趋势图、直方图、圆图法、排列图法等。

一、比重图

比重图是一种表示事物构成情况的平面图形,它能在图上直观地反映出事物各种构成所占的比例。更具体来说,仅排列在工作表的一列或一行中的数据可以绘制到饼图中。饼图显示一个数据系列(数据系列:在图表中绘制的相关数据点,这些数据源自数据表的行或列。图表中的每个数据系列都具有唯一的颜色或图案,并且在图表的图例中表示,也可以在图表中绘制一个或多个数据系列,但饼图只有一个数据系列)中各项的大小与各项总和的比例。饼图中的数据点显示为整个饼图的百分比。

比重图在交通安全领域中的应用非常广泛,特别是在交通事故方面,它能够直观、方便地反映出交通事故各方面的数据。例如,2004年各种驾驶人类型的事故死亡构成如图4-1所示。

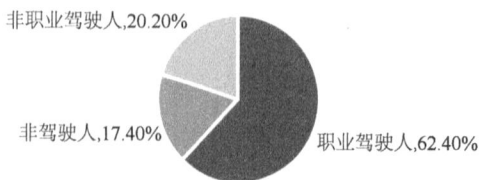

图4-1 2004年我国各种驾驶人类型的事故死亡构成

二、趋势图

趋势图,也可称为统计图或统计图表,是以统计图的呈现方式,如柱形图、横柱形图、曲线图、饼图、点图、面积图和雷达图等,来呈现某事物或某信息数据的发展趋势的图形,使其能更容易理解。数据的时间走势图有时也叫趋势图,它用来显示一定时间间隔(例如一天、一周或一个月)内所得到的测量结果。以测得的数量为纵轴,以时间为横轴绘成图形。

在交通安全领域中,通常采用直角坐标来表示趋势图,以时间间隔为横轴,以事物数量尺度为纵坐标。在绘制过程中,如果事物的历史数据变化范围大,可以用纵坐标表示事物的对数,即以对数数列为尺度。由于对数数列与数列本身的变化趋势是一样的,这就保证了所作的对数趋势图与原趋势图的总趋势是相同的。如图 4-2 所示是 2000—2015 年我国道路交通事故发生次数。

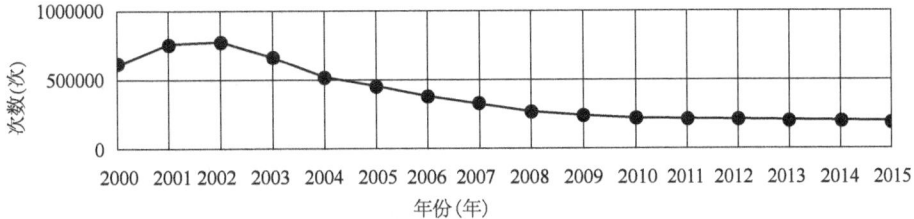

图 4-2 2000—2015 年我国道路交通事故发生次数

三、直方图

直方图又称质量分布图,是一种统计报告图,由一系列高度不等的纵向条纹或线段表示数据分布的情况。一般用横轴表示数据类型,纵轴表示分布情况,用直方图可以解析出资料的规则性。直方图是交通安全分析中常用的统计图表,它的横坐标表示需要分析的各种因素,高度表示这种因素指标的数值,它可以直观、形象地表示出各种因素对交通事故的影响程度。如图 4-3 所示是我国 2001—2015 年道路交通事故万车死亡率。

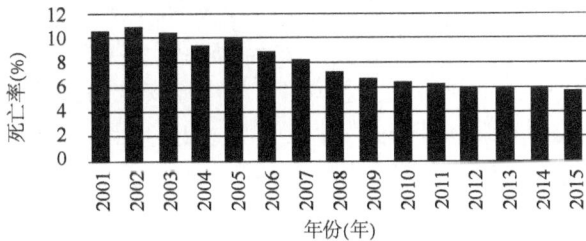

图 4-3 2001—2015 年我国道路交通事故万车死亡率

四、圆图法

圆图法是指在一个圆形图中,把要分析的项目中的各项因素,按比例画出来,即整个圆为 360°,记为 100%。如果所占圆的 180°记为 50%,以此类推,这样画在一个圆内便可以比较直观地看出各种因素所占的比例,其主要形式如图 4-4 所示。

五、排列图法

排列图法又称主次因素分析图或巴雷特图,它由两个纵坐标、一个横坐标、若干个直方图形和一条曲线组

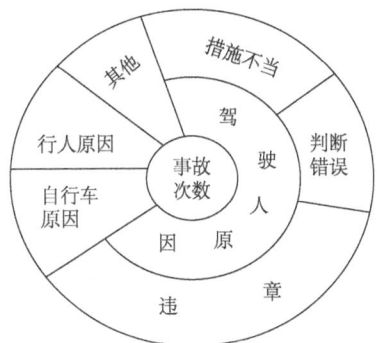

图 4-4 道路交通事故原因分析图

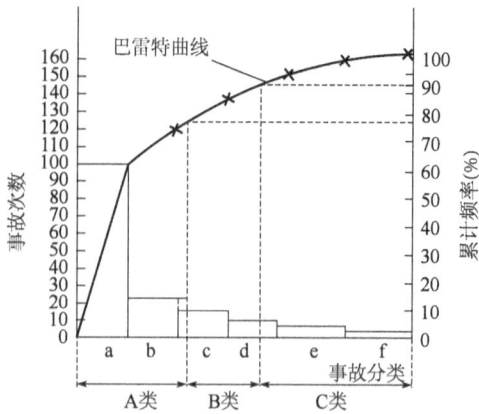

图 4-5　巴雷特图

成。其中,左边的纵坐标表示频数,右边的纵坐标表示累计频率(0~100%),横坐标表示影响事物的各种因素。若干个直方图形分别表示事物影响因素的项目,直方图形的高度则表示影响因素的大小程度,按主次因素顺序由左向右排列,起主次因素可以分为三类:累积频率在0%~80%的因素,称为 A 类因素,即主要因素;累积频率在80%~90%的因素,称为 B 类次要因素;累积频率在90%~100%的因素,称为 C 类次要因素。其中曲线表示各影响因素大小的累计百分数,这条曲线称为巴雷特曲线。如图 4-5 所示为巴特雷图。

这种排列图可以根据分析目的的不同而改变横坐标中因素,但是分析所采用的因素不宜过多,要列出主要因素,去掉从属因素,以便于突出主要矛盾。

第三节　因果分析图法

因果分析图法是通过因果图表现出来,这种图反映的因果关系直观、醒目、条例分明。按事物之间的因果关系,知因测果或倒果查因,因果预测分析是整个预测分析的基础,可以使复杂的原因系统化、条块化。而且直观、逻辑性强,因果关系明确,便于把主要原因弄清楚。

当将因果分析图法应用于交通安全领域时,运输过程安全与否是交通参与者、运载工具、运输线路等多方面因素综合作用的结果。这些因素与交通安全的关系相当复杂,它们彼此之间同时也存在这错综复杂的关系。当分析发生交通事故的原因时,可以将各种可能的事故原因进行归纳分析,用简明的文字和线条表现出来,如图 4-6 所示。

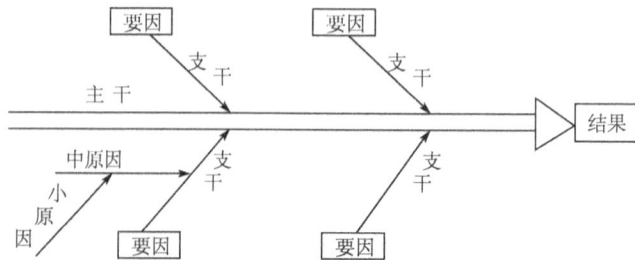

图 4-6　因果分析图

在图 4-6 中,"结果"表示不安全问题的事故类型;主干是一条长箭头,表示某一事故现象;长箭头两边有若干"枝干""要因",表示与该事故现象有直接关系的各种因素,它是综合分析和归纳的结果;"中原因"则表示与要因直接有关的因素,一次类推便可以把事故的各种大小原因客观、全面地找出来。

另外,在应用因果分析图对交通事故原因进行分析时,要从大到小、从粗到细、寻根究底,直到能找到具体采取的措施为止。

第四节 安全检查表分析法

安全检查表法（Safety Checklist Analysis，简写 SCA）是依据相关的标准和规范，对工程和系统中已知的危险类别、设计缺陷以及与一般工艺设备、操作、管理有关的潜在危险性和有害性进行判别检查。安全检查表法适用于工程、系统的各个阶段，是系统安全工程的一种最基础、最简便、广泛应用的系统危险性评价方法。

一、安全检查和安全检查表

安全检查表是进行安全检查，发现潜在危险，督促各项安全法规、制度、标准实施的一个较为有效的工具。它是安全系统中最基本、最初步的一种形式，是为系统地发现运输工具、运输路线、港、站、车间、班组、工序或机器、设备、装置、环境以及各种操作管理和组织措施中的不安全因素而事先拟好的问题清单。交通安全表的基本格式如表 4-1 所示。

交 通 安 全 表 表 4-1

检查时间	检查单位	检查人	检查部位		整改负责人
序号	检查项目		检查结果		整改措施
			是	否	

交通安全表不是简单的对问题的罗列，而是通过分析、筛选、简化，从而发现问题、查找问题的一种工具。它针对性强，富有实效，对分析系统的安全状况有较好的指导作用，因而得到了广泛应用。

二、安全检查表内容及要求

1. 安全检查表检查项目及要求

安全检查表的检查项目，应列出所有可能导致事故发生的因素或状态，即要求所列检查项目系统、全面、完善。检查的项目越全面彻底，漏掉的安全隐患就越少，系统的安全性就越高。

2. 安全检查表采用方式

安全检查表一般采用正面提问的方式，要求发文明确，回答清楚，并以"是"或"否"来回答，并且在每个问题后面设改善措施栏，将改善措施简要的填写在此栏内。每个检查表均需注明检查时间、检查者、直接负责人等，以便分清责任。

3. 检查依据

为了使检查表中提出的问题有科学根据，在进行安全检查表编制前要对与此相关的规章制度、规范标准中的要求进行全面、系统地查阅，分别简要列出它们的名称和所在章节，附于每项提问后面，便于查对。

三、安全检查表分类

安全检查表的类型繁多，分类的方式各不相同，绝大多数是按用途分类的。一般而言，常用类型有以下几种：

1. 设计审查用安全检查表

如果在设计时能够设法把不安全因素消除掉，则可以取得事半功倍的效果。因此，在设计之前，应为设计人员提供相应的安全检查表，表中还应列出应该遵循的有关规程、标准，这样既可以扩大设计者的知识面，也能使他们乐于采纳这些标准中所列的数据要求，避免与安全人员意见不同时发生争议。设计人员事先参照安全检查表进行设计，比设计完成后再参照检查表修改要方便得多。

2. 运输设备、机械装置、设施定期安全检查表

由于交通运输系统是庞大的社会—技术系统，部门复杂、设备繁多，所以应该按客运、货运、车辆、电力、房建等部门，根据各自的设备情况，制订相应的安全检查表，供日常巡回检查或定期检查时使用。

3. 车间、工段及岗位用安全检查表

用于车间、工段及岗位进行定期和预防性安全检查，重点放在人身、设备、作业过程等不安全行为和不安全状态方面。

4. 消防用安全检查表

对于交通运输部门的货场、仓库、油库及飞机、船舶等要害部位，防止火灾发生是一个十分重要的问题。

5. 专业性安全检查表

专业性安全检查表由专业机构或职能部门编制或使用，主要用于进行定期的安全检查或季节性检查，如对电气设备、锅炉及压力容器、特殊装置与设施等的专业性检查。

四、安全检查表的编制

1. 安全检查表的编制方法

在实际的交通分析应用中，交通安全检查表的编制一般采用检验法和分析法。

1）检验法

找熟悉检查对象的人员和具有实践经验的人员，以结合的方式（个人、工程技术人员、管理人员相结合）组成一个小组。依据人、物、环境的具体情况和以往积累的实践经验及有关统计数据，按照规程、规章制度等文件的要求，编制安全检查表。

不过其检查项目较多、繁杂，比较耗费人力、物力，工作效率比较低，而且检查的方式落后，在实际应用过程中会存在较大误差，使用效果没有分析法好。

2）分析法

根据已经编制的事故树、事件树的分析、评价结果来编制安全检查表。其编制的安全检查表，经过事故树、事件树的定性、定量分析来确定检查项目，因而检查表较为精简和全面。检查的项目不多，而且每一个检查项目都是保证系统安全的关键。因此，分析法是以后发展的主流方向。

2. 安全检查表的编制步骤

（1）确定被检查对象，组织有关人员。

（2）熟悉被分析的系统。

（3）调查不安全因素。

（4）搜集与系统有关的规范、标准、制度等。

（5）明确规定的安全要求。

（6）根据具体情况和要求确定编制方法，编制安全检查表。

（7）通过反复使用，不断修改，补充完善。

（8）现场检查评价。

（9）编写评价结果分析。

五、主要特点和应注意的问题

1. 特点

安全检查表是进行系统安全分析的基础，也是安全检查中行之有效的基本方法，具有以下主要特点：

（1）检查表的编制系统全面，可全面查找危险、有害因素，避免了传统安全检查中易遗漏和疏忽的弊端。

（2）检查表中体现了法规、标准的要求，使检查工作法规化、规范化。

（3）针对不同的检查对象和检查目的，可编制不同的检查表，应用灵活广泛。

（4）检查表简明易懂，易于掌握，检查人员按表逐项检查，操作方便可用，能弥补其知识和经验不足的缺陷。

（5）编制安全检查表的工作量及难度较大，检查表的质量受制于编制者的知识水平及经验积累。

2. 应注意的问题

（1）编制安全检查表的过程，实质是理论知识、实践经验系统化的过程，一个高水平的安全检查表需要专业技术的全面性、多学科的综合性和对实际经验的统一性。为此，应组织技术人员、管理人员、操作人员和安全人员深入现场共同编制。

（2）按查隐患要求列出的检查项目应齐全、具体、明确，突出重点，抓住要害。为了避免重复，尽可能将同类性质的问题列在一起，系统地列出问题或状态。另外，应规定检查方法，并有合格标准，防止检查表笼统化、行政化。

（3）各类检查表都有其适用对象，各有侧重，是不宜通用的。

（4）危险性部位应详细检查，确保一切隐患在可能发生事故之前就被发现。

（5）编制安全检查表应将安全系统工程中的事故树分析、事件树分析、预先危险性分析和可操作性研究等方法进行综合。

第五节 事故树分析法

一、事故树分析法基本概念及特点

事故树分析（Fault Tree Analysis，简写 FTA）方法起源于故障树分析，是安全系统工程的重要分析方法之一，它是运用逻辑推理对各种系统的危险性进行辨识和评价，不仅能分析出事故的直接原因,而且能深入地揭示出事故的潜在原因。目前,事故树分析法已从航天、核工业进入一般电子、电力、化工、机械、交通等领域,它可以进行故障诊断,分析系统的薄弱环节,指定系统的安全运行和维修,实现系统的优化设计。

事故树分析法具有以下特点:

(1)事故树分析是一种图形演绎方法,是事故事件在一定条件下的逻辑推理方法。它可以围绕某特定的事故进行层层深入的分析,因而在清晰的事故树图形下,表达了系统内各事件间的内在联系,并指出单元故障与系统事故之间的逻辑关系,便于找出系统的薄弱环节。

(2)事故树分析具有很大的灵活性,不仅可以分析某些单元故障对系统的影响,还可以对导致系统事故的特殊原因(如人的因素、环境影响等)进行分析。

(3)进行事故树分析的过程,是对系统更深入认识的过程,它要求分析人员把握系统内各要素间的内在联系,弄清各种潜在因素对事故发生影响的途径和程度,因而许多问题在分析的过程中就被发现和解决了,从而提高了系统的安全性。

(4)利用事故树模型可以定量计算复杂系统发生事故的概率,为改善和评价系统安全性提供了定量依据。

二、事故树符号及意义

1. 事件符号

顶事件:是指所要分析的事件,一般把有可能发生的事故或者已经发生的事故作为顶事件。用字母 T 来表示,其用正方形表示,如图 4-7a)所示。

中间事件:是指在系统中造成顶事件发生的事件,用字母 $A(i)$ 表示,其用正方形表示,如图 4-7a)所示。

底层事件:是指事故树中最下面一层的事件,主要包括基本事件、省略事件和屋形事件,这3 种底层事件统一使用字母 $X(i)$ 表示。

基本事件:它是系统中最为基本的一个事件,表示产生事故的最根本原因,并且已经不能继续往下分析的事件,用圆形符号表示,如图 4-7b)所示。

省略事件:表示不需要继续往下分析的事件,可以用省略事件来表示驾驶人的失误等事件,用菱形符号表示,如图 4-7c)所示。

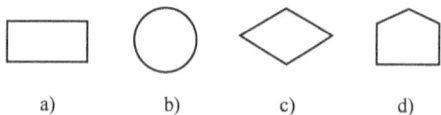

a)   b)   c)   d)

图 4-7 事件符号

屋形事件:表示正常的事件,系统在正常状态下必定要发生的事件,而认为是不需要修正的故障,用屋形符号表示,如图 4-7d)所示。

事故树的整体形式和逻辑结构如图 4-8 所示。

2. 逻辑门符号

"与门""优先与门""限制门""排斥或门"等,所有的这些门都可以最终转化为"与门"和"或门",本书中所使用的主要是"与门"和"或门"。

(1)或门。表示所连接的事件 X_1, X_2,…,X_n 中只要有一个发生,或门所在的事件就会发生。布尔代数表示为: $A = X_1 + X_2 + \cdots + X_n$。

(2)与门。表示所连接的事件 X_1, X_2,…,X_n 同时发生时,或门所在的事件才会发生。布尔代数表示为: $A = X_1 \cdot X_2 \cdot \cdots \cdot X_n$。

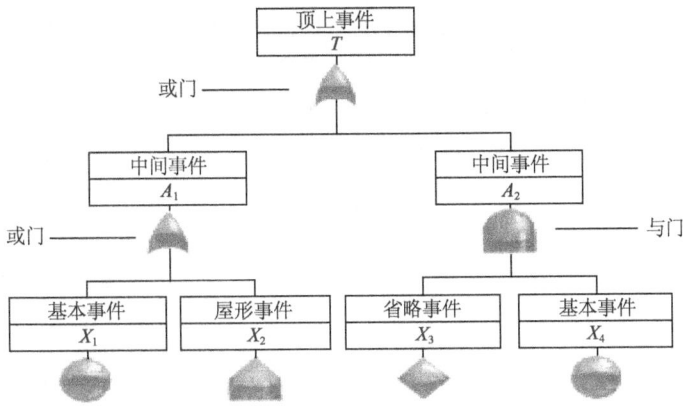

图4-8 事故树符号及含义

(3)表示输出事件是输出事件的对立事件。非门符号如图4-9所示。

(4)特殊门。

①条件与门。表示输入事件不仅同时发生,而且必须满足条件 A,才会有输出事件发生,条件与门符号如图4-10所示,其中在满足 A 条件的情况下,输入事件为 $E_1,E_2,\cdots,E_n$,一个输出事件为 E。

②条件或门。表示输入事件中至少有一个发生,在满足条件 A 的情况下,输出事件才发生,条件或门符号如图4-11所示。

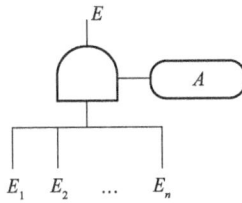

图4-9 非门　　　　图4-10 条件与门　　　　图4-11 条件或门

3. 转移符号

当事故规模很大或整个事故树中多处包含有相同的部分树图时,为了简化整个树图,便可用转出和转入符号,以标出向何处转出和从何处转入。

(1)转出符号。表示向其他部分转出,三角形内记入向何处转出的标记,如图4-12所示。

(2)转入符号。表示从其他部分转入,三角形内记入从何处转入的标记,如图4-13所示。

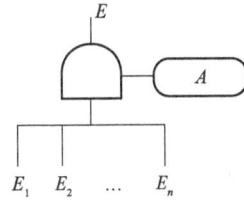

图4-12 转出符号　　　　图4-13 转入符号

三、事故树分析步骤

事故树分析法的基本步骤可以概括为:调查事故、确定顶上事件、确定目标、调查事故原因、画出事故树、定性分析、计算顶上事件发生概率、进行比较、定量分析以及利用最小径集,找出根除事故的可能性,从中选出最佳方案。

1. 准备阶段

(1)确定所要分析的系统。在分析过程中,合理地处理好所要分析的系统与外界环境及其边界条件,确定所要分析系统的范围,明确影响系统安全的主要因素。

(2)熟悉系统。这是事故树分析的基础和依据。对于已经确定的系统进行深入的调查研究,收集系统的有关资料与数据,包括系统的结构、性能、工艺流程、运行条件、事故类型、维修情况、环境因素等。

(3)调查系统发生的事故。收集、调查所分析的系统曾经发生过的事故和将来有可能发生的事故,同时还要收集、调查本单位与外单位、国内与国外同类系统曾经发生的所有事故。

2. 事故树的编制

1)编制事故树的规则

事故树的编制过程是一个严密的逻辑推理过程,应遵循这几项规则:定顶事件应优先考虑风险大的事故事件;合理确定边界条件;保持门的完整性,不允许门与门直接相连;确切描述顶事件;编制过程中及编成后,需及时进行合理的简化。

2)编制事故树的方法

编制事故树的常用方法为演绎法,通过人的思考去分析顶事件是怎样发生的,即首先确定系统的顶事件,找出直接导致顶事件发生的各种可能因素或因素的组合即中间事件。在顶事件与其紧连的中间事件之间,根据其逻辑关系相应地画出逻辑门。然后再对每个中间事件进行类似的分析,找出其直接原因,逐级向下演绎,直到不能分析的基本事件为止。这就可得到用基本事件符号表示的事故树。

3. 事故树定性分析

事故树定性分析主要按照事故树结构,求取事故树的最小割集或最小径集,并进行基本原因事件的结构重要度分析,根据定性分析的结果,来确定预防事故的安全保障措施。

4. 事故树定量分析

事故树定量分析主要是根据引起事故发生的各基本事件的发生概率,计算事故树顶事件发生的概率;计算各基本事件的概率重要度和关键重要度。根据定量分析的结果以及事故发生以后可能造成的危害,对系统进行风险分析,以确定安全投资方向。

5. 事故树分析的结果总结与应用

必须及时对事故树分析的结果进行评价、总结,提出改进建议。整理、储存事故树定性和定量分析的全部资料与数据,并注重综合利用各种安全分析的资料,为系统安全性评价与安全性设计提供依据。

四、事故树定性分析

1. 最小割集

1)割集和最小割集

在事故树分析中把引起顶事件发生的基本事件的几何称为割集。一个事故树中的割集一般不止一个,在这些割集中,凡是不包括其他割集的,称作最小割集。换言之,如果割集中任意去掉一个基本事件后就不是割集,那么这样的割集就是最小割集。所以最小割集是引起顶事件发生的充分必要条件。

最小割集可以用来表征系统的危险程度,每个最小割集都是顶上事件发生的一种可能途径。最小割集的数目越多,危险性越大。最小割集的主要作用有以下几点:表示顶事件的发生原因;每个最小割集代表了一种事故模式;判断重要度,计算顶事件的发生概率。

2)最小割集求解法则

对建立的事故障树模型做定性和定量分析时,需要计算模型的结构重要度以及顶事件发生概率,计算时所采用的算法就是布尔代数运算。布尔代数属于符号逻辑的分支,其最大的优点是使复杂问题简单化。因为布尔代数采用逻辑运算,只有0、1两值,即是或非、真或假、对或错、发生或不发生、安全或不安全等。布尔代数中的运算包括布尔加法、布尔乘法及求补集,布尔代数的主要运算法则见表4-2。

布尔代数的主要运算法则 表4-2

运算法则	法则1	法则2
结合法则	$A + (B + C) = (A + B) + C$	$A(BC) = (AB)C$
交换法则	$A + B = B + A$	$AB = BA$
分配法则	$A(B + C) = AB + AC$	$A + (BC) = (A + B)(A + C)$
幂等法则	$A + A = A$	$AA = A$
吸收法则	$A + (AB) = A$	$A(A + B) = A$

2. 最小径集分析

1)径集与最小径集

在事故树中,当所有基本事件都不发生时,顶事件肯定不会发生,然而,顶事件不发生常常并不要求所有基本事件都不发生,而只要某些事件不发生,顶事件就不会发生。这些不发生的基本事件的集合称为径集,也称通集或路集。在同一事故树中,不包括其他径集的径集称为最小径集。如果径集中去掉任意一个基本事件后就不再是径集,那么该径集就是最小径集。所以,最小径集是保证顶事件不发生的充分必要条件。

2)最小径集的求法

根据对偶原理,成功树顶事件发生,就是对偶树(事故树)顶事件不发生。因此,求事故树最小径集的方法是:首先将事故树变换成其对偶的成功树,然后求出成功树的最小割集,即事故树的最小径集。

最小径集在事故树分析中的作用主要有:表示系统的危险性;表明顶事件发生的原因组合;为降低系统的危险性提出控制方向和预防措施;利用最小径集可以判定事故树中基本事件的结构重要度和方便地计算顶事件发生的概率。

五、事故树定量分析

事故树的定量分析首先是确定基本事件的发生概率,然后求出事故树顶事件的发生概率。求出顶事件的发生概率之后,可与系统安全目标值进行比较和评价。当计算值超过目标值时,就需要采取预防措施,使其降至安全目标值以下。

在进行事故树定量计算之前,一般可以做3个假设:基本事件之间相互独立;基本事件和顶事件都只考虑发生和不发生两种状态;假定故障分析为指数函数分布。

1. 基本事件发生概率

基本事件的发生概率包括系统的单元(部件或元件)故障概率及人的失误概率等,在工程上计算时,往往用基本事件发生的频率来代替其概率值。

2. 顶事件概率求解

当给定了事故树各基本事件的发生概率,各基本事件又是独立事件时,就可以计算顶事件的发生概率。目前,计算顶事件发生概率的方法有多种,下面介绍 4 种方法。

1) 状态枚举法

设某事故树有 n 个基本事件,这 n 个基本事件两种状态的组合数为 $2n$ 个。根据事故树的结构分析可知,所谓顶事件发生概率的,是指结构函数 $\phi(X) = 1$ 的概率。亦即,顶事件的发生概率 $P(T)$ 可用下式定义:

$$P(T) = \sum_{k=1}^{2^n} \phi(X) \prod_{i=1}^{n} q_i^{y_i} (1 - q_i)^{1-y_i} \tag{4-1}$$

式中: k ——基本事件状态组合序号;

$\phi(X)$ ——第 k 个组合的结构函数值(1 或 0);

q_i ——第 i 个基本事件的发生概率;

y_i ——第 i 个基本事件的状态值(1 或 0)。

从上式可看出:在 n 个基本事件两种状态的所有组合中,只有 $\phi_k(X) = 1$ 时,该组合才对顶事件的发生概率产生影响。所以在用该式计算时,只需考虑 $\phi_k(X) = 1$ 的所有状态组合。

2) 利用最小割集计算顶事件概率

等效图的标准结构形式是:顶上事件 T 与最小割集 K 的逻辑连接为或门,每个最小割集 K 与其包含的基本事件的逻辑连接为与门。

对于有 K 个最小割集的事故树,其顶上事件发生概率表达为:

$$Q = (q_{E1} + q_{E2} + q_{E3} + \cdots + q_{EK}) - (q_{E1}q_{E2} + q_{E2}q_{E3} + q_{E3}q_{E4} + \cdots + q_{E(K-1)}q_{EK}) +$$
$$(q_{E1}q_{E2}q_{E3} + q_{E2}q_{E3}q_{E4} + \cdots + q_{E(K-2)}q_{E(K-1)}q_{EK}) - (-1)^{K-1}q_{E1}q_{E2}\cdots q_{EK} \tag{4-2}$$

如果所有的最小割集中没有重复的基本事件,则顶上事件发生的基本概率为:

$$Q = \coprod_{j=1}^{k} \prod_{x_i \in k_j} q_i \tag{4-3}$$

式中: i ——基本事件的序数;

$x_i \in k_j$ ——第 i 个基本事件属于第 j 个最小割集;

j ——最小割集的序号;

k ——最小割集的个数;

$\coprod_{j=1}^{k} \prod_{x_i \in k_j} q_i$ ——求 q_i 的概率乘积,其中 $1 \leq j < s \leq k$。

3) 利用最小径集计算顶事件概率

等效图的标准结构形式是:顶上事件 T 与最小径集 P 逻辑连接为与门,而每个最小径集 P 与其包含的基本事件的逻辑连接为或门。

对于有 P 个最小径集的事故树,其顶上事件发生的概率的公式为:

$$Q = \sum_{j=1}^{k} \prod_{x_i \in k_j} (1 - q_i) - \sum_{1 \leq j \leq s \leq k} \prod_{x_i \in k_j \cup k_s} q_i + \cdots + (-1)p \prod_{j=1, x_i \in p_j}^{k} q_i \tag{4-4}$$

如果所有的最小径集中没有重复的基本事件,则顶上事件发生的基本概率为:

$$Q = \prod_{j=1}^{k} \coprod_{x_i \in p_j} q_i = \prod_{j=1}^{k} \left[1 - \prod_{x_i \in p_j} (1 - q_i) \right] \tag{4-5}$$

4）利用近似值计算顶事件概率

（1）首项近似法

利用最小割集计算顶上事件发生概率的计算公式为：

$$Q = \sum_{j=1}^{k} \prod_{x_i \in k_j} (1 - q_i) - \sum_{i \leqslant j \leqslant s \leqslant k} \prod_{x_i \in k_j \cup k_s} (1 - q_i) + \cdots + (-1)(k-1) \prod_{j=1, x_i \in k_j}^{k} q_i \tag{4-6}$$

设

$$\sum_{j=1}^{k} \prod_{x_i \in k_j} q_i = F_1$$

$$\sum_{i \leqslant j \leqslant s \leqslant k} \prod_{x_i \in k_j \cup k_s} q_i = F_2$$

$$\prod_{j=1, x_i \in k_j}^{k} q_i = F_3$$

则

$$Q = F_1 - F_2 + \cdots + (-1)^{k-1} F_Z \tag{4-7}$$

一般情况下，$F_1 \geqslant F_2$，$F_2 \geqslant F_3$，即：

$$Q \approx F_1 = \sum_{j=1}^{k} \prod_{x_i \in k_j} q_i \tag{4-8}$$

（2）平均近似法

为了使近似值更加接近准确值，可以求出 $1/2 F_2$，即

$$Q = \frac{F_1 - 1}{2F_2} \tag{4-9}$$

（3）独立近似法

出发点为将事故树按无共同基本事件处理，认为最小割、径集基本事件是相互独立的，应用无重复事件的计算公式计算。

利用最小割集计算顶上事件发生概率的独立近视计算式为：

$$Q \approx \coprod_{j=1}^{k} \prod_{x_i \in k_j} q_i \tag{4-10}$$

利用最小径集计算顶上事件发生概率的独立近视计算式为：

$$Q \approx \coprod_{j=1}^{k} \prod_{x_i \in k_j} q_i = \prod_{j=1}^{k} \left[1 - \prod_{x_i \in k_j} (1 - q_i) \right] \tag{4-11}$$

六、基本事件重要度分析

一个基本事件对顶事件发生的影响大小称为该基本事件的重要度。为了明确最易导致顶事件发生的事件，以便分出轻重缓急，采取有效措施，控制事故的发生，必须对基本事件进行重要度分析。

1. 基本事件结构重要度

如不考虑各基本事件发生的难易程度，或假设各基本事件的发生概率相等，仅从事故树的结构上研究各基本事件对顶事件的影响程度，称为结构重要度分析。结构重要度分析一般可以采用两种方法：一种是精确求出结构重要度系数，另一种是用最小割集或用最小径集排出结构重要度顺序。

1)基本事件结构重要度系致

在事故树分析中,各个基本事件均含发生和不发生两种状态。各个基本事件状态的不同组合,又构成顶事件的不同状态,即 $\phi(X) = 1$ 或 $\phi(X) = 0$。

在某个基本事件 X_i 的状态由 0 变成 1(即 0_i 到 1_i),其他基本事件 $X_j(j) = 1, 2, \cdots, i-1, i+l, \cdots, n)$ 的状态保持不变,顶上事件的状态变化可能有以下 3 种状况:

①$\phi(0_i, X_j) = 0, \phi(1_i, X_j) = 0$,则 $\phi(1_i, X_j) - \phi(0_i, X_j) = 0$

②$\phi(0_i, X_j) = 0, \phi(1_i, X_j) = 1$,则 $\phi(1_i, X_j) - \phi(0_i, X_j) = 1$

③$\phi(0_i, X_j) = 1, \phi(1_i, X_j) = 1$,则 $\phi(1_i, X_j) - \phi(0_i, X_j) = 0$

第一种情况和第三种情况都不能说明 X_i 的状态变化对顶事件的发生起什么作用,唯有第二种情况说明 X_i 的发生直接引起顶事件的发生,说明基本事件 X_i 的状态变化对顶事件的发生与否起了作用。基本事件 X_i 这一状态所对应的割集称为"危险割集"。若改变除基本事件 X_i 以外的所有基本事件的状态,并取不同的组合时,基本事件 X_i 的危险割集总数为:

$$n_\phi(i) = \sum_{p=1}^{2^{n-1}} \left[\Phi(1_i, x_{jp}) - \Phi(0_i, x_{jp}) \right] \tag{4-12}$$

显然,$n_\phi(i)$ 的值越大,说明基本事件 X_i 对顶事件发生的影响越大,其重要度越高。

基本事件 X_i 的结构重要度系数 $I_\phi(i)$ 定义为基本事件的危险割集的总数 $n_\phi(i)$ 与 $2n - 1$ 个状态组合数的比值,即

$$I_\phi(i) = \frac{n_\Phi(i)}{2^{n-1}} = \frac{1}{2^{n-1}} \sum_{p=1}^{2^{m-1}} \left[\Phi(1_i, x_{jp}) - \Phi(0_i, x_{jp}) \right] \tag{4-13}$$

2)基本事件割集重要度系数

用事故树的最小割集可以表示其等效事故树。在最小割集所表示的等效事故树中,每一个最小割集对顶事件发生的影响同样重要,而且同一个最小割集中的每一个基本事件对该最小割集发生的影响也同样重要。

设某一事故树有 k 个最小割集,n 个基本事件,每个最小割集记作 $E_r(r) = 1, 2, \cdots, k$,则 $1/k$ 表示单位最小割集的重要系数;第 r 个最小割集 E_r 中含有 $m_r(X \in E_r)$ 个基本事件,则 $\frac{1}{m_r(X \in E_r)}$ 表示基本事件 X_i 的单位割集重要系数。

设基本事件 X_i 的割集重要系数为 $I_k(i)$,则有:

$$I_k(i) = \frac{1}{k} \sum_{r=1}^{k} \frac{1}{m_r(X \in E_r)} \quad (i = 1, 2, \cdots, n) \tag{4-14}$$

3)用最小割集或最小径集进行结构重要度分析

利用基本事件的结构重要度系数可以较准确地判定基本事件的结构重要度顺序,但较烦琐。一般可以利用事故树的最小割集或最小径集,按以下准则定性判断基本事件的结构重要度:

(1)单事件最小割(径)集中的基本事件结构重要度最大。

(2)仅在同一最小割(径)集中出现的所有基本事件结构重要度相等。

(3)两个基本事件仅出现在基本事件个数相等的若干最小割(径)集中,这时在不同最小割(径)集中出现次数相等的基本事件其结构重要度相等。出现次数多的结构重要度大,出现次数少的结构重要度小。

(4)两个基本事件仅出现在基本事件个数不等的若干小割(径)集中。在这种情况下,基

本事件结构重要度大小依下列不同条件而定：

①若它们重复在各小割(径)集中出现的次数相等,则少事件小割(径)集中出现的基本事件结构重要度大。

②在少事件最小割(径)集中出现次数少的,与多事件最小割(径)集中出现次数多的基本事件比较,应用下式计算近似判别值。

$$I(i) = \sum_{X_i \in E_i} \frac{1}{2^{n_i-1}} \tag{4-15}$$

式中：$I(i)$ —— 基本事件 X_i 结构重要度系数的近似判别值；

n_i —— 基本事件 X_i 所属最小割(径)集包含的基本事件数。

2. 基本事件概率重要度分析

基本事件的结构重要度分析只是按事故树的结构分析各基本事件对顶事件的影响程度。如果进一步考虑基本事件发生概率的变化会给顶上事件发生概率以多大影响,就要分析基本事件的概率重要度。

概率重要度分析主要依靠各基本事件的概率重要度系数大小进行定量分析。所谓基本事件的概率重要度系数,是指某基本事件发生概率变化引起顶事件发生概率变化的程度。

由于顶事件发生概率函数是 n 个基本事件发生概率的多重线性函数,所以,对自变量 q_i 求一次偏导,即可得到该基本事件的概率重要度系数 $I_g(i)$ 为：

$$I_g(i) = \frac{\partial P(T)}{\partial q_i} \quad (i = 1,2,\cdots,n) \tag{4-16}$$

式中：$P(T)$ —— 顶事件发生概率；

q_i —— 第 i 个基本事件 X_i 的发生概率。

利用上式求出个基本事件的概率重要度系数,可确定降低哪个基本事件的概率能迅速有效地降低顶事件的发生概率。

概率重要度有一个重要性质:若所有基本事件的发生概率都等于 $1/2$,则基本事件的概率重要度系数等于其结构重要度系数,即：

$$I_g(i)\big|_{q_i=\frac{1}{2}} = I_\Omega \quad (i = 1,2,\cdots,n) \tag{4-17}$$

这样,在分析结构重要度时,可用概率重要度系数的计算公式求取结构重要度系数。

3. 临界重要度分析

事故树的临界重要度分析是依靠各基本事件的临界重要度系数大小进行定量分析。所谓临界重要度系数,是指某个基本事件发生概率的变化率引起顶事件发生概率的变化率,它从敏感度和概率双重角度衡量各基本事件的重要度。因此,它比概率重要度更合理、更具有实际意义。其表达式为：

$$I_g^c(i) = \lim_{\Delta q_i \to 0} \frac{\Delta P(T)/P(T)}{\Delta q_i/q_i} \frac{\Delta p(T)}{\Delta q_i} = \frac{q_i}{p(T)} \cdot I_g(i) \tag{4-18}$$

式中：$I_g^c(i)$ —— 第 i 个基本事件 X_i 的临界重要度系数；

$I_g(i)$ —— 第 i 个基本事件 X_i 的概率重要度系数；

$P(T)$ —— 顶事件发生概率；

q_i —— 第 i 个基本事件 X_i 的发生概率。

第六节 模糊聚类分析法

聚类分析是对事物按照一定要求进行分类的数学方法。实际的分类问题常常伴有模糊性,因此,聚类问题用模糊数学的方法解决更确切。在实际的模糊聚类问题中,主要有用模糊等价关系进行的聚类分析和基于模糊拟序关系的聚类。其中,前者较为常用。

一、模糊聚类分析法概述

模糊聚类分析法是根据客观事物间的特征、亲疏程度、相似性,通过建立模糊相似关系对客观事物进行聚类的分析方法。模糊聚类分析有系统聚类法和逐步聚类法两种基本方法。

模糊集理论的提出为软划分提供了有力的分析工具,用模糊数学的方法来处理聚类问题,称为模糊聚类分析。由于模糊聚类得到了样本属于各个类别的不确定性程度,表达了样本类属的中介性,更能客观地反映现实世界,从而成为聚类分析研究的主流。

二、模糊聚类分析法一般步骤

1. 数据标准化

1) 数据矩阵

设论域 $U = \{x_1, x_2, \cdots, x_n\}$ 为被分类对象,每个对象又有 m 个指标表示其性状,即

$$x_i = \{x_{i1}, x_{i2}, \cdots, x_{in}\} \quad (i = 1, 2, \cdots, n) \tag{4-19}$$

于是,得到原始数据矩阵为:

$$\begin{pmatrix} a_{11} & \cdots & a_{1n} \\ \vdots & \ddots & \vdots \\ a_{m1} & \cdots & a_{mn} \end{pmatrix}$$

式中: a ——第 n 个分类对象的第 m 个指标的原始数据。

2) 数据标准化

在实际问题中,不同的数据一般有不同的量纲,为了使不同的量纲也能进行比较,通常需要对数据做适当的变换。但是,即使这样,得到的数据也不一定在区间 $[0,1]$ 上。因此,这里说的数据标准化,就是要根据模糊矩阵的要求,将数据压缩到区间 $[0,1]$ 上。通常有以下几种变换:

(1) 平移·标准差变换

$$x'_{ik} = \frac{x_{ik} - \overline{x_k}}{s_k} \quad (i = 1, 2, \cdots, n; k = 1, 2, \cdots, m) \tag{4-20}$$

式中: $\overline{x_k} = \frac{1}{n} \sum_{i=1}^{n} x_{ik}, s_k = \sqrt{\frac{1}{n} \sum_{i=1}^{n} (x_{ik} - \overline{x_k})^2}$ 。

经过变换后,每个变量的均值为 0,标准差为 1,且消除了量纲的影响。但是,再用得到的 X_{1k} 还不一定在区间 $[0,1]$ 上。

(2) 平移极差变换

$$x''_{ik} = \frac{x'_{ik} - \min_{1 \leqslant i \leqslant n} \{x_{ik}\}}{\max_{1 \leqslant i \leqslant n} \{x_{ik}\} - \min_{1 \leqslant i \leqslant n} \{x'_{ik}\}} \quad (k = 1, 2, \cdots, m) \tag{4-21}$$

显然有 $0 \leqslant X''_{ik} \leqslant 1$，而且也消除了量纲的影响。

（3）对数变换

$$x'_{ik} = \log x_{ik} \quad (i = 1,2,\cdots,n; k = 1,2,\cdots,m) \tag{4-22}$$

取对数以缩小变量间的数量级。

2. 标定（建立模糊相似矩阵）

设论域 $U = \{x_1, x_2, \cdots, x_n\}$，$x_1 = \{x_{11}, x_{12}, \cdots, x_{1m}\}$，依照传统聚类方法确定相似系数，建立模糊相似矩阵，x_i 与 x_j 的相似程度 $r_{ij} = R\{x_i, x_j\}$。确定 $r_{ij} = R\{x_i, x_j\}$ 主要是借用传统聚类的相似系数法、距离法以及其他方法。具体用什么方法，可根据问题的性质，选取下列公式之一计算：

1）夹角余弦法

$$r_{ij} = \frac{\sum\limits_{k=1}^{m} x_{ik} x_{jk}}{\sqrt{\sum\limits_{k=1}^{m} x_{ik}^2} \sqrt{\sum\limits_{k=1}^{m} x_{jk}^2}} \tag{4-23}$$

2）最大最小法

$$r_{ij} = \frac{\sum\limits_{k=1}^{m} (x_{ik} \wedge x_{jk})}{\sum\limits_{k=1}^{m} (x_{ik} \vee x_{jk})} \tag{4-24}$$

3）算术平均最小法

$$r_{ij} = \frac{2\sum\limits_{k=1}^{m} (x_{ik} \wedge x_{jk})}{\sum\limits_{k=1}^{m} (x_{ik} + x_{jk})} \tag{4-25}$$

以上方法 $x_{ij} > 0$，否则也要做适当变换。

4）相关系数法

$$r_{ij} = \frac{\sum\limits_{k=1}^{m} |x_{ik} - \bar{x}_i| |x_{jk} - \bar{x}_j|}{\sqrt{\sum\limits_{k=1}^{m} |x_{ik} - \bar{x}_i|^2} \sqrt{\sum\limits_{k=1}^{m} |x_{jk} - \bar{x}_j|^2}} \tag{4-26}$$

其中：

$$\bar{x}_i = \frac{1}{m}\sum_{k=1}^{m} x_{ik}, \bar{x}_j = \frac{1}{m}\sum_{k=1}^{m} x_{jk}$$

5）距离法

利用对象 X_i 与 X_j 的距离也可以确定它们的相似程度 r_{ij}，这是因为 $d(X_i, X_j)$ 越大，r_{ij} 就越小。一般地，取 r_{ij} 为 $1 - c[d(X_i, X_j)]\alpha$，其中 c 和 α 是两个适当选取的正数，使 $r_{ij} \in [0,1]$，在实际应用中，常采用如下的距离来确定 r_{ij}：

$$d(x_i, x_j) = \max_{1 \leqslant k \leqslant m} |x_{ik} - x_{jk}| \, (\text{Chebyshev}) \tag{4-27}$$

$$d(x_i, x_j) = \sum_{k=1}^{m} |x_{ik} - x_{jk}| \, (\text{Hamming}) \tag{4-28}$$

6）主观评定法

在一些实际问题中，被分类对象的特性指标是定性指标，即特性指标难以用定量数值来表达。这时，可请专家和有实际经验的人员用评分的办法来主观评定被分类对象间的相似程度。

三、模糊聚类分析方法

数据分类中,常用的分类方法有多元统计中的系统聚类法和模糊聚类分析等。在模糊聚类分析中,首先要计算模糊相似矩阵,而不同的模糊相似矩阵会产生不同的分类结果;即使采用相同的模糊相似矩阵,不同的阈值也会产生不同的分类结果。

1. 系统聚类法

系统聚类是将 n 个样品分成若干类的方法,其基本思想是:先将 n 个样品各看成一类,然后规定类与类之间的距离,选择距离最小的一对合并成新的一类,计算新类与其他类之间的距离,再将距离最近的两类合并,这样每次减少一类,直至所有的样品合为一类为止。

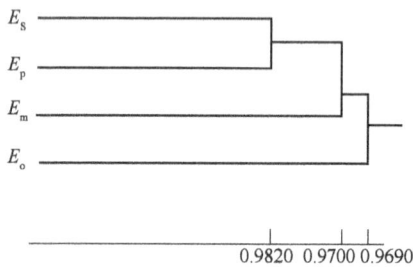

常见的距离有:绝对值距离、欧氏距离、闵可夫距离、切比雪夫距离、马氏距离、兰氏距离。类与类之间的距离有很多定义的方法,主要有:类平均法、重心法、中间距离法、最长距离法、最短距离法、离差平方法、密度估计法。

系统聚类法是基于模糊等价关系的模糊聚类分析法(图4-14、图4-15)。在经典的聚类分析方法中可用经典等价关系对样本集 X 进行聚类。设 R 是 X 上的经典等价关系。对 X 中的两个元素 x 和 y,若 $(x, y) \in R$,则将 x 和 y 并为一类,否则 x 和 y 不属于同一类。

图 4-14　模糊聚类分析图

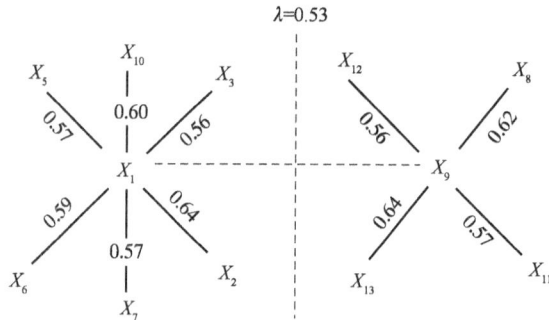

图 4-15　模糊聚类分析

应用这种方法,分类的结果与 α 的取值大小有关。α 取值越大,分的类数越多。α 小到某一值时,X 中的所有样本归并为一类。这种方法的优点在于可按实际需要选取 α 的值,以便得到恰当的分类。

系统聚类法的步骤如下:

(1)数字描述样本的特征。设被聚类的样本集为 $X = \{x_1, x_2, \cdots, x_n\}$。每个样本均有 p 种特征,记作 $X_i = \{x_{i1}, x_{i2}, \cdots, x_{in}\}$;$i = 1, 2, \cdots, n$;$X_{ip}$ 表示描述样本 X_i 的第 p 个特征的数。

(2)定样本之间的相似系数 $r_{ij}(0 \leqslant r_{ij} \leqslant 1; i, j = 1, \cdots, n)$。$r_{ij}$ 描述样本 X_i 与 X_j 之间的差异或相似的程度。r_{ij} 越接近于1,表明样本 X_i 与 X_j 之间的差异越小;r_{ij} 越接近于0,表明 X_i 与之间的差异越大。r_{ij} 可用主观评定或集体评分的方法规定,也可用公式计算,如采用夹角余弦法、最小最大法、算术平均最小法等。因为 $r_{ij} = 1$(X_i 与自身没有差异),$r_{ij} = r_{ji}$(X_i 与 X_j 之间的差异等同于 X_j 与 X_i 之间的差异),所以由 $r_{ij}(i, j = 1, \cdots, n)$ 可得 X 上的模糊相似关系。

一般，R 不具备可传递性，因而 R 不一定是 X 上的模糊等价关系。

（3）运用合成运算 $R = R \cdot R$ 求出最接近相似关系 R 的模糊等价关系 $S = R$（或 R 等）。若 R 已是模糊等价关系，则取 $S = R$。

（4）选取适当水平 $\alpha(0 \leqslant \alpha \leqslant 1)$，得到 X 的一种聚类。

2. 逐步聚类法

逐步聚类法是一种基于模糊划分的模糊聚类分析法。它是预先确定好待分类的样本应分成几类，然后按最优化原则进行再分类，经多次迭代直到分类比较合理为止。

在分类过程中可认为某个样本以某一隶属度隶属于某一类，又以另一隶属度隶属于另一类。这样，样本就不是明确地属于或不属于某一类。若样本集有 n 个样本要分成 c 类，则它的模糊划分矩阵为此 cn 模糊划分矩阵有下列特性：

（1）$u_{ij} \in [0,1]; i = 1, \cdots, c; j = 1, \cdots, n$。

（2）每一样本属于各类的隶属度之和为 1。

（3）每一类模糊子集都不是空集。

3. 其他方法

由于由聚类分析的一般步骤中的各种方法构造出的对象与对象之间的模糊关系矩阵 $R = (r_{ij})_{nn}$，一般说来只是一个模糊相似矩阵，而不一定具有传递性。因此，要从 R 出发构造一个新的模糊等价矩阵，然后以此模糊等价矩阵作为基础，进行动态聚类分析。

1）方法一：传递闭包法

如上所述，模糊相似矩阵 R 的传递闭包 $t(R)$ 就是一个模糊等价矩阵。以 $t(R)$ 为基础而进行分类的聚类方法称为模糊传递闭包法（模糊关系 R 的传递闭包是包含 R 的最小传递关系）。

具体步骤如下：

（1）利用平方自合成方法求出模糊相似矩阵 R 的传递闭包 $t(R)$。

适当选取置信水平值 $\lambda \in [0,1]$，求出 $t(R)$ 的 A 截矩阵 $t(R)\lambda$，它是 X 上的一个等价的 Boole 矩阵。然后按 $t(R)\lambda$ 进行分类，所得到的分类就是在 λ 水平上的等价分类。

设 $t(R) = (r'_{ij})_{nn}, t(R) = (r'_{ij})_{nn}$，则：

$$r'_{ij} = \begin{cases} 1, r'_{ij} \geqslant \lambda \\ 0, r'_{ij} < \lambda \end{cases} \tag{4-29}$$

对 $X_i, X_j \in X$ 若 $r'_{ij}(\lambda) = 1$，则在 λ 水平上将对象 X_i 和对象 X_j 归为同一类。

（2）画动态聚类图。

为了能直观地看到被分类对象之间的相关程度，通常将 $t(R)$ 中所有互不相同的元素按从大到小的顺序编排：$1 = \lambda_1 > \lambda_2 > \cdots$ 得到按 $t(R)\lambda$ 进行的一系列分类。将这一系列分类画在同一个图上，即得动态聚类图。

2）方法二：直接聚类法

直接聚类法，即建立模糊相似矩阵 R 后，不需求其传递闭包，直接从 R 出发，可求得聚类图。其步骤如下：

（1）取 $\lambda_1 = 1$（最大值），求每个 X_i 的相似类 $[X_i]R = \{X_j \mid r_{ij} = 1\}$，将满足 $r_{ij} = 1$ 的 X_i 与 X_j 放在一类，构成相似类。由于 R 不满足传递性，不同的相似类可能有公共元素，此时将有公共元素的相似类归并。可以证明：关于 R_λ 的相似类可归并为关于 $\overline{R}_\lambda$ 的等价类，于是可得关于传递

闭包 $\overline{R}$ 对应于 $\lambda_1 = 1$ 的等价类。

（2）取 λ_2 等于次大值。从 R 中找出所有 $r_{ij} = \lambda_2$，将上述对应于 $\lambda_1 = 1$ 的等价类中 $[x_i]_{\overline{R}\lambda_1}$ 与 $[x_j]_{\overline{R}\lambda_1}$ 归并。可以证明通过对阈值 λ_1 的等价类（关于 $\overline{R}_{\lambda_1}$ 的归并，可直接得到对应阈值）。

λ_2 的等价类（关于 $\overline{R}_{\lambda_2}$），归并原则是，若 $r_{ij} = \lambda_2$，将 $[x_i]_{\overline{R}\lambda_1}$ 与 $[x_j]_{\overline{R}\lambda_1}$ 合并，于是可得到 $\overline{R}$ 对应于 λ_2 的等价类。

（3）取 λ_3 等于第三大值。从 R 中找出所有 $r_{ij} = \lambda_3$，将对应于 λ_2 的 $\overline{R}$ 的等价类中 $[x_i]_{R_{\lambda_2}}$ 与 $[x_j]_{R_{\lambda_2}}$ 归并，将所有这种情况归并后，可得 R 的对应 λ_3 的等价类。

（4）依此类推，直至归并至 X 成为一类。

3）方法三：最大树法

所谓最大数法，就是画出以被分类元素为顶点，以相似矩阵 R 的元素为权重 R_{ij} 的一棵最大的树，取定 $\lambda \in [0,1]$，砍断权重低于 λ 的值，得到一个不连通的图，各个连通的分枝便构成了在水平上 λ 的分类。

其基本步骤如下：

（1）先画出被分类的元素集，从矩阵 R 中按 r_{ij} 从大到小的顺序依次连成边，标上权重，若在某一步会出现回路，便不画那一步，直至所有元素有路相通为止，这样就得到一棵最大树 T。

（2）取定阈值 λ，在 T 中去掉权重小于 λ 的边，便可将元素分类，互相连通的元素归为同类。可以证明：T 中去掉小于 λ 的边，将 T 分类成若干树 $T_1, T_2, \cdots, T_m$，则 $T_l (l = 1, 2, \cdots, m)$ 的顶点集对应 R_λ 的等价分类。

四、最佳阈值 λ 确定

在模糊聚类分析中，对于各个不同的 $\lambda \in [0,1]$，可得到不同的分类，许多实际问题需要选择某个阈值 λ 确定样本的具体分类，这就提出了如何确定阈值 λ 的问题。一般有以下两种方法：

（1）按实际需要，在动态聚类图中，调整 λ 的值以得到适当的分类，而不需要事先准确估计好样本应分成几类。当然，也可由具有丰富经验的专家结合专业知识确定阈值 λ，从而得出在水平的等价分类。

（2）用 F 统计量确定阈值 λ 的最佳值。

设论域 $U = \{x_1, x_2, \cdots, x_n\}$ 为样本空间（样本总数为 n），而每个样本 x_i 有 m 个特征；$x_i = \{x_1, x_2, \cdots, x_n\}$ $(i = 1, 2, \cdots, n)$。于是得到原始数据矩阵，如表4-3所示，其中 $\overline{x_k} = \frac{1}{n}\sum_{i=1}^{n} x_{ik}$（$k = 1, 2, \cdots, m$），$\overline{x}$ 称为总体样本的中心向量。

原 始 数 据 矩 阵　　　　　　　　　　表4-3

样本	指　　　标					
	1	2	$\cdots$	k	$\cdots$	m
X_1	X_{11}	X_{12}	$\cdots$	X_{1k}	$\cdots$	X_{1m}
X_2	X_{21}	X_{22}	$\cdots$	X_{2k}	$\cdots$	X_{2m}
$\cdots$	$\cdots$	$\cdots$	$\cdots$	$\cdots$	$\cdots$	$\cdots$
X_i	X_{i1}	X_{i2}	$\cdots$	X_{ik}	$\cdots$	X_{im}
$\cdots$	$\cdots$	$\cdots$	$\cdots$	$\cdots$	$\cdots$	$\cdots$
X_n	X_{n1}	X_{n2}	$\cdots$	X_{nk}	$\cdots$	X_{nm}
$\overline{X_k}$	$(\overline{X_1}\ \overline{X_2}\cdots\overline{X_k}\ \overline{X_m})$					

设对应于 λ 值的分类 r，第 j 类的样本数为 n_j，第 j 类的样本记为 $X_1(j),X_2(j),\cdots,X_n(j)$，第 j 类的聚类中心为向量 $\bar{X}(j)=(X_1(j),X_2(j),\cdots,X_n(j))$，其中 $\bar{X}(j)$ 为第 k 个特征的平均值，即：

$$\bar{X}^{(j)} = \frac{1}{n}\sum_{i=1}^{n} x_{ik}^{(j)} \quad (k=1,2,\cdots,m) \tag{4-30}$$

作 F 统计量：

$$F = \frac{\sum\limits_{j=1}^{r} n_j \parallel \bar{x}^{(j)} - \bar{x} \parallel}{\sum\limits_{i=1}^{n_j}\sum\limits_{j=1}^{r} \parallel \bar{x}^{(j)} - \bar{x} \parallel} \cdot \frac{n-r}{n-1} \tag{4-31}$$

$$\parallel \bar{x}^{(j)} - \bar{x} \parallel = \sqrt{\sum_{k=1}^{m}(\bar{x}^{(j)} - \bar{x}_k)^2} \tag{4-32}$$

F 为 $\bar{X}^{(j)}$ 与 $\bar{X}$ 间的距离，$\parallel \bar{x}^{(j)} - \bar{x}_k \parallel$ 为第 j 类中第 i 个样本 $x^{(j)}$ 与其中心 $\bar{X}^{(j)}$ 间的距离。称为 F 统计量，它是遵从自由度为 $r-1,n-r$ 的 F 分布。它的分子表征类与类之间的距离，分母表征类内样本间的距离。因此，F 值越大，说明类与类之间的距离越大，类与类间的差异越大，分类就越好。

第五章

交通安全评价与事故预测方法

第一节　交通安全评价方法

一、安全评价指标选取与处理

1.指标体系建立

1)建立一般指标体系

在公路项目中,指标体系建立的方法一般采用两类:专家主观评定和比较判定法及数据统计分析法。第一类方法适用于资料有限,主要依据专家经验知识来确定指标的被评价对象。第二类方法适用于具有定量指标的被评价对象。

一般情况下,在建立评价指标体系时,首先确定评价目标,然后通过收集资料,建立被选指标集,采用层次分析法建立树状的关系结构,运用目标层次分类展开法,将目标按逻辑分类向下展开为若干目标,再把各目标分别向下展开成分目标,依此类推,直到可定量或可定性分析(指标层)为止。

建立指标体系时要综合考虑由整体到局部和由局部到整体这两个有机结合过程。首先,从安全设施系统的整体出发,找出影响研究对象的几个综合指标,由上至下进行分解;同时,在分解、细化下一级指标时进一步明确上一级指标的内涵,逐步完善上一级指标。

2）简化指标体系

对指标进行筛选,用综合指标代替其他相关单项指标,对指标体系进行简化,考虑各相关因素的实际影响,应用相关理论对指标进行独立性分析,剔除相关指标,保持指标的独立性,从而确定评价指标。评价指标的选取应尽可能全面反映安全设施本身和相关因素对评价结果的影响。

3）建立完善的评价指标体系

首先,对确定的评价指标进行相关性分析,然后根据构建安全设施系统评价指标体系的原则,结合评价高速公路的实际情况以及应用的评价方法,建立道路交通安全系统评价指标体系。具体流程如图 5-1 所示。

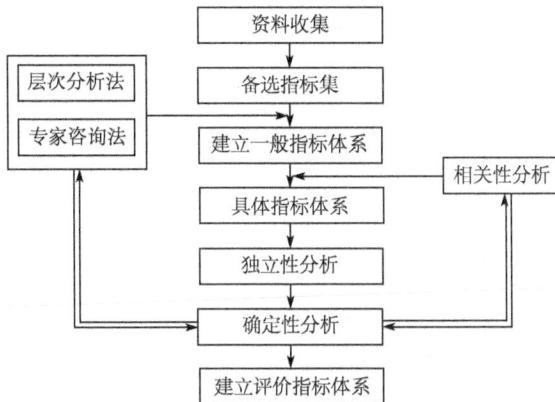

图 5-1　道路交通安全系统评价指标体系

2.评价指标筛选

在实际的安全综合评价活动中,并非是评价指标越多越好,但也不是越少越好,关键在于评价指标在评价中所起作用的大小。一般原则应是以尽可能少的"主要"评价指标用于实际评价,但在初步建立的评价指标集当中也可能存在着一些"次要"的评价指标。这就需要按某种方法进行筛选,分清主次,合理组成评价指标集。

对于具体的实际评价问题,如何确定评价指标及选择评价指标是一个很重要的问题,应该慎重考虑。在实际应用中,通常用以下几种方法来进行评价指标的筛选:

1）专家调研法（Delphi）

这是一种向专家发函、征求意见的调研方法。评价者可根据评价目标及评价对象的特征,在所设计的调查表中列出一系列的评价指标,分别征询专家对评价指标的意见,然后进行统计处理,并反馈咨询结果。经几轮咨询后,如果专家意见趋于集中,则由最后一次咨询确定出具体的评价指标体系。

2）最小均方差法

对于 n 个确定的被评价对象（或系统）$s_1,s_2,\cdots,s_n$,每个被评价对象可用 m 个指标的观测值 $x_{ij}(i=1,2,\cdots,n;j=1,2,\cdots,m)$ 来表示。容易看出,如果 n 个被评价对象关于某项评价指标都差不多,那么尽管这个评价指标是非常重要的,但对于这 n 个被评价对象的相对评价结果来说,它并不起什么作用。因此,为了减少计算量,就可以删除掉这个评价指标。

最小均方差的筛选原则如下:

$$s_j = \sqrt{\frac{1}{n}\sum_{i=1}^{m}(x_{ij} - \overline{x_J})^2} \quad (j = 1,2,\cdots,m) \tag{5-1}$$

为评价指标 x_j 的按 n 个被评价对象取值构成的样本均方差，其中 $\overline{x_J}$ 的计算见式(5-2)：

$$\overline{x_J} = \frac{1}{n}\sum_{i=1}^{m}x_{ij} \quad (j = 1,2,\cdots,m) \tag{5-2}$$

为评价指标 x_j 的按 n 个被评价对象取值构成的样本均值。

若存在 $k_0(1 \leqslant k_0 \leqslant m)$，使得：

$$s_{k_0} = \min_{1 \leqslant j \leqslant m}\{s_j\}, \text{且} \ s_{k_0} \approx 0 \tag{5-3}$$

则可删除掉与 s_{k_0} 相对应的评价指标 x_{k_0}。

3）极小极大离差法

先求出各评价指标 x_j 的最大离差 r_j，即

$$r_j = \max_{1 \leqslant i,j \leqslant n}\{|x_{ij} - x_{kj}|\} \tag{5-4}$$

再求出 r_j 的最小值，即

$$r_0 = \min_{1 \leqslant j \leqslant m}\{r_j\} \tag{5-5}$$

当 r_0 接近于零时，则可删除掉与 r_0 相应的评价指标。

3. 评价指标的无量纲化处理

在多指标综合评价中涉及到两个基本变量：一个是各评价指标的实际值，另一个是各指标的评价值。由于各指标所代表的物理含义不同，因此存在着量纲上的差异，这种异量纲性是影响对事物整体评价的主要因素。指标的无量纲化处理是解决这一问题的主要手段。无量纲化，也称作数据的标准化、规格化，是一种通过数学变换来消除原始变量量纲影响的方法。

1）直线形无量纲化方法

基本思想是假定实际指标和评价指标之间存在着线性关系，实际指标的变化将引起评价指标一个相应的比例变化。代表方法有阈值法、标准化法（Z-score 法）、比重法等。

（1）阈值法

阈值也称临界值，是衡量事物发展变化的一些特殊指标值，比如极大值、极小值、满意值、不允许值等。阈值法是用指标实际值与阈值相比以得到指标评价值的无量纲化方法。常用算法公式有：

$$y_i = \frac{x_i}{\max\limits_{1 \leqslant j \leqslant n} x_i} \tag{5-6}$$

$$y_i = \frac{\min\limits_{1 \leqslant j \leqslant n} x_i + \max\limits_{1 \leqslant j \leqslant n} x_i - x_i}{\max\limits_{1 \leqslant j \leqslant n} x_i} \tag{5-7}$$

$$y_i = \frac{\max\limits_{1 \leqslant j \leqslant n} x_i - x_i}{\max\limits_{1 \leqslant j \leqslant n} x_i - \min\limits_{1 \leqslant j \leqslant n} x_i} \tag{5-8}$$

$$y_i = \frac{x_i - \max\limits_{1 \leqslant j \leqslant n} x_i}{\max\limits_{1 \leqslant j \leqslant n} x_i - \min\limits_{1 \leqslant j \leqslant n} x_i} \tag{5-9}$$

$$y_i = \frac{x_i - \max\limits_{1 \leqslant j \leqslant n} x_i}{\max\limits_{1 \leqslant j \leqslant n} x_i - \min\limits_{1 \leqslant j \leqslant n} x_i} k + q \tag{5-10}$$

（2）标准化法

统计学原理告诉我们，要对多组不同量纲数据进行比较，可以先将它们标准化转化成无量纲的标准化数据。而综合评价就是要将多组不同的数据进行综合，因而可以借助于标准化方法来消除数据量纲的影响。标准化（Z-score 法）公式为：

$$y_i = \frac{x_i - \bar{x}}{S} \tag{5-11}$$

上式中：

$$\bar{x} = \frac{1}{n} \sum_{i=1}^{n} x_i \tag{5-12}$$

$$S = \sqrt{\frac{1}{n-1} \sum_{i=1}^{n} (x_i - \bar{x})^2} \tag{5-13}$$

（3）比重法

比重法是将实际值转化为它在指标值总和中所占的比重，主要公式有：

$$y_i = \frac{x_i}{\sum\limits_{i=1}^{n} x_i} \tag{5-14}$$

或

$$y_i = \frac{x_i}{\sqrt{\sum\limits_{i=1}^{n} x_i^2}} \tag{5-15}$$

以上介绍了三种常用的直线形无量纲化处理方法，这些方法的最大特点是简单、直观。直线形无量纲化方法的实质是假定指标评价值与实际值呈线性关系，评价值随实际值等比例变化，而这往往与事物发展的实际情况不相符，这也是直线形无量纲化方法的最大缺陷。为了解决这个问题，我们很自然想到用折线或曲线代替直线。

2）折线形无量纲化方法

常用的有凸折线形、凹折线形和三折线形三种类型，这里介绍一种用阈值法构造的凸折线形无量纲化法作为代表。常用式（5-15）表示：

$$y_t = \begin{cases} \dfrac{x_i}{x_m} y_m & (0 \leqslant x_i \leqslant x_m) \\[3mm] y_m + \dfrac{x_i - x_m}{\min\limits_{1 \leqslant i \leqslant n} x_i}(1 - y_m) & (x_t > x_m) \end{cases} \tag{5-16}$$

式中：x_m ——转折点指标值；

y_m —— x_m 的评价值。

从理论上来讲，折线形无量纲化方法比直线形无量纲化方法更符合事物发展的实际情况，但应用的前提是评价者必须对被评事物有较为深刻的理解和认识，合理地确定指标值的转折点及其评价值。

3)曲线形无量纲化方法

有些事物发展阶段性的临界点不很明显,而前中后各期发展情况截然不同,也就是说指标值变化对事物发展水平的影响是逐渐变化的,而非突变的。在这种情况下,曲线形无量纲化公式更为适用。常用的公式有:

$$y = \begin{cases} 0 & (0 \le x \le a) \\ 1 - e^{-k(x-a)^2} & (x > a) \end{cases} \tag{5-17}$$

$$y = \begin{cases} 0 & (0 \le x \le a) \\ \dfrac{k(x-a)^2}{1 + k(y-a)^2} & (x > a) \end{cases} \tag{5-18}$$

$$y = \begin{cases} 0 & (0 \le x \le a) \\ a(x-a)^k & \left(a < x \le a + \dfrac{1}{\sqrt[k]{a}}\right) \\ 1 & \left(x > a + \dfrac{1}{\sqrt[k]{a}}\right) \end{cases} \tag{5-19}$$

$$y = \begin{cases} 0 & (0 \le x \le a) \\ \dfrac{1}{2} - \dfrac{1}{2}\sin\dfrac{x}{b-a}\left(x - \dfrac{a+b}{2}\right) & (a < x \le b) \\ 1 & (x > b) \end{cases} \tag{5-20}$$

无量纲化方法在使用时,尽可能选择适合于讨论对象性质的方法,不能不加考虑随便选用一种方法。当然也可以选用几种,然后分析不同的无量纲化对结论会产生多大的影响。实际工作表明,不是越复杂的方法就越合适,关键在于是否切合实际的要求。

4.评价指标一致性调整

在评价指标体系中,各指标对综合评价的影响方向是不同的。有些指标数值越大,表明在这一领域发展水平越高,该种指标被称为正指标(即效益型指标);相反,有些指标数值越大,表明其发展水平越低,叫作逆指标(即成本型指标);有些指标数值既不应过大,也不应过小,而是有一个适度点,叫作适度指标(即适中型指标);还有一种指标数值为落在某一区间为最佳,叫作区间型指标。对于逆指标、适度指标和区间型指标,需要调整方向使其与正向指标的发展趋势一致。

1)逆向指标

对逆向指标进行调整的方法通常有倒数变换法和基准度换法两种。

(1)倒数变换法

采用公式 $X'_j = X_j^{-1}/100$ 变换。其中,X_j 为逆向指标,X' 为进行倒数变换之后的结果。

(2)基准变换法

如果逆向指标存在最小定额值 X_L 或最大定额值 X_U,此时可以采用下列公式进行变换:

$$X'_j = \frac{X_L}{X_j} \text{ 或 } X'_j = 1 - \frac{X_j}{X_U} \tag{5-21}$$

2)适度指标

对于适度指标的调整可以采用公式 $X'_j = \dfrac{X_j - X_L}{X_U - X_L}$ 进行变换。

3) 区间指标

对于区间型指标,如果指标的值域范围为 $[r_1, r_2]$,则:

$$X_j' \begin{cases} \dfrac{X_j}{r_1} & X_j \in [M, r_1] \\ 1 & X_j \in [r_1, r_2] \\ \dfrac{1 + r_2}{\dfrac{M - X_j}{M}} & X_j \in [r_2, M] \end{cases} \tag{5-22}$$

式中:X_j'——调整后的值;

$\quad X_j$——调整前的值;

$\quad M$——该项指标值中的最大值。

但在实际操作中,还需要根据不同的评价方法和指标的具体含义来确定逆指标、适度指标及区间指标的调整方法。

二、安全评价方法

1. 宏观安全综合评价法

根据一个复杂系统同时受到多种因素影响的特点,在综合考察多个有关因素时,依据多个有关指标对复杂系统进行总评价的方法称为综合评价。综合评价方法又称为多变量综合评价方法、多指标综合评估技术。综合评价是对一个复杂系统的多个指标信息,应用定量方法(包括数理统计方法),对数据进行加工和提炼,以求得其优劣等级的一种评价方法。

1) 评价指标权重确定方法

权重系数的确定是综合评价中的核心问题。对若干个指标进行综合评价时,各个指标对评价对象的作用,从评价的目标来看,并不是同等重要的。所以,选定评价指标后,常常对不同指标赋予不同的权,然后来进行综合,权的数值大就认为重要,数值小就认为不重要。目前,在交通运输领域,在进行项目的综合评价时,评价指标权重的确定方法通常有熵值法、德尔菲法、AHP 法(层次分析法)、专家咨询法及频数统计法等。

(1)熵值法

熵值表示一个系统的状态混乱程度的量度,熵值越大,系统越混乱,反之越有序。熵值反映了指标信息效用价值,因此,在计算指标权重时,若某个指标中的各个数值之间变化不大,则该指标在综合分析中起的作用小,即权小,相反则权大。该方法属于定量方法,其计算结果可信度较大,自适应功能强,但受模糊随机性的影响,而且各指标间的联系不大,适用于具有数据的样本。

(2)主成分分析法

主成分分析法通过用一些较小的新的数量指标(因子)代替原来较多的指标,这些新指标是原来指标的线性组合,并且能充分载有原来指标的信息,起到降维的作用,而且指标间不相关,可用新指标对原来信息的反映程度作为权。该方法客观性强,避免了人为赋权所造成的偏差;缺点是新指标不可能完全反映原来指标的信息,有一定的偏差,适用于有数据的样本。

(3)德尔菲法

德尔菲法是依据多个专家的知识、经验和个人价值观对指标体系进行分析、判断并主观赋权值的一种多次调查方法。当专家意见分歧程度局限在 5% ~ 10% 时则停止调查。该方法适用范围广,不受样本是否有数据的限制,缺点是受专家知识、经验等主观因素影响,过程较繁琐,适用于不易直接量化的一些模糊性指标。

2)综合评价方法

随着人们对评价工作重要性认识的不断加深,评价方法有了较大的进展,出现了不少评价方法,诸如价值分析法、综合评分、专家讨论、费用效益分析、层次分析、数据包络分析、主成分方法、模糊聚类、模糊评判、灰色统计、灰色关联分析、模糊灰色物元决策等。这些方法在评价工作中展示了各自的优点,同时也暴露出各自的弱点和缺陷。

(1)层次分析法

层次分析法(Analytic Hierarchy Process,简称 AHP)是将决策总是有关的元素分解成目标、准则、方案等层次,在此基础之上进行定性和定量分析的决策方法。该方法是美国运筹学家匹茨堡大学教授萨蒂于 20 世纪 70 年代初,在为美国国防部研究"根据各个工业部门对国家福利的贡献大小而进行电力分配"课题时,应用网络系统理论和多目标综合评价方法,提出的一种层次权重决策分析方法。这种方法的特点是在对复杂的决策问题的本质、影响因素及其内在关系等进行深入分析的基础上,利用较少的定量信息使决策的思维过程数学化,从而为多目标、多准则或无结构特性的复杂决策问题提供简便的决策方法,尤其适合于对决策结果难于直接准确计量的场合。

层次分析法的整个过程体现了人的决策思维的基本特征,即分解、判断与综合,易学易用,而且定性与定量相结合,便于决策者之间彼此沟通,是一种十分有效的系统分析方法,广泛地应用在经济管理规划、能源开发利用与资源分析、城市产业规划、人才预测、交通运输、水资源分析利用等方面。

①层次分析法的原理

设有 n 件物体 $A_1,A_2,\cdots,A_n$;它们的重量分别为 $\omega_1,\omega_2,\cdots,\omega_n$。若将它们两两地比较重量,其比值可构成 $n \times n$ 矩阵 A。

$$A = \begin{bmatrix} \dfrac{\omega_1}{\omega_1} & \dfrac{\omega_1}{\omega_2} & \cdots & \dfrac{\omega_1}{\omega_n} \\ \dfrac{\omega_2}{\omega_1} & \dfrac{\omega_2}{\omega_2} & \cdots & \dfrac{\omega_2}{\omega_n} \\ \cdots & \cdots & \cdots & \cdots \\ \dfrac{\omega_n}{\omega_1} & \dfrac{\omega_n}{\omega_2} & \cdots & \dfrac{\omega_n}{\omega_n} \end{bmatrix} \tag{5-23}$$

A 矩阵具有如下性质:

若用重量向量:

$$W = (\omega_1,\omega_2,\cdots,\omega_n)^{\mathrm{T}} \tag{5-24}$$

又乘 A 矩阵,得到:

$$AW = \begin{bmatrix} \dfrac{\omega_1}{\omega_1} & \dfrac{\omega_1}{\omega_2} & \cdots & \dfrac{\omega_1}{\omega_n} \\ \dfrac{\omega_2}{\omega_1} & \dfrac{\omega_2}{\omega_2} & \cdots & \dfrac{\omega_2}{\omega_n} \\ \cdots & \cdots & \cdots & \cdots \\ \dfrac{\omega_n}{\omega_1} & \dfrac{\omega_n}{\omega_2} & \cdots & \dfrac{\omega_n}{\omega_n} \end{bmatrix} \cdot \begin{bmatrix} \omega_1 \\ \omega_2 \\ \cdots \\ \omega_n \end{bmatrix} = n \begin{bmatrix} \omega_1 \\ \omega_2 \\ \cdots \\ \omega_n \end{bmatrix} = nW \tag{5-25}$$

即 $(A - nl)W = 0$ 。

可以证明:若 A 矩阵有以下特点(设 $a_{ij} = \dfrac{\omega_1}{\omega_2}$):

a. $a_{ij} = 1$ 。

b. $a_{ij} = \dfrac{1}{a_{ji}}, (i,j = 1,2,\cdots,n)$ 。

c. $a_{ij} = \dfrac{a_{ij}}{a_{ik}}, (i,j = 1,2,\cdots,n)$ 。

则该矩阵具有唯一非零的最大特征值 $\lambda_{\max}$ 且 $\lambda_{\max} = n$ 。

若给出的判断矩阵 $\overline{A}$ 具有上述特征,则该矩阵具有完全一致性。然而人们对复杂事物的各因素采用两两比较时,不可能做到判断的完全一致性,而是存在估计误差,这必然导致特征值及特征向量也有偏差。这时问题由 $AW = nW$ 变成 $\overline{A}W' \equiv \lambda_{\max}W'$,这里 $\lambda_{\max}$ 是矩阵 $\overline{A}$ 的最大特征值, W' 便是带有偏差的相对权重向量。这就是由判断不相容而引起的误差。为了避免误差太大,所以要衡量 $\overline{A}$ 矩阵的一致性,当 A 矩阵完全一致时,因 $a_{ii} = 1$,则:

$$\sum_{i=1}^{n}\lambda_i = \sum_{i=1}^{n}a_{ii} = n \tag{5-26}$$

存在唯一的非零 $\lambda = \lambda_{\max} = n$ 。而当 $\overline{A}$ 矩阵存在判别不一致时,一般是 $\lambda_{\max} \geqslant n$ 。这时:

$$\lambda_{\max} = \sum_{i \neq \max}\lambda_i = \sum_{i=1}^{n}a_{ii} = n \tag{5-27}$$

由于:

$$\lambda_{\max} - n = - \sum_{i \neq \max}\lambda_i \tag{5-28}$$

以其平均值作为检验判断矩阵一致性指标(CI):

$$CI = \frac{\lambda_{\max} - n}{n - 1} = \frac{- \sum_{i \neq \max}\lambda_i}{n - 1} \tag{5-29}$$

当 $\lambda_{\max} = n$, $CI = 0$,为完全一致;CI 值越大,判断矩阵的完全一致性越差。一般只要 $CI \leqslant 0.1$,认为判断矩阵的一致性可以接受,否则重新进行两两比较判断。

判断矩阵的维数 n 越大,判断的一致性将越差,故应放宽对高维度判断矩阵一致性的要求。于是引入修正值 RI,见表 5-1,并取更为合理的 CR 为衡量判断矩阵一致性的指标。

$$CR = \frac{CI}{RI} \tag{5-30}$$

修 正 值 RI 表 5-1

维数	1	2	3	4	5	6	7	8	9
RI	0.00	0.00	0.58	0.90	1.12	1.24	1.32	1.41	1.45

②标度

为了使各因素之间进行两两比较得到量化的判断矩阵,引入 1~9 的标度。根据心理学家的研究提出:人们区分信息等级的极限能力为 7 ± 2 ,因此制订表 5-2。

因为各因素与其本身对比是同等重要的,因此对角线上元素不用作判断比较,只需要给出矩阵对角线上三角形中的元素。

可见 $n \times n$ 矩阵,只需要给出 $\dfrac{n(n - 1)}{2}$ 个判断值。

除表 5-3 的标度方法以外,还可以用其他标度方法。

表 5-2

标 定 值

标度 a_{ij}	定 义
1	i 因素与 j 因素同样重要
3	i 因素比 j 因素略重要
5	i 因素比 j 因素较重要
7	i 因素比 j 因素非常重要
9	i 因素比 j 因素绝对重要
2,4,6,8	为以上判断之间的中间状态对应的标度值
倒数	若 j 因素与 i 因素比较,得到判断值为 $a_{ij} = 1/a_{ji}, a_{ii} = 1$

③层次模型

根据具体问题一般分为目标层、准则层及措施层(图 5-2)。复杂的问题可分为总目标层、子目标层、准则层(或制约因素层)、方案措施层,或分为层次更多的结构。下面举例加以说明。

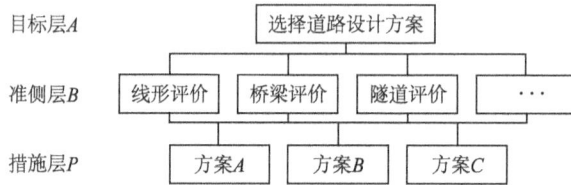

图 5-2 层次模型

按给出的层次结构模型,设为目标层 A、准测层 C(有 k 个准则因素)、措施层 ρ(有 n 个方案)。由决策者用其他方法给出各层因素之间的两两比较,得出 $A\text{-}C$ 判断矩阵为:

$$
\begin{bmatrix}
A & C_1 & C_2 & \cdots & C_k \\
C_1 & a_{11} & a_{12} & \cdots & a_{1k} \\
C_2 & a_{21} & a_{22} & \cdots & a_{2k} \\
\vdots & \vdots & \vdots & \ddots & \vdots \\
C_k & a_{k1} & a_{k2} & \cdots & a_{kk}
\end{bmatrix}
$$

然后分别给出 $C_i\text{-}P$ 的判断矩阵($i = 1,2,\cdots,k$):

$$
\begin{bmatrix}
C_i & P_1 & P_2 & \cdots & P_n \\
P_1 & a_{11} & a_{12} & \cdots & a_{1n} \\
P_2 & a_{21} & a_{22} & \cdots & a_{2n} \\
\vdots & \vdots & \vdots & \ddots & \vdots \\
P_n & a_{n1} & a_{n2} & \cdots & a_{nn}
\end{bmatrix}
$$

④计算最大特征值和特征向量

一般地讲,在 AHP 法中计算到判断矩阵的最大特征值与特征向量,并不需要很高的精度,故用近似法计算即可。最简单的方法是求和法及其改进的方法,但方根法更好,这里只介绍方根法。

a.方根法。这是一种近似计算法,其计算步骤为:

Ⅰ.计算判断矩阵每行所有元素的几何平均值:

$$\overline{\omega_l} = \sqrt[n]{\prod_{j=1}^{n} a_{ij}} \quad (i = 1, 2, \cdots, n) \tag{5-31}$$

得到 $\overline{\omega_l} = (\overline{\omega_1}, \overline{\omega_2}, \cdots, \overline{\omega_n})^{\mathrm{T}}$。

Ⅱ.将 $\overline{\omega_l}$ 归一化,即计算:

$$\omega_i = \frac{\overline{\omega_l}}{\sum_{i=1}^{n} \overline{\omega_l}} \quad (i = 1, 2, \cdots, n) \tag{5-32}$$

得到 $\overline{\omega_l} = (\overline{\omega_1}, \overline{\omega_2}, \cdots, \overline{\omega_n})^{\mathrm{T}}$,即为所求特征向量的近似值,这也是各因素的相对权重。

Ⅲ.计算判断矩阵的最大特征值 $\lambda_{\max}$:

$$\lambda_{\max} = \sum_{i=1}^{n} \frac{(A\overline{\omega})_i}{n\overline{\omega_l}} \tag{5-33}$$

式中:$(A\overline{\omega})_i$——向量 $A\omega$ 的第 i 个元素。

Ⅳ.计算判断矩阵一致性指标,检验其一致性。

当各层次的诸因素的相对权重都得到后,进行措施层的组合权重计算。

b.组合权重计算。设有目标层 A、准则层 C、方案层 P 构成的层次模型(当层次更多的模型计算相同),目标层 A 对准则层 C 的相对权重为:

$$\overline{\omega_l}^{(1)} = [\omega_1^{(1)}, \omega_2^{(1)}, \cdots, \omega_k^{(1)}]^{\mathrm{T}} \tag{5-34}$$

准则层的各准则层 C_i,对方案层 P_n 个方案的相对权重为:

$$\overline{\omega_l}^{(2)} = [\omega_{1l}^{(2)}, \omega_{2l}^{(2)}, \cdots, \omega_{nl}^{(2)}]^{\mathrm{T}} \quad (l = 1, 2, \cdots, k) \tag{5-35}$$

那么各方案对目标而言,其相对权重是通过权重 $\overline{\omega}^{(1)}$ 和 $\omega_l^{(2)}$ ($l = 1, 2, \cdots, k$)组合而得到的,其计算可采用表格式进行(表5-3)。

这时得到的 $V^{(2)} = (v_l^{(2)}, v_2^{(2)}, \cdots, v_n^{(2)})^{\mathrm{T}}$ 为 P 层各方案的相对权重。

权重及组合权重计算　　　　　　　　　　　　　　　　　　　　表 5-3

P 层权重 C 层	因素及权重			组合权重 $V^{(2)}$
	C_1　C_2　$\cdots$　C_k $\omega_1^{(1)}$　$\omega_2^{(1)}$　$\cdots$　$\omega_k^{(1)}$			
P_1	$\omega_{11}^{(2)} \omega_{12}^{(2)} \cdots \omega_{1k}^{(2)}$			$v_1^{(2)} = \sum_{j=1}^{k} \omega_j^{(1)} \omega_{1j}^{(2)}$
P_2	$\omega_{21}^{(2)} \omega_{22}^{(2)} \cdots \omega_{2k}^{(2)}$			$v_2^{(2)} = \sum_{j=1}^{k} \omega_j^{(1)} \omega_{2j}^{(2)}$
$\cdots$	$\cdots$			$\cdots$
P_n	$\omega_{n1}^{(2)} \omega_{n2}^{(2)} \cdots \omega_{nk}^{(2)}$			$v_n^{(2)} = \sum_{j=1}^{k} \omega_j^{(1)} \omega_{nj}^{(2)}$

(2)综合模糊评价法

模糊综合评价法是一种基于模糊数学的综合评标方法。该综合评价法根据模糊数学的隶属度理论把定性评价转化为定量评价,即用模糊数学对受到多种因素制约的事物或对象做出一个总体的评价。它具有结果清晰、系统性强的特点,能较好地解决模糊的、难以量化的问题,适合各种非确定性问题的解决。

由于道路交通安全系统的复杂性,道路交通安全评价需要研究的变量关系较多且错综复杂,其中既有确定的可循的变化规律,又有不确定的随机变化规律,人们对交通安全的认识也是既有精确的一面,也有模糊的一面。用绝对的"非此即彼"有时不能准确地描述道路交通安全中的客观现实,经常存在着"亦此亦彼"的模糊现象,其刻画与描述也多用自然语言来表达。自然语言最大的特点是它的模糊性。从逻辑上讲,模糊现象不能用 1 真(是)或 0 假(否)二值逻辑来刻画,而是需要用区间[0,1]的多值(或连续值)逻辑来描述。

可见,运用模糊理论解决道路交通安全性评价问题,是模拟人脑某些思维方式、提高认识地质体的一种有效方法。因此,道路交通安全评价中引入模糊综合评判方法是客观事物的需要,也是主观认识能力的发展。

①模糊综合评判数学模型。设 $U = \{u_1, u_2, \cdots, u_m\}$ 为评价因素集,$V = \{v_1, v_2, \cdots, v_m\}$ 为危险性等级集。评价因素论域和危险性等级论域之间的模糊关系用矩阵 R 来表示:

$$R = \begin{bmatrix} r_{11} & r_{12} & \cdots & r_{1n} \\ r_{21} & r_{22} & \cdots & r_{21} \\ \cdots & & & \\ r_{m1} & r_{m2} & \cdots & r_{mn} \end{bmatrix}$$

式中,$r_{ij} = \eta(u_i, v_j)(0 \leq r_{ij} \leq 1)$,表示就因素 u_i 而言被评为 v_j 的隶属度;矩阵中第 i 行 $R_i = (r_{i1}, r_{i2}, \cdots, r_{in})$ 为第 i 个评价因素 u_i 的单因素评判,它是 V 上的模糊子集。

②隶属度的确定。隶属函数的确定虽然带有主观色彩,但还是具有一定客观规律性与科学性。确定隶属函数时,应从实际问题的具体特征出发,总结和吸取人们长期积累的实践经验,特别要重视那些专家的经验。虽然隶属函数的确定容许有一定的人为技巧,但最终还是要以符合客观实际为标准;在某些情况下,隶属函数可通过模糊统计试验来确定。一般来说,这种方法是较为有效的;隶属函数还可以用概率统计的处理结果来确定;在一定条件下,隶属函数也可以作为推理的产物,只要实验符合实际即可;有些隶属函数可以经过模糊运算"并、交、余"求得。对于应用问题,首先需要建立模糊集的隶属函数,确定隶属函数的一般方法有模糊统计法、三分法、模糊分布等。

③权重的确定。确定各评价因素在交通安全性评价中所起作用的大小或重要程度(权重)有多种方法。如专家直接经验法、调查统计法、边坡敏感度方法、数理统计法、层次分析法等。由于交通安全系统的复杂性、不可逆性、模糊性,用精确的数学模型来求取评价因素的权重难度很大,有时对交通环境系统分析不够时,过分地相信定权的数学模型,反而使权重不尽合理,而根据专家的经验判断,有时其结论还较为可靠。建议主要采用层次分析法确定权重,它是多位专家的经验判断结合适当的数学模型再进一步运算确定权重的,是一种较为合理可行的系统分析方法。

④两级模糊综合评判。在实际运用模糊综合评判的过程中,常常首先遵循交通安全事故发生的规律,将评价总目标分划为几个子目标,每个子目标又对应数个评价因素指标,对每个子目标进行模糊综合评判,然后再以子目标为评价因素,以对评价总目标进行模糊综合评判,称之为两级模糊综合评判。

2. 微观交通安全评价模型

1）路段评价

（1）交通事故率法

路段交通事故率指标，以每亿车公里交通事故次数表示。即

$$AH = \frac{N}{QL} \times 10^8 \qquad (5\text{-}36)$$

式中：AH——事故率；

Q——路段年交通量，$Q = 365\,AADT$（年平均日交通量）；

L——路段长度（km）；

N——路段内发生的交通事故次数（起）。

（2）绝对数—事故率法

绝对数—事故率法是将绝对数法和事故率法结合起来评价交通安全度的方法。以事故绝对数为横坐标，以每公里事故率为纵坐标，按事故绝对数和事故率的一定值，将绝对数—事故率分析图划出不同的危险级别区。Ⅰ区、Ⅱ区、Ⅲ区分别代表不同的危险级别。Ⅰ区为最危险区，亦即是道路交通事故起数和事故率均为最高的事故多发道路类型。据此，可以直观地判断不同路段的安全度，如图5-3所示。

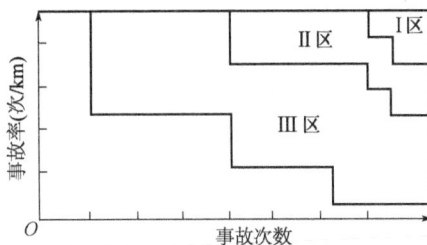

图5-3　危险级别区

（3）概率法

在所有长度同样安全的道路上，发生事故是偶然事件。如果忽略驾驶人的疲劳随着行程的增加而增加的影响，则在个别路段之间的事故分布应当符合概率论的规律。如道路交通事故资料的分析所指出，在道路的不同公里内通过100万辆汽车发生的事故数（100万车公里的事故数），符合泊松分布规律。在任一路段发生 K 起事的概率，可用式（5-36）表示：

$$P_n(K) = \frac{Y_n}{K!}e^{-Y} \qquad (5\text{-}37)$$

式中：Y——1km 道路上事故的平均数；

n——分布的参数。

在通常的协调水平条件下，如果任一路段的计算事故概率 $P_n(K)$ 比实际发生的小，那么该路段就受降低交通安全性的其他附加因素的影响，路段就属于危险等级，一级协调水平采用 2.5% 或 5%。

2）路口评价

（1）交通事故率法

交叉口事故率是评价路口安全的综合指标。交叉口事故率用每百万台车发生交通事故的起数表示，即

$$A_1 = \frac{N}{M} \times 10^6 \qquad (5\text{-}38)$$

式中：A_1——交叉口事故率；

N——交叉口范围内发生的事故起数（起）；

M ——通过交叉口的车辆数(veh)。

(2)速度比辅助法

速度比拟通过交叉路口的机动车行驶速度与相应路段上的区间车速的比值表示,即

$$R_1 = \frac{V_1}{V_n} \tag{5-39}$$

式中:R_1 ——速度比;

V_1 ——路口速度(km/h);

V_n ——区间车速(km/h)。

一般在交叉口冲突点多,行车干扰大,车速低,甚至往往造成行车阻滞。因此,速度比能够表征交叉口的行车秩序和交通管制状况。由于它是一项综合指标,并且是一个无量纲值,当与交通事故率法结合使用时,更具有可比性。

(3)冲突点法。

在没有交通控制的平面交叉路口,交通冲突点分布可用下式表达:

$$\begin{cases} C_j = \dfrac{n^2(n-1)(n-2)}{6} \\ C_i = n(n-2) \\ C_k = n(n-2) \end{cases} \tag{5-40}$$

式中:C_j ——交叉冲突点数量;

C_i ——合流冲突点数量;

C_k ——分流冲突点数量。

该法用于分析交叉口车流潜在的冲突点多少,进行微观的安全度设计,通过某个交叉点的汽车越多,则发生事故的概率越高,适用于进口车道为单车道的交叉口。

第二节　危险路段鉴定方法

一、事故多发位置的分类

事故多发位置可以在不同的范围、不同的深度上进行研究,发生的事故在道路上的集中程度也不尽相同,由此,其评价指标、鉴别方法也各有不同。以下介绍澳大利亚的分类法和我国建议采用的分类法。

1.澳大利亚分类法

澳大利亚根据事故集中发生的范围,将事故多发位置分为点、路段、区域三种情况:

1)点

事故多发点是指道路的某些特征点(或很小一个区段)上集中了超常数量的事故,如交叉口、桥梁或道路平曲线的特征点。作为"点",一般长度不大于500m。

2)路段

事故多发路段是指有一定长度的一个路段集中了较多数量的事故。这一长度应超过作为"点"的路段长度,通常采用 1~5km。

3)区域

事故多发区域多用于城市路网,也可用于公路网,这一区域应具有一定的功能特征,如居民区、商业区等。这个区域的大小一般在5km或更大。

2.我国适用的分类法

在我国用于安全分析的交通事故数据库还未建立起来,完整的事故数据的获得相对较困难,加上我国国土面积很大,每个省公路长度较长,直接进行全面调查不现实。结合实际工作经验,根据研究范围和深度,建议将事故多发位置分为路网级和项目级。

1)路网级

路网级主要是对整个路网的安全状况的评价。

(1)路网中事故较多的道路

找出路网中的事故较多的道路,主要是为了了解路网上的各条道路的事故状况和新的道路安全的关键因素,为进一步制订事故多发路段的改造方案提供依据。

(2)路网中事故较集中的区域

路网中事故较集中区域的鉴别较多的用于城市道路路网、居民区、商业区等。在公路网中可以对具有不同特征的地区(或县),如山区县和平原县、人口密集地区和人口稀疏地区的比较进行安全评估。其结果可以对其有不同特征的地区的安全状况做出评价,提出道路规划、设计和管理中的各自不同的安全对策;同时也为进一步研究提供目标。

(3)路网中某一事故特征集中的位置分布

在路网中,进行某一事故特征集中的研究是十分有意义的。它可以是具体位置特征的分析,如路网上的所有平面交叉口事故研究、路网上所有城镇过境段事故研究;也可以是某一事故类型的分析,确定路网内某一特定类型事故的主导原因。如路网上所有尾撞事故的分布研究等。这部分分析从研究深度上讲比较微观,有区别于前两类分析。

2)项目级

项目级的事故多发位置鉴别通常以一条道路(较长的公路也可以是其中一段)为范围进行事故多发路段或事故多发点的研究。

从上面的分类分析可以看出:不同层次、不同范围的事故多发位置的鉴别有着其不同的目的和要求;同时,不同层次、不同范围的事故多发位置的鉴别对数据也有不同的要求。反过来,数据也会对鉴别指标和方法的选用产生影响,有时甚至是起决定性作用的。

二、道路安全评价指标

道路安全评价指标可以反映道路安全的综合状况,也可以反映道路安全状况的某一个或几个侧面,这取决于选用的指标;另一方面,指标的使用又受到可获得数据的约束。这也从一个侧面反映了数据在交通安全评价中的重要性。根据获得的数据,世界各国常采用以下评价指标。

1.绝对数

绝对数指标是反映交通事故状况的基本指标,常用的有事故次数、死亡人数、受伤人数、直接经济损失等,习惯上称为四大指标。

绝对数指标简单、清晰,是其他评价指标的计量基础。上述绝对数一般在事故记录中可直接获得。但是绝对数指标是静态的、孤立的,无法反映实际道路、交通条件的差异对事故的影响。因此,除绝对数指标外,人们通常用相对数作为事故的评价指标。

2. 相对数

在相对数指标中,人们引入了一些事故关联因素作为比较的基础,这些关联因素与事故有着直接或内在的联系,从而使相对于这些关联因素的事故指标有较好的可比性。这样的关联因素很多,常用的有车辆保有量、交通量、人口、区域面积等。

1)公里事故率

公里事故率即平均每公里的事故数,也称事故频数。由于将公路作为考虑因素,使事故次数更具有可比性,是仅次于事故次数的基础指标。

$$R_{\mathrm{L}} = \frac{A}{L} \tag{5-41}$$

式中:A——事故数量(起);

　L——公里长度(km)。

2)车辆事故率

车辆事故率表示在一定区域内按单位机动车保有量所平均的交通事故数,最常用的是万车事故率。

$$R_{\mathrm{V}} = \frac{A}{L} \times 10^4 \tag{5-42}$$

式中:R_{V}——万车交通事故率(起/万车);

　A——事故数量(起);

　V——机动车保有量(veh)。

同上,将事故数量 A 换成其他绝对值指标,如死亡人数、受伤人数、直接经济损失等,则车辆事故率还可表示万车死亡率、万车受伤率、万车损失率等。当研究的区域范围变大,机动车保有量数量较大时,为方便起见,事故率也可用百万车或亿车来计量。

3)人口事故率

人口事故率表示在一定区域内按人口所平均的交通事故数(死亡人数、受伤人数、直接经济损失)。其表达式为:

$$R_{\mathrm{p}} = \frac{A}{P} \times 10^4 \tag{5-43}$$

式中:R_{p}——每万人交通事故率(起/万人);

　A——事故数量(起);

　P——区域内人口总数(人)。

4)综合事故率

综合事故率是万车事故率与万人事故率的几何平均值:

$$R_{\mathrm{pv}} = \frac{A}{\sqrt{VP}} \times 10^4 \tag{5-44}$$

式中:R_{pv}——综合事故率,当 S 采用死亡人数时,R_{pv} 也称死亡系数;

　A——事故数量(起);

　V——机动车保有量(veh);

　P——区域内人口总数(人)。

5）车公里事故率

车公里事故率是指在一定区域内,按所有机动车行驶一年的公里数总和所平均的交通事故致(或伤亡人数)。通常以百万车公里事故率或亿车公里事故率来表示。

$$R_{k} = \frac{A}{K} \times 10^{8} \tag{5-45}$$

式中：R_{k}——1 年间每亿车公里事故数,(起/亿车 km)；

    A——区域内 1 年总运行车公里数事故；

    K——区域内 1 年总运行车公里数。

总运行车公里数是一个宏观的平均值,可以用以下几种方法估算：

K = 区域内每车辆的年平均运行公里数 × 区域内总车辆数

K = 各分段公路长度 × 各分段公路上统计年内的量计交通量

K = 区域内全年总的燃料消耗量(L) ÷ 单车每公里平均燃料消耗

3. 当量事故数与当量事故率

1）当量事故数

相对数指标虽然考虑了相关因素,但大多是对某一因素单独考虑、计算,每一种事故率都反映了事故的一个侧面,而对综合因素的反映是不够的,既然事故是多因素综合作用的结果,则应采用一些综合指标。以下介绍当量事故次数,有时也称当量死亡人数。它是考虑到在交通事故中,事故次数对事故严重性的描述不够,同样的事故次数,严重程度不同,其损失及对社会的危害程度也不同,不能将不同严重性的事故数简单地累加,而是根据死亡、受伤及经济损失等对社会危害性的大小赋予不同的权值,提出当量事故次数。常用的算法有：

（1）当量事故数

$$A_{EQ} = A + k_{1}D + k_{2}W + k_{3}L \tag{5-46}$$

式中：A_{EQ}——当量事故数；

    A——实际事故数量(起)；

    D——死亡人数(人)；

    W——受伤人数(人)；

    L——直接经济损失(万元)；

    k_{1}、k_{2}、k_{3}——死亡、受伤和直接经济损失的权重。

（2）当量死亡人数

$$B_{EQ} = D + k_{1}W_{G} + k_{2}W_{F} + k_{3}L \tag{5-47}$$

式中：B_{EQ}——当量死亡人数；

    D——实际死亡人数(人)；

    W_{G}——重伤人数(人)；

    W_{F}——轻伤人数(人)；

    L——直接经济损失(万元)；

    k_{1}、k_{2}、k_{3}——死亡、受伤和直接经济损失的权重。

（3）原联邦德国和原民主德国曾采用的当量次数

$$U = p_{1}n_{1} + p_{2}n_{2} + \cdots + p_{m}n_{m} \tag{5-48}$$

式中： U——事故当量次数；

n_1、n_2、$\cdots$、n_m ——各种类型的事故数量；

p_1、p_2、$\cdots$、p_m ——各种事故对应的严重性系数。

2）当量事故率

当量事故率是以当量事故数（当量死亡数）来计算前面的各种事故率，从而更综合地反映事故水平。如当量车公里事故率为：

$$R_{kED} = \frac{A_{EQ}}{K} \times 10^8 \tag{5-49}$$

4. 致死率

致死率是通过死亡人数占伤亡人数的比例来表征事故的严重水平。

$$d = \frac{D}{W + D} \times 100\% \tag{5-50}$$

式中：d ——致死率或死亡率（%）；

$\quad\ D$ ——死亡人数（人）；

$\quad\ W$ ——受伤人数（人）。

综合以上各项指标，它们都具有各自的特点，都从不同的侧面、不同的深度反映了事故的水平。

三、事故多发位置的鉴别方法

事故多发位置的鉴别方法根据选定的指标，将指标值"异常"的位置从"正常"的指标中选出来。这里包含着两项工作：一是正常值的确定，即认为在什么范围内的指标值是正常值；二是被鉴别位置处的指标值与正常值的比较。

总体上，鉴别方法可分为两大类：以事故调查和统计为基础的方法；专家系统法。

1. 以事故调查和统计为基础的常用方法简介

1）绝对值方法

绝对值方法是指所采用指标的正常值在一个国家或一个地区被确定为一个常量，这个常量是经过大量的和长时间的调查统计所得到的，任何一个事故指标大于这个常量的位置都被认为是可能的事故多发位置。

（1）事故次数法

事故次数法是以事故次数为指标，确定正常事故次数的标准值。若在此规定时间和范围内事故次数大于标准值，则被认定为事故多发位置。

（2）事故率法

事故率法是以事故率为指标，确定正常事故的标准。若在规定时间和范围内的事故率大于标准值，则被认为是事故多发位置。对于绝对值方法，无论是事故数或事故率，其正常标准是一个定值。事实上，事故多发位置的确定完全由这一"定值"决定，因而，这种方法的适用场合是：

①有长时间的统计资料，能够获得研究区域内较稳定的事故平均水平数据。

②公路运营状况相对接近（如道路条件、交通量、车速等），公路的运营水平是接近的，这样才能对各路段（点）进行比较。

2）矩阵法

矩阵法对每一个被研究的道路单元进行事故数和事故率计算,然后将事故次数作为横坐标,车公里作为纵坐标,点出两者的分布。整个坐标可分为 4 个区,1 区为高车公里事故率、高事故数区;2 区为高事故率、低事故数区;3 区为低事故率、高事故数区;4 区为低事故率、低事故数区。如数据落入 1 区则可列为事故多发路段,落入 4 区则为安全路段,落入 2 区、3 区则应对这些点进行进一步分析后做出判断,如图 5-4 所示。

矩阵法同时采用事故数与事故率两个指标,既考虑了交通量的影响,又可避免交通量过小时事故率偏高或交通量过大时事故率偏低的假象。但矩阵法区域划分的依据仍然存在一个"标准位"如何确定的问题,前面所谈及的绝对值法的缺点仍不可避免。

3）预测法

预测法是将事故次数与影响事故的几个因素进行回归分析,求得该地区各路段事故数的预测模型,然后根据统计原理求得在一定置信度的置信区间,如图 5-5 所示。

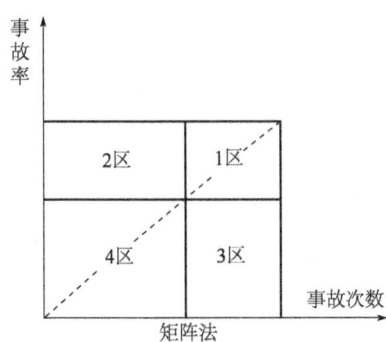

图 5-4 矩阵法

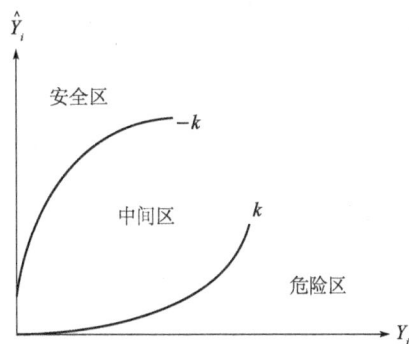

图 5-5 预测置信区间

在预测法中,由不同的预测方法可得到不同的鉴别方法。

（1）质量控制法

质量控制法是应用质量管理理论来评价道路安全性的方法,假设交通事故发生的概率服从泊松分布,即事故预测的正常值服从泊松分布。则 k 次交通事故发生的概率 $P(X = k)$ 由下式表示:

$$P(X = k) = \frac{\lambda^k}{k!}e^{-\lambda} \tag{5-51}$$

式中:e——自然对数底数;

λ ——平均事故数。

根据概率论和数理统计原理,在一定的置信水平下的事故率临界值为:

$$R_e^+ = A + \alpha \sqrt{\frac{A}{M}} + \frac{1}{2M} \tag{5-52}$$

$$R_e^- = A - k \sqrt{\frac{A}{M}} - \frac{1}{2M} \tag{5-53}$$

式中:R_e ——临界比率, R_e^+ 为上限, R_e^- 为下限;

A ——类似路段平均事故数;

α ——统计常数,如取 95% 置信度, $k = 1.96\%$;

115

M ——某路段或道路在事故道路年限内的累计行驶车公里数。

当公路上研究单元的事故数超过临界上限,则为事故严重的位置,应立即进行原因分析并采取治理措施;事故数低于临界上限,但高于临界下限的位置则是应注意的位置,应重点跟踪观测,酌情采取措施;事故数低于临界下限的位置则为事故一般或轻微、安全性较好的地方。

（2）Smeed 模型

Smeed 模型是由伦敦大学 R. J. Smeed 在 1949 年根据欧洲 20 个国家的交通事故调查数据,经分析得到的回归模型,模型表达式如下:

$$\frac{D}{V} = 0.003 \left(\frac{P}{V}\right)^{2/3} \text{ 或 } D = 0.003 \left(V \cdot P^2\right)^{1/3} \tag{5-54}$$

式中: D ——死亡人数(人);

　　 V ——机动车保有量(veh);

　　 P ——区域内人口总数(人)。

为了进一步验证这一公式,Smeed 又根据 1960—1967 年欧、美、亚、非等洲的 68 个国家的事故数据进行分析,得到了很好的结果。

其他一些国家也纷纷采用各自国家的数据,对 Smeed 模型进行修正,得到自己的预测模型,如日本采用 1960—1972 年的数据得到的模型为:

$$\frac{D}{V} = 0.00131 \left(\frac{P}{100V}\right)^{0.856} \tag{5-55}$$

原西安公路交通大学贾宁镇等,采用陕西省 1991—1995 年的资料也进行了分析研究。结果表明该模型在陕西也是适用的,其修正公式为:

$$D = 0.0027 \left(V \cdot P^2\right)^{1/3} \tag{5-56}$$

但对 Smeed 模型国际上也一直存在争论,如澳大利亚道路研究协会的 Andreassen 曾发表文章"死亡人数与车辆和人口的关系",认为由于各国的汽车化水平有很大差异,采用 Smeed 模型不能反映实际情况。

另外,Smeed 模型只是一个宏观模型,无法进行微观路段分析。

（3）丹麦模型

丹麦模型是一个微观模型,它建立了事故与交通量和路段长度的关系:

$$E(U_j) = \alpha \cdot N_j^P \cdot L_j \tag{5-57}$$

式中: $E(U_j)$ ——路段 j 的事故预测值;

　　 N_j ——路段 j 的交通量;

　　 L_j ——路段 j 的长度;

　　 α、p ——回归常数。

（4）英国微观模型

英国根据调查曾提出非线性回归模型:

$$Y = \alpha \cdot x^\beta \tag{5-58}$$

式中: Y ——每千米 1 年间的事故次数;

　　 x ——路段平均日交通量或车公里数;

　　 α、β ——回归参数。

瑞典、日本等国根据上式和国内的事故资料也曾得到相应的和回归预测模型。

（5）交叉口模型

在对区域和路段预测的基础上，专家们对交叉口也提出了不同的预测模型。Tanner1953年提出了平方根法则，用于无信号灯式自行交叉口，即

$$A = \sqrt{\frac{Q_1 + Q_2}{2} \cdot \frac{Q_3 + Q_4}{2}} \tag{5-59}$$

式中： A ——交叉口事故数预测值；

Q_1、…、Q_4 ——交叉口 4 个进口道的流量。

对 T 形交叉口，Pickening、Hall、Grimmer 于 1986 年提出下面的模型：

$$A = 0.24 \, (QP)^{0.49} \tag{5-60}$$

式中： A ——在交叉口 22m 范围内的事故数预测值；

Q ——主路进口道的流量（辆/日）；

P ——次路进口道的流量（辆/日）。

对环形交叉口，Maycock 和 Hall 于 1984 年提出了下面的模型：

$$A = kQ^{\alpha} \tag{5-61}$$

式中： A ——在交叉口 22m 范围内的事故数预测值；

Q ——进口道的流量（辆/日）；

k、α ——回归常数。

对环内事故， $\alpha = 0.52$， $k = 0.090$（英国环），或 $k = 0.017$（普通环）；

对进环事故， $\alpha = 1.58$， $k = 0.0025$（英国环），或 $k = 0.0055$（普通环）；

对单车事故， $\alpha = 1.20$， $k = 0.0068$（英国环），或 $k = 0.0164$（普通环）。

另外还有各种预测方法，如层次分析法、时间序列法、动态类聚的方法等得出的模型。这些模型一般并非用于事故多发位置鉴别，在此不赘述。

2. 我国公路事故多发位置的鉴别方法

考虑到事故多发路段（点）的鉴别工作量很大，目前在公路管理部门还未建立起专门的道路安全管理机构，所以宜将事故多发位置的鉴别分为宏观和微观两个不同的层次，即路网上的事故多发道路和某一条道路的事故多发路段（点），或称路网级和项目级。通常先进行路网级的鉴别，从路网中筛选出事故相对严重的公路，提交进一步进行项目级的事故多发路段（点）鉴别。路网级和项目级应采用不同的程序和方法进行鉴别。

1）路网级事故多发位置鉴别

在对国内外各种方法比较的基础上，确定路网上事故多发道路的鉴别宜采用质量控制法。因为：

①质量控制法是基于统计理论的方法，一般符合事故统计规律。

②质量控制法考虑了交通量的因素，有利于将不同等级和不同交通状况对事故的影响因素考虑进去。

③在路网级分析中，路网平均事故率 A 要求比较宏观，较容易获得；而对微观路段进行分析时，类似路段平均事故率需要对路网上相同等级、类似交通组成的道路（或路段）进行大量统计后才能得到，且直接影响临界事故率的计算结果。因而，在中国原有研究成果较少的条件下，这种方法不太适用于微观路段分析，而较适用于路网中的事故多发道路这样宏观的分析。

路网上事故多发道路的鉴别的评价指标采用车公里事故率。车公里事故率由于考虑了交

通量的状态,对路网上不同交通量的道路的事故水平有一个相对可比较的量度。

当某一条公路的事故率超过临界上限,则特别事故严重道路应立即进行项目级的事故多发路段(点)研究,并根据结果采取治理措施;事故率低于临界上限,但高于临界下限的道路则为事故严重的道路,应重点跟踪观测,酌情采取措施;事故率低于临界下限的道路则为事故一般或轻微、安全性较好的道路。

路网上的事故多发道路的鉴别可按以下步骤进行:

(1)资料收集

①建议将路网内的公路分段。路网上事故多发道路的鉴别工作通常在省(自治区)或地区一级进行,为了与交通事故记录相对应,省内的鉴别工作以公路编号为单位,同一编号的公路跨地区的可再按地区分段;对在地区进行的鉴别工作,则可直接按公路编号分段。

②对全路网上的公路分等级、分道路进行事故数据调查,内容包括:事故地点、时间、死亡人数、受伤人数、车辆损坏、直接经济损失、天气、路面状态、交通控制方式、照明条件、事故分类、事故原因、事故形态、交通方式、行驶状态等,一般可用中国交警部门制定的"道路交通事故登记表"。

③集全路网各条公路的分段交通量资料。

(2)事故率计算

①计算全路网平均事故率。全路网平均事故率直接影响事故正常状态的标准,由于不同等级的公路的交通运行状况差异很大,建议按不同公路等级分别计算平均车公里事故率,作为各等级的标准。其计算公式如下:

$$A = \frac{D}{K} \times 10^8 \tag{5-62}$$

式中:A ——全路网统计年内平均亿车公里事故率;

D ——全路网统计年内交通事故次数或伤亡人数;

K ——全路网统计年内总运行车公里数,$K = \sum$(各条公路长度 × 各条公路上统计年内的累计交通量)。

②各条公路的事故率。各条公路的事故率计算方法与路网平均事故率相同,所不同的是计算范围。具体计算公式如下:

$$A_i = \frac{D_i}{K_i} \times 10^8 \tag{5-63}$$

式中:A_i ——某条公路统计年内平均亿车公里事故率;

D_i ——某条公路统计年内交通事故次数或伤亡人数;

K_i ——某条公路统计年内总运行车公里数,$K_i = \sum$(各分段公路长度 × 各分段公路上统计年内的累计交通量)。

(3)临界事故率计算

计算各级公路的临界事故率,计算结果作为各级公路的正常事故率标准,可在一段时间内相对稳定。

(4)路网上事故多发道路的确定

将每条公路计算的平均车公里事故率与路网临界事故率进行比较,即可了解路网上各条公路的交通安全状况:当某条公路的事故率超过路网事故率的临界上限,则为事故特别严重道路,应立即进行事故多发路段(点)研究,并采取治理措施;事故率低于临界上限,但高于临界下限的道路则为事故严重的道路,应重点跟踪观测,酌情采取措施;事故率低于临界下限的道路则为事故一般或轻微、安全性较好的道路。

(5)分析与建议

根据以上鉴别的结果,对事故特别严重和严重的道路应作进一步分析,内容包括:事故分类分析;事故原因分析;事故形态分析;时间分布(月分布、周分布、日分布等);其他特征分析。

对结果进行分析后,应向公路管理和交通管理部门提出专题报告,报告应对整个路网的事故多发道路或主要路段的道路安全性进行分析,并提出应进行项目级事故多发点段鉴别的道路清单。

2)项目级事故多发路段的鉴别

项目级事故多发路段的鉴别通常是在路网级事故多发位置鉴别的基础上或按照道路安全管理的规划程序进行,也可以根据需要直接进行。在宏观层面,我国已有相对稳定的统计数据,因此可以采用质量控制法等,对路网上的安全状况进行评价。但在微观层面,这些宏观的统计数据无法适应不同等级、不同地区以及不同交通设施条件下的公路安全性评价。

经过对各种道路事故多发位置鉴别方法的比较及其在我国应用的可行性分析,提出累计频率曲线法。主要有以下四个方面的考虑:

①由于种种原因,我国公路交通事故研究尚未能提出成熟的安全指标的"标准值",因此,无法使用简单的绝对值比较法进行事故多发位置的鉴别。

②我国公路等级之间和同一等级下设施条件、交通运营条件(如交通量、车辆组成等)差异很大,不同地区之间驾驶员的驾驶行为也有很大不同。因此,如要根据不同的地区和道路交通状况分别制订"标准值"指标,工作量巨大,目前无法实现。

③预测法避免了事故指标的简单直接的比较,但预测模型的标定要求有大量的基础研究,同时,模型的适应性仍会受到道路、交通条件的影响。一些预测模型更适合于宏观评价。

④我国不同地区技术经济发展相差较大,用于公路养护、管理和安全性改善资金在各地有很大差异,制订统一的指标难以照顾到不同的发展水平。

累计频率曲线法就是在这样的背景下提出的用于微观事故多发位置分析的新方法,其基本原理与方法如下:

(1)基本原理

累计频率曲线法是基于这样一个认识:在一条道路上,如果道路条件处处一样(不一定是无缺陷),则可认为事故发生的位置与道路无关,在统计量足够大时,事故沿道路分布理论上是均布的。但实际上道路条件不可能处处一样,道路条件的不同,使实际的事故发生分布沿路是不均匀的,虽然其中有一定的偶然性,但有一点是不争的事实,即发生少量事故或不发生事故的路段占大部分,集中发生较多事故的路段是少部分,并且事故数越高的路段占的比例越小,我们将单位长度路段按发生的事故数排序,计算其累计频率,则能分离出累计频率很小,但事故数(率)很高的位置,作为事故多发路段的可能位置。

(2)方法

累计频率法是基于统计学原理的一种方法,该方法以每一单位长度(常用1km)发生的事故次数为横坐标,以发生大于某一事故次数的累计频率为纵坐标,绘制累计频率曲线。具体方法如下:

将所研究的路段以单位长度(常用 1km)划分成单元,统计每一单元内发生的事故次数,例如某公路路段长 134km,以 1km 为单元长度,经统计得到以下结果,见表 5-4。

单位长度内事故次数统计表 表 5-4

事故数(起)	0	1	2	3	4	5	6	7	8	9	10	11	12	13	14	15	16
单元数	7	6	13	20	9	18	11	17	11	3	3	3	3	2	4	1	3

按照事故次数,对单元分组,得到发生 n 次事故的单元的频数;计算发生 n 次事故的单元的频率;计算累计频率。

按照统计学原理,对表 5-4 的数据进行分组整理,得到表 5-5 的结果。如图 5-6 所示是某公路的事故分组频率曲线,如图 5-7 所示是某公路的事故累计频率曲线和高次多项式拟合公式(黑粗线)。

累计频率计算表 表 5-5

项 目	组下限	组上限	单元频数	频率	累计频率
分组频数与频率	0	1	13	0.097	0.097
	2	3	33	0.246	0.343
	4	5	27	0.202	0.545
	6	7	28	0.209	0.754
	8	9	14	0.105	0.858
	10	11	6	0.045	0.903
	12	13	5	0.037	0.940
	14	15	5	0.037	0.978
	16	17	0	0.000	0.978
	18	19	3	0.022	1.000

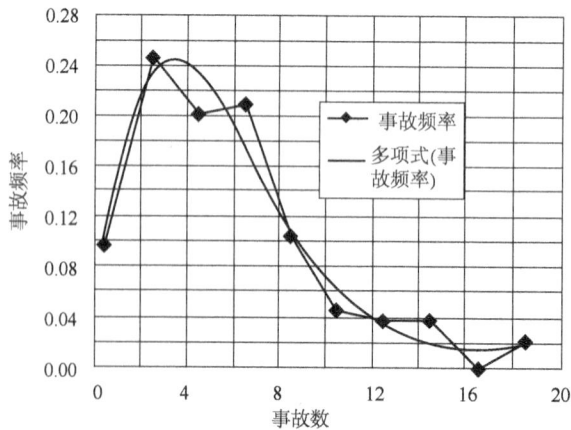

图 5-6　事故频率曲线

根据在我国多条道路上进行交通事故分析后得出,上述曲线在累计频率 5% ~ 20% 时有一个突变点,在突变点下面,即累计频率小于 5% ~ 20% 的部分为事故率最高的部分,且事故随累计频率的微小变化而急剧增减,在突变点上面,事故率较小且曲线很平缓,累计频率的较大变化也不会引起事故率的急剧变化。因此,可以将事故累计频率小于 5% ~ 20% 的路段作为可能的"事故多发路段"。这部分路段长度比例较少,事故却占有很高的比例。

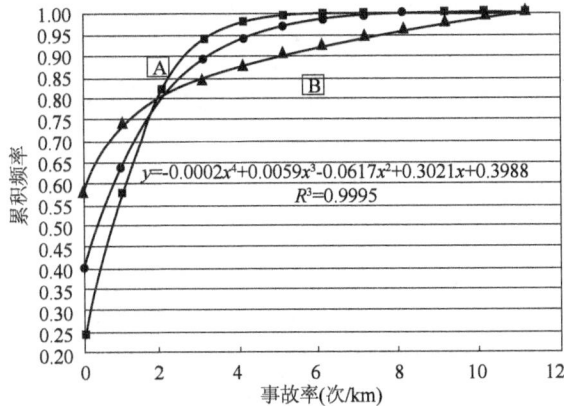

图5-7 事故累计频率曲线和高次多项式拟合公式

（3）指标

累计频率曲线法当沿线交通量变化不大或缺乏交通量资料时,某一条道路的事故多发路段(点)的评价指标可用公里事故数;当沿线交通量变化较大时,也可采用车公里事故率。

（4）适用性分析

累计频率曲线法在确定事故的"正常值"和"突出值"时采用了一个相对的概念,对一条道路不是先定"正常值"是多少,"突出值"是多少,而是直接找出"突出"的点,则"突出点"上的事故数(率)就是这条路上的"突出值"。这样就避免了一个统一的"正常值"不能适应各条道路不同的事故状况的矛盾。因此它能够适应中国目前事故状况差别大、道路安全基础研究缺乏的实际情况。

（5）技术步骤

道路上的事故多发路段(点)的鉴别可按以下步骤进行:

①资料收集。

a.事故数据调查内容包括:事故地点、时间、死亡人数、受伤人数、车辆损坏、直接经济损失、天气、路面状态、交通控制方式、照明条件、事故分类、事故原因、事故形态、交通方式、行驶状态等,一般可以填写我国交警部门制订的"道路交通事故登记表"。必要时要收集事故现场照片、事故现场勘测图、肇事车辆车速估算等资料。

b.公路设施资料调查,内容包括:路线平面、纵断面和横断面竣工或现状资料;路面状况(损坏状况、摩阻系数等),路肩状况;安全设施(如护栏、标志标线等);道路周边环境(如行道树、路侧建筑等);交叉口等。

c.收集分段交通量资料。

②分段单元划分。将整条公路划分成等长的小单元(通常以km为单位),计算每一单元上的事故数。

③计算发生 n 起事故的频率和累计频率。

④初步选定事故多发路段(点)。

a.根据累计频率曲线上的突变点,初步选定累计频率小于突变点的路段为事故多发路段(点)。

b.对事故集中在某分段单元两端的情况,应对其前一单元或后一单元的事故做进一步分

121

析,以避免由于等间距分隔单元而遗漏事故多发点。

⑤现场勘察。对初步选出的路段,建议进行必要的现场勘察和分析,现场勘察的内容可以包括:

a. 现场道路状况调查:调查路面是否有破损、泛油、磨光等问题,超高是否因长期使用而变得不足。

b. 车辆行驶状况调查:调查车速检测以确定是否有超速现象,车辆行驶状况观察确定是否有强行超车现象。

c. 周边环境调查:调查是否有村庄、路边店、加油站,是否有绿化和其他地物阻挡视线。

d. 其他。

⑥最后确定事故多发路段(点)。综合书面资料和现场调查资料分析,对照事故特征、事故原因和事故处的道路线形,排除由于人为因素、车辆因素及其他特殊原因引起的事故,最后确定事故多发路段(点)。

⑦分析事故原因并提出改进措施。对每一个鉴别出来的事故多发路段(点),结合事故和道路资料,分析主要事故原因并提出改进措施。这些措施可以包括:

a. 完善(修改、加设)交通标志标线。

b. 改变交通组织和管理方式。

c. 措施或工程改善措施。

第三节　事故预测方法

一、概述

所谓预测,就是用科学的方法和手段,通过对相关因素的分析,对未来将要发生的事情或事物的发展趋势所做的某种估计与判断。预测对象往往是一种不确定事件(现象),该现象的发生与发展具有某种统计规律性,通过采用调查统计的研究方法对现象发生和发展的规律性进行探究。

交通事故预测是对未来有可能发生的事故做出估计和推测,它是通过对交通事故的过去和现在状态的系统探讨,并考虑其相关因素的变化,分析未来事故的危险程度和发展趋势,而做出对交通事故未来状态描述的过程,以便能及早采取措施进行防治。

整个预测过程起始于调查研究,按照一定的要求收集原始资料信息,选择科学分析方法对原始资料加工整理、去伪存真、去粗取精,分析出真实情况中的演变规律;然后再对这些演变规律进行进一步研究或实验,经过反复的数据处理和有经验的主观判断,确定出那些能代表或者说明未来的演变规律,可用于预测规律,又称为预测模型。

交通事故预测的步骤包括:确定预测目标;收集并分析有关信息;建立预测模型;进行预测;分析与评价预测结果。

二、定性预测方法

所谓的定性预测是在数据资料掌握不多,或需要短时间内做出预测的情况下,运用专家的经验和判断能力,用逻辑思维方法,把有关资料予以加工,进而对交通事故的发展趋势和特点做出定性的描述。

1. 德尔菲法

德尔菲法(Delphi)是 20 世纪 40 年代美国兰德公司研究员赫尔默和达尔奇设计出的预测方法。德尔菲法是专家会议法的发展,其实质是多次反复无记名的咨询。它不同于专家会议法把一组专家召集在一起对预测对象发表意见,因为召集专家开会往往会对一种良好的预测形成某种干扰。德尔菲法通过中间机构以匿名的方式征求专家的意见,最后取得专家们一致意见的预测。德尔菲法一般要经过 4 轮反馈,其步骤如下:

(1)由预测主管部门提供背景资料,并立出预测事件一览表,由咨询对象填写具体意见。

(2)将咨询意见整理归纳后反馈给咨询对象,由咨询对象对不同意见进行判断修改。

(3)上述过程重复 3 ~ 5 轮,再对咨询的结果进行统计处理,最后得出预测结果。

2. 主观概率法

人们对某一事物的结果都持有个人的信念量度,即"心中有数"。主观概率法就是通过各种数值表示人们对事件的有利和不利的可能性进行的预测。主观概率是某人对某事发生程度的一种主观估计量。如某人对某一事件可能出现的机会估计为 70%,即出现的概率为 0.70。但对同一事件,在相同情况下,不同的专家会有不同的态度,有时甚至会完全相反。主观概率法是在调查个人信念程度的基础上,用来寻求对未来事件进行最佳主观估计的一种有效方法。其基本原理就是在 0 和 1 之间对概率值或累计概率进行分档,调查某一事件在不同档可能发生的概率,借以求出合理的主观估计。

主观概率法适应性很强,可以在各种场合使用。在应用时应结合实际情况,对预测提出切合实际的要求,进行调查和整理分析。

3. 调查预测法

进行事故预测,必须开展广泛的调查研究,了解实际情况。调查预测法是通过深入调查,发现问题,摸清情况,有目的地对所掌握的情况进行综合分析、评估、判断,预测发展的前景。就其方式讲,有直接调查(从实际出发,获取第一手材料)和间接调查(通过书本、档案资料等,掌握间接经验);就其具体方法而言,有普遍调查、典型调查、抽样调查。实践中,通过人的五感(视、听、触、嗅、味)和借助仪器、仪表监测来搜集信息,及时发现和揭露人、车、路、环境等各个方面的不安全因素,掌握哪些交通参与者有不安全行为或可能出现不安全苗头,是"危险人",哪些车辆有潜在危险而构成隐患,哪些地点存在危险因素、是危险源(点)等。详细了解这些情况,再依靠过去的经验和综合分析研究的能力来预测其发展的后果。

4. 因果预测法

从事物变化的因果关系出发,观其原因测其结果。要利用这一方法,必须对事物变化的因果关系有定性的分析。任何事故的发生,是有它的必然原因的,亦即事故发生与其原因有着必然因果关系。造成伤害事故的原因,有直接的,也有间接的,有显在的,也有潜在的,有近因,也有远因,因而要善于观察分析,认识事物发展的规律性,明了可能带来事故的不安全因素,即事故的起因,而后由表及里、由此及彼,从原因中预测结果。

5. 案例引申法

案例引申法是对已经发生过的道路交通事故进行寻踪追迹,深入剖析其根源,然后加以引申，将过去的趋势延伸到未来，预测未来时间上同事件的危险潜在性。过去的事故案例是进行预测的基础，因此，这种方法的关键是要掌握事故案例资料(包含自己单位和外单位的事故资料)，从中再认识、构思出一个发生同类型事故的"事故模型"。在此基础上，还可以根据逐步积累的经验和知识。再进一步调整、校正，提高模型的准确性，然后据此对同类事件的危险潜在性进行预测，不使同类事故再现。

三、定量预测分析方法

定量预测法是在历史数据和统计资料的基础上，运用数学或其他分析技术，建立可以表现的数量关系的模型，并利用它来预测交通事故在未来可能出现的数量。

1. 回归分析预测法

回归分析预测法是应用数理统计原理找出交通事故这种随机事件的统计规律，确定对交通事故影响较大的相关因素，建立交通事故与相关因素间定量关系的表达式。由于回归预测法的精度可用显著性检验来检查，因此得到广泛应用。回归分析预测法一般分为两种：一种是一元回归预测法，就是用两个相关因素进行分析与预测，如机动车保有量与交通事故的关系；另一种是多元回归预测法，就是用几个相关因素进行综合分析与预测，如道路、人口、机动车保有量、经济水平等与交通事故的关系。

1)一元线性回归分析法

对实际统计数据拟合一条最接近的直线，其直线方程为：

$$y = a + bx \tag{5-64}$$

式中：x、y——自变量和因变量；

a、b——参数表示直线的纵截距和斜率。

2)一元非线性回归

非线性回归分析法是通过一定的变换，将非线性问题转化为线性问题，然后利用线性回归的方法进行回归分析。

非线性回归有很多种，选用哪一种曲线作为回归分析，则要根据实际数据在坐标系中的变化分布形状，也可根据专业知识确定分析曲线。常用的非线性回归曲线有以下几种：

(1)双曲线 $\frac{1}{y} = a + \frac{b}{x}$。令 $y' = \frac{1}{y}$，$x' = \frac{1}{x}$，则有 $y' = a + bx$。

(2)幂函数 $y = ax^b$。令 $y' = \lg y$，$x' = \lg x$，则有 $y' = a + bx'$。

(3)指数函数 $y = ae^{bx}$。令 $y' = \ln y$，$x' = \ln x$，则有 $y' = a + bx'$。

或指数函数 $y = ae^{b/x}$。令 $y' = \ln y$，$x' = 1/x$，$a' = \ln a$，则有 $y' = a + bx'$。

(4)对数函数 $y = a + b\lg x$。令 $x' = \lg x$，则有 $y' = a + bx'$。

(5)S 形曲线 $y = \frac{1}{a} + be^{-x}$，令 $y' = \frac{1}{y}$，$x' = e^{-x}$，则有 $y' = a + bx'$。

3)经典交通事故回归分析预测模型

(1)英国伦敦大学斯密德公式。

斯密德教授于 1949 年根据他对欧洲 20 个国家的交通事故调查结果，用回归分析的方法，得出交通事故死亡人数的非线性回归模式：

$$\frac{D}{V} = 0.003 \left(\frac{P}{V}\right)^{\frac{2}{3}} \tag{5-65}$$

式中：D——当年交通事故死亡人数（人）；

    V——当年汽车保有量（veh）；

    P——当年人口数（人）。

（2）美国的伊·阿拉加尔公式

伊阿拉加尔对美国的 48 个州的道路交通死亡事故的 30 多个相关因素的分析，选出影响较大的 6 个因素，然后用回归方程预测"一百万辆汽车的事故死亡率 y"。经过实践检验，预测值与实际值基本相符。该公式为：

$$y = 0.521x_1 + 0.85242x_2 - 0.2831x_3 - 0.2597x_4 + 0.1447x_5 - 0.1396x_6 \tag{5-66}$$

式中：y——死亡数/百万辆车数（veh）；

    x_1——公路通车里程/总里程（km）；

    x_2——汽车经检验的数量（veh）；

    x_3——道路面积/地区面积（km²）；

    x_4——年平均温度（℃）；

    x_5——地区内人均收入（美元）；

    x_6——其他因素。

上述经验模型实际上还是统计回归模型。鉴于具有预测的背景条件已经发生变化，经验模型不能被用于与模型建立的背景条件不同区域的宏观预测。

2. 马尔柯夫预测方法

如果事物每次状态的转移只与相互接近的前一次有关，而与过去的状态无关，则称这种无后效性的状态转移过程为马尔柯夫过程。具备这种时间离散、状态可数的无后效性随机过程称为马尔柯夫链。通常用概率来计算和分析具有随机性质的这种马尔柯夫链状态转移的各种可能性大小，以预测未来特定时刻的状态。

假定系统的初始状态可用状态向量表示为：

$$S^{(0)} = \left[S_1^{(0)}, S_2^{(0)}, S_3^{(0)}, \cdots, S_n^{(0)}\right] \tag{5-67}$$

状态转移概率矩阵为：

$$P = \begin{bmatrix} P_{11} & P_{12} & \cdots & P_{1n} \\ P_{21} & P_{22} & \cdots & P_{2n} \\ \cdots & \cdots & \cdots & \cdots \\ P_{n1} & P_{n2} & \cdots & P_{nn} \end{bmatrix} \tag{5-68}$$

状态转移矩阵是一个 n 阶矩阵，满足概率矩阵的一般性质，有 $0 \leq P_{ij} \leq 1$ 且 $\sum_{j=1}^{n} P_{ij} = 1$，也就是说，状态转移矩阵的所有行向量都有概率向量。

一次转移向量 $S^{(1)}$ 为：

$$S^{(1)} = S^{(0)} P \tag{5-69}$$

二次转移向量 $S^{(2)}$ 为：

$$S^{(2)} = S^{(1)} P = S^{(0)} P^2 \tag{5-70}$$

类似地：

$$S^{(k)} = S^{(k-1)}P = S^{(0)}P^k \tag{5-71}$$

3. 灰色预测方法

1）道路交通事故的灰色性分析

交通事故作为一个随机事件,其本身具有相当大的偶然性和模糊性。如果把某地区的道路交通作为一个系统来看,则此系统中存在着一些确定因素(灰色系统称为白色信息),如道路状况、信号标志等;同时也存在一些不确定因素(灰色系统称为灰色信息),如车辆状况、气候因素、驾驶人心理等。以此可以认为一个地区的道路交通安全系统是一个灰色系统,可以应用灰色系统的理论进行研究。

2）灰色系统预测建模方法

设原始离散数据序列 $x^{(0)} = \{x_1^{(0)}, x_2^{(0)}, \cdots, x_N^{(0)}\}$,其中 N 为序列长度,对其进行一次累加生成处理:$x_k^{(1)} = \sum_{j=1}^{k} x_j^{(0)}$,$\hat{x}_{k+1}^{(0)} = \hat{x}_{k+1}^{(1)} - \hat{x}_k^{(1)}$($k = 1, 2, \cdots, N$),则以生成序列 $x^{(1)} = \{x_1^{(1)}, x_2^{(1)}, \cdots, x_N^{(1)}\}$ 为基础建立的灰色生成模型:

$$\frac{\mathrm{d}x^{(1)}}{\mathrm{d}t} + ax^{(1)} = u \tag{5-72}$$

称为一阶灰色微分方程,记为 GM(1,1)。式中 a、u 为待辨识参数。

参数辨识过程如下:

构造数据矩阵 B:

$$B = \begin{bmatrix} \dfrac{-(x_2^{(1)} + x_1^{(1)})}{2} & 1 \\ \cdots & \cdots \\ \dfrac{-(x_N^{(1)} + x_{N-1}^{(1)})}{2} & 1 \end{bmatrix} \tag{5-73}$$

式中:$x_1^{(1)} = x_1^{(0)}$。

构造数据向量 y_N:

$$y_N = [x_2^{(0)}, x_3^{(0)}, \cdots, x_N^{(0)}]^{\mathrm{T}} \tag{5-74}$$

做最小二乘法计算,求参数 a、u:

$$\hat{a} = [a, u]^{\mathrm{T}} = (B^{\mathrm{T}}B)^{-1}B^{\mathrm{T}}y_N \tag{5-75}$$

建立离散响应方程:

$$\hat{x}_t^{(1)} = \left[\hat{x}_1^{(t)} - \frac{u}{a}\right]\mathrm{e}^{-a} + \frac{u}{a} \tag{5-76}$$

$$\hat{x}_{k+1}^{(1)} = \left[\hat{x}_1^{(1)} - \frac{u}{a}\right]\mathrm{e}^{-ak} + \frac{u}{a} \tag{5-77}$$

将 $\hat{x}_{k+1}^{(0)}$ 计算值作累减还原,得到原始数据的估计值:

$$\hat{x}_{k+1}^{(0)} = \hat{x}_{k+1}^{(1)} - \hat{x}_k^{(1)} \tag{5-78}$$

GM(1,1)模型的拟合残差中往往还有一部分动态有效信息,可以通过建立残差 GM(1,1)模型对原模型进行修正。记残差 $\varepsilon_{k+1}^{(1)} = x_k^{(1)} - \hat{x}_k^{(1)}$ 组成的序列为 $\varepsilon^{(1)} = x_k^{(1)} - \hat{x}_k^{(1)}$,一般 $N' \leqslant N$。用上述方法建立累加残差生成模型:

$$\hat{x}_{k+1}^{(1)} = \left(\varepsilon_1^{(1)} - \frac{u_1}{a_1}\right)\mathrm{e}^{-a_1 k} + \frac{u_1}{a_1} \tag{5-79}$$

式中：a_1、u_1——残差模型参数。

累减后得 $\varepsilon^{(1)}$ 的还原估计值：

$$\hat{x}_{k+1}^{(1)} = \left[\varepsilon_1^{(1)} - \frac{u_1}{a_1}\right]\left[e^{-a_1(k+1)} - e^{-a_1 k}\right], \hat{\varepsilon}_1^{(1)} = \hat{\varepsilon}_1^{(1)} \qquad (5\text{-}80)$$

4. 时间序列预测法

时间序列预测法又称外推法或历史延伸法，是指将预测对象按照时间顺序排列取来，构成一个所谓的时间序列，从分析时间序列的变化趋势特征等信息选择适当的模型和参数建立预测模型，并根据惯性原则假定预测对象以往的变化趋势会延续到未来，从而做出相应的预测，包括移动平均法和指数平滑法等。

5. 神经网络预测法

神经网络预测法是指通过以往历史数据的学习，找出数据变化趋势之间的非线性关系，并将其存储在网络具体的权值和阈值中，从而预测未来数据的走势。该预测方法在解决非线性和不确定的问题上有很大的优势，通过对实例训练自动获取知识，不需要分析和整理，对难以用数学方法建立精确模型的问题能够进行有效建模，具有表示任意非线性关系和自组织、自学习的能力。但是在使用过程中也存在大量问题，比如推理路线固定不灵活，隐藏节点层的感知器在系统中不能解释等。

第六章

道路交通安全评价内容分析

第一节 道路安全评价概述

道路安全评价是一项为道路用户服务的技术工作,需要系统的道路安全工程和相关科学知识,参与道路安全评价工作的人员需具备为道路用户服务的科学态度。这就要解决两个问题:对道路安全评价技术人员的要求和道路安全评价涉及的各方的权利、责任以及相互关系。

一、道路安全评价项目

从道路安全评价的定义可知,任何一类项目,只要与道路安全有关,都可对其实施道路安全评价。比如在一条公路附近进行大规模的经济项目开发,并将通过支线与主线进行连接时,由于经济开发项目导致主线交通量及其构成、道路用户组成等情况的变化,会给附近的公路安全带来一些不利的影响,应对其进行道路安全评价。

对于公路项目,一般在以下几种情况下需要进行道路安全评价:

1. 新建公路

对新建公路从规划到施工的各个阶段,都可进行道路安全评价。在设计阶段就能通过道路安全评价消除事故隐患或对道路安全有不利影响的设计,显然不仅可以减少开放交通后的道路安全隐患,降低事故率,这样的做法也是最经济的。设计阶段应贯彻"防患于未然"的安全思想。

2.旧路改造

旧路改造可能有多种情况,可以是路面加铺、桥梁改建、路线的截弯取直、改变交通方式(改变标线、新的渠化交通)等。旧路改造除改造技术措施本身可能带来对安全不利的新因素外,道路改造也改变了驾驶员熟悉的路况。此外,对安全带来不利影响,应采取一定的技术措施对其进行改善,如设立交通标志等。对旧路改造设计的道路安全评价应同新建道路设计阶段的道路安全评价一样进行。

3.交叉口改造

交叉口改造包括交叉口范围扩大、平交改建成立交、改变信号控制系统、实施新的渠化交通等。因其中一条或多条道路改造带来的变化,都会对交叉口及近交叉口路段的道路安全产生影响,应对其进行道路安全评价。

若是将原来的平面交叉口改造为互通式立交,也可按新建项目对其进行评价。此外,由于互通式立交的建设与开放交通,对附近公路的交通产生的影响,也应予以评价。

4.交通控制系统变更或变更交通设施

高速公路等大型交通基础设施变更交通控制系统或交通设施时,会给道路用户带来新的交通环境。让用户尽快认识新的交通控制环境是其关键所在。

5.道路附近的产业开发

通路沿线附近产业的开发改变了原来道路沿线的用户群,并有可能增加道路出入口,由此带来新的交通问题。对于中国东部沿海地区,许多一级和二级公路在过境段已城镇化,沿线人口居住密集,出入口逐渐增加,已经成为道路安全状况恶化的重要原因。

6.现有公路的道路安全评价

现有公路的道路安全评价,应定期对现有公路的安全状况进行调查,沿线勘察并通过事故资料分析,发现道路已存在的黑点和潜在的不安全路段。

二、道路交通安全评价的阶段

项目在设计和运营阶段的安全评价应与设计阶段相适应,以尽可能减少对设计流程的影响。我国高速公路和一级公路建设项目的实施一般有以下几个阶段:规划及可行性研究阶段、设计阶段、施工阶段、运营阶段。四个不同的阶段实施道路安全评价分别为:

阶段一:规划及可行性研究阶段。对工程可行性研究阶段进行道路安全评价。对于高等级公路,在选择路线走向、建设标准和主要规范,考虑对现有路网的影响、出入口控制,确定交叉口数量与类型等时,应在工程可行性研究后初步设计之前进行道路安全评价。本阶段进行安全评价的重点是对工程在技术层面、经济层面等是否可行进行研究。

阶段二:设计阶段。设计阶段分为初步设计阶段和施工图设计阶段。本阶段进行安全评价的重点是进行方案的比选,确定推荐线,并对推荐线施工图设计成果中可能存在的工程施工期问题及后续可能出现的其他问题进行排查。施工图设计阶段评价应进行总体评价和设计要素评价,评价路线具体指标运用是否合理、是否协调,构造物设计对行车安全的影响,交通工程及沿线设施设计是否完整,是否有效以及公路主体设计与交通工程及沿线设施设计配合的协调程度等,主要为优化交通工程及沿线设施设计提出建议。

　　阶段三:施工阶段。施工阶段的安全性评价,主要是评价改扩建道路施工期间交通组织对道路交通安全带来的影响。施工安全检查评价是以施工合同段为单元,对施工单位和监理单位进行评价,安全评价指标包括隐患排查和隐患整改两项考核指标。安全评价包括项目评价、单项评价、分项评价,项目评价包括基础管理和现场管理两个单项评价,现场管理单向评价包括路基工程、路面工程、桥梁工程和隧道工程四类分项评价。

　　阶段四:运营阶段。开放交通之后,道路安全评价的工作主要是对现有道路的道路安全状况的调查与评价,进行道路黑点的鉴别与改造设计。对于进行沿线勘察等发现道路与交通环境方面的事故原因,工作内容和方式与新建道路的道路安全评价方式相同。本阶段进行安全评价的重点是道路交通安全评价,尤其是对交通冲突分析的交通运行方面安全状况的评价。

　　道路安全评价不存在时间问题,任何时候业主都可以要求对设计进行评价。实施道路安全评价的时间由项目管理者或负责道路安全的组织确定,并应考虑所采用的道路安全评价方法、项目类型(市区、郊区公路,规模、大小等)。但许多大的设计单位有自己的设计流程(如有的采用关键线路网络法),进行道路安全评价的时间、方法及标准应尽可能与其一致,以免影响设计的正常进行。

三、道路交通安全评价基本步骤

　　关于道路安全评价的基本步骤,国际上有一套较为成熟的格式,也就是普遍采用的 8 步评价法,分别为:

　　①业主选择道路安全评价小组。

　　②业主与设计向评价小组提交与项目有关的背景资料及设计文件、图纸等。

　　③召开第一次道路安全评价工作协调会。

　　④阅读与审查有关文件(室内评价)。

　　⑤现场勘察。

　　⑥撰写评价报告。

　　⑦召开评价结果讨论会。

　　⑧提交报告并等待业主的书面答复。

　　显然,以上 8 步的评价工作是截止到评价工程师完成评价任务,将完成的评价报告提交给业主或业主指定的机构,等待其答复。需要指出的是,尽管业主有权决定是否采纳道路安全评价的建议,设计有权决定采取什么设计方案,但业主必须就是否采纳道路安全评价的建议给评价工程师以书面形式的答复。

第二节　规划及可行性研究阶段评价内容分析

一、主要评价内容

　　工程方案评价应符合下列规定:

　　(1)应根据地形条件、交通组成等,评价工程建设对交通安全的影响。改扩建公路应对改扩建后对交通安全的影响进行评价。

（2）应根据预测交通量,评价路线起讫点与其他公路的连接方式、交通组织等对交通安全的影响。

（3）应评价急弯陡坡、连续上坡、连续长陡下坡,路侧有悬崖、深谷、深沟、江河湖泊等危险路段对交通安全的影响。

（4）应评价特大桥、特长隧道等大型构造物的选址、规模和安全运营需求等对交通安全的影响。

（5）应根据路网条件、出入交通量及沿线城镇布局等,评价互通式立体交叉选址、形式,相邻互通式立体交叉之间,互通式立体交叉与隧道等大型构造物以及管理、服务设施之间关系等对交通安全的影响。

（6）应根据地形条件、主线技术指标、相交公路状况、预测交通量等,评价平面交叉的选址、形式、交通组织及交叉口间距等对交通安全的影响。

（7）应评价与项目交叉或邻近的铁路、油气管道、高压输电线路等对交通安全的影响。

（8）应根据穿越村镇、居民区、牧区、林区等情况,评价路侧干扰等对交通安全的影响。

（9）改扩建公路在施工期间不中断交通或将主线交通量分流到相关道路时,应评价改扩建方案交通组织及采取的相应安全措施。

除此之外,应该根据降雨、冰冻、积雪、雾、侧风等自然气象条件,评价气象条件对交通安全的影响;以及在发生自然灾害或严重交通事故而造成交通中断时,路线方案与相关路网配合进行应急救援和紧急疏散的能力。并且应根据动物活动区及动物迁徙路线,评价设置隔离栅或动物通道的必要性。

二、评价方法

本阶段宜采用经验分析法或安全检查清单进行评价。改扩建公路时应对既有公路进行交通安全特点分析。

（1）安全性评价检查清单应包括序号、评价项目、各方案评价简要说明、比较结论、综合比较结论五项内容,见表6-1。综合比较结论,根据子项目比较结论,确定推荐或备选方案。

公路工程可行性研究阶段安全检查清单　　　　　　　　　　表6-1

序号	评价项目	各方案评价简要说明		
		方案1	方案2	方案 n
1	技术标准			
1.1	技术等级与沿线城镇及人口分布、交通量及项目在路网中的地位的匹配性			
1.2	设计速度选择的合理性			
比较结论				
2	走廊带资源			
2.1	选用走廊带的合理性与安全性			
2.2	重要节点的选择是否合理,与重要节点的衔接方式对交通安全的影响			

序号	评价项目	各方案评价简要说明		
		方案1	方案2	方案n
2.3	城镇总体规划、用地规划、区域规划布局对交通安全的影响			
2.4	穿越的地形条件、工程实施难度、不良地形区域长度			
2.5	地质条件、不良地质区域及处置后对交通安全的影响			
2.6	穿越局部恶劣气候区域大小或季节性降雨、冰冻、积雪、雾、侧风等不良气候环境影响大小			
2.7	路线方案主要平纵指标对交通安全的影响			
2.8	大型结构物的位置、规模、与前后路段线形的协调程度			
2.9	收费站、服务区、停车区选址对交通安全影响			
2.10	路线与路网的连接、交叉方式对交通安全的影响			
比 较 结 论				
3	防灾与救援			
3.1	抵御自然灾害能力			
3.2	设置紧急救援通道的可行性和难易程度			
综合比较结论				

当采用定性评价难以满足要求时,可采用专家评分法等对评价内容进行评分,根据各方案的分值得出评价结论。

(2)根据工程可行性研究阶段安全性评价内容,进行安全性评价的指标见表6-2。

安全性评价指标　　　　　　　　　　　　表6-2

评价指标类别	编号	评价指标
技术标准 A	A1	技术等级与沿线城镇及人口分布、交通量及项目在路网中的地位的匹配性
	A2	设计速度选择的合理性
走廊带资源 B	B1	选用走廊带的合理性与安全性
	B2	穿越的地形条件、工程实施难度、不良地质区域长度
	B3	地质条件、不良地质区域及处置后对交通安全的影响
	B4	穿越局部恶劣气候区域大小或季节性降雨、冰冻、积雪、雾、侧风等不良气候环境影响大小
	B5	路线方案主要平纵指标对交通安全的影响
	B6	大型结构物的位置、规模、与前后路段线形的协调程度
	B7	收费站、服务区、停车区选址对交通安全影响
	B8	路线与路网的连接、交叉方式对交通安全的影响
防灾与救援 C	C1	抵御自然灾害能力
	C2	设置紧急救援通道的可行性和难易程度

(3)计算安全风险水平 K,安全性评价指标的评分标准见表6-3。

$$K = 100 \times \left(A \sum_{i=1}^{2} a_i \frac{K_{Ai}}{15} + B \sum_{i=1}^{8} b_i \frac{K_{Bi}}{15} + C \sum_{i=1}^{2} c_i \frac{K_{Ci}}{15} \right) \qquad (6\text{-}1)$$

式中：A、B、C——技术标准、走廊带资源、防灾与救援对于工程可行性研究阶段公路安全风险水平的权重系数，$A + B + C = 1$；

a_i、b_i、c_i——技术标准、走廊带资源、防灾与救援中第 i 项指标对于技术标准、走廊带资源、防灾与救援的权重系数，$\sum a_i = 1$，$\sum b_i = 1$，$\sum c_i = 1$；

K_{A_i}、K_{B_i}、K_{C_i}——技术标准、走廊带资源、防灾与救援中第 i 项指标的得分。

计算时应注意以下问题：

①采用专家问卷的方法获取各项权重系数，包括技术标准、走廊带资源、防灾与救援中第 i 项指标对于技术标准、走廊带资源、防灾与救援的权重系数，以及技术标准、走廊带资源、防灾与救援对于工程可行性研究阶段公路安全风险水平的权重系数。

②打分专家根据经验判断，对各指标进行打分。

③计算每个专家对各路线方案工程可行性研究阶段安全风险水平得分，并对专家的得分进行平均，得出各路线方案安全风险水平综合得分。

④安全风险水平综合得分分值高说明其安全风险大，安全性低。

安全性评价指标评分标准 表6-3

评价指标类别	编号	评 分 标 准		
		安全风险水平较低(1~5分)	安全风险水平一般(5~10分)	安全风险水平较高(10~15分)
技术标准 A	A1	拟定的技术等级与预测交通量和交通组成匹配，能够满足通行能力和项目功能	拟定的技术等级能够与预测交通量和交通组成匹配，基本满足项目功能，随着交通量增大或公路条件发生变化，有可能出现技术等级偏低而影响交通安全的问题	拟定的技术等级与预测交通量和交通组成匹配性不佳，随着交通量增大或公路条件发生变化，会出现技术等级偏低而影响交通安全的问题
	A2	设计速度合理，与沿线地形条件协调，与其衔接公路的设计速度过渡协调	设计速度与沿线地形条件基本协调，与其衔接公路的设计速度差别不大，可以较协调地过渡	设计速度与沿线地形条件匹配性不佳，与其衔接公路的设计速度有较大差别
走廊带资源 B	B1	选用走廊带与其他线路干扰很小，满足走廊带资源的可持续发展，对公路建成后的安全运营基本无影响	选用走廊带内有其他线路干扰，可能对公路建成后的安全运营造成影响	选用走廊带与其他线路干扰较严重，难以保证走廊带资源的可持续发展，公路建成后可能出现与此相关的交通安全问题
	B2	(1)走廊带穿越复杂地形的路段比例小于30%；(2)为克服复杂地形所增加的工程实施难度较小	(1)走廊带穿越复杂地形的路段比例小于60%，大于30%；(2)为克服复杂地形增加了部分工程实施难度	(1)走廊带穿越复杂地形的路段比例大于60%；(2)为克服复杂地形大幅增加工程实施难度
	B3	(1)走廊带穿越不良地质路段比例小于10%；(2)不良地质处治难度不大	(1)走廊带穿越不良地质路段比例小于20%，大于10%；(2)不良地质处治有一定难度，对公路建成后的安全行车影响不大	(1)走廊带穿越不良地质路段比例大于20%；(2)不良地质处治难度较大，对公路建成后的安全行车有影响

133

评价指标类别	编号	评分标准		
		安全风险水平较低(1~5分)	安全风险水平一般(5~10分)	安全风险水平较高(10~15分)
走廊带资源 B	B4	走廊带受不良气候影响较小,对交通安全基本无影响	走廊带部分路段受不良气候或局部小气候影响,对交通安全有一定影响	走廊带受不良气候或局部小气候影响严重,不利于交通安全
	B5	路线指标设计均衡协调,未使用极限指标	路线指标设计较均衡,极少使用极限指标	路线设计较多利用极限指标,设计均衡协调性不佳
	B6	走廊带方案中无对安全运营有特殊要求的大型结构物	走廊带方案中设置有大型结构物,但其选址、规模对公路建成后的安全行车影响不大	走廊带方案中设置有大型结构物,且其选址、规模对公路建成后的安全行车有较大影响
	B7	收费站、服务区、停车区等选址合理,对交通安全基本无影响	收费站、服务区、停车区等选址较合理,对交通安全影响不大	收费站、服务区、停车区等选址受制约,对公路建成后的安全行车有较大影响
	B8	(1)高速公路、一级公路互通立交选址合理,其形式和连接线条件对交通安全基本无影响; (2)具有集散功能的一级公路及以下等级公路穿越村镇或居民区较少,路侧干扰较小	(1)高速公路、一级公路互通立交选址较合理,其形式和连接线条件对交通安全影响较小; (2)具有集散功能的一级公路及以下等级公路穿越村镇或居民区较多,路侧干扰对安全行车有影响	(1)高速公路、一级公路互通立交选址局促,受其他因素制约,其形式和连接线条件对交通安全影响较大; (2)具有集散功能的一级公路及以下等级公路穿越村镇或居民区密集,路侧干扰严重
防灾与救援 C	C1	(1)路线方案抵御自然灾害能力强; (2)路线方案可以在自然灾害发生时,对救援等起到重要作用	(1)路线方案抵御自然灾害能力一般,易受自然灾害影响; (2)在自然灾害发生时,路线方案对救援等起到的作用较小	(1)路线方案抵御自然灾害能力较差,受自然灾害影响严重; (2)在自然灾害发生时,路线方案对救援等难以起到作用
	C2	路线方案可以方便地进行紧急救援	路线方案进行紧急救援有一定难度	路线方案进行紧急救援不便,设置紧急救援通道困难

第三节　设计阶段评价内容分析

本阶段进行安全评价的重点是进行方案的比选,确定推荐线,并对推荐线施工图设计成果可能存在的工程施工期及以后可能存在的问题进行排查。因此,本阶段实际可分为初步设计阶段和施工图设计阶段两部分。

一、比选方案评价

比选方案在进行时应对下面几个方面重点对比:

应评价各方案存在的急弯陡坡、连续上坡、连续长陡下坡，路侧有悬崖、深谷、深沟、江河湖泊等危险路段对交通安全的影响；应评价各方案设置的特大桥、特长隧道及隧道群、互通式立体交叉、重要平交路口、服务设施等与路线总体布局的协调性及其对交通安全的影响；应评价不利气象或环境对各方案交通安全的影响。改扩建公路尚应评价各改扩建方案的路线线形顺接、拼宽、拼接和既有交通安全设施的再利用等对交通安全的影响。

二、运行速度计算及协调性评价

1.基本要求

在计算公路运行速度时，首先应进行代表车型划分、路段分析单元划分，然后根据公路等级和设计速度选取初始运行速度 V_0、期望速度 V_e 及推荐加速度 a，最后根据经验公式计算路段分析单元的运行速度。在计算过程中需要注意以下问题：

(1)应按照行车方向分别测算小型车和大型车的运行速度 V_{85}，分析单元的起、终点宜作为运行速度 V_{85} 测算的特征点，分析单元的纵坡方向应与行车方向相一致。第一个分析单元的起点可采用初始运行速度 V_0 和期望速度 V_e 或根据项目所在地区类似公路项目观测结果确定。

(2)进行运行速度 V_{85} 测算时，首先宜确定路段第一个分析单元的起点初始运行速度 V_0，然后根据行车方向和分析单元对应的运行速度预测模型及修正方法，计算出第一个分析单元末端的运行速度 V_{85}，并以此作为第二个分析单元的初始速度，接着代入第二个分析单元对应的计算公式计算出该单元末端的运行速度，并以此方法依次迭代计算直到最后一个路段。

2.代表车型

初步设计阶段和施工图设计阶段公路运行速度预测所采用的代表车型应符合表6-4的规定。

运行速度代表车型　　　　　　　　　　　　　　　　表6-4

高速公路、一级公路	
小型车	轴距≤7m且比功率>15kW/t
大型车	轴距>7m或比功率≤15kW/t
二级公路、三级公路、四级公路	
小型车	轴距≤3.5m
大型车	轴距>3.5m

3.路段分析单元划分

根据曲线半径和纵坡坡度的大小，可将整条路线划分为平直路段、纵坡路段、平曲线路段、弯坡组合路段、隧道路段(隧道路段为隧道入口前200m至隧道出口外100m)、平面交叉路段、互通式立交区主线路段(互通式立交区主线路段为减速车道起点至加速车道终点，匝道路段为匝道与主线连接点到匝道终点)等若干个分析单元。其中高速公路和一级公路的分析路段划分原则如表6-5所示，将分析单元分为：平直路段、平曲线路段、纵坡路段、弯坡组合路段、隧道路段和互通式立交路段；二级、三级公路的分析路段划分原则如表6-6所示，将分析单元分为：平直路段、平曲线路段、纵坡路段、弯坡组合路段、隧道路段、平面交叉或出入口路段。

高速公路、一级公路分析路段划分原则 表 6-5

车型	纵断面	平　　面	
		半径 >1000m	半径 ≤ 1000m
小型车或大型车	坡度 <3%	长度 >200m 平直路段 长度 ≤ 200m 短平直路段	平曲线路段
	坡度 ≥3%	纵坡路段	弯坡组合路段

二级公路、三级公路分析路段划分标准 表 6-6

车型	纵断面	平　　面	
		半径 >600m	半径 ≤ 600m
小型车或大型车	坡度 <3%	平直路段 长度 <100m 短平直路段	平曲线路段
	坡度 ≥3%	纵坡路段	弯坡组合路段

4. 初始运行速度 V_0、期望速度 V_e 及推荐加速度 a

全封闭完全控制出入无平面交叉的路段,其运行速度的计算方法及模型与高速公路预测方法一致;有平面交叉口、路侧干扰、部分控制出入的路段,可观测醒目所在地区类似的公路受平面交叉口的影响,对运行速度预测结果进行修正。高速公路和一级公路的初始运行速度 V_0 如表 6-7 所示,期望速度 V_e 如表 6-8 所示,推荐加速度 a 如表 6-9 所示;二级公路、三级公路的初始运行速度 V_0 如表 6-10 所示,期望速度 V_e 如表 6-11 所示,推荐加速度 a 如表 6-12 所示。

高速公路、一级公路初始运行速度 V_0(km/h) 表 6-7

设 计 速 度		120	100	80	60
初始运行速度	小型车	120	100	80	60
	大型车	80	75	65	50

高速公路、一级公路期望速度 V_e(km/h) 表 6-8

设 计 速 度		100 或 120	80	60
期望速度	小型车	120	110	90
	大型车	80	80	75

高速公路、一级公路推荐加速度 a(m/s²) 表 6-9

车型	a_{min}	a_{max}
小型车	0.15	0.50
大型车	0.20	0.25

二级公路、三级公路初始运行速度 V_0(km/h) 表 6-10

设 计 速 度		80	60	40
初始运行速度	小型车	80	60	40
	大型车	60	40	30

二级公路、三级公路期望速度 V_e(km/h)　　　　表6-11

设 计 速 度		80	60	40
期望速度	小型车	105	85	65
	大型车	75	70	50

二级公路、三级公路推荐加速度 a(m/s^2)　　　　表6-12

车型	a_{min}	a_{max}
小型车	0.15	0.50
大型车	0.20	0.25

5. 运行速度预测

在根据分析单元进行运行速度预测时,不同的分析单元,在不同等级的公路上预测模型可能是不同的,基于此,在进行运行速度预测时,平直路段的预测模型各等级公路的预测模型一致;在分析平曲线路段、纵坡路段、弯坡组合路段时,应该按高速公路、一级公路和二级公路、三级公路两类分别分析;隧道路段、互通式立交路段只在高速公路中讨论;在进行运行速度预测时,不完全封闭的一级公路、二级公路、三级公路还需要考虑平面交叉口密度和路侧干扰对运行速度预测结果的影响。

1)平直路段

当分段后的平直路段长度不大于200m,宜视为短平直路段,该平直路段起终点的运行速度保持不变。

当分段后的平直路段长度大于200m,平直路段终点的运行速度模型可按式(6-2)确定。

$$v_{out} = 3.6\sqrt{\left(\frac{v_{in}}{3.6}\right)^2 + 2aS} \qquad (6-2)$$

式中:v_{out}——平直路段上的终点速度(km/h);

v_{in}——平直路段起点速度(km/h);

S——平直路段长度(m);

a——车辆加速度(m/s^2),按式(6-3)计算:

$$a = a_{min} + (a_{max} - a_{min})\left(1 - \frac{V_{in}}{V_e}\right) \qquad (6-3)$$

a_{max}——最大加速度(m/s^2);

a_{min}——最小加速度(m/s^2);

V_{in}——平直路段起点初速度(km/h);

V_e——期望速度(km/h)。

2)平曲线路段

平曲线路段运行速度预测时,高速公路、一级公路和二级公路、三级公路有适应于相应等级道路的预测模型,下面将分别进行介绍。

(1)高速公路、一级公路

根据分析单元的衔接形式可分为入口直线—曲线、入口曲线—曲线、出口曲线—直线、出口曲线—曲线四种方式。在计算时从曲中点和曲线出口的运行速度进行预测,曲中点和曲线出口运行速度可按表6-13所示模型预测。

高速公路、一级公路平曲线路段运行速度预测模型　　　　　表 6-13

曲线连接形式		平 曲 线 模 型
入口直线—曲线	小型车	$V_{\text{middle}} = -24.212 + 0.834V_{\text{in}} + 5.729\ln R_{\text{now}}$
	大型车	$V_{\text{middle}} = -9.432 + 0.963V_{\text{in}} + 1.522\ln R_{\text{now}}$
入口曲线—曲线	小型车	$V_{\text{middle}} = 1.277 + 0.942V_{\text{in}} + 6.19\ln R_{\text{now}} - 5.959\ln R_{\text{back}}$
	大型车	$V_{\text{middle}} = -24.472 + 0.990V_{\text{in}} + 3.629\ln R_{\text{now}}$
出口曲线—直线	小型车	$V_{\text{out}} = 11.946 + 0.908V_{\text{middle}}$
	大型车	$V_{\text{out}} = 5.217 + 0.926V_{\text{middle}}$
出口曲线—曲线	小型车	$V_{\text{out}} = -11.299 + 0.936V_{\text{middle}} - 2.06\ln R_{\text{now}} + 5.20\ln R_{\text{front}}$
	大型车	$V_{\text{out}} = 5.899 + 0.925V_{\text{middle}} - 1.005\ln R_{\text{now}} + 0.329\ln R_{\text{front}}$

注：V_{middle} 为曲中点的运行速度；V_{out} 为驶出曲线的运行速度；R_{front} 为曲线前方的曲线的半径；R_{now} 为当前曲线半径；
R_{back} 为曲线后方的曲线半径。表中速度的单位为 km/h，半径的单位为 m。

（2）二级公路、三级公路

二级公路、三级公路应从曲中点分段，分别对曲中点和曲线出口的运行速度进行预测。预测模型如表 6-14 所示。

二级公路、三级公路平曲线上的速度预测模型　　　　　表 6-14

曲线连接形式		平 曲 线 模 型
曲中	小型车	$V_{\text{middle}} = -244.123 + 0.6V_0 + 40\ln(R_{\text{now}} + 500)$
	大型车	$V_{\text{middle}} = -80.179 + 0.7V_0 + 15\ln(R_{\text{now}} + 250)$
出口	小型车	$V_{\text{out}} = -183.092 + 0.7V_{\text{middle}} + 30\ln(R_{\text{front}} + 500)$
	大型车	$V_{\text{out}} = -53.453 + 0.8V_{\text{middle}} + 10\ln(R_{\text{front}} + 250)$

注：V_{middle} 为曲中点的运行速度；V_{out} 为驶出曲线的运行速度；R_{now} 为当前曲线半径；R_{front} 为曲线前方的曲线半径，若为
直线取 $R_{\text{front}} = 600\text{m}$，小型车当 $R_{\text{f}} > 5R$，则按 $R_{\text{f}} = 5R$ 取值，大型车若 $R_{\text{f}} > 4R$，则按 $R_{\text{f}} = 4R$ 取值。

3）纵坡路段

（1）高速公路、一级公路，纵坡路段终点的运行速度用如表 6-15 所示模型折算。

高速公路、一级公路纵坡路段运行速度折算模型　　　　　表 6-15

纵坡坡度		速 度 调 整 值	
		小型车	大型车
上坡	3%≤坡度≤4%	降低 5km/h/1000m	降低 10km/h/1000m
	坡度 >4%	降低 8km/h/1000m	降低 20km/h/1000m
下坡	3%≤坡度≤4%	增加 10km/h/500m	增加 7.5km/h/500m
	坡度 >4%	增加 20km/h/500m	增加 15km/h/500m

注：运行速度降低时不得小于最低运行速度，增加时不得高于期望速度。

（2）二级公路、三级公路

相应的二级公路、三级公路纵坡度路段运行速度按表 6-16 进行折减。

二级公路、三级公路纵坡路段运行速度折减值　　　　　　　　　　表 6-16

纵 坡 坡 度		运行速度调整值	
		小型车	大型车
上坡	3% ≤坡度≤4%	降低 5km/h/1000m	降低 10km/h/1000m
	坡度 >4%	降低 8km/h/1000m 至稳定速度30km/h	降低 20km/h/1000m
下坡	3% ≤坡度≤4%	增加 10km/h/500m	增加 7.5km/h/500m
	坡度 >4%	增加 20km/h/500m	增加 15km/h/500m

注:运行速度降低时不得小于最低运行速度,增加时不得高于期望速度。

4)弯坡组合路段

(1)高速公路、一级公路

在计算时,根据分析单元的衔接形式可分为入口直线—曲线、入口曲线—曲线、出口曲线—直线、出口曲线—曲线四种方式;弯坡组合路段划分时宜从平曲线中点分开,分别将两端曲线对应的纵坡坡度加权平均作为对应分段后的纵坡坡度。曲线中点和曲线出口运行速度可按表 6-17 中模型进行预测。

高速公路、一级公路弯坡组合线形下的运行速度预测模型　　　　　表 6-17

曲线连接形式		弯坡组合路段预测模型
入口直线—曲线	小型车	$V_{middle} = -31.67 + 0.547V_{in} + 11.71\ln R_{now} - 0.176I_{now1}$
	大型车	$V_{middle} = 1.782 + 0.859V_{in} - 0.51I_{now1} + 1.196\ln R_{now}$
入口曲线—曲线	小型车	$V_{middle} = 0.750 + 0.802V_{in} + 2.717\ln R_{now} - 0.281I_{now1}$
	大型车	$V_{middle} = -1.798 + 0.248\ln R_{now} + 0.977V_{in} - 0.133I_{now1} + 0.23\ln R_{back}$
出口曲线–直线	小型车	$V_{out} = 27.294 + 0.720V_{middle} - 1.444I_{now2}$
	大型车	$V_{out} = 13.490 + 0.797V_{middle} - 0.697I_{now2}$
出口曲线–曲线	小型车	$V_{out} = 1.819 + 0.839V_{middle} + 1.427\ln R_{now} + 0.782\ln R_{front} - 0.48I_{now2}$
	大型车	$V_{out} = 26.837 + 0.109\ln R_{front} - 3.039\ln R_{now} - 0.594I_{now2} + 0.830V_{middle}$

注:表中 $R \in [250,1000) \cup [3\%,6\%]$; V_{in} , V_{middle} , V_{out} 为驶入曲线速度,曲中或变坡点前的速度,驶出曲线速度;R_{back} , R_{now} , R_{front} 为驶入曲线前,所在曲线,前方曲线的半径;I_{now1} , I_{now2} 为曲线前后两段的不同坡度。

(2)二级公路、三级公路

如表 6-18 所示。

二级公路、三级公路弯坡组合线形下的运行速度预测模型　　　　　表 6-18

纵坡形式		车型	弯坡组合模型
中点	前半段上坡	小型车	$V_{middle} = -244.123 + 0.6V_0 + 40\ln(R_{now} + 500) - (600 - R_{now})(i_1 - 3)/600 - 0.324i_2$
		大型车	$V_{middle} = -80.179 + 0.7V_0 + 15\ln(R_{now} + 250) - 1.2(600 - R_{now})(i_1 - 2)/600 - 0.106i_2$
	前半段下坡	小型车	$V_{middle} = -244.123 + 0.6V_0 + 40\ln(R_{now} + 500) - 0.6R_{now}(i_1 + 3)/600 - 0.324i_2$
		大型车	$V_{middle} = -80.179 + 0.7V_0 + 15\ln(R_{now} + 250) - 0.8R_{now}(i_1 + 2)/600 - 0.106i_2$

纵坡形式		车型	弯坡组合模型
出口	后半段上坡	小型车	$V_{out} = -183.092 + 0.7V_{middle} + 30\ln(R_{front} + 500) - 1.2(600 - R_{now})(i_2 - 3)/600 - 0.324i_3$
		大型车	$V_{out} = -53.453 + 0.8V_{middle} + 10\ln(R_{front} + 250) - 1.5(600 - R_{now})(i_2 - 2)/600 - 0.106i_3$
	后半段下坡	小型车	$V_{out} = -183.092 + 0.7V_{middle} + 30\ln(R_{front} + 500) - 0.8R_{now}(i_2 + 3)/600 - 0.324i_3$
		大型车	$V_{out} = -53.453 + 0.8V_{middle} + 10\ln(R_{front} + 250) - R_{now}(i_2 + 2)/600 - 0.106i_3$

注:V_{middle} 为弯坡组合中点的运行速度;V_{out} 为驶出弯坡组合点的运行速度;R_{now} 为当前曲线半径;R_{front} 为曲线前方的曲线半径,若为直线取 $R_{front} = 600m$,小型车当 $R_f > 5R$,则按 $R_f = 5R$ 取值,大型车若 $R_f > 4R$,则按 $R_f = 4R$ 取值;i_1 为弯坡组合中点前纵坡;i_2 为弯坡组合中点后纵坡;i_3 为弯坡组合前方的纵坡;若 V_{middle}、V_{out} 计算结果小于车爬坡速度则按爬坡速度取值,若大于期望速度,则按期望速度取值。

5)隧道路段

高速公路中,隧道路段的运行速度按表 6-19 中模型进行预测。

隧道路段运行速度预测模型 表 6-19

特 征 点		隧 道 模 型
小型车	隧道入口	$V_1 = 0.99V_{in} - 11.07$
	隧道内	$V_2 = 0.81V_{in} + 8.22$
	隧道出口外 100m	$V_3 = 0.74V_{in} + 16.43$
大型车	隧道入口	$V_1 = 0.98V_{in} - 6.56$
	隧道内	$V_2 = 0.85V_{in} + 3.89$
	隧道出口外 100m	$V_3 = 0.45V_{in} + 42.61$

注:V_{in} 为隧道前 200m 衔接路段单元的速度,除短隧道按照一般路段计算,其他隧道均按上述模型计算。

6)互通式立体交叉

高速公路中,主线路段运行速度应在不考虑划分互通式立体交叉分析单元之前的运行速度预测基础上,按表 6-20 进行折减;匝道路段运行速度根据项目所在地区类似的公路项目观测确定,或以分流鼻端通过速度作为初始运行速度,按低等级公路运行速度预测模型进行预测。

互通式立交主线运行速度修正值 表 6-20

车型	小型车	大型车
最大修正值(km/h)	-8	-5

7)平面交叉

(1)一级公路

由于高速公路是全封闭的,在进行运行速度预测时不考虑路侧干扰和平面交叉。

一级公路全封闭完全控制出入无平面交叉的路段按高速公路的模型进行计算,部分控制出入有平面交叉的路段运行速度预测时应考虑路侧干扰和平面交叉进行折减。

一级公路在进行速度预测时,应根据当量交叉口密度情况对分析单元运行速度进行修正,这里的当量交叉口密度为分析单元内当量化平面交叉口除以分析单元长度。当量化平面交叉口个数应根据进入平面交叉口的支路机动车交通量,按表 6-21 进行折算。

一级公路平面交叉口折算系数　　　　　　　　　　表 6-21

支路机动车交通量 vol(veh/h)	平面交叉口折算系数	支路机动车交通量 vol(veh/h)	平面交叉口折算系数
vol≤30	0.5	70 < vol≤150	2.0
30 < vol≤70	1.0	vol > 150	3.0

再按表 6-22 对分析单元运行速度进行修正。

一级公路当量化平面交叉口密度对运行速度的影响系数表　　　　表 6-22

当量化平面交叉口密度 d(个/km)	影响系数		
	v_{85}≥100km/h	80km/h≤v_{85} < 100km/h	60km/h≤v_{85} < 80km/h
0 < d ≤ 1.0	0.99	0.99	1.00
1.0 < d ≤ 2.5	0.98	0.98	0.99
2.5 < d ≤ 5.0	0.95	0.96	0.97
d > 5.0	0.90	0.92	0.94

（2）二级公路、三级公路

对于经过平面交叉口的分析单元,可根据平面交叉口密度按表 6-23 修正运行速度测算结果。

二级公路、三级公路平面交叉口密度对运行速度的影响速度表　　　　表 6-23

出入口密度（个/km）	影响系数				
	90km/h	80 km/h	70 km/h	60 km/h	50 km/h
5.0	0.92	0.92	0.94	0.96	0.97
2.5	0.94	0.94	0.96	0.97	0.98
2.0	0.94	0.94	0.96	0.98	0.98
1.0	0.97	0.97	0.98	0.99	0.99
0.5	0.99	0.99	0.99	0.99	0.99
0.3	1.00	1.00	1.00	1.00	1.00

8）路侧干扰

（1）一级公路

路侧冲突主要体现为行人、非机动车、摩托车、农用车等非主要交通方式对主线小客车和大型车交通的干扰。以路侧冲突等级来量化路侧冲突的严重程度,并以路侧冲突等级对应的影响系数对运行速度进行修正,影响系数如表 6-24 所示。

一级公路路侧干扰强度对运行速度的影响　　　　　　表 6-24

路侧冲突等级	影响系数	路侧冲突等级	影响系数
0	1	2	0.82
1	0.91	3	0.73

路侧干扰等级,由对应的路侧冲突因素加权值 FRIC 确定,如表 6-25 所示。路侧冲突因素加权值 FRIC 表示单位时间内观测断面内 200m 范围内发生的路侧冲突加权值。路侧冲突因素加权值 FRIC 可按式(6-4)确定:

$$FRIC = 0.129bic + 0.164psv + 0.185tra + 0.148ped + 0.171smv + 0.202mot \quad (6-4)$$

式中:FRIC ——路侧冲突变量;

bic——自行车冲突数量(辆/200m/h);

psv——路侧停车(辆/200m/h);

tra——慢行车辆(拖拉机等农用车辆,辆/200m/h);

ped——行人(人/200m/h);

smv——电动自行车(辆/200m/h);

mot——摩托车(辆/200m/h)。

二级公路、三级公路路侧冲突等级分级表 表6-25

路侧冲突等级	路侧冲突因素加权值	公路两侧用地性质
0	0~50	两侧为农田或山体峡谷等
1	50~100	有稀落的农舍,少量行人出入
2	100~150	有少量行人、车辆出入,有加油站、小店铺等
3	>150	路侧街道化严重,存在居民区、商业中心等,出入行人和车辆较多

(2)二级公路、三级公路

二级公路、三级公路根据路侧干扰物数量和路侧干扰横向间距,按照图6-1~图6-3确定影响系数,对运行速度结果进行修正。

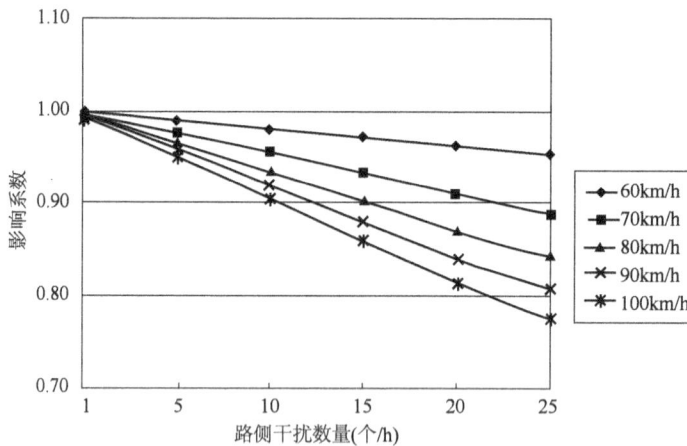

图6-1 路侧干扰对运行速度的影响曲线($W=1.5m$)

注:1.路侧干扰横向间距 $W=(硬路肩+土路肩)/2+1.0(m)$,取0.5的倍数。

2.进入路侧干扰区段的运行速度 $v_{in}<60km/h$ 或者 $W>2.5m$ 时,可以认为不受路侧干扰的影响。

3.路侧干扰物数量=行人数量+自行车数量/3+摩托车数量/12+路侧停车数量×1.25(个/h)。

6.运行速度协调性评价

设计速度在80km/h及以下的公路应进行运行速度协调性评价。运行速度协调性评价应符合下列规定:

(1)运行速度协调性评价应包括相邻路段运行速度协调性评价和同一路段运行速度与设计速度协调性评价。

(2)相邻路段运行速度协调性采用相邻路段运行速度差值的绝对值及运行速度梯度的绝对值|△|,进行评价。相邻路段运行速度协调性评价标准应符合表6-26的规定。

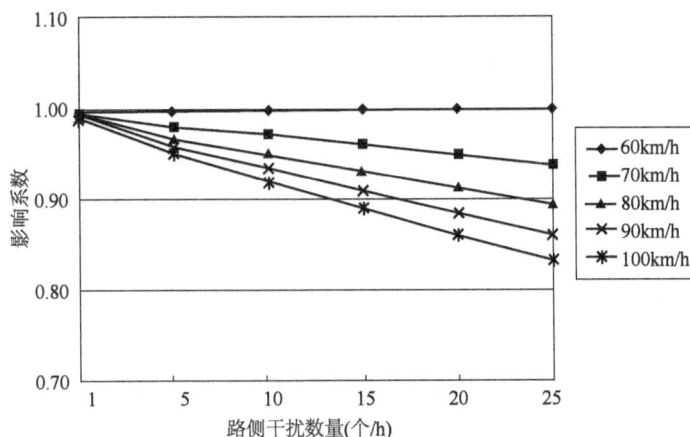

图6-2　路侧干扰对运行速度的影响曲线($W=2.0\text{m}$)

注:同图6-1。

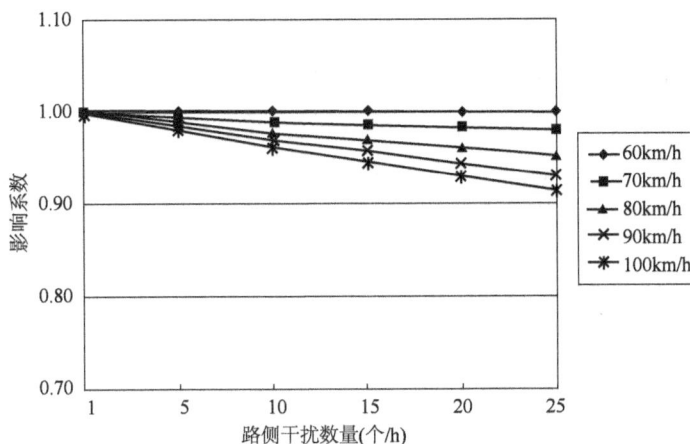

图6-3　路侧干扰对运行速度的影响曲线($W=2.5\text{m}$)

注:同图6-1。

基于公路运行速度的线形设计协调性评价标准　　　　　　　　表6-26

公　路　类　型	运行速度差值绝对值($|\Delta V_{85}|$)	运行速度梯度	线形设计协调性	改　进　建　议
高速公路、一级公路	>20km/h	< −10km/100m	不良	宜适当调整相邻路段平、纵面设计
二级公路、三级公路	>15km/h	< −10km/100m	不良	

(3)运行速度与设计速度协调性采用同一路段运行速度与设计速度的差值进行评价。当差值大于20km/h时,应根据运行速度对该路段的相关技术指标进行评价。

(4)改扩建公路应对新建路段与利用的既有路段整体考虑评价运行速度协调性。

三、设计阶段安全评价内容

1.初步设计阶段

初步设计阶段设计要素安全评价主要有以下重点检查内容:

1)路线评价

路线评价应符合下列规定：

(1)公路平面评价应符合下列规定：

①应根据运行速度,对采用接近最小半径的圆曲线进行评价。

②宜结合运行速度、视觉条件等,对回旋线参数及长度、曲线间直线长度、平曲线长度进行评价。

③应对回头曲线前后线形的连续性和均衡性、回头曲线间距等进行评价。

④宜对卵形曲线、复合曲线等特殊曲线进行评价。

(2)视距评价应符合下列规定：

①高速公路、一级公路应对停车视距进行评价;二级公路、三级公路应对停车视距、会车视距和超车视距进行评价。

②高速公路、一级公路以及大型车比例较高的二级公路、三级公路,尚应采用货车的停车视距对相关路段进行评价。

③宜采用运行速度对停车视距、会车视距、超车视距进行评价。

(3)公路纵断面评价应符合下列规定：

①应对连续上坡、连续下坡进行评价。

②宜根据运行速度对采用接近最小半径或最小长度的竖曲线进行评价。

(4)公路横断面评价应符合下列规定：

①当横断面宽度、车道数等发生变化时,应对横断面过渡渐变段的设置位置、长度进行评价。

②对连续上坡路段,应根据预测交通量及交通组成、服务水平、运行速度等对爬坡车道设置的必要性和设置位置进行评价。

③对连续长陡下坡路段,应根据预测交通量及交通组成、地形条件、服务设施的分布情况等,对避险车道设置的必要性、设置位置和数量进行评价。

④高速公路和一级公路右侧硬路肩宽度小于2.5m时,应对设置紧急停车带的有效长度、宽度、间距及其出入口过渡段进行评价。

⑤非机动车和行人交通需求大的路段,宜对其路侧干扰情况、非机动车道和人行道设置情况进行评价。

⑥非机动车、行人密集的公路和城市出入口的公路,宜评价混合交通对交通安全的影响。

(5)改扩建公路尚应对主线分、合流的位置及其车道数平衡进行评价。

2)路侧评价

路侧评价应符合下列规定：

(1)应根据运行速度,对路侧净区宽度和路侧危险程度进行评价。

(2)应对是否采取路侧防护或改移路侧障碍物等处理措施进行评价。

3)桥梁评价

桥梁评价应符合下列规定：

(1)应结合桥位条件评价桥梁引线及桥梁路段的线形设计对交通安全的影响。

(2)当桥梁引线横断面宽度与桥梁横断面宽度不同时,应对设置衔接过渡段及过渡段长度进行评价。

（3）当长大桥梁未设置硬路肩时,应根据交通安全需要对设置紧急停车带的必要性进行评价。

（4）上跨桥梁应评价桥梁墩台及上部结构对视距的影响。

4）隧道评价

隧道评价应符合下列规定:

（1）宜采用运行速度对隧道洞口内外的线形一致性进行评价。

（2）当隧道洞口设置竖曲线时,应评价其对排水的影响。

（3）应对隧道洞口外接线横断面与隧道横断面的衔接过渡方式进行评价。

（4）应采用运行速度对曲线隧道的视距进行评价。

（5）应评价洞口朝向、洞门形式等对交通安全的影响。

（6）改扩建公路隧道评价尚应符合下列规定:

①利用既有公路隧道时,应根据交通事故统计数据,分析事故原因,判定事故与隧道线形、土建工程、交通工程及附属设施的相关性。

②当提高设计速度时,应评价利用的既有公路隧道建筑限界对交通安全的影响。

5）互通式立体交叉评价

互通式立体交叉评价应符合下列规定:

（1）应根据交叉公路地形、主线及被交道路平面和纵面线形指标等因素,对互通式立体交叉选址及形式进行评价。

（2）应对互通式立体交叉之间的间距及互通式立体交叉与服务区、站等之间的间距进行评价。

（3）应根据相交公路等级、转向交通量、地形条件、收费方式等,对出、入口形式进行评价。以及转向交通量、隧道、主线收费对互通式立体交的影响。

（4）当主线运行速度与设计速度差值大于20km/h时,应按运行速度对互通式立体交叉的视距、相邻出入口间距和加减速车道长度等进行评价。可根据互通式立体交叉规模、交通量等,对通行能力和服务水平等进行评价。改扩建公路的互通式立体交叉评价尚应符合下列规定:

①拟新增互通式立体交叉时,应对新增互通式立体交叉与其他设施或构造物的间距进行评价。

②改扩建互通式立体交叉时,应根据预测交通量、交通事故调查情况等,对改扩建方案进行评价。

6）平面交叉评价

平面交叉评价应符合下列规定:

（1）应根据地形、主线平面和纵面线形、路网布局及交叉公路状况等,对平面交叉位置及间距进行评价。间距较小的平面交叉尚应对合并设置的可行性进行评价。

（2）应根据转向交通量大小、交叉公路等级、交通管理方式以及相邻道路的分布情况等,对平面交叉的形式进行评价。

（3）应按运行速度对采取的速度控制和交通管理措施进行评价。

（4）应结合交通管理方式和运行速度,对平面交叉通视三角区的通视情况进行评价。

7）交通工程及沿线设施

交通工程及沿线设施评价应符合下列规定：

（1）应根据交通量及交通组成、线形条件、运行速度、气候条件等因素，对安全设施中标志、标线、护栏、视线诱导设施、防眩设施等的设计原则、设置类型等与主体工程的适应性进行评价。

（2）服务区、停车区评价应符合下列规定：

①应根据沿线服务设施的总体布局、交通量及交通组成、重要构造物、连续纵坡等，对服务区、停车区的位置和间距进行评价。

②应根据交通量及交通组成、规划占地等，对服务区、停车区的规模进行评价。

③应采用运行速度，对服务区、停车区匝道出入口线形、视距、加（减）速车道长度等进行评价。

（3）收费站评价应符合下列规定：

①应根据地形条件，交通量及交通组成，匝道收费站与匝道分流点、合流点、平交口的间距，主线收费站与隧道的间距等，对收费站设置位置进行评价。

②位于连续长陡下坡坡底、匝道坡底、急弯后的收费站，应对调整其位置的可能性进行评价。条件受限时，应对安全防护设施和速度控制设施进行评价。

③应按大型车运行速度及大型车停车视距对主线收费站和匝道收费站路段的通视情况进行评价。

（4）应对检查站、超限检测站等设施的设置位置、视距及出入口等进行评价。

（5）应根据公路等级、交通量及其组成、重要构造物、气象灾害多发路段的分布、连续纵坡等，并考虑互联网及可持续发展的要求，对监控设施的设计原则、设置数量、设置形式等进行评价。

8）对于改扩建公路

改扩建公路尚应符合下列规定：

（1）改扩建公路利用既有公路的连续长陡下坡路段、平纵指标较低路段、分合流路段、气象灾害多发路段等时，应对其综合整治措施进行评价。

（2）拟新增服务设施时，应对新增服务设施与其他设施或构造物的间距和交通安全设施进行评价。

2. 施工图设计阶段

施工图设计阶段设计要素安全评价主要有以下重点检查内容：

1）路线评价

路线评价应符合下列规定：

（1）超高设计评价应符合下列规定：

①在圆曲线半径不变的前提下，应按运行速度对采用的超高值进行评价。

②应根据公路等级、区域气候条件以及交通组成等因素，对采用的最大超高值进行评价。

③大型车比例较高的公路，应考虑不同车型间的速度差以及大坡度下坡对超高值的影响，对采用的超高值进行评价。

（2）设置圆曲线加宽时，应根据交通组成对加宽值和加宽形式进行评价。

（3）应根据气候条件、地形条件和交通组成,采用运行速度对公路合成坡度进行评价。

（4）对设计有爬坡车道的路段,应对爬坡车道的长度、宽度、紧急停车带的位置和数量,以及相关标志、标线等内容进行评价。

（5）对设计有避险车道的路段,应对其设置位置、数量和间距进行评价,并对避险车道的引道、平面线形、纵面线形、横断面宽度、长度和坡度、制动坡床材料、排水、端部处理以及交通安全设施和管理设施等进行评价。

（6）改扩建公路评价尚应符合下列规定:

①对利用既有公路,但行驶方向发生改变的路段,应根据实际的线形指标,分析利用原超高值的合理性,并对采取的安全措施进行评价。

②采用单侧加宽时,应对车道转换带位置、长度及其交通工程设施等进行评价。

2）路基路面评价

路基和路面评价应符合下列规定:

（1）不同路面材料衔接或路面抗滑能力易下降的路段,宜对提高路面抗滑能力所采取的措施进行评价。

（2）应对中央分隔带开口的设置位置进行评价。

（3）排水设施评价应符合下列规定:

①当边沟或排水沟处于计算路侧净区宽度范围以内时,应对其采用形式进行评价。

②强降雨地区,宜对路面的排水形式以及凹形竖曲线底部、超高路段、超高过渡段的排水设施进行评价。

（4）改扩建公路尚宜评价原有排水设施的功能,并对改善设计进行评价。

3）桥梁评价

桥梁和涵洞评价应符合下列规定:

（1）应根据上跨本项目桥梁的桥墩台与路侧净区的关系,评价其设置位置对交通安全的影响。

（2）宜根据运行速度,结合桥梁纵、横坡度设置等情况,对桥面铺装抗滑的改善措施进行评价。

（3）宜根据降雨强度和桥梁纵坡评价桥面泄水孔的泄水能力,并评价桥面泄水对桥下车辆和行人通行的影响。

（4）当桥梁位于大风多发地段时,应评价侧风对桥面交通安全的影响。

（5）长大桥梁设置应急救援中央分隔带开口时,应对其设置位置进行评价。

（6）当涵洞洞口位于计算路侧净区宽度范围内且路侧未设置护栏时,应评价涵洞洞口形式对交通安全的影响。

4）隧道评价

隧道评价应符合下列规定:

（1）应对车行横通道或人行横通道的设置位置、设置数量及角度进行评价。

（2）当隧道内外路面抗滑能力存在差异时,宜对隧道洞口抗滑的改善措施进行评价。

（3）宜评价隧道照明、通风、消防和监控设施对交通安全的影响。

（4）隧道应急救援评价应符合下列规定:

①宜根据隧道洞口线形、视距等,评价分离式隧道洞口交换联络车道的设置位置及其辅助

设施等对交通安全的影响。

②宜对长隧道、特长隧道和隧道群的应急救援条件进行评价。

(5)改扩建公路隧道评价尚应符合下列规定：

①宜根据通行能力和交通安全情况，对改造后隧道的通风、照明、交通安全、监控、消防等设施改造方案进行评价。

②宜对新建或扩挖隧道的紧急停车带、车行横通道、人行横通道的布设情况进行评价。

5)互通式立体交叉评价

互通式立体交叉评价应符合下列规定：

(1)应评价出口匝道分流鼻端至匝道控制曲线起点路段的长度及其平曲线半径对交通安全的影响。

(2)应对匝道运行速度协调性进行评价。相邻路段运行速度差值的绝对值或匝道控制曲线处运行速度预测值与匝道设计速度之差大于20km/h时，协调性不良。

(3)视距评价应符合下列规定：

①宜根据运行速度对匝道基本路段的视距进行评价。

②应根据运行速度，对分流鼻端、合流鼻端的通视情况进行评价。

(4)匝道出、入口评价应符合下列规定：

①应根据运行速度，对主线的相邻出口或入口之间、匝道的相邻出口或入口之间、主线的出口至前方相邻入口之间的距离进行评价。

②应根据主线运行速度以及匝道车道数、主线纵坡，对加(减)速车道长度进行评价。

(5)宜对改扩建公路的匝道运行速度协调性进行评价。

6)平面交叉评价

平面交叉评价应符合下列规定：

(1)宜对平面交叉设置的变速车道和转弯附加车道进行评价。

①变速车道宜按运行速度、交叉角度等，对其长度、宽度、纵坡以及渐变段的宽度、长度等几何设计指标进行评价。

②宜根据平面交叉交通管理方式，按运行速度对左转弯附加车道长度和右转弯车道半径进行评价。

(2)宜根据公路等级及交通量等，对渠化设计中各方向车道数的合理性进行评价。

(3)宜对平面交叉采用的交通管理方式进行评价。

7)交通工程及沿线设施

交通工程及沿线设施评价应符合下列规定：

(1)交通标志评价应符合下列规定：

①应对标志的设置位置进行评价。宜根据运行速度对警告标志距危险点的距离进行评价。

②应对标志信息的合理性，指路标志信息的连续性、有效性及信息量进行评价。

③应结合运行速度对标志尺寸和标志字高进行评价。

④宜评价标志的反光强度等级与光线、气候条件及运行速度的适应性。

⑤应根据车道数、交通组成和标志的设置位置，对标志的支撑方式进行评价。

⑥设置于计算路侧净区范围内的标志，应对其基础和立柱的防护设施进行评价。

⑦应评价标志与标线对同一信息内容表述的一致性。

（2）交通标线评价应符合下列规定：

①应对标线的宽度、形式、颜色、反光等级等进行评价。

②应对路中设置的桥墩、隧道洞口、标志、立柱等设置的立面标记进行评价。

③应对减速标线或减速路面的设置位置、设置长度进行评价。

④宜对行车道边缘隆声带或振动标线进行评价。

⑤应对突起路标的位置和间距进行评价。

（3）应对轮廓标、线形诱导标志等视线诱导设施设置的位置和间距进行评价。

（4）护栏评价应符合下列规定：

①高填方、路侧临水或临崖等险要路段，邻近村庄路段，与其他道路、铁路、油气管道并行路段，陡坡急弯路段等，应对其路侧采取的防护设施进行评价。

②应对护栏设置起点、终点、最小长度、最小间距和护栏端头处理方式进行评价。

③应对桥梁、隧道等构造物与其连接线护栏的衔接与过渡，以及不同刚度护栏之间的衔接与过渡设计进行评价。

④应根据中央分隔带宽度、交通组成、运行速度以及陡坡急弯等线形条件，对中央分隔带护栏的防护等级和形式进行评价。

⑤应对中央分隔带开口护栏的防护等级、形式、设置位置进行评价。

⑥路中或中央分隔带中存在桥墩（柱）等刚性固定物时，应对护栏的设置形式进行评价。

⑦设有非机动车道和人行道的路段和桥梁，宜对其隔离设施进行评价。

（5）宜评价服务区、停车区内部服务设施、内部车道及停车场等的布局设计和交通组织对交通安全的影响。客运汽车停靠站路段，宜对其设置位置、加（减）速车道长度等进行评价。连续上坡路段、连续长陡下坡路段、长下坡接小半径曲线路段、长大隧道群路段、桥隧相连路段、隧道与互通式立体交叉相连路段、气象灾害多发路段、路侧干扰严重路段、路侧险要路段等，应对其交通工程及沿线设施的综合设置进行评价。

8）特殊规定

（1）改扩建公路评价尚应符合下列规定：

①当既有交通安全设施在改扩建公路加以利用时，应对其形式、性能等进行评价。

②同向分离路段、不同加宽方式的过渡段，应对其交通安全设施、监控设施等进行评价。

③宜对同向分离路段起点的过渡段、靠近互通式立体交叉出口的同向车道分隔带开口段的照明进行评价。

④改扩建公路拟新增服务设施时，应评价新增服务设施与其他设施或构造物的间距，及其进、出口等对交通安全的影响。

⑤改扩建公路应根据项目影响范围内路网的公路等级、交通组成、交通流特性等，结合既有公路现状、改扩建方案等，对交通组织设计进行评价。

（2）对限速方案进行评价时，应符合下列规定：

①宜根据项目等级、功能、交通量及交通组成、横断面宽度等，对采用的限速方式进行评价。

②宜根据线形条件、运行速度等，对采用的限速值进行评价。对受公路几何线形、构造物、路侧干扰和不利气象条件等严重影响路段的限速值，宜进行重点评价。

四、评价方法

1. 初步设计阶段评价方法

在方案比选评价时，宜采用经验分析法或安全检查清单等方法；设计要素评价可采用运行速度协调性分析等方法。

1）实施步骤

（1）采用专家问卷的方法获取各项权重系数，包括地形和地质条件、线形协调性和设计安全要素、路网布局、紧急救援、自然条件影响等 i 项指标对于上层指标的权重系数，以及地形和地质条件、线形协调性和设计安全要素、路网布局、紧急救援、自然条件影响对于初步设计阶段公路安全风险水平的权重系数。

（2）打分专家根据经验判断，对各指标进行打分。

（3）计算每个专家对各路线方案初步设计阶段安全风险水平得分，并对专家的得分进行平均，得出各路线方案安全风险水平综合得分。

（4）安全风险水平综合得分分值高说明其安全风险大，安全性低。

（5）通过安全风险水平综合得分进行路线方案安全比较，得出评价结论。

2）安全性评价指标

采用专家评分法对安全性评价检查清单的各项内容进行评分，根据各方案的分值得出评价结论。根据初步设计阶段路线方案安全比较的评价内容，进行安全性评价的指标见表6-27，安全性评价指标的评分标准见表6-28。

初步设计阶段安全性评价比较清单　　　　　　　　　　　　　　表6-27

评价指标类别	编号	比 较 评 价 指 标
地形、地质条件 A	A1	地形条件
	A2	不良地质影响大小，穿越不良地质（如滑坡、泥石流、采空区等）长度和不良地质处治难度
线形协调性和设计安全要素 B	B1	路线指标均衡程度，线形协调性情况
	B2	平面设计极限指标运用情况
	B3	纵断面设计极限指标运用情况
危险路段和路侧危险 C	C1	急弯陡坡、连续上坡、连续长陡下坡等危险路段长度比例
	C2	路侧有悬崖、深谷、深沟、江河湖泊的路侧危险路段长度比例
路网布局和大型构造物分布 D	D1	路线大型结构物（特大桥隧、互通式立交等）布局及运营安全
	D2	路线与城镇区域规划及其他公路、铁路、水利设施、管线等的干扰
	D3	长大隧道和特大桥梁路段的救援通道
自然气候条件影响 E	E1	不良气候影响
	E2	对自然环境影响及引发地质灾害情况

3）风险水平 K 的计算

计算初步设计阶段安全风险水平 K，见式（6-5）。

$$K = 100 \times (A\sum_{i=1}^{2} a_i \cdot K_{A_i} + B\sum_{i=1}^{3} b_i \cdot K_{B_i} + C\sum_{i=1}^{2} c_i \cdot K_{C_i} + D\sum_{i=1}^{3} d_i \cdot K_{D_i} + E\sum_{i=1}^{2} e_i \cdot K_{E_i}) \quad (6-5)$$

式中： A、B、C、D、E——各项指标对于初步设计阶段公路安全风险水平的权重系数，$A+B+C+D+E=1$；

a_i、b_i、c_i、d_i、e_i——各项指标中第 i 项指标对于上级指标的权重系数；$\sum a_i =1$，$\sum b_i =1$，$\sum c_i =1$，$\sum d_i =1$，$\sum e_i =1$；

K_{A_i}、K_{B_i}、K_{C_i}、K_{D_i}、K_{E_i}——各项指标中第 i 项指标的得分。

当采用专家评分法得出的结果与初步设计推荐方案不一致，或比较方案的安全风险水平相当时，应提出各方案交通安全的相对优势分析结论，并在施工图设计时考虑实施难度、工程造价等因素进一步进行选择。

安全性评价指标评分标准 表6-28

一级指标	编号	二级指标	差	较差	一般	较好	好
地形、地质条件A	A1	地形条件	(1)线路方案穿越复杂地形的路段长度比例大于80%；(2)为克服复杂地形，大幅增加工程实施难度	(1)线路方案穿越复杂地形的路段长度比例大于60%，小于80%；(2)为克服复杂地形，较大增加工程实施难度	(1)线路方案穿越复杂地形的路段长度比例大于30%，小于60%；(2)为克服复杂地形，增加工程实施难度	(1)线路方案穿越复杂地形的路段长度比例大于10%，小于30%；(2)为克服复杂地形，所增加工程实施难度较小	(1)线路方案穿越复杂地形的路段长度比例小于10%；(2)为克服复杂地形，所增加工程实施难度很小
			(80,100]	(60,80]	(30,60]	(10,30]	(0,10]
	A2	不良地质影响大小，穿越不良地质（如滑坡、泥石流、采空区等）长度和不良地质处治难度	(1)线路方案穿越复杂地形的路段长度比例大于50%；(1)不良地质处治难度大，对公路建成后的安全行车有影响	(1)线路方案穿越复杂地形的路段长度比例大于30%，小于50%；(2)不良地质处治难度较大，对公路建成后的安全行车有影响	(1)线路方案穿越复杂地形的路段长度比例大于20%，小于30%；(2)不良地质处治有一定难度，对公路建成后的安全行车影响不大	(1)线路方案穿越复杂地形的路段长度比例大于10%，小于20%；(2)不良地质处治难度不大，对公路建成后的安全行车基本无影响	(1)线路方案穿越复杂地形的路段长度比例，小于10%；(2)不良地质处治难度很小，对公路建成后的安全行车无影响
			(50,100]	(30,50]	(20,30]	(10,20]	(0,10]
线形协调性和设计要素B	B1	路线指标均衡程度，线形协调性情况	路线设计指标均衡性不佳，存在多处（5处以上）线形协调性不良路段	路线设计指标均衡性较差，存在多处（3~5处）线形协调性不良路段	路线设计指标较均衡，线形协调性一般存在少数（2~3处）线形协调性不良路段，但易调整和改进	路线设计指标较均衡，绝大部分路段协调性好，极少数（1~2处）线形协调性较好	路线设计指标均衡，线形协调性好
			(5,10]	(3,5]	(2,3]	(1,2]	(0,1]

151

续上表

一级指标	编号	二级指标	差	较差	一般	较好	好
线形协调性和设计要素 B	B1	平面设计极限指标运用情况	平面存在5处以上接近极限指标,极限指标前后连接路段指标均衡性差	平面存在3~5处接近极限指标,极限指标前后连接路段指标均衡性较差	平面存在2~3处接近极限指标,极限指标前后连接路段指标均衡性一般	平面存在1~2处上接近极限指标,极限指标前后连接路段指标均衡较好	平面设计未使用极限指标,指标运用合理
			(5,10]	(3,5]	(2,3]	(1,2]	(0,1]
	B2	纵断面设计极限指标运用情况	纵断面设计存在5处以上极限指标并与平面极限指标组合	纵断面设计存在3~5处极限指标并与平面极限指标组合	纵断面设计存在2~3处极限指标,未与平面极限指标组合	纵断面设计存在1~2处极限指标,未与平面极限指标组合	纵断面设计未使用极限指标,指标运用合理
			(5,10]	(3,5]	(2,3]	(1,2]	(0,1]
危险路段和路侧危险 C	C1	急弯陡坡,连续上坡,连续长陡下坡,等危险路段长度比例	危险路段长度比例大于80%	危险路段长度比例大于50%,小于80%	危险路段长度比例大于30%,小于50%	危险路段长度比例大于10%,小于30%	危险路段长度比例小于10%
			(80,100]	(50,80]	(30,50]	(10,30]	(0,10]
	C2	路侧有悬崖、深谷、深沟、江河湖泊的路侧危险路段长度比例	路侧危险等级高(3~4级以上)长度比例占80%以上,改善路侧安全状况非常困难	路侧危险等级高(3~4级以上)长度比例大于50%,小于80%,改善路侧安全状况比较困难	路侧危险等级高(3~4级以上)长度比例大于30%,小于50%,改善路侧安全状况不困难	路侧危险等级高(3~4级以上)长度比例大于5%,小于30%,改善路侧安全状况较容易	路侧危险等级低(2级以下),改善路侧安全状况容易
			(80,100]	(50,80]	(30,50]	(5,30]	(0,5]
路网布局和大型构造物分布 D	D1	路线大型结构物(特大桥隧、互通式立交等)布局及运营安全	设置有大型结构物,且其选址、规模对公路建成后的安全行车有很大影响,桥隧长度比例大于60%	方案中设置有大型结构物,且其选址、规模对公路建成后的安全行车有较大影响,桥隧长度比例大于40%,小于60%	方案中设置有大型结构物,且其选址、规模对公路建成后的安全行车影响不大,桥隧长度比例大于20%,小于40%	方案中设置有大型结构物,且其选址、规模对公路建成后的安全行车影响较小,桥隧长度比例大于10%,小于20%	路线方案中无对安全运营有特殊要求的大型结构物,对公路建成后的安全行车无影响,桥隧长度比例小于10%
			(60,100]	(40,60]	(20,40]	(10,20]	(0,10]
	D2	路线与城镇区域规划及其他公路、铁路、水利设施、管线等的干扰	路线方案与其他线路干扰严重,公路施工期和公路建成后均会出现与此相关的交通安全问题	路线方案与其他线路干扰较严重,公路施工期和公路建成后均会出现与此相关的较为严重的交通安全问题	路线方案与其他线路有干扰,可能在公路施工期和公路建成后均会出现与此相关的较为严重的交通安全问题	路线方案与其他线路稍有干扰,在公路施工期和公路建成对安全运营影响很小	路线方案与其他线路干扰很小,在公路施工期和公路建成对安全运营基本无影响
			(80,100]	(50,80]	(30,50]	(10,30]	(0,10]

一级指标	编号	二级指标	差	较差	一般	较好	好
路网布局和大型构造物分布 D	D3	长大隧道和特大桥梁路段的救里通道	路线方案进行应急救援极其不便,设置应急救援通道非常困难	路线方案进行应急救援不便,设置应急救援通道较困难	路线方案有条件设置应急通道,但有一定难度	路线方案有较好条件设置应急通道	路线方案可以方便地进行应急救援
			(80,100]	(50,80]	(30,50]	(10,30]	(0,10]
自然气候条件影响 E	E1	不良气候影响	路线方案受不良气候或局部小气候影响严重,路段长度比例大于80%,非常不利于交通安全	路线方案受不良气候或局部小气候影响路段长度大于60%,小于80%,对交通安全有较大影响	路线方案受不良气候或局部小气候影响路段长度大于30%,小于60%,对交通安全有一定影响	路线方案受不良气候或局部小气候影响路段长度大于10%,小于30%,对交通安全影响较小	路线方案受不良气候或局部小气候影响路段长度小于10%,对交通安全基本无影响
			(80,100]	(60,80]	(30,60]	(10,30]	(0,10]
	E2	对自然环境影响及引发地质灾害情况	路线方案对自然环境影响非常大,易引发新的地质灾害,对公路建成后行车安全产生影响很大	路线方案对自然环境影响较大,易引发新的地质灾害,对公路建成后行车安全产生影响较大	路线方案对自然环境有一定影响,有可能引发新的地质灾害,对公路建成后行车安全产生影响	路线方案对自然环境稍有影响,引发新的地质灾害的可能性小,对公路建成后行车安全产生影响较小	路线方案不会引发新的地质灾害,对自然环境影响小
			(80,100]	(50,80]	(30,50]	(10,30]	(0,10]

2. 施工图设计阶段评价方法

施工图设计阶段宜采用运行速度协调性分析、安全检查清单等评价方法进行安全性评价工作,对复杂项目、复杂路段,可采用驾驶模拟方法对线形设计协调性、交通安全设施等进行评价。这里重点讲解安全性检查表法。

1)安全性评价检查清单设计

安全性评价检查清单应包括"序号""评价内容""存在的问题和相关路段""相应改善方法和建议""改善处理次序"五项内容。

2)安全检查表

高速公路项目和一级公路项目可按照表6-29进行评价,二级公路、三级公路项目可按照表6-30进行评价。表6-29和表6-30中各项的评价内容可由评价人员依照公路项目实际情况进行增加或删减。

高速公路、一级公路交工阶段安全检查清单　　　　　　　　表6-29

序号	评价内容	存在的问题和相关路段	相应改善方法和建议	改善处理次序
1	总体评价			
1.1	根据施工图文件及设计变更文件,现场公路各项指标是否有与设计文件不符的情况出现?			

续上表

序号	评价内容	存在的问题和相关路段	相应改善方法和建议	改善处理次序
1.2	现场公路交通安全设施是否有与施工图设计文件不符的情况出现？			
1.3	现场清理是否完成？路面或路侧是否残留危害行车安全的障碍物？			
2	路线			
2.1	平面、纵断面线形组合和横断面过渡段是否存在的线形不连续及不协调路段？			
2.2	是否存在设计速度与实际行车速度及相邻路段速度不协调路段？			
2.3	是否存在限制速度与实际行车速度不匹配路段？			
2.4	是否存在视距不足路段？是否存在树木、标志牌等造成视线不连续或误导视线？			
2.5	连续下坡路段是否有设置紧急避险车道的必要性？如已设置，紧急避险车道是否有效？			
3	路面			
3.1	是否存在防滑能力不足路段？尤其是小半径平曲线、大纵坡、隧道口等路段			
3.2	不同的路面材料或结构衔接路段的抗滑能力过渡是否设置了防滑路面或者防滑设施？是否有效？			
3.3	受冰冻气候影响严重的路段是否设置了防滑设施、标志和提供了应急技术措施？			
4	排水			
4.1	边沟、排水沟及公路附近排水设施的设置形式和位置是否能满足对失控车辆造成的危害最小化？			
4.2	当边沟或排水沟采用盖板时，沟盖板是否完整？			
4.3	常年多降雨地区，路面排水和路侧排水设施是否满足泄水要求？			
5	桥梁			
5.1	桥梁引线及桥梁路段是否存在视距不良路段？			
5.2	桥梁护栏与桥头接线护栏是否设置了过渡段？过渡段是否符合要求？			
5.3	是否存在侧风影响严重的桥梁？是否采取了相应的安全措施？			
5.4	当上跨桥梁的桥墩、台位于路侧净区内时，是否采取了安全措施，对主线视距是否有影响？			
5.5	是否存在气候影响严重的桥梁，是否采取了相应安全措施？			
5.6	是否存在易引起驾驶人晕眩和紧张的高架桥？是否采取了相应的安全措施进行改善？			

续上表

序号	评 价 内 容	存在的问题和相关路段	相应改善方法和建议	改善处理次序
5.7	封闭的单向行驶大桥、桥隧相连路段,是否设置了紧急救援的通道或掉头开口?			
6	隧道			
6.1	当隧道洞口位于曲线段或隧道洞身位于曲线段时,隧道洞口连接线和隧道洞身视距能否满足行车需要?			
6.2	隧道洞口是否存在运行速度协调不良路段?			
6.3	隧道内外抗滑性能是否存在明显差异?是否设置防滑设施?			
6.4	隧道内是否有积水、渗水现象,是否采取相关处理措施?			
6.5	排水沟盖板、开口水沟、集水井盖板是否完整?			
6.6	隧道内是否存在施工残留物?			
6.7	隧道洞门设计是否能够缓解洞口光过渡对安全行车的不利影响?对于受太阳光影响严重的东西朝向隧道,是否采用防治眩光的设施?			
6.8	隧道的通风效果是否良好,是否能防止有害气体蓄积?是否保证了隧道内良好的能见度?			
6.9	隧道监控、消防救援设施是否完备和有效?			
6.10	隧道洞口检修道端头与洞外路侧护栏衔接是否进行过渡?是否存在安全隐患?			
6.11	是否存在邻近地方道路、互通式立交或服务区相邻较近隧道?是否存在误判或视距不良路段?			
6.12	是否存在人车混行的隧道或双向行车的隧道?是否采取了安全防护措施?			
7	互通式立交			
7.1	互通式立交匝道分、合流点,主线识别视距和匝道识别视距三角区内是否通视?是否与实际运行速度相匹配?			
7.2	互通式立交加、减速车道长度是否满足车辆运行速度变化要求?是否采取了相应的速度控制措施?			
7.3	匝道设计速度是否与实际的运行速度协调?			
7.4	互通式立交范围内主线和匝道的排水设施是否满足要求?			
8	平面交叉			
8.1	平面交叉路口			
8.1.1	公路主要平面交叉口的设置位置是否对车辆安全行驶造成影响?驾驶员是否能够清楚地识别平面交叉口的位置?			
8.1.2	公路主要交叉口相交角度是否会对车辆交通安全造成影响?车辆转弯轨迹是否顺畅?			
8.1.3	平面交叉口范围内是否满足通视性的要求?视距三角区域内是否存在遮挡视线的障碍物?			

序号	评 价 内 容	存在的问题和相关路段	相应改善方法和建议	改善处理次序
8.1.4	主线与被交路的等级、坡度及路面状况是否会对平面交叉安全行车造成影响？			
8.1.5	平面交叉口之前是否设置了醒目的提示标志、指路标志？			
8.1.6	交通管理方式（信号灯控制、减速让行或停车让行）是否能保障交通安全？			
8.1.7	平面交叉口交通渠化是否完善？是否能够保证用路者穿越的安全性？			
8.1.8	平面交叉口内排水是否畅通？是否存在施工残留物影响行车安全？			
8.2	路侧接入口			
8.2.1	是否尽量减少路侧接入口？接入口出入的车辆是否对主线安全行车造成了影响？			
8.2.2	驾驶员是否能够清楚的识别接入口的位置？接入口前的主线上是否设置了醒目的交叉口标志？			
8.2.3	接入口入口是否设置了醒目让行标志标线？是否有必要在接入口设置减速设施？			
8.2.4	路侧商业、加油站等接入公路的接入口是否影响主线安全行车？是否能被主线行驶的车辆及时发现？			
8.2.5	影响接入口视野的绿化或障碍物是否得到清理？			
9	安全设施			
9.1	标志			
9.1.1	警告、警令和指示标志尺寸和文字、图案是否满足驾驶人在正常行驶速度状态下清晰识别的要求？			
9.1.2	是否存在施工后树木、绿化边坡、构筑物、广告牌遮挡标志？			
9.1.3	在夜间、雨雾不良天气，是否能使驾驶人清楚辨认标志？			
9.1.4	标志的各支撑方式的选择是否满足道路净空要求？			
9.1.5	一根标志杆上的标志是否按照信息的重要程度排列顺序？			
9.1.6	同一根标志杆或前后标志之间否存在内容过多、信息量过大或矛盾？			
9.1.7	前后标志之间或标志与标线之间所提示的信息是否连续？有无矛盾？			
9.1.8	线形诱导标志设置是否完备？			
9.1.9	标志与路面标记、标线信息是否一致？			
9.2	标线			
9.2.1	公路边线、行车道边线、中心线等标线使用是否连续、合理？			

续上表

序号	评 价 内 容	存在的问题和相关路段	相应改善方法和建议	改善处理次序
9.2.2	是否有设置行车道边缘振动标线的需要？			
9.2.3	中央分隔带或路侧净区内的桥墩、隧道洞口、交通标志立柱等是否设置醒目立面标记？			
9.2.4	在夜间、雨雾不良天气,是否能使驾驶人清楚辨认标线？			
9.2.5	标线是否满足驾驶人在正常行驶速度状态下清晰识别的要求？			
9.3	护栏			
9.3.1	路侧护栏和中央分隔带护栏防撞等级的选择是否实际行驶速度匹配？			
9.3.2	路侧护栏设置的连续性是否合理？			
9.3.3	是否存在不牢固的护栏？			
9.3.4	路侧护栏的端头是否做了安全处理？			
9.3.5	互通式立交三角区护栏端头处理是否合理？防撞设施是否完备？			
9.3.6	中央分隔带开口段活动护栏是否满足安全？			
9.4	视线诱导及防眩设施			
9.4.1	视线诱导设施的设置是否满足实际运行状态下对驾驶人安全行车的诱导？			
9.4.2	对于分离式路基分、合线处以及纵坡起伏较大路段的防眩设施是否满足防眩要求？			
9.5	其他			
9.5.1	在夜间、雨雾天气,轮廓标、反光路钮是否满足要求？			
9.5.2	当设置非机动车道或快慢车隔离设施时,隔离设施是否有效？			
9.5.3	是否在长大下坡、避险车道、隧道等路段设置了交通监控设施及信息发布设施？			
10	速度管理及监控设施			
10.1	公路是否设置了限速标志？限速标志的限速值与实际运行速度是否适应？限速值是否合理？			
10.2	是否设置了速度监控设施？其设置位置是否能够起到提高交通安全的实际作用？与其相合的限速值的设置是否合理？			
10.3	速度控制设施是否合理？是否能够起到相应的速度控制作用？			
11	沿线设施			
11.1	互通式立交匝道收费站与主线收费站设置是否合理？收费亭防撞设施是否有效？			
11.2	服务区、停车区或观景台的内部服务设施、内部车道及停车场相关标志、标线是否合理与有效？			
11.3	服务区、停车区客运车辆、危险品运输车辆的停车场位置是否合理？标志、救援设施和管理制度是否有效？			

注:填写"进行改善处理次序"时,可采用符号填写,推荐记录符号如下:

■进行改正;★优先改进;△建议改进;○经济许可条件下改善。

二级公路、三级公路交工阶段安全检查清单 表 6-30

序号	公路状况评价内容	存在的问题和相关路段	相应改善方法和建议	改善处理次序
1	总体评价			
1.1	根据施工图文件及设计变更文件,现场公路各项指标是否有与设计文件不符的情况?			
1.2	现场公路交通安全设施是否出现与施工图设计文件不符的情况?			
1.3	现场清理是否完成?路面或路侧是否残留危害行车安全的障碍物?			
2	路线			
2.1	平面、纵断面线形组合和横断面过渡段是否存在线形不连续及不协调路段?			
2.2	是否存在设计速度与实际行车速度及相邻路段速度不协调路段?			
2.3	是否存在视距不足路段?是否存在树木、标志牌等造成视线不连续或误导视线?			
2.4	连续下坡路段是否有设置紧急避险车道的必要性?如已设置,紧急避险车道是否有效?			
3	路面			
3.1	是否存在防滑能力不足路段?尤其是小半径平曲线、大纵坡、隧道口、平面交叉口等路段			
3.2	不同的路面材料或结构衔接路段的抗滑能力过渡是否设置了防滑路面或者防滑设施?是否有效?			
3.3	受冰冻气候影响严重的路段是否设置了防滑设施、标志、应急措施?			
4	排水			
4.1	边沟、排水沟及公路附近排水设施的设置形式和位置是否能满足对失控车辆造成的危害最小化?			
4.2	当边沟或排水沟采用盖板时,沟盖板是否完整?			
4.3	常年多降雨地区,路面排水和路侧排水设施是否满足泄水要求?			
5	桥梁			
5.1	桥梁引线及桥梁路段是否存在视距不良路段?			
5.2	桥梁护栏与桥头接线护栏是否设置了过渡段?过渡段是否符合要求?			
5.3	是否存在设置人行天桥和人行通道?是否满足行人通行安全?			

序号	公路状况评价内容	存在的问题和相关路段	相应改善方法和建议	改善处理次序
5.4	是否存在侧风影响严重的桥梁？是否采取了相应的安全措施？			
5.5	当上跨桥梁的桥墩、台位于路侧净区内时,是否采取了安全措施,对主线视距是否有影响？			
5.6	是否存在气候影响严重的桥梁？是否采取了相应安全措施？			
5.7	是否存在涵洞洞口位于计算路侧净区范围？洞口防护设施是否有效？			
6	隧道			
6.1	当隧道洞口位于曲线段或隧道洞身位于曲线段时,隧道洞口连接线和隧道洞身视距能否满足行车需要？			
6.2	隧道洞口是否存在运行速度协调不良路段？			
6.3	隧道内外抗滑性能是否有明显差异？是否设置防滑设施？			
6.4	隧道内是否有积水、渗水现象,是否采取相关处理措施？			
6.5	排水沟盖板、开口水沟、集水井盖板是否完整？			
6.6	隧道内是否存在施工残留物？			
6.7	隧道洞门设计是否能够缓解洞口光过渡对安全行车的不利影响？对于受太阳光影响严重的东西朝向隧道,是否采用了防治眩光的设施？			
6.8	隧道的通风效果是否良好？是否保证了隧道内良好的能见度？			
6.9	隧道内轮廓标设置是否能够在车灯的照射下引导驾驶人视线？			
6.10	隧道洞口检修道端头与洞外路侧护栏衔接是否进行过渡？是否存在安全隐患？			
6.11	是否存在人车混行的隧道或双向行车的隧道？是否进行安全防护措施？			
7	平面交叉			
7.1	平面交叉的识别视距三角区是否通视？平面交叉口的平纵线形是否使驾驶人误判？			
7.2	交叉口交通控制方式是否合理？是否采取相应措施？			
7.3	若采用信号交叉口,信号配时与相邻路口控制方式是否匹配？			
7.4	交叉口交通渠化是否有效？			
7.5	行人过路设施、标志、标线、护栏等交通管理设施是否完备？			
7.6	交叉口范围内的排水设施是否满足要求？			

序号	公路状况评价内容	存在的问题和相关路段	相应改善方法和建议	改善处理次序
8	交通工程安全设施			
8.1	标志			
8.1.1	警告、警令和指示标志尺寸和文字、图案是否满足驾驶人在正常行驶速度状态下清晰识别的要求？			
8.1.2	是否存在施工后树木、绿化边坡、构筑物、广告牌遮挡标志？			
8.1.3	在夜间、雨雾不良天气，是否能使驾驶人清楚辨认标志？			
8.1.4	标志的各支撑方式的选择是否满足道路净空要求？			
8.1.5	一根标志杆上的标志是否按照信息的重要程度排列顺序？			
8.1.6	同一根标志杆或前后标志之间否存在内容过多，信息量过大或矛盾？			
8.1.7	前后标志之间或标志与标线之间所提示的信息是否连续？有无矛盾？			
8.1.8	线形诱导标志设置是否完备？			
8.1.9	标志与路面标记、标线信息是否一致？			
8.2	标线			
8.2.1	公路边线、行车道边线、中心线等标线的使用是否连续、合理？			
8.2.2	是否有设置行车道边缘振动标线的需要？			
8.2.3	路侧净区内的桥墩、隧道洞口、交通标志立柱等是否设置醒目立面标记？			
8.2.4	在夜间、雨雾不良天气，是否能使驾驶人清楚辨认标线？			
8.2.5	标线是否满足驾驶人在正常行驶速度状态下清晰识别的要求？			
8.3	护栏			
8.3.1	路侧护栏防撞等级的选择是否实际行驶速度匹配？			
8.3.2	路侧护栏设置的连续性是否合理？			
8.3.3	是否存在不牢固的护栏？			
8.3.4	路侧护栏的端头是否做了安全处理？			
8.4	视线诱导			
8.4.1	视线诱导设施的设置是否满足实际运行状态下对驾驶人安全行车的诱导？			
8.5	其他			
8.5.1	公路穿越城镇或混合交通量大的路段，行人过街设施是否满足安全？			
8.5.2	当设置非机动车道或快慢车隔离设施时，隔离设施是否有效？			

续上表

序号	公路状况评价内容	存在的问题和相关路段	相应改善方法和建议	改善处理次序
8.5.3	是否在可能发生事故的路段(如长大下坡、避险车道、隧道等)设置了交通监控设施及信息发布设施?			
9	速度管理及监控设施			
9.1	是否设置了限速标志?限速标志的限速值与实际运行速度是否适应?限速值是否合理?			
9.2	是否设置了速度监控设施?其设置位置是否能够起到提高交通安全的实际作用?与其相配合的限速值的设置是否合理?			
9.3	速度控制设施是否合理?是否能够起到相应的速度控制作用?			

注:填写"进行改善处理的轻重次序"时,可采用符号填写,推荐记录符号如下:

■进行改正;★优先改进;△建议改进;○经济许可条件下改善。

第四节 运营阶段评价内容分析

一、评价内容

1. 路线

路线评价应符合下列规定:

(1)应根据实地驾驶状况,对路线平、纵线形的连续性和协调性以及横断面过渡的顺畅性进行评价。

(2)应根据实地驾驶状况,对公路平面、纵断面视距进行评价。

2. 路基路面

路基和路面评价应符合下列规定:

(1)应对路侧障碍物的处理情况进行评价。

(2)应对路基、路面排水设施进行评价。

(3)应对中央分隔带开口的设置位置和视距进行评价。

3. 桥梁

桥梁评价应符合下列规定:

(1)当存在桥头急弯路段时,应对相关的标志、标线、速度控制设施等进行评价。

(2)应对桥梁护栏与路基护栏衔接过渡段进行评价。

(3)应根据实地驾驶状况评价上跨本项目的桥梁的墩台和上部结构对本项目公路视距的影响。

(4)当上跨本项目的桥梁的桥墩台位于计算路侧净区内时,应对桥墩台的防护设施进行评价。

（5）应对与侧风相关的标志和速度控制设施等进行评价。

4. 隧道

隧道评价应符合下列规定：

（1）应根据实地驾驶状况，对隧道洞口段线形连续性及其视距进行评价。

（2）应对隧道进出口路面的防滑过渡进行评价。

（3）应对隧道洞口检修道端头与洞外护栏的衔接过渡进行评价。

（4）应根据实地驾驶状况，评价隧道照明的实际效果，并对洞口眩光的情况进行评价。

（5）宜对隧道监控、通风、消防等设施的设置情况进行评价。

（6）对人车混行的隧道，应对保护行人和非机动车的安全设施进行评价。

5. 互通式立体交叉

互通式立体交叉评价应符合下列规定：

（1）应根据实地驾驶状况，对分、合流鼻端的通视情况以及加（减）速车道长度、匝道的速度协调性进行评价。

（2）应根据实地驾驶状况，对互通式立体交叉出口标志信息进行评价。

6. 平面交叉

平面交叉评价应符合下列规定：

（1）应根据实地驾驶状况，对通视三角区的通视情况进行评价。

（2）应对交通管理方式及交通组织措施进行评价。

（3）应对与行人和非机动车相关的标志、标线等交通安全设施进行评价。

7. 交通工程及沿线设施

交通工程及沿线设施评价应符合下列规定：

（1）标志评价应符合下列规定：

①应现场对标志的设置效果和位置进行评价。

②应根据路网情况和实地驾驶状况，对标志信息的准确性、连续性进行评价。

③应对标志的信息量进行评价。

④应对标志与对应标线信息的一致性进行评价。

⑤应评价树木、边坡绿化、构筑物、广告牌等对标志视认效果的影响。

⑥应根据实地驾驶状况评价标志在夜间的视认效果。

（2）标线评价应符合下列规定：

①应根据实地驾驶状况，对标线在夜间的视认和诱导效果进行评价。

②应对位于中央分隔带或计算路侧净区内的桥墩、隧道洞口、设施立柱等设置的立面标记进行评价。

③应对禁止超车路段的标线设置情况进行评价。

（3）护栏评价应符合下列规定：

①应对护栏的设置情况进行评价。

②应对分流鼻端的防撞设施进行评价。

③高填方、路侧临水或临崖等险要路段，邻近村庄路段，与其他道路、铁路、油气管道并行路段，陡坡急弯路段等，应对其路侧采取的防护设施进行评价。

（4）防眩设施评价应符合下列规定：

①应对防眩设施的设置情况进行评价。

②应在夜间检查防眩板的防眩效果。

（5）应检查视线诱导设施在夜间的诱导效果。

（6）当公路跨越铁路、通航河流、交通较大的其他公路时，应对其桥梁的防落网进行评价。

（7）应对爬坡车道和避险车道的交通安全设施和管理设施进行评价。

（8）宜对路段的监控设施的设置情况进行评价。

（9）应根据实地驾驶状况对收费站的交通安全设施和管理设施进行评价。

（10）应对服务区、停车区内的标志和标线进行评价。

（11）应对港湾式紧急停车带的交通安全设施进行评价。

（12）连续上坡路段、连续长陡下坡路段、长下坡接小半径曲线路段、长大隧道群路段、桥隧相连路段、隧道与互通式立体交叉相连路段、气象灾害多发路段、路侧干扰严重路段、路侧险要路段等，应对其交通工程及沿线设施的综合设置进行评价。

（13）可对限速方案进行评价，重点评价受公路几何线形、构造物、路侧干扰和气象条件等影响的受限路段限速值。

二、评价方法

公路安全状况评价应进行公路现场踏勘和实地驾驶，宜采用安全检查清单等方法进行评价。安全性评价检查清单可在现场调查和外业调查资料整理时作为过程文件使用。安全性评价检查清单应包括"序号""公路状况评价内容""相关路段""相应改善方法和建议""改善处理次序"五项内容。

与设计阶段相对应，高速公路项目和一级公路项目可按照表 6-33 进行评价，二级公路、三级公路项目可按照表 6-34 进行评价。表 6-31 和表 6-32 各项的评价内容可由评价人员依照公路项目实际情况进行增加或删减。

高速公路、一级公路运营阶段安全检查清单　　　　　　　　表 6-31

序号	公路状况评价内容	存在的问题和相关路段	相应改善方法和建议	改善处理次序
1	设计符合性			
1.1	根据竣工图文件,现场公路状况是否有与设计文件不符的情况出现?			
1.2	公路设计是否符合现行规范?			
2	交通适应性			
2.1	公路的实际交通量和车型组成,是否与设计的建设规模不相适应?			
2.2	是否存在实际服务水平低于设计服务水平的路段?			
2.3	服务的交通量是否超出设计的通行能力? 是否出现交通阻塞或交通干扰严重等不利于安全的情况?			
2.4	路线的起终点与现有的路网衔接是否不合理、不顺畅、不安全? 路线或连接线功能与沿线的城镇分布是否不相适应?			

序号	公路状况评价内容	存在的问题和相关路段	相应改善方法和建议	改善处理次序
3	平纵线形及其组合			
3.1	线形指标是否采用了极限指标或接近极限的指标？平纵横极限指标是否同时在一个路段内组合？			
3.2	是否存在使驾驶员容易视觉疲劳或超速的长直线？			
3.3	在长直线尽头或长的大半径曲线尽头,是否存在影响交通安全的小半径曲线？			
3.4	连续多个平曲线路段,驾驶人操作是否舒适、平稳？			
3.5	是否存在视线误导或其他原因使驾驶员无法判断下一个平曲线的存在或对曲线判断错误？			
3.6	是否存在小偏角圆曲线会产生视觉扭曲和急弯错觉？			
3.7	沿线视距是否充分？是否存在山体、边坡、构造物、绿化树木或标志牌遮挡视线？			
3.8	是否存在树木、标志牌等造成视线不连续或误导视线？			
3.9	中央分隔带若采用植物绿化和防眩,则在小半径曲线路段是否会对行车视距造成影响？			
3.10	纵断面线形是否有连续纵坡？凸形竖曲线是否影响视距或影响视觉连贯性？			
3.11	连续上坡路段是否有大型车辆慢速爬坡造成不同车型间速度差增大和超车增多现象？			
3.12	连续下坡路段是否时常有满载货车高速下坡？是否可能出现制动失灵或制动过热？			
3.13	连续上坡路段是否设置有爬坡车道的必要性？如已设置,爬坡车道能否发挥作用？			
3.14	连续下坡路段是否设置紧急避险车道的必要性？如已设置,紧急避险车道是否有效？			
3.15	车辆在公路上的行驶是否存在速度突变的路段？			
3.16	是否存在"暗突""暗凹""断背""扭曲"等不良的平纵组合或视觉不良路段？			
4	路基横断面			
4.1	公路的横断面宽度是否满足车辆、超车的要求？			
4.2	若公路路基宽度或车道数量发生变化,是否有完善的过渡设计和相关的标志、标线保证交通安全？			
4.3	整体式路基与分离式路基之间的过渡衔接是否自然？			
4.4	是否存在反向S形曲线拐点附近纵坡平缓积水的情况？			
4.5	是否存在因为合成坡度过大而影响交通安全的路段？			

续上表

序号	公路状况评价内容	存在的问题和相关路段	相应改善方法和建议	改善处理次序
5	路侧			
5.1	路侧净区之内是否存在未加保护的跨线桥桥墩(柱)及其基础、标志杆、照明灯杆、行道树等障碍物？			
5.2	路侧是否存在陡崖、深水、垂直边沟或并行公路、铁路等不安全因素？所采用的路侧防护形式与防护等级能否与路侧危险程度匹配？			
5.3	路侧净区宽度不足时是否进行了防护？			
6	路面			
6.1	与陡坡、急弯、隧道洞口、不同路面结构衔接等路段以及侧滑事故多发点(路段)等，其路面抗滑能力是否有衰减的现象？是否在局部路段出现过车辆侧滑？			
6.2	路面是否破损影响行车安全？路面是否有影响行车安全的障碍物？			
6.3	平整度能否满足平顺、稳定行车的要求？			
6.4	路面是否存在积水、排水不畅影响交通安全的问题？排水设施结构物是否影响行车安全？			
7	桥梁			
7.1	桥梁线形与主线连接是否协调顺畅？是否存在桥头急弯的问题？			
7.2	处于急弯陡坡路段的大、中桥梁其桥面平整度及抗滑能力是否能够满足交通安全的需要？是否出现过车辆侧滑的事故？			
7.3	桥梁护栏与桥头接线护栏是否设置了过渡段？过渡段是否符合要求？			
7.4	是否存在侧风影响严重的桥梁？是否采取了相应的安全措施？			
7.5	是否存在易引起驾驶人晕眩和紧张的高架桥？是否采取了相应的安全措施进行改善？			
7.6	封闭的单向行驶大桥、桥隧相连路段，是否设置了紧急救援的通道或掉头开口？			
7.7	是否有需要加强的桥梁防撞护栏？			
8	隧道			
8.1	隧道线形与主线连接是否协调顺畅？			
8.2	当隧道洞口位于曲线段或隧道洞身位于曲线段时，隧道洞口连接线和隧道洞身视距能否满足行车需要？			
8.3	当隧道断面宽度与路基断面宽度不一致时，是否在洞口段设置了防护设施的衔接与过渡？是否能有效引导驾驶人避免碰撞隧道洞口端墙？			

序号	公路状况评价内容	存在的问题和相关路段	相应改善方法和建议	改善处理次序
8.4	隧道进出口路面结构及路面现状是否出现反光或泛油等路面摩阻系数降低的情况？			
8.5	高速公路、一级公路隧道进出口的照明过渡设计是否能帮助驾驶人缓解暗适应和明适应过程带来的交通安全问题？			
8.6	长隧道、特长隧道出口是否设置了照明，以缓解夜间隧道内外明暗变化给驾驶人带来的交通安全问题？			
8.7	连续上坡的长隧道或特长隧道是否设置了完善的通风设施和监控设施？			
8.8	特长隧道的通风效果是否良好，是否能防止有害气体蓄积？是否保证了隧道内良好的能见度？			
8.9	高速公路、一级公路隧道的紧急停车带、横洞等设置是否合理？其端头防护是否有效？			
8.10	特长隧道是否设置了避免驾驶人超速的安全措施？			
8.11	长隧道、特长隧道内的消防与紧急救援设施设置是否合理有效？			
8.12	隧道内的边沟盖板是否能够承受重车碾压？是否出现过被重车压坏的情况？			
8.13	隧道入口前是否设置了完善的速度控制设施和标志、标线，是否与隧道入口附近车辆的运行速度相匹配？			
8.14	是否存在连续隧道？连续隧道群是否采取了相应的安全措施以保证驾驶人安全行车？			
8.15	隧道洞门设计是否能够缓解洞口光过渡对安全行车的不利影响？			
9	互通式立交			
9.1	各互通式立交之间以及互通式立交与服务区、停车区、隧道等间距是否满足要求？能否提供足够的预告和判断长度？若不满足，是否采取了相应的交通工程安全措施加以改善？			
9.2	互通式立交范围内主线车辆运行速度是否协调？是否存在严重的交织影响主线交通安全？			
9.3	互通式立交匝道分、合流点，主线识别视距和匝道识别视距三角区内是否通视？是否与实际运行速度相匹配？			
9.4	互通式立交加、减速车道长度是否满足车辆运行速度变化要求？是否采取了相应的速度控制措施？			
9.5	匝道设计速度是否与实际的运行速度协调？			
9.6	互通式立交匝道是否存在影响视距的路段？			

序号	公路状况评价内容	存在的问题和相关路段	相应改善方法和建议	改善处理次序
9.7	互通式立交区立交预告标志、指路标志、指示标志内容的识认性、连贯性和信息容量等是否合理？是否对安全行车造成影响？是否存在车辆误行或倒车的现象？			
10	平面交叉			
10.1	平面交叉路口			
10.1.1	公路主要平面交叉口的设置位置是否对车辆安全行驶造成影响？驾驶人是否能够清楚地识别平面交叉口的位置？			
10.1.2	交叉口通行能力是否满足交通需求？是否发生拥堵？			
10.1.3	平面交叉口范围内是否满足通视性的要求？视距三角区域内是否存在遮挡视线的障碍物？			
10.1.4	主线与被交路的等级、坡度及路面状况是否会对平面交叉安全行车造成影响？			
10.1.5	平面交叉口之前是否设置了醒目的提示标志、指路标志？			
10.1.6	交通管理方式(信号灯控制、减速让行或停车让行)是否能保障交通安全？			
10.1.7	平面交叉口交通渠化是否完善？是否能够保证用路者穿越的安全性？			
10.1.8	平面交叉口内排水是否畅通？			
10.2	路侧接入口			
10.2.1	是否尽量减少路侧接入口？接入口出入的车辆是否对主线安全行车造成影响？			
10.2.2	驾驶人是否能够清楚的识别接入口的位置？接入口前的主线上是否设置了醒目的交叉口标志？			
10.2.3	接入口是否设置了醒目让行标志标线？是否有必要在接入口设置减速设施？			
10.2.4	路侧商业、加油站等接入公路的接入口是否影响主线安全行车？是否能被主线行驶的车辆及时发现？			
10.2.5	影响接入口视野的绿化或障碍物是否及时清理？			
11	沿线设施			
11.1	服务区、停车区与主线衔接的设计是否有利于车辆安全驶入和驶出？			
11.2	服务区、停车区的流出、流入匝道的识别视距是否与实际运行速度匹配？			
11.3	服务区、停车区的流出、流入匝道变速车道及渐变段长度是否与实际运行速度匹配？			

序号	公路状况评价内容	存在的问题和相关路段	相应改善方法和建议	改善处理次序
11.4	服务区、停车区的容量和内部车道布设是否与实际交通量和车型组成相适应？			
11.5	互通式立交匝道收费站与主线收费站的通行能力、收费车道设置数量等是否与实际交通量相适应？			
11.6	是否存在位于急弯之后或下坡坡底的收费站？其识别视距、速度控制设施、收费亭防撞设施等是否考虑了不良线形的影响？			
12	安全设施			
12.1	标志			
12.1.1	警告、警令和指示标志尺寸和文字、图案是否满足驾驶人在正常行驶速度状态下清晰识别的要求？			
12.1.2	在夜间，反光膜的效果是否能使驾驶人清楚辨认标志？			
12.1.3	标志的各支撑方式的选择是否满足道路净空要求？			
12.1.4	一根标志杆上的标志是否按照信息的重要程度排列顺序？			
12.1.5	同一根标志杆或前后标志之间否存在内容过多，信息量过大或矛盾？			
12.1.6	前后标志之间或标志与标线之间所提示的信息是否连续？有无矛盾？			
12.1.7	互通式立交范围内出口的预告标志内容及间距是否符合驾驶人辨认和判断的需要？			
12.1.8	是否在长直线段、长下坡段、雾区路段等，按需要设置了车距确认标志？			
12.1.9	互通式立交范围内限速标志的设置是否全面、合理？			
12.1.10	爬坡车道起点前、爬坡车道渐变段起点处、爬坡车道终点是否设置了标志？			
12.1.11	在长大下坡之前是否设置了长大下坡预告标志？避险车道是否设置了提示标志？			
12.1.12	当存在互通式立交与隧道、服务区等距离较近时，是否将标志进行联合设置？			
12.1.13	事故多发段、事故黑点路段是否设置警告标志？			
12.2	标线			
12.2.1	标线是否满足白天、夜晚及降雨等不同情况下的可视性能？			
12.2.2	是否在易超速导致事故的路段设置了合适的减速标线？			
12.2.3	是否在视距不良的急弯路段、长平直路段等设置了适当的减速标线，提示驾驶人注意？			
12.2.4	是否有设置行车道边缘振动标线的需要？			

序号	公路状况评价内容	存在的问题和相关路段	相应改善方法和建议	改善处理次序
12.3	护栏			
12.3.1	路侧护栏是否受到损坏？是否及时地修复？			
12.3.2	危险路段设置的护栏是否能有效阻止失控车辆的冲出路外？			
12.3.3	特殊危险路段的护栏是否提高了防撞等级？			
12.3.4	路侧护栏和中央分隔带护栏防撞等级的选择是否合理？			
12.3.5	路侧护栏、中央分隔带护栏、护栏的断面是否侵入公路界限？或对安全行车有影响？			
12.3.6	路侧护栏的端头是否做了安全处理？			
12.3.7	波形梁护栏与混凝土护栏、桥梁护栏连接时，过渡衔接是否良好？			
12.3.8	波形梁护栏或混凝土护栏与隧道衔接时，是否设置了护栏渐变过渡段？			
12.3.9	上跨主线的跨线桥如果桥墩在路侧净空内或中央分隔带中，是否对其上、下游的护栏采取了加强处理？			
12.3.10	中央分隔带开口选用的活动护栏是否有被撞坏的痕迹？			
12.4	视线诱导及防眩设施			
12.4.1	视线诱导设施的设置是否满足实际运行状态下对驾驶人安全行车的诱导？			
12.4.2	防眩设施的高度、遮光角是否满足汽车防眩要求？是否在实际运行状态下满足防眩要求？			
12.4.3	在雾区等天气条件不好的路段，是否考虑了采用更为有效的视线诱导设施？			
12.5	交通管理设施			
12.5.1	是否设置了合适的可变情报板或路况信息发布平台，用以及时发布恶劣天气或相关交通管制信息？			
12.5.2	可变情报板或路况信息发布平台在遇到恶劣天气或进行交通管制时能否发挥应有的作用？			
12.5.3	是否在可能发生事故的路段（如长大下坡、避险车道、隧道等）设置了交通监控设施？			
12.5.4	对事故多发点（路段）是否考虑增设交通监控设施？			
12.6	速度管理及监控设施			
12.6.1	公路是否设置了限速标志？限速标志的限速值与实际运行速度是否适应？限速值是否合理？			
12.6.2	限速标志的设置位置是否能够使驾驶人及时发现并控制车速？			

续上表

序号	公路状况评价内容	存在的问题和相关路段	相应改善方法和建议	改善处理次序
12.6.3	限速值的过渡是否满足交通安全的需要？			
12.6.4	在受雨、雾等不良天气影响路段，是否考虑设置可变限速标志？			
12.6.5	是否设置了速度监控设施？其设置位置是否能够起到提高交通安全的实际作用？与其相配合的限速值的设置是否合理？			
12.6.6	公路设置的速度控制设施是否合理？是否能够起到相应的速度控制作用？			

注：填写"进行改善处理次序"时，可采用符号填写，推荐记录符号如下：

■进行改正；★优先改进；△建议改进；○经济许可条件下改善。

二级公路、三级公路运营阶段安全检查清单

表 6-32

序号	公路状况评价内容	存在的问题和相关路段	相应改善方法和结论	改善处理次序
1	设计符合性			
1.1	根据竣工图文件，现场公路状况是否有明显与设计文件不符的情况出现？			
1.2	公路设计是否符合现行规范？			
2	交通适应性			
2.1	公路设计的实际混合交通量和组成，是否严重影响交通安全？			
2.2	是否存在实际服务水平低于设计服务水平的路段？			
2.3	服务的交通量是否超出设计的通行能力？是否出现交通阻塞或交通干扰严重等不利于安全的情况？			
2.4	路线或连接线与沿线的城镇分布是否不相适应？路线的起终点与现有的路网衔接是否不合理、不顺畅、不安全？			
2.5	现状公路在路网中的功能是否与设计预期一致？			
2.6	沿线路侧非机动车及行人使用公路是否对主流交通安全性构成影响？			
2.7	是否未考虑了沿线非机动车、行人等横穿公路的需求？未考虑对主线交通安全性的影响？			
3	线形及其组合			
3.1	线形指标是否采用了极限指标或接近极限的指标？平纵横极限指标是否同时在一个路段内组合？			
3.2	是否存在使驾驶人容易视觉疲劳或超速的长直线？			
3.3	在长直线尽头或长的大半径曲线尽头，是否存在影响交通安全的小半径曲线？			

续上表

序号	公路状况评价内容	存在的问题和相关路段	相应改善方法和结论	改善处理次序
3.4	车辆在公路上的速度是否反复突变？是否存在连续急弯路段，驾驶人操作是否舒适、平稳？			
3.5	是否存在视线误导或其他原因使驾驶人无法判断下一个平曲线的存在或对曲线判断错误？			
3.6	是否存在小偏角圆曲线会产生视觉扭曲和急弯错觉？			
3.7	圆曲线加宽是否能满足安全行车要求？			
3.8	是否存在回头曲线？回头曲线的通视效果和相应的安全设施是否能够保证安全行车？			
3.9	沿线视距是否充分？车辆会车是否能保证安全距离？			
3.10	是否存在山体、边坡、构造物、绿化树木或标志牌遮挡视线？			
3.11	在平曲线内侧、竖曲线/平竖曲线重叠处、桥头曲线、隧道洞口、弯桥内侧栏杆和栅栏等路段的视野和会车视距是否满足要求？			
3.12	是否间隔设置了具有超车视距的路段？超车路段间隔及长度能否满足超车需要？			
3.13	当超车视距不足时，是否采取了标线、标志等措施禁止超车？			
3.14	不能满足视距的位置，是否采取了设置交通标志、标线，采取强制分道行驶，设置交通凸面镜和线形诱导设施等交通工程措施？			
3.15	路侧接入口、小型平面交叉口是否能够被驾驶人及时发现？是否存在树木、障碍物等阻挡驾驶员视线？			
3.16	是否有车经常侧滑或冲出路外？超高或合成坡度是否满足实际车辆安全行驶要求？			
3.17	纵断面线形是否平顺连续？是否存在连续纵坡？			
3.18	连续上坡路段是否有大型车辆慢速爬坡造成不同车型间速度差增大和超车增多？			
3.19	连续上坡路段是否有设置爬坡车道的必要性？如已设置，爬坡车道能否发挥其应用作用？			
3.20	连续下坡路段是否时常有满载货车高速下坡？是否出现制动失灵或制动过热？			
3.21	连续下坡路段是否设置紧急避险车道的必要性？如已设置，紧急避险车道是否有效？			
3.22	是否存在"暗突""暗凹""断背""扭曲"等不良的平纵组合或视觉不良路段？			

序号	公路状况评价内容	存在的问题和相关路段	相应改善方法和结论	改善处理次序
4	路基横断面			
4.1	公路的横断面宽度是否满足服务水平需求和车辆行车、超车的要求？			
4.2	若公路路基宽度或车道数量发生变化,是否有完善的过渡设计和相关的标志、标线保证交通安全？			
4.3	与其他公路衔接汇合处路基之间的过渡衔接是否自然？			
4.4	是否设置有过水路堤？在暴雨季节的过水路堤能否保证车辆安全通行？			
4.5	交通量大或重型车多的二车道公路路肩是否能满足抛锚车辆紧急停车停放,而不影响正常行车？			
5	路侧			
5.1	路侧净区之内是否存未加保护的跨线桥桥墩(柱)及其基础、标志杆、照明灯杆、行道树等障碍物？			
5.2	路侧是否存在陡崖、深水、垂直边沟或并行公路、铁路等不安全因素？			
5.3	采用的路侧防护形式与防护等级能否与路侧危险程度匹配？			
5.4	路侧是否存在严重的路侧干扰？是否能够保证所有用路者的安全？			
5.5	路侧危险等级高的路段是否设置了有效的防护设施？			
5.6	路侧是否采用了断面宽深的排水沟？是否采取了降低车辆翻入排水沟或车轮卡入排水沟的安全措施？			
6	路面			
6.1	与陡坡、急弯、隧道洞口、不同路面结构衔接等路段是否存在侧滑事故多发点(路段)？其路面是否出现湿滑、镜面等抗滑能力是否有衰减的现象？			
6.2	沥青路面泛油是否导致防滑能力不足？			
6.3	水泥混凝土路面表面是否光滑或者刻槽是否消失,导致抗滑性能不足？			
6.4	路面的平整度能否满足平顺、稳定行车的要求？			
6.5	路面是否破损或存在障碍物影响行车安全？路面是否有影响行车安全的障碍物？			
6.6	路面是否存在积水,排水不畅影响交通安全的问题？排水设施结构物是否影响行车安全？			
7	桥梁			
7.1	桥梁线形与主线连接是否协调顺畅？是否存在桥头急弯的问题？			

序号	公路状况评价内容	存在的问题和相关路段	相应改善方法和结论	改善处理次序
7.2	处于急弯陡坡路段的桥梁其桥面平整度及抗滑能力是否能够满足交通安全的需要？是否出现过车辆侧滑的事故？			
7.3	是否存在桥头跳车现象？是否影响交通安全？			
7.4	是否存在宽路窄桥？桥梁横断面与路线横断面的衔接是否平顺？			
7.5	桥头接线是否有设置护栏的必要？能够保证桥头接线与桥梁段的衔接安全？			
7.6	桥梁护栏与桥头接线护栏是否设置了平顺的衔接过渡？			
7.7	当桥梁上设人行道或非机动车道时，是否考虑设置与行车道的隔离设施？能否保证行人与非机动车的安全？			
7.8	桥梁防撞护栏是否曾阻挡住大部分事故？是否被事故撞开缺口？护栏是否修复或加强？			
8	隧道			
8.1	隧道线形与主线连接是否协调顺畅？			
8.2	当隧道洞口位于曲线段或隧道洞身位于曲线段时，隧道洞口连接线和隧道洞身视距能否满足实际车辆行车速度的需要？			
8.3	当隧道断面宽度与路基断面宽度不一致时，是否在洞口段设置了防护设施的衔接与过渡？是否能有效引导驾驶人避免碰撞隧道洞口端墙？			
8.4	隧道进出口路面结构及路面现状是否造成了湿滑、泛油、镜面等各种路面摩阻系数降低的情况？			
8.5	隧道进出口是否采取了照明措施？是否有照明过渡设计帮助驾驶人缓解暗适应和明适应过程带来的交通安全问题？			
8.6	若隧道为无照明隧道，是否在隧道洞口设置了相应的速度控制措施或其他安全设施来提高洞口运行安全性？			
8.7	无照明设施的隧道，隧道内是否设置了有效的视线诱导设施？			
8.8	隧道能见度和污染物状况是否能够保证车辆安全运行？通风设施和监控设施能否发挥其应有作用？			
8.9	有行人和非机动车通行的隧道内是否设置行人或检修人员通道？			
8.10	长隧道内是否有必要设置紧急停车带？是否有醒目的提示标志？			
8.11	隧道内的边沟盖板是否能够承受重车碾压？是否出现过被重车压坏的情况？			
8.12	隧道路段前是否设置了完善的速度控制设施和标志、标线？			

序号	公路状况评价内容	存在的问题和相关路段	相应改善方法和结论	改善处理次序
8.13	是否设置了监控设施？效果是否良好？			
8.14	隧道路段是否设置了紧急救援设施？救援通道是否畅通？			
9	平面交叉			
9.1	平面交叉路口			
9.1.1	公路主要平面交叉口的设置位置是否对车辆安全行驶造成影响？驾驶员是否能够清楚的识别平面交叉口的位置？			
9.1.2	公路主要交叉口的类型(十字形、T形、环形等)能否适应目前的交通需要与功能？			
9.1.3	公路主要交叉口相交角度是否会对车辆交通安全造成影响？车辆转弯轨迹是否顺畅？			
9.1.4	平面交叉口范围内是否满足通视性的要求？视距三角区域内是否存在遮挡视线的障碍物？			
9.1.5	平面交叉路口是否有设置左转弯或右转弯附加车道的必要性？			
9.1.6	主线与被交路的等级、坡度及路面状况是否会对平面交叉安全行车造成影响？			
9.1.7	平面交叉口之前是否设置了醒目的提示标志、指路标志？			
9.1.8	现有的交通管理方式(信号灯控制、减速让行或停车让行)是否能保障交通安全？是否需要改进？			
9.1.9	是否有必要对进入平面交叉区域的车辆进行速度控制？			
9.1.10	公路平面交叉口交通渠化是否完整？是否能够保证用路者穿越的安全性？			
9.2	路侧接入口			
9.2.1	公路路侧小型接入口设置是否过密？小型接入口出入的车辆是否对主线安全行车造成影响？			
9.2.2	驾驶人是否能够清楚的识别小型接入口的位置？接入口前的主线上是否设置了醒目的交叉口标志？			
9.2.3	公路路侧小型接入口是否设置了醒目的道口标桩，并设置了让行标志标线？是否有必要在小型接入口设置减速设施？			
9.2.4	路侧商业、加油站等接入公路的接入口是否影响主线安全行车？是否能被主线行驶的车辆及时发现？			
10	沿线设施			
10.1	停车区与主线衔接的设计是否有利于车辆安全驶入和驶出？其设置的位置是否能够让驾驶员及时发现？			
10.2	停车区的流出、流入点的识别视距是否与实际运行速度匹配？			

续上表

序号	公路状况评价内容	存在的问题和相关路段	相应改善方法和结论	改善处理次序
10.3	停车区的流出、流入渐变长度是否能够满足车辆顺畅的驶入或驶出?			
10.4	公路是否存在位于急弯之后或下坡坡底的收费站? 其识别视距是否满足车辆运行速度的要求?			
10.5	公路收费站之前是否设置了有效的速度控制设施和指示标志?			
10.6	公路收费亭防撞设施等是否考虑了不良线形和主要服务车型的影响?			
10.6	公路收费站与主线收费站的通行能力、收费车道设置数量等是否与实际交通量相适应?			
10.7	已经停止收费的设施是否全部拆除?			
11	安全设施			
11.1	标志			
11.1.1	警告、警令和指示标志尺寸和文字、图案是否满足驾驶人在行驶速度状态下清晰识别的要求?			
11.1.2	在夜间,反光膜的效果是否能使驾驶人清楚辨认标志?			
11.1.3	标志的各支撑方式的选择是否满足道路净空要求?			
11.1.4	一根标志杆上的标志是否按照信息的重要程度排列顺序?			
11.1.5	同一根标志杆或前后标志之间否存在内容过多,信息量过大或矛盾?			
11.1.6	前后标志之间或标志与标线之间所提示的信息是否连续? 有无矛盾?			
11.1.7	事故多发段、事故黑点路段及恶劣天气路段是否设置了醒目的警告性标志?			
11.2	标线			
11.2.1	标线是否满足白天、夜晚及降雨等不同情况下的可视性能?			
11.2.2	是否在易超速导致事故的路段设置了合适的减速标线?			
11.2.3	是否在视距不良的急弯路段、长平直路段等设置了适当的减速标线,提示驾驶人注意?			
11.2.4	是否有设置行车道边缘振动标线的需要?			
11.2.5	在超车视距不足的路段,是否设置了行车道中心实线或分道体等,禁止车辆强行超车?			
11.3	护栏			
11.3.1	危险路段是否设置了护栏? 路侧护栏栏防撞等级的选择是否合理?			

序号	公路状况评价内容	存在的问题和相关路段	相应改善方法和结论	改善处理次序
11.3.2	设置的护栏是否能有效阻止失控车辆的冲出路外?			
11.3.3	特殊危险路段的护栏是否提高了防撞等级?			
11.3.4	路侧护栏、中央分隔带护栏、桥梁护栏的断面是否侵入公路界限? 或对安全行车有影响?			
11.3.5	路侧护栏是否受到损坏和得到及时的修复?			
11.3.6	路侧护栏的端头是否做了安全处理?			
11.3.7	不同类型的护栏之间是否存在防护漏洞?			
11.3.8	波形梁护栏或混凝土护栏与隧道衔接时,是否设置了护栏渐变过渡段?			
11.3.9	上跨主线的跨线桥如果桥墩在路侧净空内或中央分隔带中,是否对其上、下游的护栏采取了加强处理?			
11.3.10	公路是否有使用示警桩或示警墩代替路侧护栏的情况?			
11.4	视线诱导及防眩设施			
11.4.1	视线诱导设施的设置是否满足实际运行状态下对驾驶人安全行车的诱导?			
11.4.2	在雾区等天气条件不好的路段,是否考虑了采用更为有效的视线诱导设施?			
11.4.3	视线诱导设施是否考虑了车辆双向行驶的需要?			
11.5	交通管理设施			
11.5.1	信号灯的设置位置和数量是否合理? 信号灯的配时是否造成车辆长时间排队?			
11.5.2	各路段是否需要照明? 照明是否满足特定环境与交通的需求?			
11.5.3	是否有必要在可能发生事故的路段(如长大下坡、急弯陡坡、隧道等)设置交通监控设施?			
11.6	速度管理及监控设施			
11.6.1	公路是否设置了限速标志? 限速标志的限速值与实际运行速度是否适应? 限速值是否合理?			
11.6.2	限速标志的设置位置是否能够使驾驶人及时发现并控制车速?			
11.6.3	大部分驾驶员是否遵守限速值?			
11.6.4	限速值是否变化是否按照梯级过渡设置?			
11.6.5	在受雨、雾等不良天气影响路段,是否考虑设置可变限速及速度控制设施?			

续上表

序号	公路状况评价内容	存在的问题和相关路段	相应改善方法和结论	改善处理次序
11.6.6	是否设置了速度监控设施？其设置位置是否能够起到提高交通安全的实际作用？与其相配合的限速值的设置是否合理？			
11.6.7	公路设置的速度控制设施是否合理？是否能够起到相应的速度控制作用？			
12	其他公路使用者			
12.1	公路经过人口稠密的村镇或居民点时,是否设置了机非隔离设施的必要性？			
12.2	公路经过人口稠密的村镇或居民点时,是否设置中央分隔设施以减少行人乱穿公路的情况？			
12.3	是否按需要设置了人行横道？人行横道是否有中央隔离设施及信号灯配合设置？			
12.4	人行横道线的设置间距是否过密而影响通行能力？			
12.5	是否存在未设置中央隔离设施及信号灯的人行横道线？能否设置行人庇护安全岛保证行人过街安全？			
12.6	是否存在摩托车严重干扰主线安全行车的问题？是否采取了针对摩托车的安全管理措施？			

注:填写"进行改善处理的轻重次序"时,可采用符号填写,推荐记录符号如下:

■进行改正;★优先改进;△建议改进;○经济许可条件下改善。

第七章

交通标志设计

第一节　交通标志概述

一、对交通标志的基本要求

交通标志的服务对象是道路使用者。道路使用者对信息的主要要求是：显著性（标志必须被看到）、可读性（信息必须是能阅读的）、可理解性（信息必须是能理解和明白的）、可信性（信息必须是准确可信的）。

标志的使用应满足以下几个基本要求：满足道路使用者的需要；能够引起道路使用者的注意；表达清楚、简洁的含义；使道路使用者能够遵守；给道路使用者适当的反应时间。

二、交通标志的作用

交通标志为车辆、行人提供禁止、限制、指示某些交通行为的信息，对流量起着调节、控制、疏导作用；为车辆、行人提前预告前进方向某一路段的地理状况和周围环境，以防止错驶、绕路，提高行车、走路的效率；合理设置、使用，可以有效降低交通事故的发生，有利于提高道路交通的安全性。

三、交通标志的分类

根据《道路交通标志与标线》，交通标志按其作用分类，分为主标志和辅助标志两大类。

1）主标志

（1）警告标志：警告车辆、行人注意道路交通的标志。

警告标志又可细分为与公路几何线形有关的警告标志、与交叉路口有关的警告标志、与路面状况有关的警告标志、与沿线设施有关的警告标志、与沿线环境有关的警告标志以及其他警告标志。

（2）禁令标志：禁止或限制车辆、行人交通行为的标志。

禁令标志可分为与交通管理有关的禁令标志，与公路建筑限界及汽车荷载有关的禁令标志、与路权有关的禁令标志。

（3）指示标志：指示车辆、行人应遵循的标志。

指示标志包含与行驶方向有关的指示标志、指导驾驶行为的指示标志、指出车道使用目的的指示标志和与路权有关的指示标志。

（4）指路标志：传递道路方向、地点、距离信息的标志。

（5）旅游区标志：提供旅游景点方向、距离的标志。

（6）作业区标志：告知道路作业区通行的标志。

（7）告示标志：告知路外设施、安全行驶信息以及其他信息的标志。

2）辅助标志

附设在主标志下，对其进行辅助说明的标志。

各种标志的示例详见表7-1。

各种交通标志示例 表7-1

标志类别	GB 5768—2009 中标志的种类数	常见标志示例		
		图　示	名　　称	作　　用
警告标志	47		交叉路口	警告车辆驾驶人谨慎慢行，注意横向来车
			向左急弯路	警告车辆驾驶人，减速慢行
			右侧变窄	警告车辆驾驶人注意前方车行道或路面狭窄情况，遇有来车应予减速避让
			双向会车	提醒车辆驾驶人注意会车

标志类别	GB 5768—2009 中标志的种类数	常见标志示例		
		图 示	名 称	作 用
警告标志	47		注意行人	警告车辆驾驶人减速慢行,注意行人
			注意信号灯	警告车辆驾驶人注意前方路段设有信号灯,应依信号灯指示行车
			注意非机动车	提醒车辆驾驶人注意慢行
			事故易发路段	告示前方道路为事故易发路段,谨慎驾驶
			慢行	提醒车辆驾驶人减速慢行
			注意危险	提醒车辆驾驶人谨慎驾驶
			建议速度	提醒车辆驾驶人以建议的速度行驶
			注意保持车距	警告车辆驾驶人注意和前车保持安全距离

标志类别	GB 5768—2009 中标志的种类数	常见标志示例		
		图　示	名　称	作　用
警告标志	47		注意不利气象条件	警告车辆驾驶人注意不利气象条件谨慎驾驶,用于可变信息标志上
			注意前方车辆排队	警告车辆驾驶人注意前方车辆排队,用于可变信息标志上
禁令标志	48		停车让行	表示车辆应在停止线前停车瞭望,确认安全后,方可通行
			减速让行	表示车辆应减速让行,告示车辆驾驶人应慢行或停车,观察干道行车情况,在确保干道车辆优先,确保安全的前提下,方可进入路口
			会车让行	表示车辆会车时,应停车让对方车先行
			禁止通行	表示禁止一切车辆和行人通行
			禁止驶入	表示禁止一切车辆驶入

续上表

标志类别	GB 5768—2009 中标志的种类数	常见标志示例		
		图 示	名 称	作 用
禁令标志	48		禁止某两种车驶入	表示禁止标志上所示的两种车辆驶入
			禁止向左转弯	表示前方路口禁止一切车辆向左转弯
			禁止超车	表示该标志至前方解除禁止超车标志的路段内,不允许机动车超车
			解除禁止超车	表示禁止超车路段结束,此标志应和禁止超车标志(禁29)成对使用
			禁止停车	表示在限定的范围内,禁止一切车辆停、放
			禁止长时停车	表示在限定的范围内,禁止一切车辆长时停放,临时停车不受限制
			限制高度	表示禁止装载高度超过标志所示数值的车辆通行

标志类别	GB 5768—2009 中标志的种类数	常见标志示例		
		图 示	名 称	作 用
禁令标志	48		限制车速	表示该标志至前方解除限制速度标志或另一块不同限速值的限制速度标志的路段内,机动车行驶速度(单位为 km/h)不准超过标志所示数值
指示标志	36		直行	表示一切车辆只准直行
			直行和向左转弯	表示一切车辆只准直行和向左转弯
			步行标志	表示该段道路只供步行,任何车辆不准进入
			最低限速	表示机动车驶入前方道路的最低时速限制
			人行横道	表示该处为人行横道
			左转车道	表示车道的行车方向为左转

标志类别	GB 5768—2009 中标志的种类数	常见标志示例		
		图　示	名　称	作　用
指示标志	36		多乘员车辆专用车道	表示该车道只供多乘员的车辆行驶
			停车位	表示机动车允许停放的区域
			允许掉头	表示该处允许机动车掉头
指路标志	79	G15 汕头 深圳 入口 2km ↑	入口预告	指示进入高速公路或城市快速路的入口
		汕头 深圳	地点、方向	指示高速公路或城市快速路两个行驶方向
		国家高速 G2	编号	指示高速公路的编号
		佛山一环	路名	指示高速公路或城市快速路的名称
		采育12km 廊坊24km 天津84km	地点距离	预告高速公路或城市快速路前方所要经过的重要的地点、道路的名称和距离

续上表

标志类别	GB 5768—2009 中标志的种类数	常见标志示例		
		图　示	名　称	作　用
指路标志	79		预告下一出口	预告下一出口的信息和距离
			出口编号	标识出口编号
			高速公路起点	表示此处为高速公路或城市快速路的起点
			终点预告	预告高速公路或城市快速路终点
			里程碑	指示高速公路或城市快速路的里程、公路编号或名称
			特殊天气建议速度	提醒驾驶人在雨、雪、雾等特殊天气下，以建议速度行驶

续上表

标志类别	GB 5768—2009 中标志的种类数	常见标志示例		
		图 示	名 称	作 用
指路标志	79		紧急电话	指示高速公路紧急电话的位置
			ETC 车道指示	指示电子不停车收费车道
		天目湖 2km	服务区预告	预告服务区的位置
旅游区标志	17	灵山 16km	旅游区距离	提供旅游区的名称、有代表性的图形及前往旅游区的距离
			徒步	提供旅游项目类别、具代表性的符号及前往各旅游景点的指引
辅助标志	22	7:30-10:00	时间	表示时间范围
		学校	学校	表示警告、禁令理由
		100m 7:30·18:30	组合辅助	表示主标志针对的车种、距离、方向和时间

续上表

标志类别	GB 5768—2009 中标志的种类数	常见标志示例		
		图示	名称	作用
告示标志	9		驾驶时禁用手持电话	提醒机动车驾驶人驾驶时不要使用手提电话
			急弯减速慢行	提醒驾驶人急弯减速行驶
			校车停靠站点	提醒机动车驾驶人注意,此处为校车停靠站点

第二节 交通标志设计程序及原则

一、设计程序

(1)设计资料搜集:包括道路设计资料、交通信息、地理信息、交通管制信息。

(2)交通条件和道路条件的分析:道路网的结构与功能、道路网的交通流分布及特征、道路本身的特征。

(3)道路交通标志的布设:解决在何处布置交通标志以及交通标志采用什么具体内容的问题。

(4)交通标志布设设计的复核:从整体性、逻辑性、人性化角度进行优化。

(5)交通标志的版面设计:解决如何保证交通标志被正确识别和理解的问题。

(6)交通标志的结构设计及合理分组:考虑其在承受荷载时的力学强度、刚度及稳定性。

(7)交通标志使用后的设计成果追踪。

二、布设原则和一般要求

(1)布设必须从整个系统的角度考虑,要注意各标志种类和标志信息的协调。

道路标志的设置应当全盘考虑,整体布局。标志布设应做到连贯、一致,给道路使用者提供全面的咨询,满足各种道路交通条件的需要。

(2)布设应具有逻辑性(纵向设置顺序要符合驾驶人判断及采取措施的顺序,横向设置顺序符合因果关系)。

（3）布设应该考虑所有的道路使用者，指路标志需要同时兼顾短途出行和长途旅行的需求。

（4）提供的信息应充分满足驾驶人的需求，既不要信息不足，也不要信息过载。

（5）交通标志信息尤其是指路信息在路网范围内应该保持连续性，构成完整的信息链条。

（6）布设必须考虑交通的安全性原则。

（7）布设必须考虑路网的交通组织。

三、设置位置选择

交通标志的设置位置应考虑公路宽度、车辆的运行速度、驾驶人的反应能力等因素。在选择标志的设置地点时，首先应保证交通标志的信息有足够的可辨性、可识别性和易读性，以便顺利完整地向公路使用者传递信息。在交通标志设置时，应尽可能达到高度醒目。

1. 横向设置

交通标志一般设置在公路上方和公路右侧，标志的横向设置位置有以下要求：

（1）交通标志设置在驾驶人容易看到的位置，一般设置在公路右侧容易看到的地方；特殊情况也可以设置在导流岛或分隔带上。右侧道路行驶标志不得设置在公路右侧。

（2）在视距受限时，在公路左侧可以设置一块同样的标志，如多车道高速公路为了防止路侧标志视认性不好，在公路左侧设置同样的标志，以确保交通标志的醒目。

（3）公路上方和公路两侧的标志设置的标志都不应侵入公路建筑限界内。

（4）路侧的交通标志也是行车安全的障碍物，应对路侧的交通标志进行防护处理。

（5）交通标志横向位置均要高度醒目，防止遮挡，使交通失去应有的作用。

2. 纵向设置

1）纵向设置位置

道路标志的位置应根据标志的类别确定，应充分考虑道路使用者对标志感知、识别、理解、行动的特性，根据速度和反应时间确定合适的设置地点。

在判读标志并采取相应行动的过程中，需要花费一定的时间，行驶一定的距离，因此警告标志是需要看到标志采取行动的标志，需要充分考虑驾驶人接收、判断、执行相应信息的时间等行动特性提前设置。警告标志前置距离一般根据道路的设计速度按表7-2选取。读取信息后不要求采取相应行动的标志，可直接把标志设置在需要告示地点的附近，不必预留采取相应行动的前置距离。

警告标志前置距离一般值（单位：m） 表7-2

速度 (km/h)	减速到下列速度（km/h）											
	条件 A	条 件 B										
	0	10	20	30	40	50	60	70	80	90	100	110
40	*	*	*	*								
50	*	*	*	*	*							
60	30	*	*	*	*	*						
70	50	40	30	*	*	*	*					

速度 (km/h)	减速到下列速度(km/h)											
	条件 A	条 件 B										
	0	10	20	30	40	50	60	70	80	90	100	110
80	80	60	55	50	40	30	*	*				
90	110	90	80	70	60	40	*	*	*			
100	130	120	115	110	100	90	70	60	40	*		
110	170	160	150	140	130	120	110	90	70	50	*	
120	200	190	185	180	170	160	140	130	110	90	60	40

注:条件 A 为道路使用者有可能停车后通过警告地点,典型的标志如注意信号灯标志、交叉口警告标志、铁道口警告标志等。

条件 B 为道路使用应减速后通过警告地点,典型的标志如急弯路标志、连续弯路标志、陡坡标志等。

*为不提供具体建议值,视当地具体条件确定。

应避免在交叉路口标志林立,妨碍驾驶人视野。交叉路口以设置指路标志和禁令标志为多。对于指路标志,可采用前置预告的方法,把位置错开。驾驶人通过路口后,可以看到确认标志,使驾驶人知道他现在行驶的方向是否正确。禁令标志可采用组合方式或采用加辅助标志的办法,以减少标志数量。

2)纵向设置间距

交通标志之间应保持合理的间距,设计速度大于或等于80km/h的公路交通标志之间的间隔不宜小于60m;其他公路交通标志之间的间隔不宜小于30m。如需在保持最小间隔的标志之间增设新的标志,宜采用互不遮挡的支撑结构形式。

3.竖向设置位置

公路交通标志的任何部分不得侵入公路建筑限界以内,内悬臂、门架式等悬空标志净空高度应预留20~50cm的余量。如表7-3所示是《公路交通标志和标线设置规范》(JTG D82—2009)给出的标志板下缘距路面的高度。

标志板下缘距路面的高度　　　　　　　　　　　　　　表7-3

标志分类		路侧柱式、附着式	悬臂式、门架式、高架附着式
主标志	警告标志	150~250cm①	应符合公路建筑限界的要求;高速公路,一、二级公路不小于500cm;三、四级公路不小于450cm
	禁令标志		
	指示标志		
	指路标志		
辅助标志②		应符合公路建筑限界的要求	

注:①选择高度值时,应根据标志所在位置的现场条件、版面规格及是否妨碍行人活动等加以确定。无行人活动位于上坡路段或路面较高的路侧标志可取下限,位于下坡路段的路侧标志可取上限,其他路段可取中值。

②主标志的安装高度应考虑辅助标志也能满足公路建筑限界的要求。

另外,道路附属设施(如上垮桥、照明设施、监控设施等)及路上构造物(如电杆、电话、消火栓、广告牌、门架等)对标志视认性的影响要高度重视。在标志布设时要随时注意上述设施对标志板面的遮挡,以免影响标志的视认性。尤其对行道树及中央带绿篱,必须防止枝叶对标志视认性的影响。

4. 交通标志的并设

标志宜单独设置在立柱上,但因设置位置的特殊性,需要在同一地点设置两块以上标志时,应满足以下条件:

(1)交通标志在一根立柱上并设时,应按对行车安全影响的严重程度来区分。一般情况下,禁令标志和指示标志对行车安全有重要影响,应优先保留。

(2)因受标志瞬间视认性的限制,交通标志并设时最多不应超过 4 个。根据公路使用者的认读习惯,标志的重要性应按先上后下、先左后右的顺序来体现。

(3)解除限制速度标志和解除禁止超车标志,是对前面正在执行的禁令标志的一种否定,要结束前方标志的禁令,传递这种信息,应单独设置标志。

(4)路口优先通行标志、停车让行标志、减速让行标志属于平面交叉通行权分配的标志,这一类标志,在路口应设置在非常醒目的位置,让在路口的驾驶人知道自己应该怎么做,并与平面交叉路径指引标志分开设置。

(5)会车先行标志、会车让行标志,一般出现在公路通行比较困难的路段,这一对标志,可以使处于困难路段的车辆有序地通行。驾驶人看到标志后,知道自己应该让行还是先行。所以,这类标志也应单独设置。但受条件限制无法单独设置时,一根标志上最多不应超过 2 种。

5. 交通标志安装角度

(1)路侧安装时,为避免标志版面眩光对驾驶人的影响,标志版面的法线应与公路中心线平行或成一定角度。禁令标志和指示标志为 0°～45°,如图 7-1a)所示;指路标志和警告标志为 0°～10°,如图 7-1b)所示。

(2)门架、悬臂、车行道上方附着式标志的版面应垂直于道路行车方向,并且版面宜倾斜 0°～15°,如图 7-1c)所示。

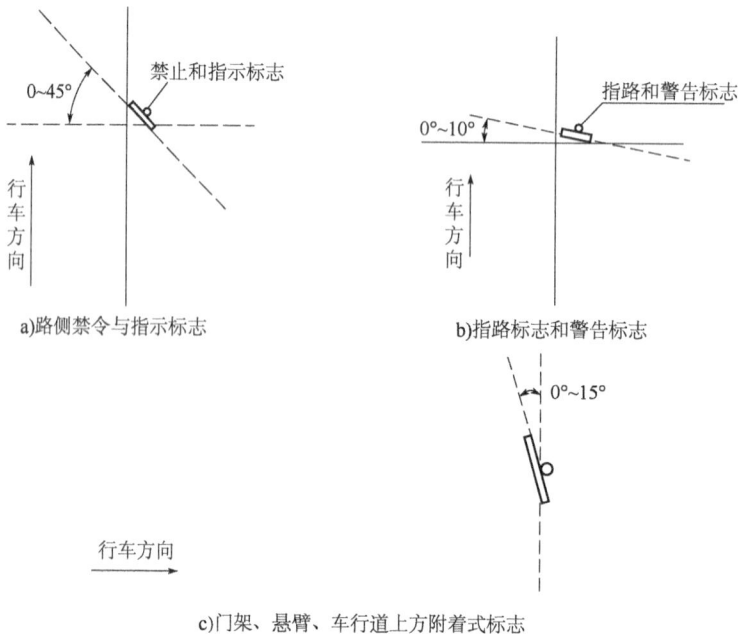

a)路侧禁令与指示标志

b)指路标志和警告标志

c)门架、悬臂、车行道上方附着式标志

图 7-1 标志安装角度示意图

第三节　交通标志版面设计

一、颜色

根据颜色视觉的规律,道路交通标志多用红、黄、绿、蓝、黑等颜色,不用中间色。但是,道路交通标志不仅考虑上述因素对视认性的影响,还要考虑颜色所能表达的抽象概念。色彩具有直观和联想作用,红色可以产生一种具有危险感的强刺激,因此各国把红色作为"禁止""停车"信号来利用;黄色给人警戒的感觉,作为"注意危险"等警告信号;黑色和白色出现在大部分标志中,主要是利用其较好的对比度;绿色让人产生和平、安全的联想,在交通信号中作为"安全""行进"的信号;蓝色使人产生沉静、安宁的感觉,在交通上作为"指示"的信号。

(1)根据以上两方面的考虑,《道路交通标志和标线》(GB 5768.2—2009)中对交通标志的颜色作如下的定义:

①红色:表示禁止、停止、危险,用于禁令标志的边框、底色、斜杠,也用于叉形符号和斜杠符号、警告性线形诱导标的底色等。

②黄色或荧光黄色:表示警告,用于警告标志的底色。

③蓝色:表示指令、遵循,用于指示标志的底色;表示地名、路线、方向等的行车信息,用于一般道路指路标志的底色。

④绿色:表示地名、路线、方向等的行车信息,用于高速公路和城市快速路指路标志的底色。

⑤棕色:表示旅游区及景点项目的指示,用于旅游区标志的底色。

⑥黑色:用于标志的文字、图形符号和部分标志的边框。

⑦白色:用于标志的底色、文字和图形符号以及部分标志的边框。

⑧橙色或荧光橙色:用于道路作业区的警告、指路标志。

⑨荧光黄绿色:表示警告,用于注意行人、注意儿童警告标志。

(2)各种标志的颜色设置如下:

①警告标志的颜色为黄底、黑边、黑图形。"注意信号灯"标志的图形为红、黄、绿、黑四色。"叉形符号""斜杠符号"为白底红图形。

②禁令标志的颜色,除个别标志外,为白底、红圈、红杠、黑图形。图形压杠。

③指示标志的颜色,除个别标志外,为蓝底、白图形。

④指路标志的颜色,除特别说明外,一般道路指路标志为蓝底、白图形、白边框、蓝色衬边;高速公路和城市快速路指路标志为绿底、白图形、白边框、绿色衬边。

⑤旅游区标志的颜色为棕底、白字(图形)、白边框、棕色衬边。

⑥用于作业区的标志为警告标志、禁令标志、指示标志及指路标志,其中警告标志为橙底黑图形,指路标志为在已有的指路标志上增加橙色绕行箭头或者为橙底黑图形。

⑦告示标志一般为白底、黑字、黑图形、黑边框。版面中的图形标识如果需要可采用彩色图案。

二、形状

道路使用者在接近标志的过程中,标志的形状、颜色是其首先感知的,因此合理地选择各种标志的形状,有助于提高标志的视认性。根据对交通标志形状可认性的研究,在同等面积条件下,三角形的辨认效果最好,其次是菱形、正方形、圆形、六角形、八角形等。不过在决定道路交通标志的形状时,除考虑其形状对可辨性的影响外,还要考虑标志牌的可利用面积的大小(即可容纳的信息量的多少)以及过去使用的习惯等因素。《道路交通标志和标线 第2部分:道路交通标志》(GB 5768.2—2009)中对交通标志的颜色作如下的定义:

(1)正等边三角形:用于警告标志。

(2)圆形:用于禁令和指示标志。

(3)倒等边三角形:用于"减速让行"禁令标志。

(4)八角形:用于"停车让行"禁令标志。

(5)叉形:用于"铁路平交道口叉形符号"警告标志。

(6)方形:用于指路标志,部分警告、禁令和指示标志,旅游区标志,辅助标志,告示标志等。

三、边框和衬边

除个别标志外,标志边框的颜色应与标志的图形或字符的颜色一致,除指示标志外,标志衬边的颜色应与标志底色一致,个别标志除外。各类标志的边框和衬边如表7-4所示。

各类标志的边框和衬边   表7-4

标志类别	边框	衬边	备 注
警告	黑色	黄色	叉形符号和斜杠符号除外
禁令	红色	白色	个别标志除外
指示	—	白色	白色衬边外无蓝色
指路	白色	蓝色或绿色	
旅游区	白色	棕色	
道路作业区	黑色	橙色	道路作业区所用禁令、指示等标志不变,只对警告、绕行等标志
辅助	黑色	白色	
告示	黑色	白色	

相同底色标志套用时,应使用边框;不同底色标志套用时,套用的禁令标志一般不使用衬边,套用的指路标志一般不使用边框,道路编号标志套用于指路标志上,也可使用边框,如图7-2所示。

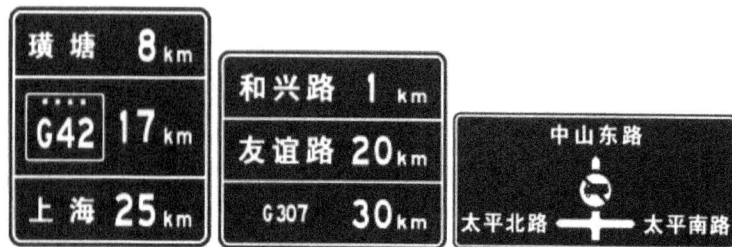

图7-2 标志套用示例

四、字符

(1)道路交通标志的字符应规范、正确、工整。按从左至右、从上至下的顺序排列,一般一个地名不写成两行或两列。

（2）根据需要，可并用汉字和其他文字。标志上的汉字应使用规范汉字，除有特殊规定之外，汉字应排在其他文字上方。

（3）如果标志上使用英文，地名用汉语拼音，相关规定按照《地名标志》（GB 17733—2008），第一个字母大写，其余小写；专用名词用英文，第一个字母大写，其余小写，根据需要也可全部大写。

（4）除特殊规定外，指路标志汉字高度一般值应根据设计速度，按表7-5选取。汉字字宽和字高相等。字高可考虑设置路段的运行速度（V85）进行调整。

汉字高度与速度的关系 表7-5

速度(km/h)	100~120	71~99	40~70	<40
汉字高度(cm)	60~70	50~60	35~50	25~30

（5）指路标志的阿拉伯数字和其他文字的高度应根据汉字高度确定，其与汉字高度的关系宜符合表7-6的规定。在特殊情况下，由于具体原因不能满足要求时，经论证字符高度最小不应低于规定值的0.8倍。

其他文字与汉字高度的关系 表7-6

其 他 文 字		与汉字高度(h)的关系
拼音字母、拉丁字母或少数民族文字	大小写	$\frac{1}{3}h \sim \frac{1}{2}h$
阿拉伯数字	字高	h
	字宽	$\frac{1}{2}h \sim \frac{4}{5}h$
	笔划粗	$\frac{1}{6}h \sim \frac{1}{5}h$

（6）道路编号标识中的字母标识符、数字等高，出口编号标志中的数字、字母高度不等，其高度应根据设计速度，按表7-7选取。标识在一般道路指路标志箭头杆中的公路编号或道路名称，字高可适当减小，一般取表7-5规定值的0.5~0.7倍，但公路编号或道路名称的汉字高度不应小于20cm，英文字母和阿拉伯数字高度不应小于15cm。设置在指路标志版面中的方向标志的字高可适当减小，但不应小于表7-5规定值的0.5倍。

道路编号标志和出口编号标志的字母、数字高度 表7-7

速度(km/h)		100~120	71~99	40~70	<40
道路编号(cm)	字母	40~50	35~40	25~30	15~20
	数字	40~50	35~40	25~30	—
出口编号(cm)	字母	约数字字高的2/3			
	"出口"	25或30			

（7）指路标志的汉字或其他文字的间隔、行距等宜符合表7-8的规定。

文字的间隔、行距等的规定 表 7-8

文字设置	与汉字高度(h)的关系	文字设置	与汉字高度(h)的关系
字间值	$\frac{1}{10}h$ 以上	字行距	$\frac{1}{5}h \sim \frac{1}{3}h$
笔划粗	$\frac{1}{14}h \sim \frac{1}{10}h$	距标志边缘最小距离	$\frac{2}{5}h$

（8）文字性警告、禁令标志的字高按表7-5确定。特殊情况下，经论证文字性警告标志的字高可以适当降低，但最小不应小于表7-5字高下限值的0.6倍。

（9）辅助标志、告示标志的字高一般值可按照表7-5规定值的一半确定，但最小值不应小于10cm。

（10）标志的汉字、拼音字母、拉丁字母、数字等采用道路交通标志字体（简体）。

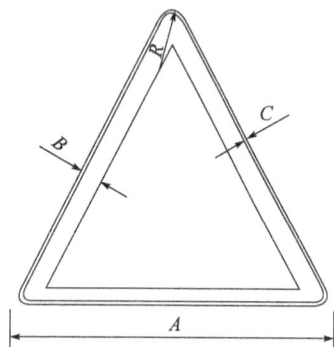

五、尺寸

（1）警告标志的尺寸代号，如图7-3所示。其边长、边宽的一般值应根据设计速度，按表7-9选取。可考虑设置路段的运行速度（V85）进行调整。设置在胡同、隔离带的警告标志，设置空间受限制时，如果采用柱式标志可采用最小值。三角形的边长最小值不应小于60cm。

图 7-3 警告标志的尺寸代号

警告标志尺寸与速度关系 表 7-9

速度（km/h）	100 ~ 200	71 ~ 99	40 ~ 70	< 40
三角形边长 A（cm）	130	110	90	70
黑边宽度 B（cm）	9	8	6.5	5
黑边圆角半径 R（cm）	6	5	4	3
衬边宽度 C（cm）	1.0	0.8	0.6	0.4

（2）禁令标志的尺寸按表7-10选取。可考虑设置路段的运行速度（V85）进行调整。设置在胡同、隔离带的禁令标志，设置空间受限制时，如果采用柱式标志可采用最小值。圆形禁令标志的直径最小不应小于50cm，三角形禁令标志的边长最小不应小于60cm，八角形对角线长度最小不应小于50cm。

禁令标志尺寸与速度关系 表 7-10

速度（km/h）		100 ~ 120	71 ~ 99	40 ~ 70	< 40
圆形标志（cm）	标志外径（D）	120	100	80	60
	红边宽度（a）	12	10	8	6
	红杠宽度（b）	9	7.5	6	4.5
	衬边宽度（c）	1	0.8	0.6	0.4
三角形标志（减速让行标志）（cm）	三角形边长（a）	—	—	90	70
	红边宽度（b）	—	—	9	7
	衬边宽度（c）	—	—	0.6	0.4

续上表

速度(km/h)		100~120	71~99	40~70	<40
八角形标志 (停车让行标志)(cm)	标志外径(D)	—	—	80	60
	白边宽度(b)	—	—	3	2
矩形标志 (区域限制和解除标志)(cm)	长(a)	—	—	120	90
	宽(b)	—	—	170	130
	黑边框宽度	—	—	3	2
	衬边宽度(d)	—	—	0.6	0.4

（3）指示标志的尺寸一般值应根据设计速度，按表7-11选取。可考虑设置路段的运行速度（V85）进行调整。设置在胡同、隔离带的指示标志，设置空间受限制时，如果采用柱式标志则可采用最小值，指示标志的直径（或短边边长）最小不应小于50cm。

指示标志尺寸与速度的关系　　　表7-11

速度(km/h)	100~120	71~99	40~70	<40
圆形(直径 D)(cm)	120	100	80	60
正方形(边长 A)(cm)	120	100	80	60
长方形(边长 A×B)(cm)	190×140	160×120	140×100	—
单行线标志(长方形 A×B)(cm)	120×60	120×60	80×40	60×30
会车先行标志(正方形 A)(cm)	—	—	80	60
衬边宽度 C(cm)	1.0	0.8	0.6	0.4

（4）指路标志的大小，除另有规定外，应根据字数、文字高度及排列情况确定。指路标志的外边框和衬边的尺寸如图7-4所示。

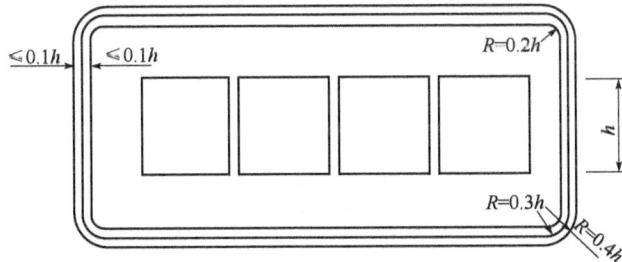

图7-4　指路标志外边框和衬边尺寸

（5）其他规定如下：

①警告、禁令、指示标志最小尺寸仅适用于城市里狭窄道路、分隔交通的隔离栏上，并应采用柱式支撑形式。

②用于城市里狭窄道路、分隔交通的隔离栏上的禁令、指示标志小于最小尺寸时，其他禁令、指示标志小于表7-10、表7-11规定的一般值时，仅表示信息告知。

（6）旅游指引标志尺寸由字高、字数和图形确定。旅游符号标志尺寸一般宜采用60cm×60cm。

（7）作业区标志一般为警告、禁令、指示、指路标志用于作业区的临时标志，尺寸根据作业区限制速度按照相应标志尺寸的规定确定。

（8）辅助标志、告示标志的尺寸由字高、字数确定。字间隔、行距等按表7-8的规定执行。如有需要可增加辅助标志板的尺寸。

（9）标志的尺寸基本上按设计速度选取，可考虑根据运行速度或限制速度进行调整，标志尺寸及字高根据需要可增加。

六、逆反射材料及照明

除另有规定外，标志应采用逆反射材料制作标志面或安装照明设施，也可以根据地形、日照情况采用发光式。标志在白天和夜间的颜色应满足《道路交通标志和标线　第1部分：总则》（GB 5768.1—2009）的规定。

1. 逆反射材料

用于标志面的逆反射材料主要为反光膜。反光膜的逆反射性能应符合《道路交通反光膜》（GB/T 18833—2012）的规定。选择逆反射材料应综合考虑以下原则或因素：

（1）标志背景环境影响大、行驶速度快、交通量大的道路宜选用逆反射性能好的材料。四级及以下公路、交通量很小的道路，根据实际情况可选用较其他道路逆反射性能低的材料。交通标志板采用反光膜材料时，高速公路、一级公路上宜采用一、二级反光膜，二、三级公路的交通标志宜采用三、四级反光膜，四级公路宜采用四、五级反光膜。

（2）门架式标志、悬臂式标志和车行道上方附着式标志宜选用比路侧柱式标志和路侧附着式标志逆反射性能好的材料。

（3）四级及以下公路、交通量很小的道路，根据实际情况可选用较其他道路逆反射性能低的材料。

（4）在保证均匀性和条件容许时，可以采用照明或发光二极管增加重要标志的视认效果。如果采用发光二极管作为字符或图案，则其颜色应与标志字符、边框或背景相一致；如果需要闪烁，则所有单元应同时以每分钟大于50次、小于60次的频率闪烁。采用照明或发光二极管的方式应保持标志设计的均匀性，不得降低其昼夜的能见性、易读性，要便于驾驶人理解。

2. 照明

（1）交通标志的照明应采用白色光源，安装于标志板结构内部或上方或其他适当位置。

（2）内部照明为将光源安装于标志板结构内部的照明方式，分单面显示和两面显示两种，要求如下：

①内部照明标志应根据板面大小、所受风力等进行结构设计。

②确保标志面照度均匀，在夜间具有150m以上的视认距离。

③金属构件应经防腐处理合格，防雨防尘，电器元件耐久可靠，检修方便。

（3）外部照明为将光源安装于标志板上部、照亮标志面的照明方式，要求如下：

①所选用的外部照明光源的显色指数 R_a 一般不应低于80，光源应进行专门设计，照明灯具及其阴影不能影响标志认读。

②光源在标志面上的照度应均匀，最大照度与最小照度之比应小于4，在夜间具有150m以上的视认距离。

③外部照明光源不应造成眩目。

④支撑灯具的构件防锈处理应合格,照明器件耐久可靠,性能优良,检修方便。

3. 主动发光

(1)主动发光标志的主动发光部分可采用高亮度发光二极管(LED)等器件或材料。主动发光标志的非主动发光的标志面部分宜采用逆反射材料制作。

(2)主动发光标志应确保在夜间具有150m以上的视认距离。

(3)主动发光标志的频闪应同步。

七、指路标志内容选取

1. 高速公路指路标志

高速公路交通标志的设置主要是以满足不熟悉路线或所在路网、地区的公路使用者的需求为前提的。交通标志应能为公路使用者有序到达目的地提供清晰的指导。

进行高速公路交通标志设置时,结合工程判断和研究恰当地解决具体的设置问题是必要的,但全面考虑整个路线和路网在任何时候都是必要的。交通标志应能为公路使用者提供下列功能:

①在互通式立体交叉处提供可到达的目的地或公路与城市道路的路线编号(名称)。

②提供高速公路的入口信息。

③在合流、分流前指引公路使用者进入适当的车道。

④指出路网中相关路线的名称及可达方向。

⑤显示到达目的地的距离。

⑥指出到达沿线服务区、停车区、旅游区(点)等设施的入口。

⑦提供行车安全提醒信息。

⑧为公路使用者提供其他必要的信息。

上述功能可通过设置路径指引、沿线信息指引、沿线设施指引和旅游区(点)指引及提供行车安全提醒信息等标志来实现。

1)高速公路指路标志分类

高速公路指路标志按照标志的功能可分为路径指引、沿线信息指引、沿线设施指引标志。

(1)路径指引标志

①入口指引标志包括:入口预告标志,入口处地点、方向标志,命名编号标志,路名标志。

②行车确认标志包括:地点距离标志、命名编号标志、路名标志。

③出口指引标志包括:下一出口预告标志,出口预告标志,出口标志及出口地点、方向标志。

(2)沿线信息指引标志

沿线信息指引标志包括:起点标志、终点预告标志、终点提示标志、终点标志、著名地点标志、分界标志、交通信息标志、里程牌和百米牌、停车领卡标志、车道数变少标志、车道数增加标志、交通监控设备标志、车距确认标志、特殊天气建议速度标志、隧道出口距离预告标志。

(3)沿线设施指引标志

沿线设施指引标志包括:紧急电话标志、救援电话标志、收费站预告及收费站标志、ETC车道指示标志、计重收费标志、加油站标志、紧急停车带标志、服务区预告标志、停车区预告标志、停车场预告及停车场标志、爬坡车道标志、超限检测站标志。

2）高速公路指路标志布设

从互通式立体交叉被交道路驶入高速公路,至下一互通式立体交叉出口。指路标志和其他标志的设置顺序应遵循以下原则:

(1)路径指引标志

入口预告标志→入口处地点、方向标志→命名编号标志或路名标志→下一出口预告或地点距离标志→高速公路命名编号标志或路名标志(根据需要设置)→出口预告标志→出口标志→出口处地点、方向标志。路径指引标志与版面信息之间应保持一致性和连续性。

(2)沿线信息指引标志和沿线设施指引标志

应在高速公路沿线根据需要设置,并与路径指引标志统筹考虑。

3）高速公路指路标志信息选取

考虑到高速公路运营环境的复杂性,指路标志信息的选取应充分考虑到人的认识能力和身体条件的局限性,以不熟悉本地路况的驾驶人为对象,按照驾驶人的信息需求和驾驶人的信息接受能力,将必要的信息通过交通标志的形式传递给驾驶人,使其在适当的时间、适当的地点能获取到适当的行车信息。

高速公路指路标志版面中的重要信息是目的地的指引信息。该信息用来在公路网中定向、找路及确定所在地。可作为版面信息的内容包括:

(1)公路与城市道路编号或名称信息

公路编号被确定为每条公路的导向特征,它定义了一条路线的地理走向。用于交通标志时,可以简化、明晰路标,通过编号的特殊导向作用可以限制标志牌上目的地指示的数目。

(2)地区名称和地点名称信息

①按照重要程度及行政区域划分,地区可以分为以下几部分:

a.重要地区,包括省会、自治区首府、直辖市、副省级城市、地级市等。城市绕城环线和放射线高速公路可选取沿线的卫星城镇、城区重要地名、人口密集的居民住宅区等。

b.主要地区,包括县及县级市等。城市绕城环线和放射线高速公路可选取沿线的城区较重要地名、人口较密集的居民住宅区等。

c.一般地区,包括乡、镇、村等。

d.著名地点和主要地点,包括交通枢纽、文体旅游及重要地物等。

e.行政区划分界线。

②按照功能及距离进行划分,目的地可分为远程目的地和近程目的地。远程目的地可细分为主要远程目的地和中间远程目的地。

a.远程目的地:应指示高速公路大范围内的地理走向。在驶入高速公路或驶向另一条高速公路时,远程目的地可用作高速公路的方向特征。

远程目的地一般选择沿线距当前所在地最近处的基准地区(省会、自治区首府、直辖市),将到达这些基准地区时,可增加邻近的省会、自治区首府、直辖市作为基准地区。如沿线无省会、自治区首府、直辖市,则也可选择沿线最远处的副省级城市、地级市或其他对定向起重要作用的地点或地区。

b.近程目的地:用来在近距离范围内定向的出口目的地。近程目的地可选择主要地区或一般地区,当快到达高速公路基准地区时,直辖市、省会、自治区首府将作为近程目的地。

如果沿线互通式立体交叉、标志性桥梁、隧道或沿线飞机场、火车站、著名旅游区(点)等对近距离内的定向有帮助,并能保证目的地跟踪的明确性,则这些设施可作为近程目的地。专用公路如机场高速公路、旅游高速公路,可将这些设施作为远程目的地。

③根据信息的重要程度、高速公路的服务对象和功能,各类信息可分为 A 层、B 层和 C 层信息,如表 7-12 所示。

高速公路标志信息分级表 表 7-12

信息类型		A 层信息	B 层信息	C 层信息
公路编号(名称)		高速公路、国道、城市快速路编号(名称)①	省道、城市主干线编号(名称)②	县道、乡道、城市次干路和支路编号(名称)①、②
地区名称信息	主线、并行线、联络线、地区环线	重要地区(直辖市、省会、自治区首府、副省级城市、地级市)③	主要地区(县及县级市)	一般地区(乡、镇、村)
	城市绕城环线、放射线	卫星城镇、城区重要地名、人口密集的居民住宅区④	城市较重要地名、人口较密集的居民住宅区	
地点名称信息	交通枢纽信息	飞机场、省级火车站、港口、重要交通集散点	地级火车站、长途汽车总站、大型平面交叉、大型立交桥	县级火车站、长途汽车站、较大型平面交叉
	文体、旅游信息	国家级旅游景区、自然保护区、博物馆、文体场馆	省级旅游景点、自然保护区、博物馆、文体场馆	地级、县级旅游景点、自然保护区、纪念馆、文体中心

注:①公路有正式编号时,应首选公路编号。公路编号(名称)应符合国家统一规定。
　　②县、乡道宜同时标明编号和名称。
　　③省会、自治区首府、直辖市等控制性城市可作为沿线的基准地区。
　　④应根据高速公路的服务功能、所在位置的远近、交通量和互通式立体交叉分布的疏密等因素确定沿线的基准地区。城市绕城环线较长时,基准地区可相对固定,否则可适当变化。城市放射线高速公路可选取城市范围内最远处的卫星城镇或城市地区(市中心)作为两个方向的基准地区。旅游、机场专用高速公路等应以其服务对象作为方向信息,如城市放射线与国家或省级高速公路路线重合,则按照国家或省级高速公路的规定确定基准地区。

④在选择目的地时,应注意以下事项:

a. 由于驾驶人接受能力的限制和标志板制作等方面的原因,应将目的地指示的数量限制在绝对必要的范围内。

一般情况下,高速公路出口预告系列标志应列出两个目的地和一个公路编号,以分别指示高速公路左侧和右侧相邻的目的地;地点距离标志一般不宜超过三个地名。当交通标志上目的地数量未达到最大限度时,不应将不重要的目的地写进交通标志。

当同一方向有同层次多类信息时。应按照由上而下的顺序对表 7-12 的信息类型加以选择,直至满足规定的信息数量为止。当同一方向有同层次同类多个信息时,应按照由近到远的顺序加以选择。当无法按照表 7-13 的规定选取必要的信息时,可降级选取信息。必要时,也可升级选取信息。

b. 在选择目的地时,应尽量只考虑作为"指导目的地"具有综合导向功能的地名,如本小节所列的几款选项,选择其他地名应经过充分论证。

高速公路与齐等级道路连接时,可参考表 7-13 选择信息层次,同时还应考虑相交道路服务区域的特点和交通流的流向和流量。

互通式立体交叉处标志信息要素选择参考表

表 7-13

标志所在位置	主线方向 (即直行方向)	被交道路方向(即出口方向)		
		高速公路、国道、 城市快速路	省道、城市 主干道	县道、乡道、城市 次干路和支路
国家高速公路	A层、(B层)	A层、(B层)	A层、(B层)	(B层)、C层
省级高速公路	(A层)、B层	A层、(B层)	A层、(B层)	(B层)、C层

注:1. 表中不带括号的信息为首选信息;带括号的信息适用于无首选信息时,或根据需要作为第二个信息。

2. 当接近首选信息所指示的目的地时,该信息作为第一个信息。如需选取第二个,则仍按本表的顺序筛选。

4)高速公路指路标志信息选取具体方法

(1)入口预告标志

在通往高速公路的一般公路或城市道路平面交叉处,应设置带行车方向指引的高速公路入口预告标志。

入口预告标志(图 7-5)宜将高速公路距当前所在地最近的 A 层信息(一般选取基准地区或重要地区名称)作为方向,并通过箭头来指示行驶方向。所选取的基准地区名称应与进入主线后设置的地点距离标志的第三个地名相同(临近基准地区时,与第二个地名相同)。两个不同方向的信息之间可进行分隔。当沿线经过国家级旅游景区或大型民用机场时,可将这些重要地点作为方向信息,并与进入主线后设置的地点距离标志相对应。入口预告标志的地区或地点信息的数量不宜超过 4 个。

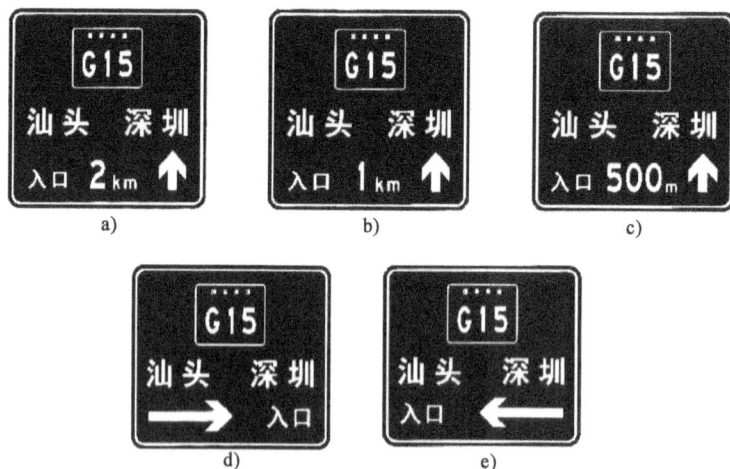

图 7-5 入口预告标志

当两条或多条高速公路有重合路段时,入口预告标志应指出行政等级高的高速公路的编号(名称),如图 7-6 所示。如版面允许,则可同时指出每条高速公路的编号(名称)。当地区环线或城市绕城环线高速公路与其他高速公路有重合路段时,应优先保留地区环线或城市绕城环线的编号(名称)。

在驶入高速公路的匝道分岔点处,应设置分别指向高速公路两个行驶方向的地点、方向标志,版面内容应与入口预告标志和相应方向的地点距离标志的第三个或第二个地名相对应。如版面允许,则可在目的地信息之上增加前往高速公路的编号(名称)信息。

在互通式立体交叉的后基准点附近,应设置高速公路命名编号标志;尚无路线编号的应设置路名标志。根据路线总体走向,可采用方向标志指出前进方向的地理方位信息或目的地方向信息。

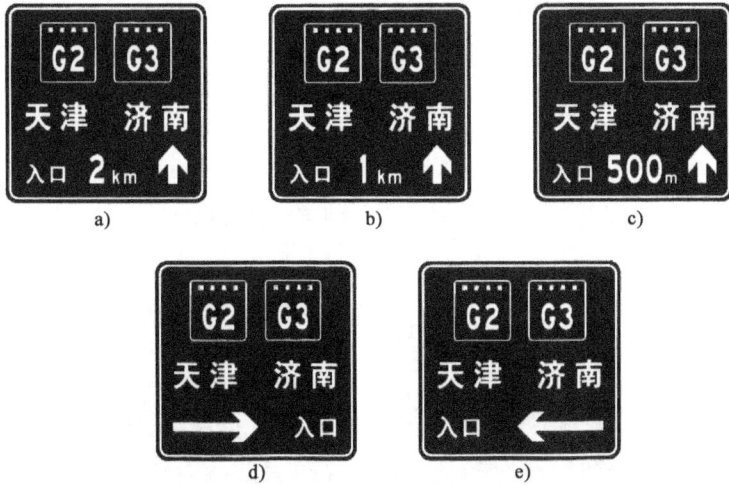

图 7-6　两条高速公路共线时入口预告

（2）出口预告标志

在距互通式立体交叉的前基准点 2km、1km、500m 和 0km 处应分别设置 2km、1km、500m 出口预告标志和出口预告（行动点）标志。出口预告标志应同时附着出口编号标志。当因互通式立体交叉、桥梁、隧道等因素没有位置设置时,经严格论证可取消 2km 出口预告标志,其他出口预告标志必须设置。在高速公路驶出匝道的三角地带端部,应设置出口标志或地点、方向标志。

如图 7-7、图 7-8 所示,出口预告标志版面可出现两行信息,根据相连接道路的等级,可按表7-13 的规定进行选择。一般情况下,第一行应为出口可连接的公路编号（名称）信息,如前进方向明确,则可指出其方向。第二行应为所连接道路的一两个地区或地点名称信息;第一个信息应与地点距离标志的第一行信息或下一出口预告标志内的信息相一致,第二个信息应为经由该出口可到达的其他同类信息。如被交道路无路线编号,则可设置路线名称和两个目的地的名称。

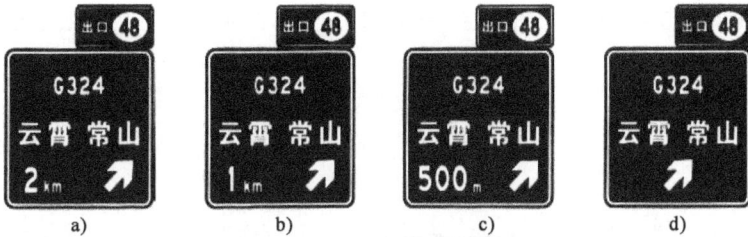

图 7-7　右侧出口预告

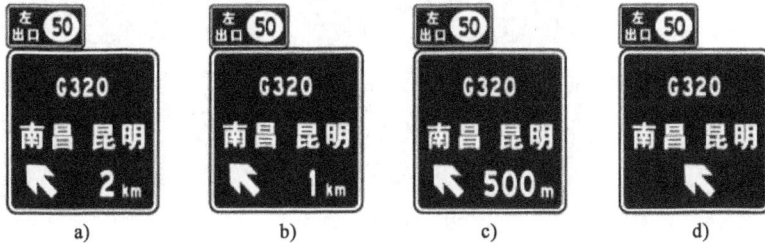

图 7-8　左侧出口预告

（3）地点距离标志

预告高速公路或城市快速路前方所要经过的重要的地点、道路的名称和距离,设置在互通式立体交叉加速车道的渐变段终点以后 1km 以上路段的合适位置处。互通式立体交叉间距大于或等于 5km 时应设置该标志,互通式立体交叉间距大于 10km 时,可重复设置。

地点距离标志上的地点名称宜采用三行,按由近到远的顺序排列(图 7-9):

①第一行的地点为近程目的地,应选用经由下一个互通式立体交叉可到达的目的地信息。根据被交道路的等级并按照表 7-13 选取信息等级,然后根据表 7-12 的规定确定信息的内容(重要地区、主要地区、一般地区),所选信息应与前方设置的出口预告及出口系列标志中的指路信息相一致。

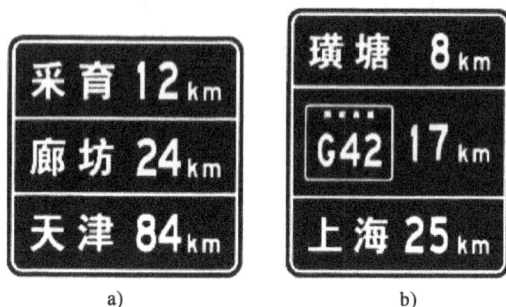

图 7-9　地点距离标志

②第三行的地点为远程目的地,同时作为指示路线总体前进方向的基准地区,在一定距离内保持相对固定。当沿线存在省会、自治区首府、直辖市等 A 层信息时,应以距当前所在地最近的上述地区名称作为基准地区。当临近基准地区时,再按照上述原则选取下一个一级信息作为新的基准地区。当沿线不存在上述基准地区时,应以表 7-12 重要地区、著名地点)作为远程目的地。

当城市绕城环线高速公路里程较长时,可选择距当前所在地最远的 A 层信息(基准地区)并相对固定;当里程较短时,可选取前方第三个互通式立体交叉可到达的目的地信息,并依次变化。城市放射线高速公路可选用城市范围内距起点最远的 A 层信息(基准地区)作为远程目的地。

③第二行的地点为中间远程目的地,宜选取上述两个目的地之间的最近的其他 A 层信息(重要地区)。如无重要地区,则可按表 7-12 所列顺序选取其他 A 层信息或 B 层信息(主要地区)。当接近基准地区时,应选用基准地区作为第二行的地点。城市绕城环线和城市放射线高速公路可选取前方第二个互通式立体交叉可到达的目的地信息。城市区域多个出口时的地点距离标志如图 7-10 所示。

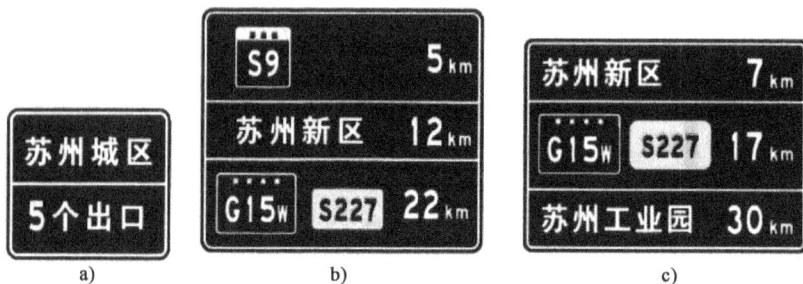

图 7-10　城市区域多个出口时的地点距离标志

指路标志内容的选取需要保证前后信息的一致性。一致性的原则能保证各类交通标志提供的信息与驾驶人的预期值保持吻合,使驾驶人从容调节行车方向和速度,有效地保证行车安全。如图 7-11 所示为某高速公路两个互通式立体交叉之间主要指路标志的设置示例。从图中可以看出:地点距离标志中所出现的第一个地名为出口预告标志中出现的第一个地名;主线三角带处"出口"标志所体现地点的名称与出口预告标志的地名是一致的;经过收费站、驶入、驶离高速公路的方向、地点标志中的地点名称分别与高速公路入口预告标志和高速公路出口标志中的地名保持一致。

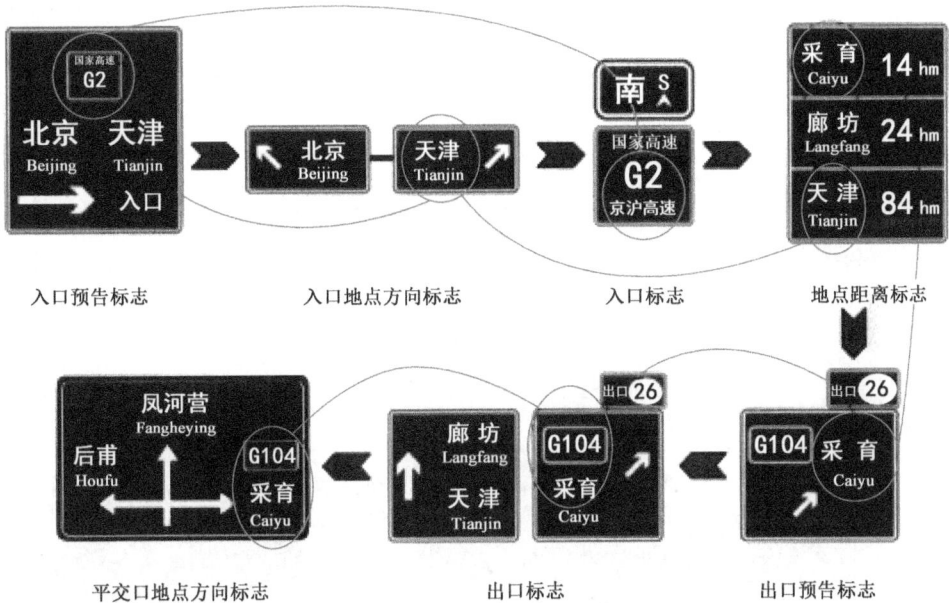

图 7-11 高速公路交通标志设置一致性示例

2. 城市道路指路标志内容选取

1)城市干道和支路

城市主干路、次干路及支路应设置指路标志。指路标志的设置应根据交叉口各交叉道路的等级选取适当版面类型与信息,设计交叉口预告、交叉口告知及交叉口确认标志的版面;地点指引、沿线设施指引、其他道路信息指引标志的布设,应针对道路沿线信息存在的需要设置相应标志;指路标志与其他交通标志的版面组合,应便于识认,不产生歧义。

指路标志版面中的信息如图 7-12 所示,标识在箭头外的信息,应为交叉口及各相交道路所能通达的道路或地点名称;箭头杆中可标识横向道路路名信息,也可同时标识当前行驶道路与横向道路路名信息,标识横向道

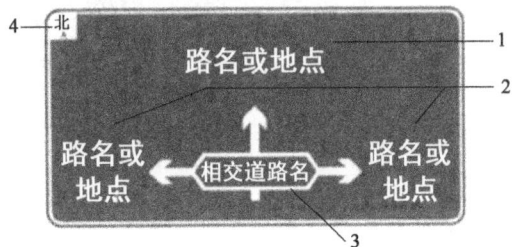

图 7-12 指路标志版面信息含义
1-前方通达的道路或地点;2-左、右方向通达的道路或地点;3-前方交叉道路;4-地理方向信息

路时其为前方最近交叉口横向道路路名信息,路名字高宜为 $0.5h \sim 0.7h$;可在标志版面上标识地理方向信息,地理方向信息中的方向箭头可根据道路实际方向调整旋转,但其表示方向的

文字不应旋转;当标志设置在行驶方向右侧时可在其版面左上角标识地理方向信息,设置在行驶方向左侧时可在其版面右侧上角标识地理方向信息;当版面为复杂交叉口图形时,可视版面布置情况在左下角或右下角标识地理方向信息;标志版面上的路名、地名应使用标准名称。交叉口路径指引标志的位置如表7-14所示。

交叉口路径指引标志的设置 表7-14

主线道路	被 交 道 路		
	主干路	次干路	支路
主干路	(预)、告、确	(预)、告、确	告、确
次干路	(预)、告、确	(预)、告、确	告、确
支路	告、确	告、确	告、确

注:1."预"为交叉口预告标志;"告"为交叉口告知标志;"确"为确认标志,包括路名牌标志、街道名称标志、地点方向标志等;括号内为可根据需要设置的标志。

2.如条件限制,可降低路径指引标志的配置要求,但应设置必要的交叉口告知标志。

交叉口路径指引标志按设置的道路等级,交叉口预告、告知标志的版面设计可按表7-15分为3类;Ⅰ类版面指示前进方向两个目的地信息(近信息、远信息);Ⅱ类版面指示前进方向1个目的地信息(近信息);Ⅲ类版面仅指示前方相交道路路名。

交叉口预告、告知标志版面分类 表7-15

类 别	预告标志	告知标志
Ⅰ类版面		
Ⅱ类版面		
Ⅲ类版面	—	

各级道路交叉口预告、告知标志版面类型,宜按表7-16选用。

指路标志指示信息应根据信息的重要程度、道路的服务对象和功能按表7-17进行分层。

交叉口路径指引标志上的信息层级,根据相交道路的等级、服务区域的特点,应在对交通流的流向和流量综合分析的基础上,按表 7-18 选取。

交叉口预告、告知标志版面类型的选用　　　　　　　　　　表 7-16

主线道路	被 交 道 路					
	主 干 路		次 干 路		支 路	
交叉口信控条件	信控	非信控	信控	非信控	信控	非信控
主干路	Ⅰ、(Ⅱ)	Ⅰ、(Ⅱ)	Ⅰ、(Ⅱ)	Ⅰ、(Ⅱ)	Ⅱ、(Ⅲ)	Ⅱ、(Ⅲ)
次干路	(Ⅰ)、Ⅱ	(Ⅰ)、Ⅱ	(Ⅰ)、Ⅱ	(Ⅰ)、Ⅱ	Ⅱ、(Ⅲ)	Ⅱ、(Ⅲ)
支路	Ⅱ、(Ⅲ)	(Ⅱ)、Ⅲ	Ⅱ、(Ⅲ)	(Ⅱ)、Ⅲ	Ⅱ、(Ⅲ)	Ⅲ

注:表中不带括号的类型为优先选择类型;带括号的类型适用于条件限制或特殊需求情况下选择的版面类型。

城市道路标志信息分层表　　　　　　　　　　表 7-17

信息类型	A 层信息	B 层信息	C 层信息
路线名称信息	高速公路、国道、快速路	省道、主干路	次干路、支路
地区名称信息	重要地区含城市中心区、市政府、大学城区、大型商亚区、城市休闲娱乐中心区、著名地区等	主要地区含大学、重要商业区、大型文化广场、中型商业区、主要生活居住区等	一般地区含重要街道、一般生活居住区等
交通枢纽信息	飞机场、特等或一等火车站	二等或三等火车站、长途汽车总站、轮渡码头、大必环岛、大型立交桥、特大桥梁	重要路口
文体、旅游信息	国家级旅游景区、自然保护区、大型文体设施	省、市级旅游景点、自然保护区、博物馆、文体场馆	县(区)级旅游景点、博物馆、纪念馆、文体中心
重要地物信息	国家级产业基地、大型城市标志性建筑	省、市级产业基地、市级文体场馆、科技园	县(区)级产业基地和企业、县级文化中心

交叉口预告、告知标志信息要素选择配置表　　　　　　　　表 7-18

道路等级	主线道路	被 交 道 路		
		主十路	次十路	支路
主干路	(A层)、B层、C层	(A层)、B层、C层	(A层)、B层、C层	(B层)、C层
次干路	(A层)、B层、C层	(A层)、B层、C层	(A层)、B层、C层	(B层)、C层
支路	(B层)、C层	(A层)、B层、C层	(A层)、B层、C层	(B层)、C层

注:1.表中不带括号的信息为优先选择的信息;带括号的信息适用于无首选信息时,可根据需要作为选择的信息。

2.当接近首选信息所指示的地点时,该信息作为第一个信息。如需选取第二个,则仍按本表的顺序筛选。

当同一方向有同层多类信息时,应按由上至下的顺序按表 7-17 的信息类型加以选择;当同一方向有同层同类多个信息时,宜按由近到远的顺序加以选择;当同一方向有多个 C 层信息时,应综合考虑交通吸引量等因素,选取相对更为重要的信息;当同一方向有多层同类优选信息时,应选择距当前所在地最近的信息;当同一方向有多层多类优选信息时,应按由上至下的顺序优先选择表 7-17 的信息类型,而后对于同一信息类别再选择最近的信息。

同一块指路标志的版面中,各方向指引的目的地信息数量之和不宜超过 6 个,同一方向指引的信息数量不应超过 2 个;同一方向表示 2 个信息时,宜在一行或两行内按由近到远顺序,由左至右或由上至下排列;前方通达地点或道路名称信息应标识在竖向箭头的上方;左、右方向通达地点或道路信息可在横向箭头上方或上下方标识,也可标识在箭头指向的外侧;当左右方向通达地点或道路为单一信息时,横向箭头外侧信息可竖向书写;一个城市指路标志版面信息排列顺序及布置方式,应协调一致。

交叉口路径指引标志版面信息中近、远信息的选取,Ⅰ、Ⅱ类路径指引标志中,近信息为指示行驶方向上(A 层)、B 层、C 层信息中距离当前所在地最近的信息;近信息宜选择下游邻近的主要道路,可是主干路、次干路,也可选择相对较为重要的支路,并应保证信息指引的承接及连续;Ⅰ类路径指引标志中,指示行驶前进方向的较高层信息作为远信息;当指示远信息沿线存在可进出的快速路、重要交通性主干路、对外交通枢纽等(A 层)、B 层信息时,应以距当前所在地最近的上述地区或道路名称作为基准点,当临近基准点时,再按选取下一个(A 层)、B 层信息作为新的基准点;近信息应根据标志所在位置依次更换,远信息在一定路段内应保持相对固定。

2)城市快速路

城市快速路指路标志应遵循以下原则:

(1)快速路指路标志设置应具系统性,快速路进出口之间的指路标志应按一定顺序布设,传达信息应连贯、一致。

(2)快速路入口指引宜按入口预告标志→入口处地点、方向标志→入口标志→地点距离标志顺序设置。

(3)快速路出口指引宜按出口预告标志→出口标志和下一出口预告标志→出口处地点、方向标志顺序设置。

(4)对于单向 3 条及以上车道的出口密集的快速路路段,宜分车道提示方向信息,并应采用路面文字标记以辅助提示。

快速路指路标志的版面信息应包括道路名称信息、目的地名称信息、地理方向信息和距离信息(图 7-13),各类信息反映的内容应符合下列要求:

道路名称信息为反映前方将要驶入的道路名称信息;目的地名称信息为反映前方所到达的地区、地点名称或横向道路、出口路名等信息;地理方向信息为反映路线总体走向的地理方向信息;距离信息应为反映标志所在位置到起算点的距离。

图 7-13　快速路指路标志信息

道路名称信息应当选择下游将要驶入的道路名称作为道路名称信息。当道路名称信息用于快速路入口或者对快速路入口进行预告时,应选择当前或所预告的快速路道路名称;在互通式立交出口前,需预告其出口所到达的主路道路名称时,应选择该出口将驶入的横向道路名称作为道路名称信息;当道路名称信息为快速路路名,且与目的地名称信息同时设置于一块版面上时,快速路道路名称信息应采用白底绿字的反色。

目的地名称信息的选取应结合相交道路等级、服务区域特点、交通流量特性等因素综合考虑。当快速路与各类道路相交并设置出口时,宜按表7-19选取信息层次;当同一方向有同层次多类信息时,应依次优先选用重要地名、交通枢纽信息、国家级旅游景区、重要公共设施等地点名称,并应确保选用的信息在出口后至指引地连续。当同一方向有同层次同类别多个信息时,宜按由近到远的顺序进行选择,对重要信息也可同时指引。

目的地名称选取 表7-19

主线道路	被 交 道 路		
	快速路	主干路	次干路、支路
快速路	A层(B层)	(A层)B层	(B层)C层

注:不带括号的信息为首选信息,带括号的信息用于无首选信息或根据需要作为第二信息。

行驶方向指引信息、地理方向信息的选取,在车辆的行驶方向较明确、不易引起误解的路段,可选取路线总体走向作为行驶方向指引信息;对驾驶人容易产生行驶方向迷惑的路段,宜选择具有代表意义的下游远程目的地作为行驶方向指引信息;带有地理方向信息内容的标志可单独设置,也可结合快速路指路标志进行设置。当与快速路指路标志结合设置时,宜在版面中增加东、南、西、北等地理方向信息,设置在标志左上或右上角处,所增加的内容不得影响其他指路信息的表达。

入口预告标志宜将快速路当前所在地最近的A层信息作为方向,并应采用箭头来指示行驶方向。入口预告标志的目的地名称信息数量不宜超过4个,单个方向的地点名称信息数量不宜超过2个,两个不同方向的信息之间可用白色线进行分隔。单独设置的入口预告标志版面颜色应与快速路标志一致,采用绿底、白字、白边框、绿色衬边。

入口标志版面内容应与入口预告标志中所传达的信息一致。条件允许时,宜增加目的地名称信息与地理方向信息。

地点距离标志的信息应与入口指引标志、出口指引标志信息配套,重复设置的地点距离标志信息应一致。地点距离标志宜设置二行地点距离信息,地点信息由近及远按自上而下的顺序排列,并应符合下列要求:

①第一行的地点为近目的地,应选用经由下游第一个互通式立体交叉(或出口)可到达的目的地信息;当出口间距较小,地点距离标志与下一出口预告标志并设于同一杆件时,宜选择再下游第二个出口作为第一行近程目的地。

②第三行的地点为远目的地,应在一定距离内保持相对固定。宜选择绕城环线、快速路终点、重要立交节点等A层信息作为远目的地,当接近该目的地时,再按照类似原则选取下一个A层信息作为新的远程目的地。

③第二行的地点为中间远目的地,宜选择第一行与第三行之间的最近的其他A层或B层信息(无A层信息时)。

④若指引信息少于两行内容时,宜更换成出口预告标志的表述方式。

地点距离标志中目的地信息应选用重要地名、交通枢纽信息、国家级旅游景区、重要公共设施等地点名称。

出口标志指示内容应与出口预告标志中所传达的信息连续、一致,版面布设可与出口减速车道渐变段终点出口预告标志一致。对于大型互通式立体交叉,出口匝道需二级分流的情况,

207

可采用出口地点、方向标志或专用车道标志代替出口标志。出口地点、方向标志或专用车道标志信息,应与出口预告标志信息对应。

八、信息过载阈值分析

信息过载是目前交通标志系统普遍存在的问题,随着道路建设和区域经济的活跃,新的地名、路名大量涌现,加上道路交通管理体制逐渐显露的不足,个别决策者"宁滥毋缺"的建设理念造成个别路段标志信息过多且集中,驾驶人没有足够时间识别、理解这些标志信息,从而影响交通安全。对于交通标志信息过载与否,没有一个公认的标准可依,仁者见仁、智者见智,主观性很强。特别是近年来,门架式支撑方式的交通标志越来越多,有的设计部门干脆脱离规范,将标志尺寸越做越大、字体尺寸越做越大,希望能够以此解决标志信息量大的问题。由于随着字体和标志尺寸的加大,驾驶人的视认距离并不是一直增大,其信息量过载与否,就更难以去衡量。

信息过载是指驾驶人在有限的时间内无法从众多信息中判读出自己所需要的信息。《道路交通标志和标线》(GB 5768—2009)规定:"交通标志的设置应综合考虑,布局合理,防止出现信息不足或过载的现象。"指路标志信息选取应遵循"信息量适中"的原则:"一块指路标志版面中,各方向指示的目的地信息数量之和不宜超过六个;一般道路交叉路口预告标志和交叉路口告知标志版面中,同一方向指示的目的地信息数量不应超过两个。"

信息过载阈值研究常见试验为:将设计完成的交通标志采用 Microsoft Power Point 制作成影像,再通过投影仪在大屏幕下自动放映,每张影像之间的时间间隔为 5s。或通过软件模拟试验场景通过大屏幕进行放映。试验者坐在屏幕的正前方,离屏幕的距离按照人机工程学的理论确定,以提供给试验者最合适的视觉环境。试验时提供给试验者 2~8 条信息,模拟驾驶员寻找一个他们并不熟悉的信息的过程。使用软件后台记录试验过程中试验者视认交通标志的时间和视认正确率。试验现场如图 7-14 所示。

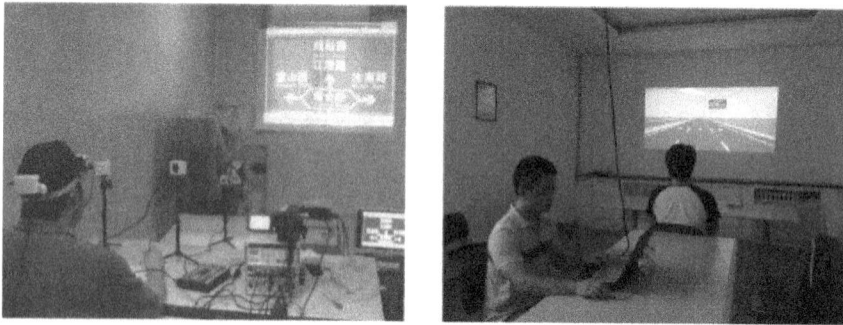

图 7-14　试验现场

有试验研究结果表明:对于高速公路指路标志,同一位置交通标志信息过载阈值为 6 条信息,当路段限速值为 60km/h、80km/h、100km/h 时,交通标志信息密度过载阈值建议分别取 30 条/km、22 条/km、18 条/km。但是由于试验条件和精度的限制,试验结果只供参考,如果推广应用,还需进行大量的高精度试验,充分论证分析,提高其可靠性。有学者利用眼动仪进行试验发现,驾驶人视认反应时间与指路标志路名数呈显著线性正相关,合理指路标志路名数不应超过 5 个。另有学者设计了指路标志与车道行驶方向标志的组合标志,测定了被试者视认组合标志的正确率及反应时间,得到组合标志的信息量阈值,指引图形较简单的组合标志信息量阈值为 6 条路名信息,指引图形较复杂的组合标志信息量阈值为 5 条路名信息,指路标志若与车道行驶方向标志组合设置,则应相应减少路名信息。

目前关于交通标志信息量阈值研究还相对较少,指路标志信息过载现象也比较普遍,指路标志系统有待进一步补充和完善。

第四节 交通标志结构设计

交通标志是通过一定的结构支撑方式,用图形符号和文字向公路使用者传递特定信息,用以管理交通的安全设施。为使交通标志在各种自然环境下,能够固定不间断地发挥功能,在结构设计时,就要充分考虑到其承受荷载时的力学强度、刚度和稳定性。同时,交通标志作为公路的一部分,在进行结构设计时,还要兼顾其对公路美化所起的作用。在可能的条件下,尽量使其结构雄伟、壮观,与公路沿线环境相协调。

一、结构构成

1.支撑方式

1)支撑方式的分类

交通标志的支撑方式可分为柱式、悬臂式、门架式、附着式四种。

(1)柱式

①柱式一般有单柱式和多柱式和柱式标志内边缘不应侵入道路建筑限界,一般距车行道或人行道的外侧边缘或土路肩不小于25cm。

②标志板下缘距路面的高度一般为150~250cm。设置在小型车比例较大的城市道路时,下缘距地面的高度可根据实际情况减小,但不宜小于120cm。设置在有行人、非机动车的路侧时,设置高度应大于180cm。

③单柱式是标志板安装在一根立柱上,如图7-15a)所示。适用于中、小型尺寸的警告、禁令、指示标志和小型指路标志。

④多柱式是标志板安装在两根及两根以上立柱上,如图7-15b)所示,适用于长方形的指示或指路标志。

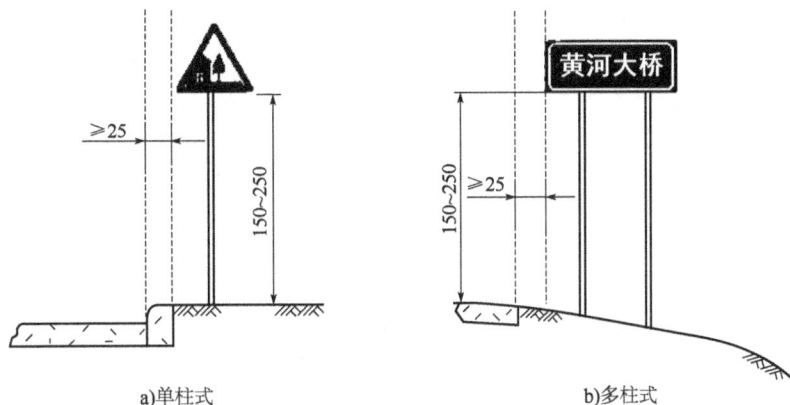

图 7-15 柱式(尺寸单位:cm)

（2）悬臂式

①悬臂式是标志板安装于悬臂上，如图 7-16 所示。标志下缘离地面的高度应大于该道路规定的净空高度。

②悬臂式适用于以下情况：

a. 柱式安装有困难。

b. 道路较宽、交通量较大、外侧车道大型车辆阻挡内侧车道小型车辆视线。

c. 视距或视线受限制。

d. 景观上有要求。

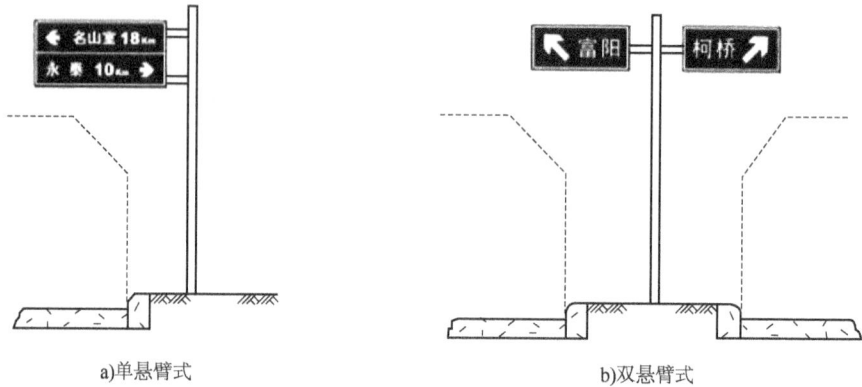

a)单悬臂式

b)双悬臂式

图 7-16　悬臂式

（3）门架式

①门架式是安装在门架上，如图 7-17 所示。标志下缘离地面的高度应大于该道路规定的净空高度。

②门架式标志适用于以下情况：

a. 多车道道路(同向三车道以上)需要分别指示各车道去向。

b. 交通量较大、外侧车道大型车辆阻挡内侧车道小型车辆视线。

c. 交通流在较高运行速度下发生交织、分流和合流的路段，如：互通式立体交叉间隔距离较近标志设置较密处、高速公路与高速公路相交的互通立体交叉主线区域等。

d. 受空间限制，柱式、悬臂式安装有困难。

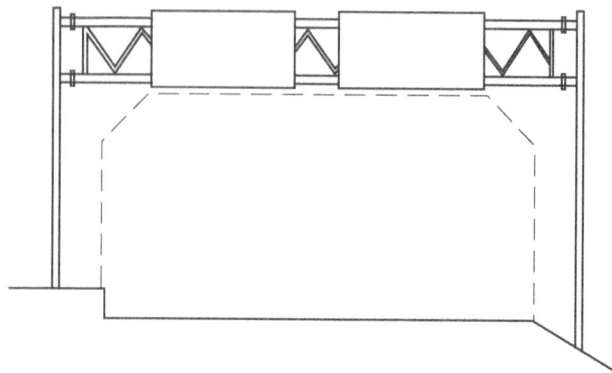

图 7-17　门架式

e. 出口匝道在行车方向的左侧。

f. 景观上有要求。

（4）附着式

①标志附着安装在上跨桥和附近构造物上，如图7-18所示。按附着板面所处位置不同分车行道上方附着式和路侧附着式两种。

②附着式标志的安装高度应根据附着位置满足柱式或门架式的高度要求。

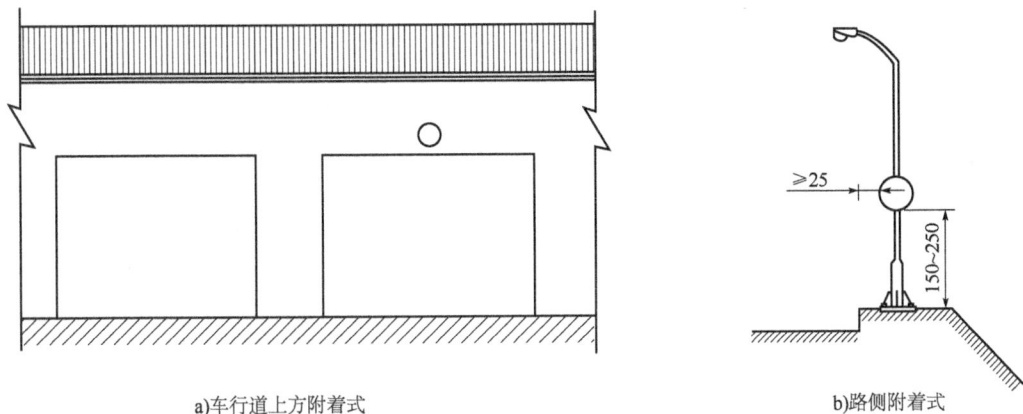

a)车行道上方附着式　　　　　　　　　b)路侧附着式

图7-18　附着式(尺寸单位:cm)

需要注意的是,如果标志支撑结构位于路侧净区内,应确保其不对驶离道路的车辆构成危害,否则宜采用解体消能结构或设置相应的防护、警告设施。

2)支撑方式的选择

交通标志支撑方式应根据交通量、车型构成、车道数、沿线构造物分布、风荷载大小以及路侧条件等因素综合确定。

（1）警告、禁令、指示标志和小尺寸指路标志宜采用单柱式支撑方式,中、大型指路标志可采用双柱或多柱式支撑方式。

（2）当符合下列条件时,根据需要可采用悬臂式或门架式等悬空支撑方式(版面内容少时,宜采用悬臂式)：

①交通量达到或接近设计通行能力时。

②互通式立交的设计很复杂时。

③单向有三个或三个以上车道时。

④互通式立体交叉间距较近时。

⑤出口为多车道时。

⑥大型车辆所占比例很大时。

⑦穿越多个互通式立体交叉、为保持标志信息设置位置的一致性时。

⑧路侧安装空间不足或受遮挡时。

⑨连接两条高速公路之间的枢纽互通时。

⑩出口匝道为左向出口时。

⑪平面交叉口标志或位于互通式立体交叉减速车道起点处的出口预告标志。

（3）公路沿线设置有上跨天桥等构造物,路侧设置有高挡土墙、照明灯杆等时,交通标志

211

在满足公路建筑限界要求的前提下,可以采用附着式支撑方式。

合理选择交通标志的支撑结构是保持交通标志视认性、有效性的基础。将交通标志设置在车行道一侧、车行道上方,应视所在位置的道路、交通条件等而定。一般情况下,可将交通标志设置在路侧,采用单柱、双柱或多柱式支撑方式,既简单又经济。还可通过改善路侧安装条件(如修剪路侧种植、清除或移开路侧障碍物等)、将交通标志安装在路侧较高位置处等方法,尽量采用柱式结构;但当符合(2)的条件时,经过工程研究,可以采用悬臂式或门架式等悬空支撑方式。其中悬臂式相对经济一些,版面内容少时宜尽量使用。

2. 标志板

标志底板及支撑结构宜选用轻型材料和结构,并因地制宜采用经济、适用的材料和结构。交通标志板可采用铝合金板、挤压成型的铝合金型材、薄钢板、合成树脂类板材等制造。所用材料应符合《道路交通标志板及支撑件》(GB/T 23827—2009)的规定,厚度应根据计算确定。标志板背面宜选用美观大方的颜色,铝合金板可采用原色。

选用交通标志板材料时,应根据公路等级、所在位置的气象条件、腐蚀程度、经济条件等因素综合确定。有些地区为减少二次被盗,采用了铝塑板材料。铝塑板与铝合金板相比,强度要低很多,而且必须对芯材外露部分采取有效处理措施。对面积在 $15m^2$ 以上的大型标志的板面结构,为便于运输、安装及养护,宜采用挤压成型的铝合金板拼接而成,其断面如图 7-19 所示。

矩形标志板的四个端角宜为圆弧形端角,除指路标志外的标志板圆弧半径为 4cm。

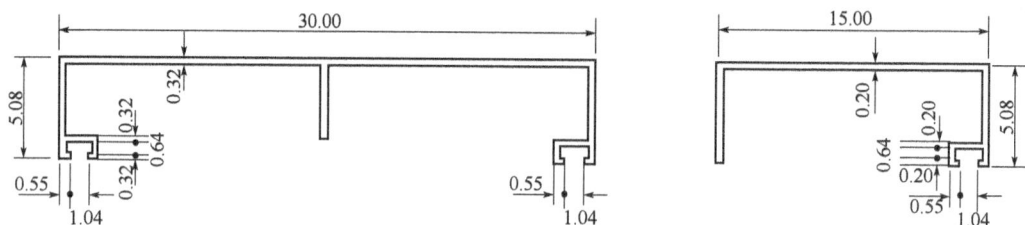

图 7-19 挤压成型标志底板断面图(尺寸单位:cm)

3. 支撑结构

(1)交通标志立柱、横梁等可采用钢管、H 形钢、槽钢及钢筋混凝土等材料制作,钢管顶端应设置柱帽。钢构件应进行防腐处理。

钢管、H 形钢、槽钢等型钢作为标志的立柱、横梁,具有强度高、加工性能好的优点,但易腐蚀,应进行防腐处理。钢管混凝土兼具钢管和混凝土的优点,强度高、变形小,在标志立柱高度大于 10m 以上时具有较大优势。

(2)交通标志一般采用钢筋混凝土扩大基础,位于软基路段的落地式交通标志可采用桩基础,位于桥梁段的单柱式交通标志可采用钢支撑结构作为基础,附着在桥梁上。

钢构件必须经防腐处理才能使用,可采用热浸镀锌的工艺,立柱、横梁、法兰盘的镀锌量为 $550g/m^2$,紧固件为 $350g/m^2$。

二、结构设计

1. 结构设计的一般要求

设计基本风速应采用当地平坦空旷地面,离地面 10m 高,重现期为 50 年 10min 平均最大风速值,并不得小于 22m/s。

交通标志结构应按承载能力极限状态和正常使用极限状态进行设计,并应同时满足构造和工艺方面的要求。

标志板和立柱的连接应根据板面大小、连接方式选用多种方法。在设计连接部件时,应保证安装方便、连接牢固、板面平整。

各种标志立柱的埋设深度,根据板面承受外力的大小及地基的承载力计算确定。

各种标志立柱的断面尺寸、连接方式、基础大小等,应根据设置地点的风力、板面大小及支撑方式计算确定。标志立柱应考虑与基础的连接方式。

交通标志的结构重要性系数可分为两个等级:

(1)位于高速公路、一级公路上的悬臂式、门架式交通标志,结构重要性系数 $\gamma_0 = 1.0$。

(2)位于高速公路、一级公路上的其他类型的交通标志及位于其他等级公路上的交通标志,结构重要性系数 $\gamma_0 = 0.9$。

交通标志结构的荷载计算与组合、极限状态设计方法、地基基础的设计应符合现行《公路桥涵设计通用规范》(JTG D60)、《公路桥涵地基与基础设计规范》(JTG D63)、《钢结构设计规范》(GB 50017)和《道路交通标志和标线》(GB 5768)等的规定。

2. 交通标志结构的极限状态方法设计

常用的标志结构计算方法有两种:一种是应用结构力学和材料力学的原理,将标志结构简化为杆件体系,采用极限状态设计方法进行验算;另一种是采用有限单元法的近似计算方法进行验算。虽然有限单元法利用计算机技术计算更加精确,但是在实际使用中由于极限状态法能给出足够精确的结论,而且计算方法简单、易于理解,因此使用非常广泛。下面简要介绍应用极限状态法计算标志结构。

1)基本假设

为了简化计算,忽略一些次要的因素,根据经验,作如下基本假设:

(1)风载方向。交通标志所受外荷载主要是风载,假设仅考虑风载方向与标志板平面垂直的情况。

(2)双柱式标志。两立柱分别承受一半的荷载,据此,双柱式标志的计算可简化为单柱式。

(3)悬臂式标志。横梁多于一根时,假设风载由各横梁平均承担;双悬臂标志,则设两标志板版面相同。

(4)门架式标志。假设门架式标志结构、所受荷载关于其中心线对称。

(5)标志基础。标志的混凝土基础埋置深度较小(一般小于 3m),假设基础四周土的摩阻力和弹性抗力忽略不计。

2)设计原则

交通标志的上部结构一般采用钢结构,采用以概率理论为极限状态设计方法,按承载能力极限状态和正常使用极限状态设计,下部结构采用混凝土基础,采用基础工程的理论设计。

计算交通标志结构或构件的强度、稳定性以及连接的强度时,应采用荷载设计值(即荷载标准值乘以荷载分项系数);计算正常使用极限状态的变形时,应采用荷载标准值。计算变形时,可不考虑螺栓孔引起的界面削弱。

(1)承载能力极限状态的计算,应使荷载效应不利组合的设计值小于或等于结构抗力效应的设计值表达式为:

$$\gamma_0 S \leqslant R \tag{7-1}$$

$$S = \gamma_G S_{GK} + \gamma_Q S_{QK} \tag{7-2}$$

式中：γ_0——结构的重要性系数，位于高速公路、一级公路上的悬臂式、门架式交通标志该系数取为 1.0；位于高速公路、一级公路上的其他类型的交通标志及位于其他等级公路上的交通标志，该系数取为 0.9；

S——荷载效应组合设计值（力或应力）；

R——结构构件承载力（或钢材强度）设计值；

γ_G——永久荷载（结构重量）分项系数，当永久荷载效应对结构构件或连接的承载能力不利时，$\gamma_G = 1.2$；当为有利时，$\gamma_G = 1.0$（计算柱脚螺栓时 $\gamma_G = 0.9$）；

γ_Q——可变荷载（主要为风载）分项系数，一般情况下采用 1.4；

S_{GK}——按永久荷载标准值 GK 计算的荷载效应值；

S_{QK}——按可变荷载标准值 QK 计算的荷载效应值。

（2）正常使用极限状态的计算，应考虑荷载的短期效应组合，表达式为：

$$v = v_G + v_Q \leqslant [v] \tag{7-3}$$

式中：v——交通标志结构或构件中产生的变形值；

v_G——永久荷载（结构重量）标准值在交通标志结构或构件中产生的变形值；

v_Q——可变荷载（风载）标准值在交通标志结构或构件中产生的变形值；

$[v]$——结构或构件的容许变形值。

（3）一般情况下，交通标志结构的基础不需要进行变形验算。

3）设计计算

交通标志结构的设计计算主要包括以下几个部分：荷载的计算与组合；立柱（横梁）的设计与强度验算；立柱（横梁）的变形验算；立柱与横梁的连接螺栓、立柱与基础的地脚螺栓的设计与强度验算；基础的设计与验算。

（1）荷载的计算与组合

交通标志所承受的荷载包括两部分：永久荷载与可变荷载。永久荷载即交通标志结构的自重；可变荷载主要为风载。标志板所受的风载，见式（7-4）：

$$F_{Wb} = \gamma_0 \gamma_Q \frac{\left[\left(\dfrac{1}{2} \rho C v^2 \right) \sum_{i=1}^{n} W_{bi} \cdot H_{bi} \right]}{1000} \tag{7-4}$$

式中：F_{Wb}——标志板所受的风载（kN）；

ρ——空气密度，一般取 1.2258g/m^3；

C——风力系数，标志板 $C = 1.2$；

v——风速（m/s）；

W_{bi}——第 i 块标志板的宽度；

H_{bi}——第 i 块标志板的高度；

n——标志板的数量；

其他符号意义同前。

立柱（横梁）所受的风载，见式（7-5）：

$$F_{\mathrm{Wp}} = \gamma_0 \gamma_\mathrm{Q} \frac{\left[\left(\frac{1}{2}\rho Cv^2\right)\sum_{i=1}^{n} W_\mathrm{p} \cdot H_{\mathrm{b}i} \right]}{1000} \tag{7-5}$$

式中：F_{Wp}——单根立柱(横梁)所受的风载(kN)；

$\quad\quad C$——风力系数，圆管形立柱 $C = 0.8$，薄壁矩形立柱 $C = 1.4$，其他型钢及组合型钢立

$\quad\quad\quad$柱 $C = 1.3$；

$\quad\quad W_\mathrm{p}$——立柱(横梁)的迎风面宽度；

$\quad\quad H_{\mathrm{b}i}$——立柱(横梁)的迎风面高度，应扣除被标志板遮挡的部分；

其他符号意义同前。

风速 v 应选用在当地比较空旷平坦的地面上离地 10m 高时统计所得的 50 年一遇的 10min 平均最大风速，且不得小于 22m/s。当无风速记录时，可查阅《公路桥涵设计通用规范》(JTG D60—2004)的附录 A《全国基本风速图及全国各气象台站基本风速和基本风压值》。表中风速与风压的关系为 $v = \sqrt{1600\omega}$（ω 为基本风压，单位为 kPa）。

当交通标志设置高度大于 10m 时，如位于某些立交区的落地式标志，式(7-4)、式(7-5)中尚应考虑风压高度变化系数和风振系数，具体计算可参照《公路桥涵设计通用规范》(JTG D60—2004)进行。

(2)立柱(横梁)的设计与强度验算

①柱式、双悬臂式标志的立柱设计与验算

立柱在这类结构中承受横向力作用，在其横截面上将产生正应力和剪应力，应分别进行验算。另外，还应对处于复杂应力状态下的危险点进行验算，然后根据形状改变比能理论(第四强度理论)，建立强度条件。

②悬臂式标志的横梁设计与验算

与立柱相比，横梁在设计与验算时，还应考虑其自重(永久荷载)的影响，由于重力与风力作用方向不同，因此应对其进行组合或叠加。

相应的，横梁根部所承受的剪应力亦有两个，一个是由风载(Q_W)引起，另一个是由自重(Q_G)引起。由于不同方向、不同力产生的最大剪应力值或同一位置由不同力产生的剪应力值有一定差距，因此在进行验算时，应取最大值。

横梁根部危险点的位置与立柱相同。在计算危险点的正应力和剪应力时，应注意应力作用的组合或叠加，最后根据第四强度理论建立强度条件。

③单悬臂式标志的立柱设计与验算

单悬臂结构是一个不对称结构，横梁以及标志板的恒载会在立柱根部产生轴向力以及弯矩 M_G，同时立柱根部还承受风载引起的弯矩 M_u，另外风载还会产生扭矩 M_t 和剪力 F_W。

单悬臂型标志结构立柱的强度验算，分为两部分。一部分按横力弯曲的方法进行计算；另一部分按约束扭转的薄壁杆件理论计算，然后将结果进行叠加，求得立柱根部的剪应力和正应力。通过与材料强度设计值的比较，就可以确定标志在设定荷载的作用下是否满足强度要求。

④门架式标志的立柱与横梁设计与验算

由于门架的各杆轴线均在同一平面内，并根据有关假设，风载垂直于该平面。这种情况属于平面刚架承受垂直荷载。此时，在风载的作用下，门架的任一截面上只有三种内力，位于门架平面内的主轴的弯矩、垂直于门架平面的剪力和扭矩。由于该结构为三次超静定，所以采用

力法进行计算。

内力求出后,即可按叠加法求得各横梁和立柱的弯矩、扭矩和剪力等内力,然后再根据前述方法进行横梁和立柱的设计和验算。

(3)立柱(横梁)的变形验算

根据经验,按照强度条件设计的标志立柱或横梁界面往往过于单薄,此时,刚度条件可能起控制作用。因此,对于各类交通标志结构,构件的变形验算是必不可少的,这也是有别于其他土建结构物的一个显著特点。对于单臂式和门架式的标志,由于在自重作用下,横梁会自然下垂,因此变形的验算也可为横梁预拱度的设计提供依据。

立柱或横梁的变形验算,可分别求得每项荷载单独作用下梁的挠度和转角,然后按照叠加原理进行叠加。

柱式、双悬臂式标志的横梁挠度验算应分别验算由风载和横梁自重而引起的水平和垂直最大挠度值是否超出要求。悬臂式、门架式标志的横梁挠度验算应分别验算由风载和横梁自重而引起的水平和垂直最大挠度值是否超出要求。单悬臂式、门架式标志立柱的挠度验算。

立柱(横梁)的变形验算的理论计算,见式(7-6)。

$$v_{\text{top}} = \sum \int_0^1 \frac{\overline{M_{(i)}} M_{(P)}}{EI} dz + \sum \int_0^1 \frac{\overline{B_{W(i)}} B_{W(P)}}{EI_W} dz + \sum \int_0^1 \frac{\overline{M_{K(i)}} M_{K(P)}}{GI_t} dz \tag{7-6}$$

式中,后两项分别为根据扇形正应力 δ_W 和纯扭转剪应力 τ_k 所做之功而推出的挠度计算公式,B_W 为弯曲扭转双力矩,M_K 为纯扭转力矩。

(4)柱脚强度验算

立柱柱脚主要由底板法兰盘、加劲肋、地脚螺栓等组成,各部分的板件均应具有足够的强度和刚度,而且相互间应有可靠的连接。

①立柱柱脚在柱脚端弯矩 M、轴心压力 N 和水平剪力 V 共同作用下,底板下混凝土基础的受压应力 σ_c、受拉侧地脚螺栓的总拉力 T_a、水平抗剪承载力 V_{fb} 的计算公式分别为:

$$\sigma_c = \frac{2N(e + L/2 - l_t)}{Bx_n(L - l_t - x_n/3)} \leqslant \beta_1 f_c \tag{7-7}$$

$$T_a = \frac{N(e - L/2 + x_n/3)}{L - l_t - x_n/3} \tag{7-8}$$

$$V_{fb} = 0.4(N + T_a) \geqslant V \tag{7-9}$$

式中:e——偏心距,$e = M/N$;

l_t——受拉侧底板边缘至受拉地脚螺栓中心的距离;

f_c——底板下混凝土的轴心抗压强度设计位;

β_1——底板下混凝土局部承压时的轴心抗压强度设计值提高系数,按现行国家标准《混凝土结构设计规范》(GB 50010—2010)的规定采用;

T_a——受拉侧地脚螺栓的总拉力;

V_{fb}——底板底面与混凝土之间的摩擦力;

x_n——底板受压区的长度,可按下式计算:

$$x_n^3 + 3\left(e - \frac{L}{2}\right)x_n^2 - \frac{6nA_e^a}{B}\left(e + \frac{L}{2} - l_t\right)(L - l_t - x_n) = 0 \tag{7-10}$$

L、B——底板的长度、宽度;

A_e^a——受拉侧地脚螺栓的总有效面积；

n——钢材的弹性模量与混凝土弹性模量之比。

②柱脚底板的厚度 t_{pb}，应同时符合下列公式的要求，且不应小于立柱较厚板件的厚度。

$$t_{pb} = \sqrt{\frac{6M_{imax}}{f}} \tag{7-11}$$

$$t_{pb} = \sqrt{\frac{6N_{ta}^- l_{ai}}{(D + 2l_{ai})f}} \tag{7-12}$$

式中：M_{imax}——根据柱脚底部下的混凝土基础反力和底板的支撑条件，分别按悬臂板、三边支撑板、两相邻边支撑板、圆形周边支撑板、两相对边支撑板计算得到的最大弯矩。

M_{imax} 可按以下要求确定：

a. 对悬臂板

$$M_1 = \frac{1}{2}\sigma_c a_1^2 \tag{7-13}$$

式中：σ_c——计算区格内底板下混凝土基础的最大分布反力；

a_1——底板的悬臂长度。

b. 对三边支撑板和两相邻边支撑板

$$M_2 = \alpha\sigma_c a_2^2 \tag{7-14}$$

式中：α——与 b_2/a_2 有关的系数，按表7-20采用；

a_2——计算区格内，底板的自由边长度；对两相邻边支撑板，应按表7-20中的图示确定。

系 数 α 值 表7-20

	b_2/a_2	0.30	0.35	0.40	0.45	0.50	0.55	0.60	0.65
a) 三边支撑板	α	0.027	0.036	0.044	0.052	0.060	0.068	0.075	0.081
	b_2/a_2	0.70	0.75	0.80	0.90	0.95	1.00	1.10	1.20
	α	0.087	0.092	0.097	0.105	0.105	0.112	0.117	0.121
	b_2/a_2	1.30	1.40	1.50	1.75	2.00	>2.00		
b) 两相邻边支撑板	α	0.124	0.126	0.128	0.130	0.132	0.133		

注：当 $b_2/a_2 < 0.3$ 时，按悬伸长度为 b_2 的悬臂版计算。

c. 对四边支撑板

$$M_3 = \beta\sigma_c a_3^2 \tag{7-15}$$

式中：β——与 b_3/a_3 有关的系数，按表7-21采用；

a_3、b_3——计算区格内，底板的短边和长边长度。

系 数 β 值 表7-21

	b_3/a_3	1.00	1.05	1.10	1.15	1.20	1.25	1.30
	β	0.048	0.052	0.055	0.059	0.063	0.066	0.069
	b_3/a_3	1.35	1.40	1.45	1.50	1.55	1.60	1.65
四边支撑板	β	0.072	0.075	0.078	0.081	0.084	0.086	0.089
	b_3/a_3	1.70	1.75	1.80	1.90	2.00	>2.00	
	β	0.091	0.093	0.095	0.099	0.102	0.125	

d. 对圆形周边支撑板

$$M_4 = 0.21\sigma_c r^2 \tag{7-16}$$

式中：r——圆形板的半径。

e. 对两对边支撑板

$$M_5 = \frac{1}{8}\sigma_c a_5^2 \tag{7-17}$$

式中：a_5——两相对边支撑板的跨度；

N_{ta}^-——地脚螺栓所承受的拉力；

l_{ai}——从地脚螺栓中心至底板支撑边的距离，如图 7-20 所示；

D——地脚螺栓的孔径。

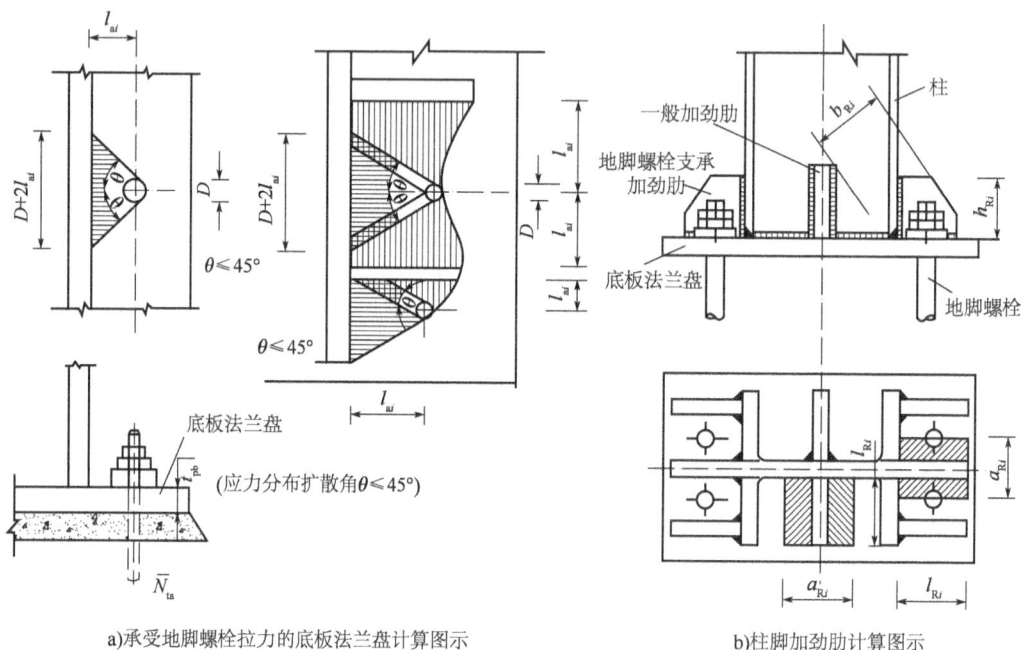

a)承受地脚螺栓拉力的底板法兰盘计算图示

b)柱脚加劲肋计算图示

图 7-20　计算图示

当地脚螺栓拉力 N_{ta}^- 由两个或三个支撑边承受时，地脚螺栓拉力相应地由各支撑边分担，而每个支撑边的有效长度应根据扩散角 $\theta \leqslant 45°$ 来确定。

③柱脚加劲肋［图 7-18b）］的强度计算可近似地按下列公式计算：

$$\tau_R = \frac{V}{h_{Ri}t_{Ri}} \leqslant f_v \tag{7-18}$$

$$\tau_f = \frac{V_i}{2h_e l_w} \leqslant f_f^w \tag{7-19}$$

式中：V——作用剪力，取加劲肋承受底板下混凝土基础的分布反力按悬臂支撑得到的剪力（$V_i = a_{Ri}l_{Ri}\sigma_c$）和地脚螺栓拉力所产生的剪力（$V_i = \overline{N}_{ta}$）两者中较大者；

a_{Ri}——加劲肋所承受的底板区格宽度；

l_{Ri}——加劲肋所承受的底板区格长度；

σ_c——底板下混凝土基础的分布反力；

h_{Ri}——加劲肋的高度；

t_{Ri} ——加劲肋的厚度;

h_e ——连接角焊缝的有效厚度;

l_w ——角焊缝的计算长度;

f_v ——钢材的抗剪强度设计值;

f_f^w ——焊缝的抗拉和抗弯强度设计值。

(5)基础的设计与验算

①基础的设置位置

交通标志的基础,一般设置在压实度良好的土路堤或三角地带。当位置不宜更改时,也可以设置在挖方路段的碎落台或大型桥梁上。

②基础的设计

交通标志的基础,埋深一般在 3m 以下,属于浅基础。可以设计成不必配置受力钢筋的刚性基础形式;位于桥梁上的标志,应通过计算配置必要的受力钢筋;当刚性基础过于庞大或标志位置处土质不良时,可以考虑设计桩基础。

③基础的验算

a. 基底应力计算

确定基础的埋置深度和构造尺寸后,应根据最不利而且可能情况下的荷载组合,计算基底的应力,按轴心受压计算基底应力,此应力不应超过地基容许承力。当基础偏心受压时,还应进一步计算基底的最大、最小应力;当基底出现负应力,应考虑基底应力的重分布,但基底负应力(零应力)面积不应大于全部面积的 1/4。基底的最大应力不应超过地从容许承载力的 1.2 倍。

基底应力计算方法如下:

a)基础承受轴心荷载时:

$$P_k = \frac{F_k + G_k}{A} \tag{7-20}$$

式中: F_k ——相应于荷载标准组合下上部结构传至基础的竖向力值;

G_k ——基础自重(包括基础上的土重)标准值;

A ——基础底面面积。

b)矩形基础承受单向偏心作用时:

$$P_{k,max} = \frac{F_k + G_k}{A} + \frac{M_k}{W} \tag{7-21}$$

$$P_{k,min} = \frac{F_k + G_k}{A} - \frac{M_k}{W} \tag{7-22}$$

式中: M_k ——相应于荷载标准组合下上部结构传至基础的力矩值;

W ——基础底面的抵抗矩;

$P_{k,min}$ ——相应于荷载效应标准组合下基础边缘最小压力值。

c)当矩形基础承受双向偏心荷载时:

$$P_{k,max} = \frac{F_k + G_k}{A} + \frac{M_{kx}}{W_x} + \frac{M_{ky}}{W_y} \tag{7-23}$$

$$P_{k,min} = \frac{F_k + G_k}{A} - \frac{M_{kx}}{W_x} - \frac{M_{ky}}{W_y} \tag{7-24}$$

式中：M_{kx}、M_{ky}——相应于荷载效应标志组合下上部结构传至基础对 x、y 轴的力矩值；

W_x、W_y——矩形基础底面对 x、y 轴的抵抗矩。

d）当基础在核心区外承受偏心荷载，且基底脱开地基土面积不大于全部面积的 1/4 时，地基承载力的基础底面压力可按下列公式确定：

（a）矩形基础承受单向偏心荷载时（图 7-21）。

$$P_{k,max} = \frac{2(F_k + G)}{3la} \tag{7-25}$$

$$3a \geqslant 0.75b$$

式中：b——平行于 x 轴的基础底面边长；

l——平行于 y 轴的基础底面边长；

a——合力作用点至基础底面最大压力边缘的距离。

（b）矩形基础承受双向偏心荷载时（图 7-22）。

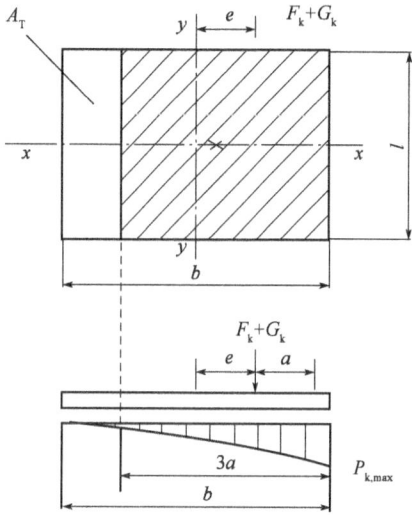

图 7-21　在单向偏心荷载作用下矩形基础底面
部分脱开时的基底压力
A_T-基底脱开面积；e-偏心距

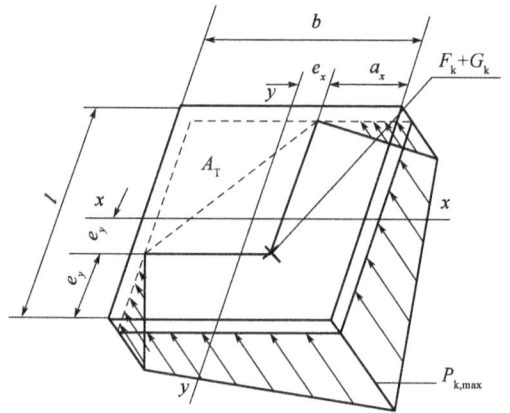

图 7-22　在双向偏心荷载作用下矩形基础
底面部分脱开时的基底压力

$$\begin{cases} P_{k,max} = \dfrac{F_k + G}{3a_x a_y} \\ a_x a_y \geqslant 0.125bl \end{cases} \tag{7-26}$$

式中：a_x——合力作用点至 e_x 一侧基础边缘的距离（m），按 $\left(\dfrac{b}{2} - e_x\right)$ 计算；

a_y——合力作用点至 e_y 一侧基础边缘的距离（m），按 $\left(\dfrac{b}{2} - e_y\right)$ 计算；

e_x——x 方向的偏心距（m），按 $\dfrac{M_{kx}}{F_k + G_k}$ 计算；

e_y——y 方向的偏心距（m），按 $\dfrac{M_{ky}}{F_k + G_k}$ 计算。

b. 基础倾覆稳定性验算

应使抗倾覆稳定系数满足设计要求。抗倾覆稳定系数可采用基底截面重心至压力最大一边的距离与外力合力偏心距之比来表示。

c.基础滑动稳定性验算

抗滑动稳定系数可用基底与土之间的摩擦阻力和水平推力的比值来表示。抗滑稳定性应按下式计算：

$$\frac{(N+G)\mu}{P_h} \geqslant 1.2 \tag{7-27}$$

式中：P_h——基底上部结构传至基础的水平力设计值；

N——上部结构传至基础的竖向力设计值；

G——基础重力，包括基础上的土重；

μ——基础底面对地基的摩擦系数，按表7-22采用。

基 底 摩 擦 系 数   表7-22

地基土分类	μ	地基土分类	μ
黏土(流塑~坚硬)、粉土	0.25	软岩(极软岩~较软岩)	0.40~0.60
砂土(粉砂~砾砂)	0.30~0.40	硬岩(较硬岩~坚硬岩)	0.60、0.70
碎石土(松散~)密实	0.40~0.50		

第五节　交通标志系统设计

一、交通总体布设原则

(1)交通标志的设置应综合考虑、布局合理，防止出现信息不足或过载的现象。信息应连续，重要的信息宜重复显示。

(2)交通标志一般情况下应设置在道路行进方向右侧或车行道上方；也可根据具体情况设置在左侧，或左右两侧同时设置。

(3)为保证视认性，同一地点需要设置两个以上标志时，可安装在一个支撑结构(支撑)上，但最多不应超过四个；分开设置的标志，应先满足禁令、指示和警告标志的设置空间。

(4)原则上要避免不同种类的标志并设，解除限制速度标志、解除禁止超车标志、路口优先通行标志、会车先行标志、会车让行标志、停车让行标志、减速让行标志应单独设置；如条件受限制无法单独设置时，一个支撑结构(支撑)上最多不应超过两种标志。标志板在一个支撑结构(支撑)上并设时，应按禁令、指示、警告的顺序，先上后下、先左后右地排列。

(5)警告标志不宜多设。同一地点需要设置两个以上警告标志时，原则上只设置其中最需要的一个。

二、交通需求分析

交通标志的布设必须在文通需求分析的基础上，结合路网、路线的实际条件进行，确定道路使用者对交通标志的需求，即道路在路网中的作用是进行交通标志布设的前提。

一般常用的确定交通需求的方法是 OD 调查与交通量分析的方法，OD 调查是指起讫点调查，这是一种通过调查驾驶人出发点与目的地从而判断交通的路径以及交通需求的方法。通过 OD 调查或交通量的分析,可以明确路网各个结点上的交通的变化趋势,确定交通的主要目的地以及路径。

三、指路标志的布设

明确了交通需求之后,结合路网的结构,即可确定在路网的各个结点处需要提供什么样的指路信息,也就是明确指路标志的内容。

在确定了交通标志的内容之后,设计人员要确定交通标志的设置位置。在选定标志设置位置的时候要注意以下几种情况:

(1)视距受到限制的位置不能设置交通标志。

(2)有障碍物(树木、桥墩)遮挡的位置不能设置交通标志。

(3)附近有高压线穿过的位置不能设置交通标志。

(4)排水沟等道路构造物处不能设置交通标志。

(5)弯道外侧等有车辆撞击危险物的地点尽量不设置交通标志,如必须设置,应设置护栏予以保护。

四、其他标志的布设

除了指路标志,交通标志系统中还包括很多重要的内容:警告标志、禁令标志、诱导标志、指示标志等,这些标志为行车的安全和顺畅提供了最基本的保障,是交通标志布设过程中不可缺少的环节。

《道路交通标志和标线》(GB 5768—2009)中,已经明确地规定了交通标志的设置原则,在标志布设中,首先应该确定需要进行交通控制以及需要警示驾驶人的危险路段,判断要遵循的标准或规定,设计人员要根据掌握的交通安全以及交通控制的知识进一步分析路线以及交通特征确定。

确定了危险路段与交通控制路段后,根据导致危险路段的原因以及交通控制的目的,选择相应的禁令、普告、指示和诱导标志,并根据道路的具体情况,确定其位置。

为了确保布设的标志准确无误且相互之间没有冲突,必须对整个交通标志系统进行优化。这个过程中可以采取改变标志的支撑结构、移动位置、合并设置、局部调整原布设方案等措施。

第六节　交通标志布设示例

标志的总体布设目的是为了驾驶人能够按照标志的提示准确、安全地到达目的地,而指路标志的布设直接关系到驾驶人是否按正确的方向行驶,故在交通布设中首先考虑的是指路标志的布设,其次考虑其他标志的布设,且其他标志的布设不能影响指路标志的布设,最后根据道路的具体情况进行优化整合。因此,本部分只对指路标志的布设举例说明,其他标志参考规范以及道路的具体情况而设置。

案例的基本情况如图 7-23 所示,其中国道 G326 为该地区主要运输通道,并先后与国道 G210、省道 S205、县道 X010 相交。图中的带圈字母代表地点信息,根据信息的重要程度、高速公路的服务对象和功能,各类信息可分为 A 层、B 层和 C 层信息,如表 7-12 所示。

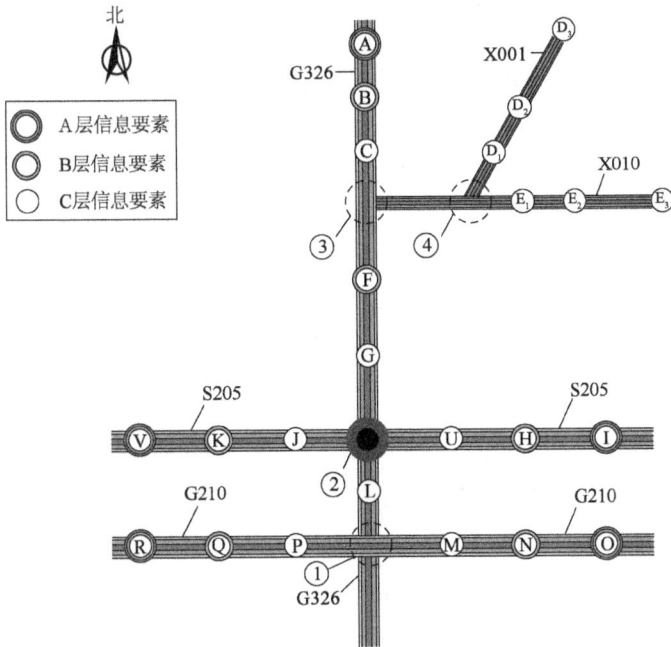

图 7-23 某地区路网示意图

下面以某区域路网为例,分别介绍不同等级公路平面交叉路径指引标志的设置方法。

(1)国道与国道相交指路标志设置示例如图 7-24 所示。

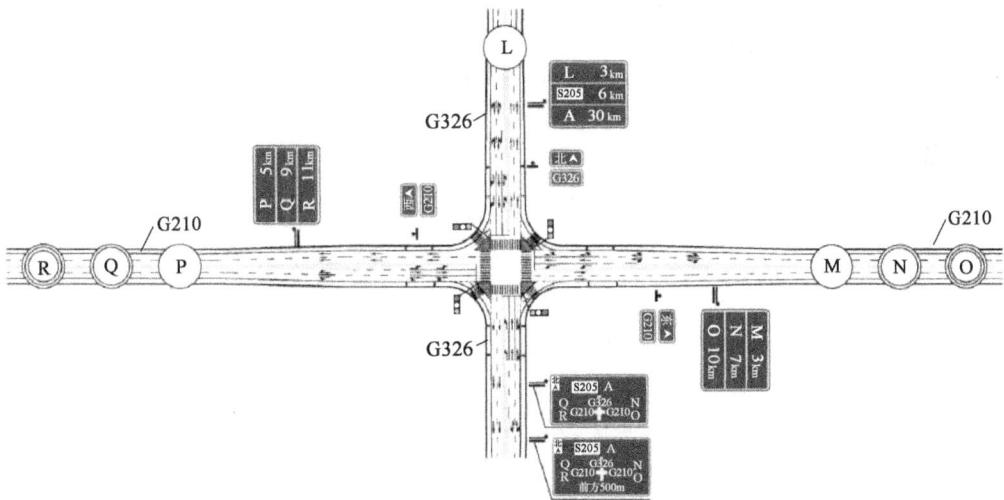

交叉路口Ⅰ路径指引标志设置示例

图 7-24 国道与国道相交指路标志设置示例

①平面交叉①为 C326 与 G210 相交,属于国道与国道平面交叉,应设置平面交叉预告标志、告知标志以及确认标志。

②在平面交叉①前首先设置平面交叉预告标志,预告前方为 G326 与 G210 相交,G210 为支线方向。

③该平面交叉为十字交叉,指路标志信息选择参照表 7-23 的规定。G326 主线方向指示

前方最近的 A 层信息 A 和最近的 B 层信息 F。支线 G210 右转方向指示最近的 A 层信息 O 和最近的 B 层信息 N;左转方向指示最近的 A 层信息 R 和最近的 B 层信息 Q。该平面交叉为该地区重要路口,在告知标志版面中可进行标识。因目的地信息数量已达 6 个,可在预告、告知标志前分别设置公路编号(名称)预告标志,以避免标志板面过大。

④过平面交叉后的确认标志包括公路编号标志与地点距离标志。G326 上地点距离标志指示 A、F 以及最近的 C 层信息 L, G210 地点距离标志同理进行设置。

平面交叉预告、告知标志信息要素选择参考表 表 7-23

公路行政等级	主线方向	支线方向		
		国道	省道	县、乡道
国道	A 层、(B 层)	A 层、(B 层)	A 层、(B 层)	(B 层)、C 层
省道	(A 层)、B 层	A 层、(B 层)	A 层、(B 层)	(B 层)、C 层
县、乡道	(B 层)、C 层	A 层、(B 层)	A 层、(B 层)	(B 层)、C 层

注:1. 表中不带括号的信息为首选信息;带括号的信息适用于无首选信息时,或根据需要作为第二个信息。

2. 当接近首选信息所指示的目的地时,该信息作为第一个信息。如需选取第二个,则仍按本表的顺序筛选。

(2)国道与省道相交指路标志设置示例如图 7-25 所示。

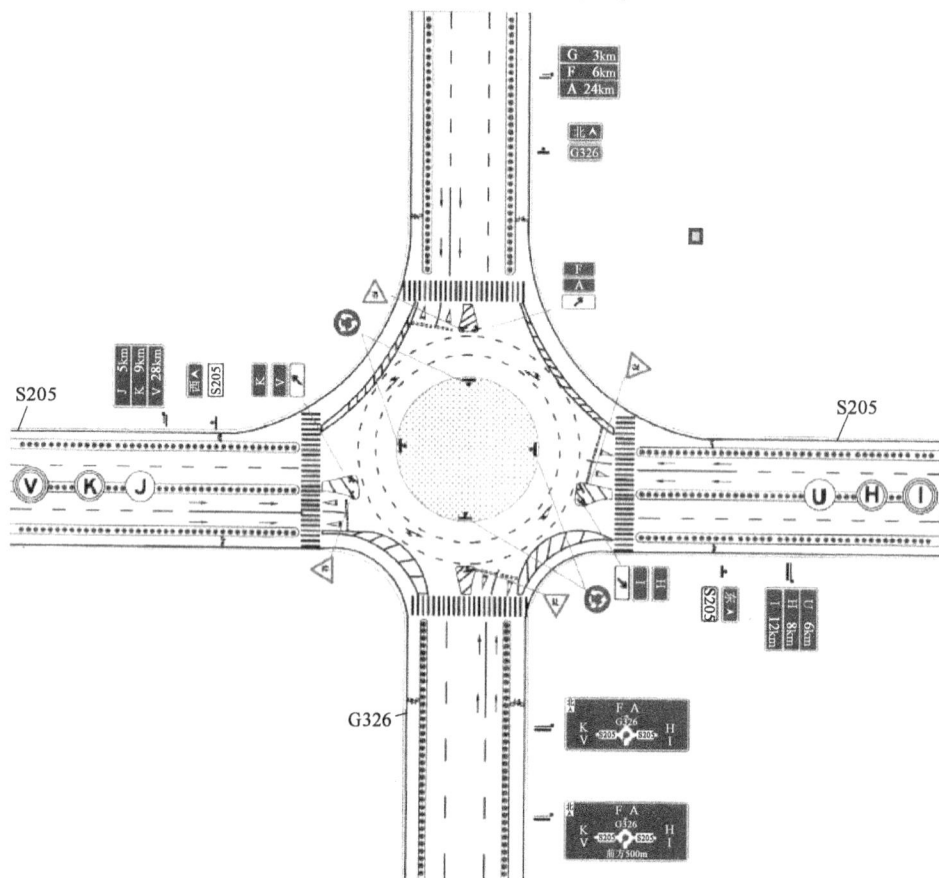

图 7-25 国道与省道相交指路标志设置示例

①平面交叉②为 G326 与 S205 相交,属于国道与省道平面交叉,应设置平面交叉预告标志告知标志以及确认标志。

②在平面交叉②前首先设置平面交叉预告标志,预告前方为 G326 与 S205 相交,S205 为支线方向。

③该平面交叉为环形交叉,指路标志信息选择参照表 7-23 的规定。G326 主线方向指示前方最近的 A 层信息 A 和最近的 B 层信息 F。支线 S205 右转方向指示最近的 B 层信息 I,左转方向指示最近的 B 层信息 K。该环岛为本地区重要环岛,在指引标志版面中可进行标识。

④过平面交叉后的确认标志包括公路编号标志与地点距离标志。G326 地点距离标志指示 A、F 以及最近的 C 层信息 G,S205 地点距离标志指示最近的 B 层信息及 C 层信息。

（3）国（省）道与县道相交指路标志设置示例如图 7-26 所示。

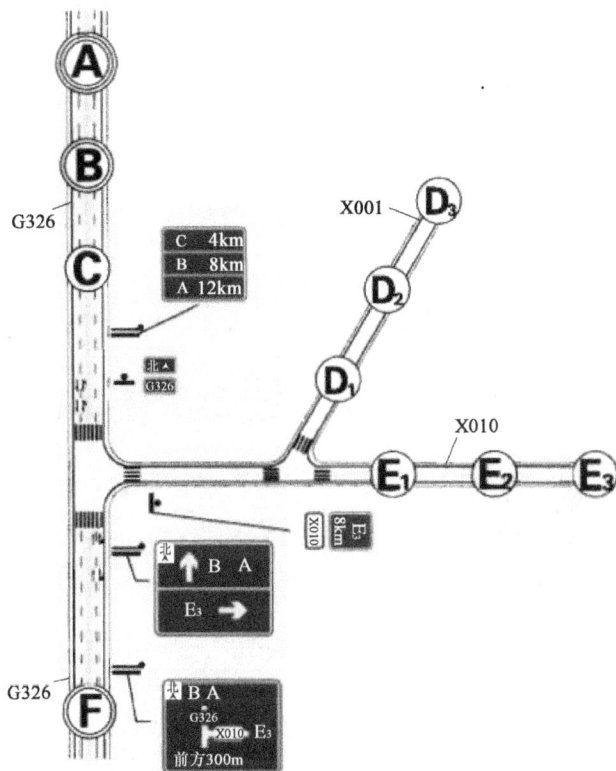

图 7-26   国（省）道与县道相交指路标志设置示例

①平面交叉③为 G326 与 X010 相交,属于国（省）道与县道平面交叉,同时,因 X010 交通量较大,应配置平面交叉预告标志、告知标志以及确认标志。

②在平面交叉③前首先设置平面交叉预告标志,预告前方为 G326 与 X010 相交,X010 为支线方向。

③该平面交叉为 T 形交叉,指路标志信息选择参照表 7-23 的规定。G326 主线方向指示前方最近的 A 层信息要素 A 和最近的 B 层信息要素 B。X010 方向信息选择应根据前方 C 层信息的重要度进行。通过对沿线三个 C 层信息 E1、E2、E3 的资料收集与调研,发现 E2、E3 的机动车保有量、人口、面积等均高过 E1,而 E2、E3 重要度非常相近,此时应选取道路终点 E3 作为指示信息。

④过平面交叉后的确认标志包括公路编号和地点距离标志。G326 上地点距离标志指示 A、B 以及最近的 C 层信息 C,X010 地点距离标志同理进行设置。

（4）县道与县道相交指路标志设置示例如图 7-27 所示。

①平面交叉④为 X010 与 X001 相交,属于县道与县道平面交叉,同时因该县道交通量较大,应配置平面交叉告知标志以及确认标志。

②该平面交叉为 Y 形交叉,指路标志信息选择参照表 7-22 的规定。X010 指示前方最重要的 C 层信息 E3,支线 X001 方向指示前方 C 层信息中最重要的 D2。

③过平面交叉后的确认标志包括公路编号标志与地点距离标志。地点距离标志分别指示距离 E3、D2 的距离。

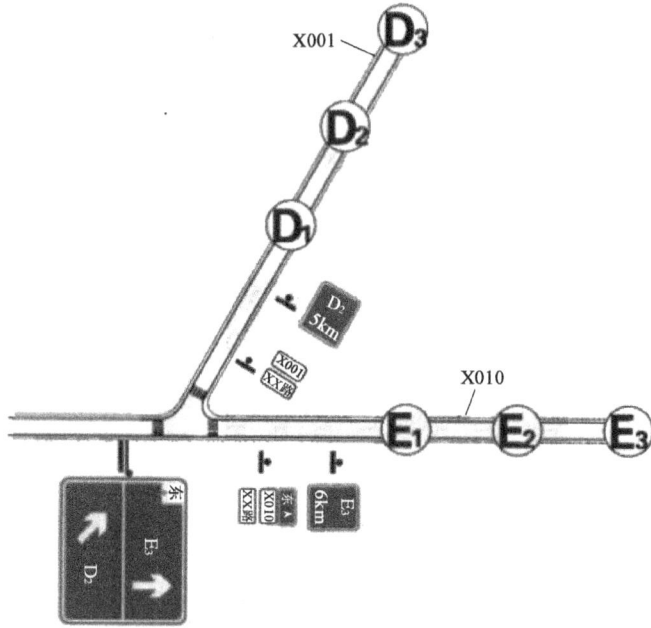

图 7-27　县道与县道相交指路标志设置示例

第八章

交通标线设计

道路交通标线是由施划或安装于道路上的各种线条、箭头、文字、图案及立面标记、实体标记、突起路标和轮廓标等所构成的交通设施,它的作用是向道路使用者传递有关道路交通的规则、警告、指引等信息,对流量起着调节、控制、疏导作用;防止错驶、绕路,提高行车、走路的效率;有效降低交通事故发生,提高道路交通安全性。交通标线可以与标志配合使用,也可以单独使用。

利用道路交通标线传递信息的优点体现在以下几方面:

(1)道路交通标线一般在驾驶人的自然视线内,利用道路交通标线传递道路交通信息不会过多地分散驾驶的注意力。

(2)利用道路交通标线,可以沿道路行驶方向不间断的提供道路交通信息,而且成本较低。

(3)利用道路交通标线,可以在不增加行车障碍的条件下清晰的提示驾驶人何处应该采取控制动作,或者何处开始实行交通控制措施。

第一节 交通标线的分类

一、按功能分类

(1)指示标线:指示车行道、行车方向、路面边缘、人行道、停车位、停靠站及减速丘等的线。

（2）禁止标线：告示道路交通的遵行、禁止、限制等特殊规定的标线。

（3）警告标线：促使道路使用者了解道路上的特殊情况，提高警觉准备防范应变措施的标线。

二、按设置方式分类

（1）纵向标线：沿道路行车方向设置的标线。

（2）横向标线：与道路行车方向交叉设置的标线。

（3）其他标线：字符标记或其他形式标线。

三、按形态分类

（1）线条：施划于路面、缘石或立面上的实线或虚线。

（2）字符：施划于路面上的文字、数字及各种图形、符号。

（3）突起路标：安装于路面上用于标示车道分界、边缘、分合流、弯道、危险路段、路宽变化、路面障碍物位置等的反光或不反光体。

（4）轮廓标：安装于道路两侧，用以指示道路的方向、车行道边界轮廓的反光柱（或片）。

四、按颜色分类

道路交通标线的颜色为白色、黄色、蓝色或橙色，路面图形标记中可出现红色或黑色的图案或文字。道路交通标线的形式、颜色及含义如表 8-1 所示。

道路交通标线的形式、颜色及含义　　　　　　　　　　表 8-1

编号	名称	图例	含义
1	白色虚线		划于路段中时，用以分隔同向行驶的交通流；划于路口时，用以引导车辆行进
2	白色实线		划于路段中时，用以分隔同向行驶的机动车和非机动车，或指示车行道的边缘；划于路口时，用作导向车道线或停止线，或用以引导车辆行驶轨迹；划为停车位标线时，指示收费停车位
3	黄色虚线		划于路段中时，用以分隔对向行驶的交通流或作为公交车专用车道线；划于交叉口时，用以告示非机动车禁止驶入的范围或用于连接相邻道路中心线的路口导向线；划于路侧或缘石上时，表示禁止路边长时停放车辆
4	黄色实线		划于路段中时，用以分隔对向行驶的交通流或作为公交车、校车专用停靠站标线；划于路侧或缘石上时，表示禁止路边停放车辆；划为网格线时，标示禁止停车的区域；划为停车位标线时，表示专属停车位

编号	名称	图 例	含 义
5	双白虚线		划于路口,作为减速让行线
6	双白实线		划于路口,作为停车让行线
7	白色虚实线		用于指示车辆可临时跨线行驶的车行道边缘,虚线侧允许车辆临时跨越,实线侧禁止车辆跨越
8	双黄实线		划于路段中,用以分隔对向行驶的交通流
9	双黄虚线		划于城市道路路段中,用于指示潮汐车道
10	黄色虚实线		划于路段中时,用以分隔对向行驶的交通流。实线侧禁止车辆越线,虚线侧准许车辆临时越线
11	橙色虚、实线		用于作业区标线
12	蓝色虚、实线		作为非机动车专用道标线;划为停车位标线时,指示免费停车位

第二节 交通标线设计要求、原则

一、交通标线设计指导思想

(1)交通标线线形设计应确保流畅、规则,路段和交叉口标线的衔接应科学合理,能够正确引导交通、确保车辆分道行驶、合理利用路面有效面积。

(2)交通标线与交通标志应配合使用,其含义不得相互矛盾。

(3)交通标线应遵循适当设置的原则,避免出现传递信息过量或不足的情况。

(4)公路标线应设置反光标线,能清晰地识别与辨认,并符合白天、雨天、夜间、视认性规定的要求。

(5)突起路标与反光标线配合使用时,其反射器颜色应与标线一致。

(6)设置"路面文字标记"处,其被覆盖部分的摩擦系数不应低于所在地段路面的摩擦系数。

(7)交通标线采用的材料其耐磨性、抗滑性、耐腐蚀、耐高温、耐严寒等应符合规定要求,且经济实用,用料来源充足,施工简单,实用和维修方便,无毒害、无污染。

二、标线设置原则

1. 一般路段的交通标线

高速公路和一级公路的一般路段应设置车行道边缘线、可跨越同向车行道分界线,路面较宽或非机动车较多的路段可设置车行道边缘线,车行道边缘线应设置于公路两侧紧靠车行道的硬路肩内,不得侵入车行道内,并铺设反光突起路标,可跨越同向车行道分界线应设置于同向行驶的车行道分界处;二级及以下等级双车道公路应设置可跨越对向车行道分界线。

2. 特殊路段的交通标线

(1)经常出现强侧向风的特大桥梁路段、宽度窄于路基的隧道路段、急弯陡坡路段、车行道宽度渐变路段,应设置禁止跨越同向车行道分界线。隧道入口前 50~100m、出口后 30~50m 范围的车行道分界处也应设置禁止跨越同向车行道分界线。

(2)二级及以下等级的公路桥梁段与路基段同宽时,路面中心线在桥梁长度范围应设置双黄中心实线,在桥梁引道两端大于 160m 范围应设置黄色虚实线。公路桥梁窄于路基段且宽度小于 6m 时,在桥梁及两端渐变段范围内不划中心线。

(3)在宽度窄于路基的隧道入口前 30~50m 范围的右侧硬路肩内应设置斜向行车方向的斑马线,线宽 45cm,间距 100cm。

(4)爬坡车道处交通标线应配合标志并辅以反光突起路标进行连续设置,中央分隔带的车行道边缘线应采用黄色热熔标线;沿爬坡行车方向左侧设置车行道分界线,其宽度、线形与标准路段的车行道边缘线一致,右侧应设置车行道边缘线,在渐变段处过渡到与标准段的车行道边缘线相接。

(5)路侧紧急停车带、简易停车区、公共汽车停靠站处交通标线应连续设置,沿行车方向左侧渐变段处设置长 100cm、间距 100cm 的虚线,正常段设置实线沿行车方向右侧宜设置车行道边缘线,在渐变段处过渡到与标准路段的车行道边缘线相接。虚线、实线的宽度与标准路段的车行道边缘线相同。

(6)车距确认标线通常设置在公路主线视距良好的平直路段,视需要设于较长直线段、易发生追尾事故或其他需要的路段,应与车距确认标志配合使用。车距确认标线、车行道宽度渐变路段标线、接近障碍物标线等交通标线设置方式应符合现行《道路交通标志和标线 第 3 部分:道路交通标线》(GB 5768.3)的有关规定。

(7)路面文字标记的汉字标记应沿车辆行驶方向由近及远竖向排列,字数不宜超过 3 个,数字标记沿车辆行驶方向横向排列,设置规格应符合表 8-2 的规定,最高限速值应按一个文字处理。

(8)位于中央分隔带或路侧安全净区内未加护栏防护的桥墩、隧道洞口、交通标志立柱等构造物应设置立面标记,设置时应把向下倾斜的一边朝向车行道。

(9)二级及以下等级的公路上设置减速丘时,应在距其两侧30m的范围内设置减速丘预告标线。

(10)需要车辆减速或提醒驾驶员注意安全行车处,可根据需要设置减速标线。如,收费广场减速标线的设置应符合表8-3的规定;车道横向减速标线的设置应符合表8-4的规定。

路面文字标记规格 表8-2

设计速度(km/h)	公路			城市道路
	字高①(cm)	字宽(cm)	纵向间距①(cm)	
≥100	900	300	600	可取公路相应值的 0.5~0.7倍
40~100	600	200	400	
≤40	300	100	200	

注:①表示专用时间段的数字,相应值可取正常值的一半,字宽及横向间距视路面情况可适当调整。

收费广场减速标线设置参数 表8-3

减速标线	第一道	第二道	第三道	第四道	第五道	第六道	第七道	第八道	第九道	第十道	第十一道	第十二道及以上
间隔(m)	$L_1=5$	$L_2=9$	$L_3=13$	$L_4=17$	$L_5=20$	$L_6=23$	$L_7=26$	$L_8=28$	$L_9=30$	$L_{10}=32$	$L_{11}=32$	32
标线重复次数	1	1	2	2	2	2	3	3	3	3	3	3

车道横向减速标线的设置参数 表8-4

减速标线	第一道	第二道	第三道	第四道	第五道	第六道	第七道	第八道	第九道	第十道及以上
间隔(m)	$L_1=17$	$L_2=20$	$L_3=23$	$L_4=26$	$L_5=28$	$L_6=30$	$L_7=32$	$L_8=32$	$L_9=32$	32
标线重复次数	2	2	2	2	2	2	3	3	3	3

3. 互通立体交叉、服务设施出入口标线

(1)互通式立体交叉、服务区、停车区出入口交通标线应根据互通式立体交叉、服务区、停车区的形式,准确反映交通流的行驶方向。

(2)互通式立体交叉出入口处,宜设置导向箭头。出口导向箭头应以减速车道渐变点为基准点,间距50m。入口导向箭头应以加速车道起点为基准点,视加速车道长度而定,可设3组或2组。

4. 平面交叉渠化标线

(1)对于较宽、不规则或行驶条件比较复杂的交叉路口,二级及以上等级的公路平面交叉应设置渠化标线,其他公路的平面交叉宜设置渠化标线,以使车辆能按照规定路线行驶。

(2)平面交叉应根据其形式、车道宽度、交叉公路的优先通行权和各种交通流量的分析结果设置渠化标线。

5. 收费广场交通标线

(1)收费广场进口端应设置减速标线、收费岛路面标线、岛头标线,各条减速标线的设置间距应根据驶入速度、广场长度,经计算确定。

（2）收费广场出口端可设置部分可跨越同向车行道分界线。

6. 突起路标

（1）高速公路的车行道边缘线上，一级公路互通式立体交叉、服务区、停车区路段的车行道边缘线上以及互通式立体交叉匝道出入口路段，应在路面标线的一侧设置突起路标，并不得侵入车行道。

（2）隧道的车行道分界线上宜设置突起路标。

（3）高速公路的车行道分界线和减速标线上可设置突起路。

（4）突起路标可单独设置成车行道边缘线和车行道分界线，其壳体颜色、设置位置、间距应符合现行《道路交通标志和标线　第3部分：道路交通标线》（GB 5768.3）的规定。

三、交通标线的设计要点

1. 颜色选择

路面标线一般为白色和黄色，以白色为主。白色的单一色调容易使长途行驶的驾驶员感觉疲劳，如果增加黄色标线，则可起到调节作用，有利于行车安全。总的来说，白色具有指示、控制意义，主要用于分隔同向车道；黄色为禁止、限制、警告意义，主要用于分隔对向车道；特殊需要亦采用红色。缘石标线一般用黄色，亦有用红色、白色的；立面标记采用黑白、黑黄或红黄相间的条纹；为提高夜间的视认性，标线可根据需要采用反光标线、路钮，立面标记可加设照明、闪光灯等设备。

2. 宽度选择

根据国外大量研究表明，纵向标线的宽度对交通状况和驾驶人的心理影响不大，之所以要规定一个范围，一般认为宽的标线是为了强调，并不主张过分加宽，否则不但会增加费用，而且会增加打滑的危险。

《道路交通标志和标线　第3部分：道路交通标线》（GB 5768.3—2009）规定纵向标线的一般宽度为10~15cm，高速公路边缘线宽度规定为15~20cm，一般采用下限值，在需要强调的地方可采用上限值。

横向标线宽度应比纵向标线宽，因为驾驶人在行车中发现横向标线往往是由远到近，尤其在距横向标线较远的时候其视角范围很小，加上远小近大的原理，加宽横向标线是很有必要的，一般宽度为20~40cm，斑马线为40~45cm。标线宽度选择见表8-5。

标 线 宽 度 选 择 表 8-5

设计速度（km/h）		车行道缘线（cm）	车行道分界线（cm）	路面中心线（cm）
120、100		20	15	—
80、60	高速、一级公路	20	15	—
	二级公路	15	10	15
40、30		15	10	15
20	双车道	—	—	10
	单车道	—	—	—

连续设置的实线类标线，应每隔15m左右设置排水缝，其他标线有可能阻水时，应沿排水方向设置排水缝，排水缝宽度一般为3~5cm。

3.虚线的短线与间隔长度的比例选择

根据心理学家的研究,虚线中的实线段与间隔长度比例与车辆的行驶速度直接相关。实线段与间隔距离太近,会造成闪现率过高而使虚线出现连续感,对驾驶人产生过分的刺激;但实线段与间隔距离太远,闪现率太低,使驾驶人在行驶中获得的信息量太少,起不到标线应有的作用。

选择标线比例的时候,既要考虑驾驶人的心理、生理指标,也要考虑尽量采用每公里标线面积较小的因素。在郊外公路上的闪现率不大于 4 次/s 被认为是可以接受的,闪现率为 2.5 ~ 3.0 次/s 时效果最好;在城市道路上闪现率在 8 次/s 以下认为可以接受。

4.导向箭头形式选择

为寻求导向箭头的最佳形式,需要对各种直行、转弯组合箭头进行比较。其形式根据认读速度和错误率试验的结果来统计分析,各导向箭头的形式和尺寸如表 8-6 所示。最终的箭头形式是根据实验结果的平均值来选用的,最好的箭头形式可归纳如下:最好的直行箭头的宽约为箭杆宽的 4 倍,箭头杆长度要比箭杆短,后掠式箭头和锥形式箭头都是不好的;最好的转弯箭头的特征在很大程度上是由不对称的形式来显示方向的,其特征是保持箭头的转弯部分清晰。

导向箭头的基本形状、含义及尺寸   表 8-6

导向箭头	导向箭头尺寸(单位:cm)			
	$V_{设计} \leqslant$ 40km/h 的道路	40km/h < $V_{设计}$ < 100km/h 的道路	$V_{设计} \geqslant$ 100km/h 的道路	40km/h < $V_{设计}$ $\leqslant$ 60km/h 的城市道路
指示直行				
指示前方可直行或左转				

导向箭头	导向箭头尺寸(单位:cm)			
	$V_{设计} \leqslant$ 40km/h 的道路	40km/h$< V_{设计} <$ 100km/h 的道路	$V_{设计} \geqslant$100km/h 的道路	40km/h$< V_{设计} \leqslant$ 60km/h 的城市道路
指示前方左转				
指示前方右转				
指示前方可直行或右转				

续上表

导向箭头	导向箭头尺寸(单位:cm)			
	$V_{设计} \leqslant$ 40km/h 的道路	40km/h < $V_{设计}$ < 100km/h 的道路	$V_{设计} \geqslant$ 100km/h 的道路	40km/h < $V_{设计} \leqslant$ 60km/h 的城市道路
指示前方掉头				
指示前方可直行或掉头				
指示前方可左转或掉头				

导向箭头	导向箭头尺寸(单位:cm)			
	$V_{设计} \leq$ 40km/h 的道路	40km/h $< V_{设计} <$ 100km/h 的道路	$V_{设计} \geq$ 100km/h 的道路	40km/h $< V_{设计} \leq$ 60km/h 的城市道路
指示前方仅可左右转弯	50 30 30 45 20 40 40 20 300 15	100 60 60 90 40 80 80 40 600 30	150 90 90 135 60 120 120 60 900 45	75 45 45 68 30 60 60 30 450 23
指示前方道路有左弯或需向左合流	120 15 15 300 60 15	240 30 30 600 120 30	360 45 45 900 180 45	180 23 23 450 90 23
指示前方道路有右弯或需向右合流	120 15 15 300 15 60	240 30 30 600 30 120	360 45 45 900 45 180	180 23 23 450 23 90

第三节 交通标线设计方法

标线按功能可分为指示标线、禁止标线、警告标线。每一种又可以分为横向标线、纵向标线和其他标线,具体的标线形式、设计要点、设置图例等将在本节中一一展示。标线在实际应用中还需要与其他标线、标志配合使用。

一、指示标线

1. 指示标线的分类

(1)纵向标线包括:可跨越对向车行道分界线;可跨越同向车行道分界线;潮汐车道线;车行道边缘线;左弯待转区线;路口导向线;导向车道线。

(2)横向标线包括:人行横道线;车距确认线。

(3)其他标线包括:道路出入口标线;停车位标线;停靠站标线;减速丘标线;导向箭头;路面文字标记;路面图形标记。

2. 指示标线设计要点

1)可跨越对向车行道分界线

可跨越对向车行道分界线(也可称为可跨越道路中心线)为黄色虚线,用于分隔对向行驶的交通流。一般设在道路中线上,但不限于一定设在道路的几何中心线上。车辆在保证安全的情况下,可以越线超车或转弯。

可跨越对向车行道分界线为单黄虚线,线段及间隔长分别为4m和6m,一般线宽为15cm,特殊应用情况下,线宽可采用10cm。可跨越对向车行道分界线划法如图8-1所示。

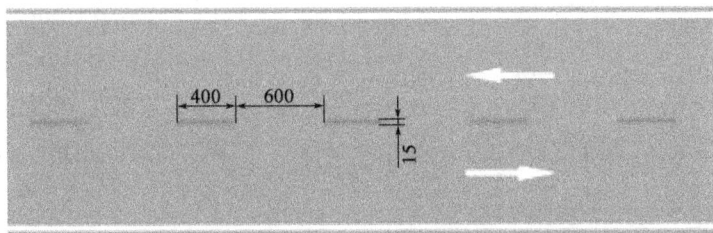

图8-1 可跨越对向车行道分界线(尺寸单位:cm)

2)可跨越同向车行道分界线

可跨越同向车行道分界线为白色虚线,用来分隔同向行驶的交通流,设在同向行驶的车行道分界上。在保证安全的情况下,允许车辆短时越线行驶。

可跨越同向车行道分界线一般线宽为10cm或15cm,特殊应用情况下,线宽可采用8cm。设计速度不小于60km/h的道路,线段及间隔长度分别为600cm和900cm,如图8-2所示。设计速度小于60km/h的道路,线段及间隔长度分别为200cm和400cm,如图8-3所示。

3)潮汐车道线

车辆行驶方向可随交通管理需要进行变化的车道称为潮汐车道,以两条黄色虚线并列组成的双黄虚线作为其指示标线,指示潮汐车道的位置。

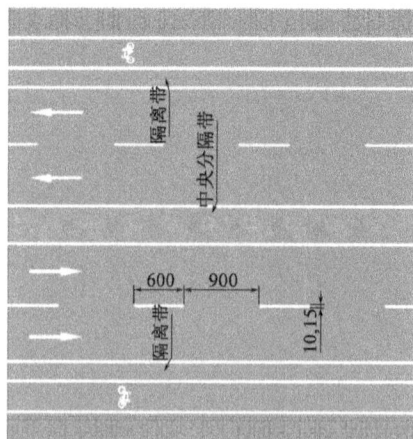

图 8-2 可跨越同向车行道分界线一(尺寸单位:cm)

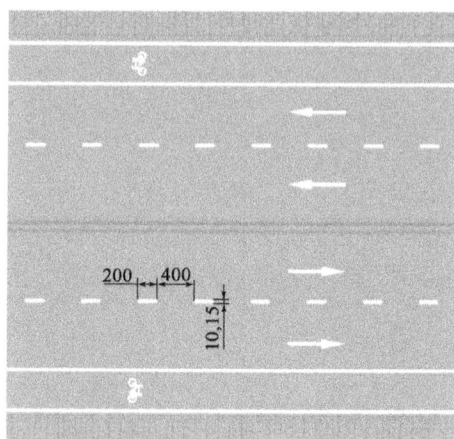

图 8-3 可跨越同向车行道分界线二(尺寸单位:cm)

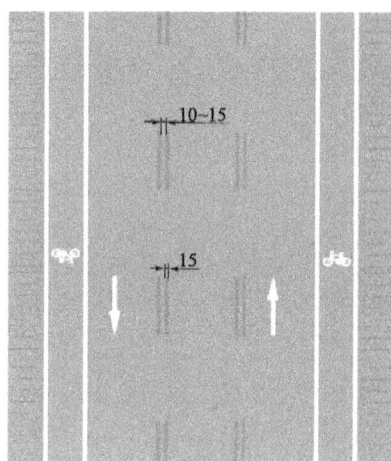

图 8-4 潮汐车道线(尺寸单位:cm)

黄色虚线的宽度为 15cm;线段与间隔比例应与同一路段的可跨越同向车行道分界线一致。两条线之间的间距一般在 10~15cm。在确保车行道宽度条件下,两条线之间的间距可适当调整。潮汐车道线划法如图 8-4 所示。

4)车行道边缘线

车行道边缘线用以指示机动车道的边缘或用以划分机动车道与非机动车道的分界。用以划分机动车道与非机动车道分界时,也可称作机非分界线。

车行道边缘线有四种设置方式,白色实线、白色虚线、白色虚实线以及黄色单实线,分别如图 8-5~图 8-8 所示。一般线宽为 15cm 或 20cm,虚线线段及间隔长分别为 2m 和 4m,虚实线间距为 15~20cm,在交通量非常小的农村公路、专属专用道路等特殊应用情况下,车行道边缘线宽可采用 10cm。白色实线用于禁止车辆跨线行驶,可采用振动标线的形式;白色虚线用以指示车辆可临时跨线行驶;车行道边缘白色虚实线的虚线侧允许车辆临时跨线行驶,实线

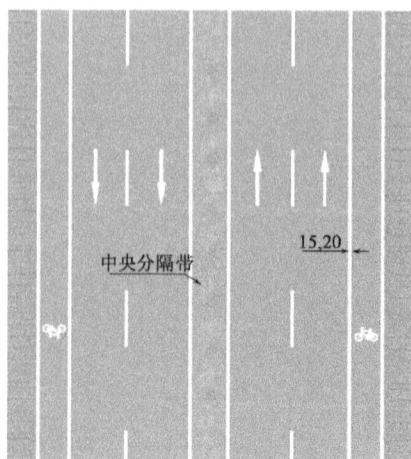

图 8-5 车行道边缘白色实线(尺寸单位:cm)

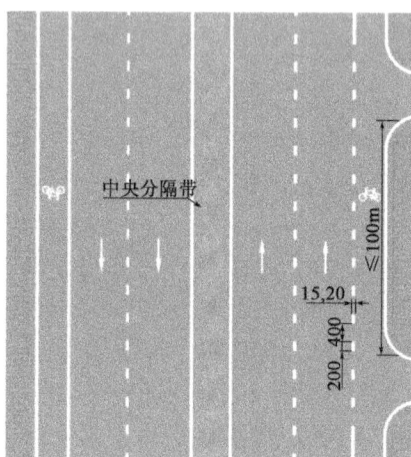

图 8-6 车行道边缘白色虚线(尺寸单位:cm)

侧不允许车辆跨线行驶;黄色单实线用于机动车单向行驶且非机动车双向行驶的路段分隔机非车道,禁止车辆跨线行驶,可采用振动标线的形式。

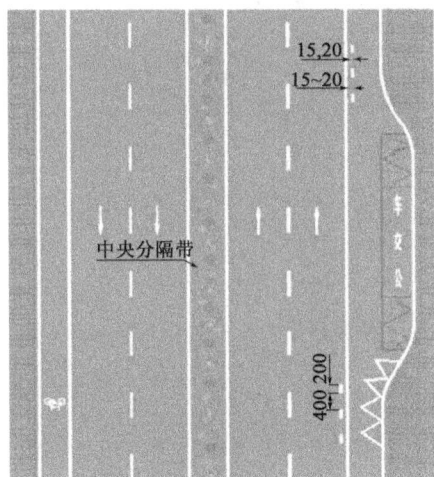

图8-7 车行道边缘白色虚实线(尺寸单位:cm)

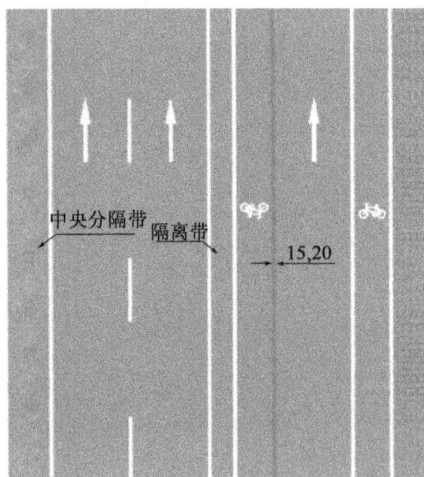

图8-8 黄色单实线车行道边缘线(尺寸单位:cm)

5)左弯待转区线

左弯待转区线为白色虚线,用来指示左转弯车辆在直行时段进入待转区等待左转的位置。左弯待转区线为两条平行并略带弧形的白虚线,线宽15cm,线段及间隔长均为50cm,其前端应划停止线。在待转区内须施划白色左转弯导向箭头,导向箭头长3m,一般于左弯待转区的起始位置和停止线前各施划一组,左弯待转区较长时,中间可以重复设置导向箭头,左弯待转区较短时可仅设置一个导向箭头,如图8-9所示。在有条件的地点,左弯待转区可以设置成少变多条的形式,如图8-10所示。

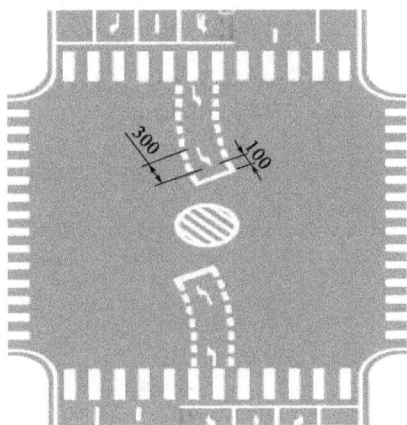

图8-9 左弯待转区线(尺寸单位:cm)

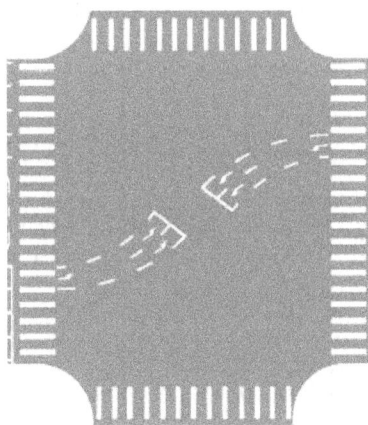

图8-10 左弯待转区少变多设置示例

6)路口导向线

在平面交叉口面积较大、形状不规则或交通组织复杂,车辆寻找出口车道困难时,应设置路口导向线,辅助车辆行驶和转向。路口导向线为虚线,实线段2m,间隔2m,线宽15cm。连接同向车行道分界线或机非分界线的路口导向线为白色圆曲(或直)虚线;连接对向车行道分界线的路口导向线为黄色圆曲(或直)虚线。如图 8-11 所示。

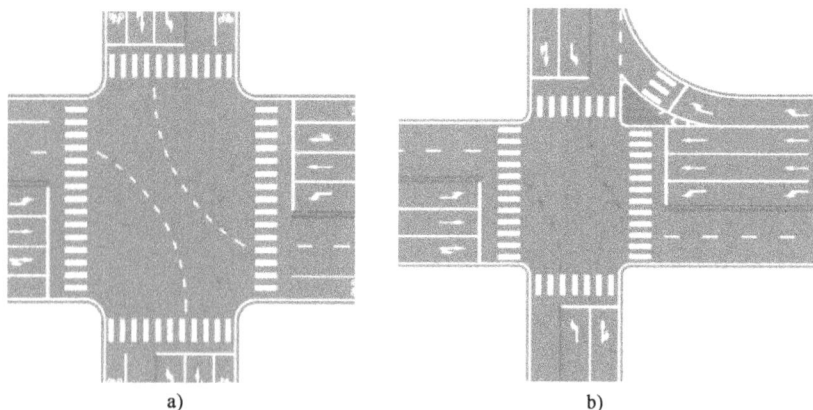

a)　　　　　　　　　　　　　　b)

图 8-11　路口导向线

7)导向车道线

设置于路口驶入段的车行道分界线称作导向车道线,用于指示行车按导向方向行驶的导向车道的位置。可变导向车道线用于指示导向方向随需要可变的导向车道的位置,应与可变的车道行驶方向标志配合使用。

导向方向固定的导向车道线为白色实线,一般线宽为 10cm 或 15cm,交通量非常小的农村公路、专属专用道路等特殊应用情况下,线宽可采用 8cm。导向车道线施划长度应根据路口几何线形及交通管理需要确定,一般不小于 30m。

可变导向车道线设置长度应不小于其他导向线的设置长度,施划了可变导向车道标线的导向车道内不应设置导向箭头。可变导向车道线尺寸如图 8-12 所示。导向车道线设置示例如图 8-13 所示。

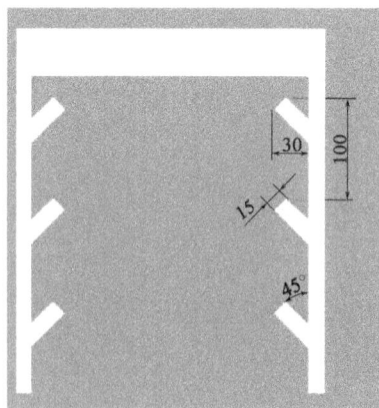

图 8-12　可变导向车道标线(尺寸单位:cm)　　　图 8-13　导向车道标线设置示例

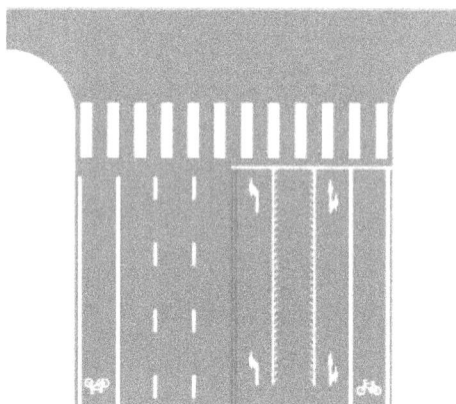

8)人行横道线

人行横道线为白色平行粗实线(斑马线),既标示一定条件下准许行人横穿道路的路径,又警示机动车驾驶人注意行人及非机动车过街。

人行横道线一般与道路中心线垂直,特殊情况下,其与中心线夹角不宜小于 60°(或大于 120°),其条纹应与道路中心线平行;人行横道的最小宽度为 3m,并可根据行人数量以 1m 为一级加宽。人行横道线的线宽为 40cm 或 45cm,线间隔一般为 60cm,可根据车道宽度进行调整,但最大不应超过 80cm。如图 8-14 所示。人行横道线的设置间距根据实际需要确定,但路段上设置的人行横道线之间的距离一般应大于 150m。

在无信号灯控制的路段中设置人行横道线时,应在到达人行横道线前的路面上设置停止线和人行横道线预告标识,并配合设置人行横道指示标志,视需要也可增设人行横道警告标志,如图 8-15 所示;人行横道预告标识为白色菱形图案,尺寸如图 8-16 所示。

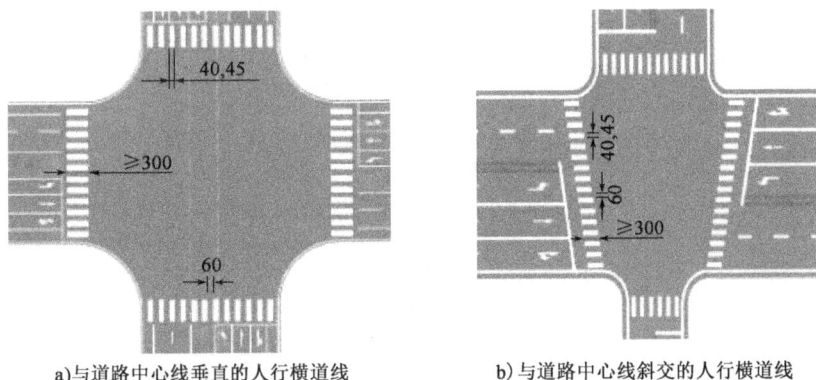

a) 与道路中心线垂直的人行横道线   b) 与道路中心线斜交的人行横道线

图 8-14 人行横道线(尺寸单位:cm)

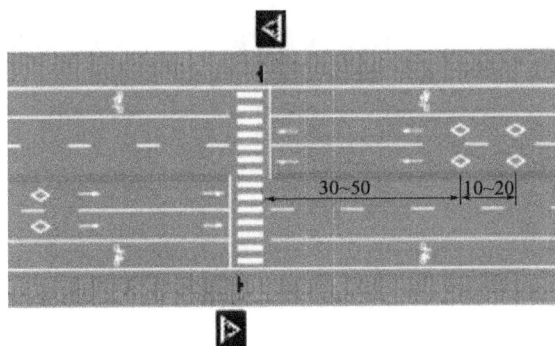

图 8-15 路段人行横道设置示例(尺寸单位:m)

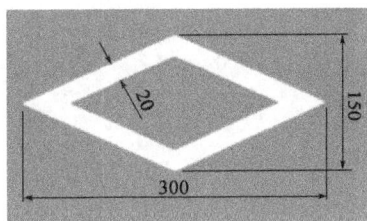

图 8-16 人行横道预告标识线(尺寸单位:cm)

一般应在综合考虑行人流量、行人年龄阶段、道路宽度、车流量、车辆速度、视距等多种因素后确定人行横道的设置宽度和形式。路面宽度大于 30m 的道路上,应在中央分隔带或对向车行道分界线处的人行横道上设置安全岛。安全岛长度宜大于或等于人行横道宽度,宽度与中央分隔带相同或依据实际情况确定,如图 8-17 所示。在安全岛面积不能满足等候信号放行的行人停留需要、桥墩或其他构筑物遮挡驾驶人视线等情况下,人行横道线可错位设置,如图 8-18 所示。

行人过街交通量特别大的路口,可并列设置两道人行横道线,使斑马线虚实段相互交错,并辅以方向箭头指示行人靠左右分道过街,方向箭头一般长度为 100cm,如图 8-19 所示。

9) 车距确认标线

车距确认标线作为车辆驾驶人保持行车安全距离的参考,视需要设于较长直线段、易发生追尾事故或其他需要的路段,应与车距确认标志配合使用。

车距确认标线有两种类型:

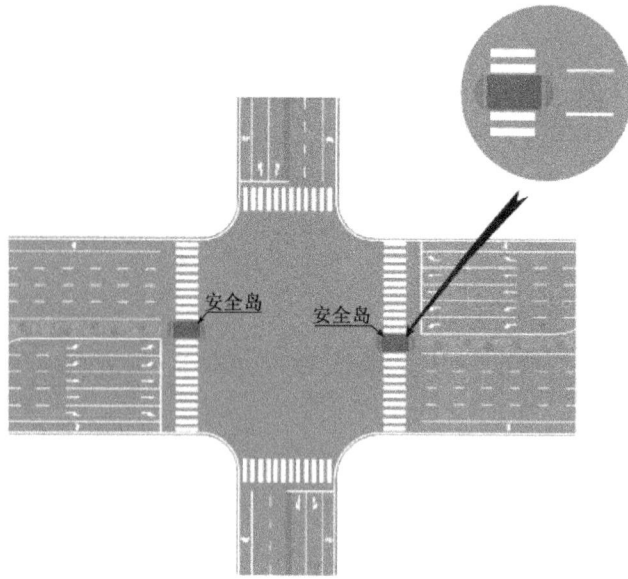

图 8-17　安全岛设置示例

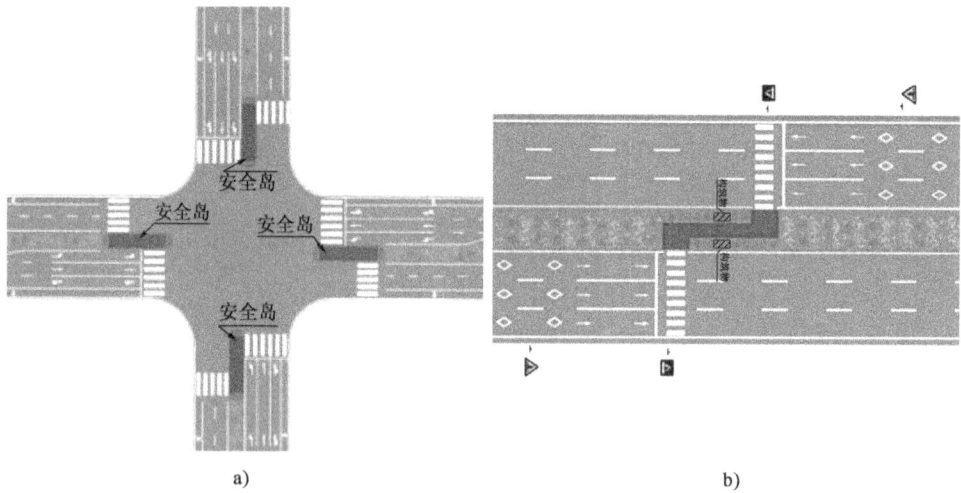

a)

b)

图 8-18　人行横道线错位设置示例

（1）白色折线：标线总宽 300cm，线条宽 40cm 或 45cm，从确认基点 0m 开始，每隔 5m 设置一道标线，连续设置 2 道为一组，间隔 50m 重复设置 5 组，也可在较长路段内连续设置多组，如图 8-20 所示。

（2）白色半圆状车距确认标线：设置于气象条件复杂，影响安全行车的路段两侧，半圆半径为 30cm，间隔 50m 设置，一般在一定路段内连续设置，如图 8-21 所示。

10）道路出入口标线

道路出入口标线用于引导驶入或驶出车辆的运行轨迹，提供安全交汇，减少与突出缘石碰撞的可能，一般由出入口的纵向标线和三角地带的标线组成。

出入口标线的颜色为白色，大样如图 8-22 所示，应结合出入口的形式和具体线形进行设计布置。出入口标线设置示例如图 8-23 所示，图中除指明仅表示行车方向的箭头外，其他导向箭头的尺寸、设置位置、设置间距、重复次数应符合相关的规定。

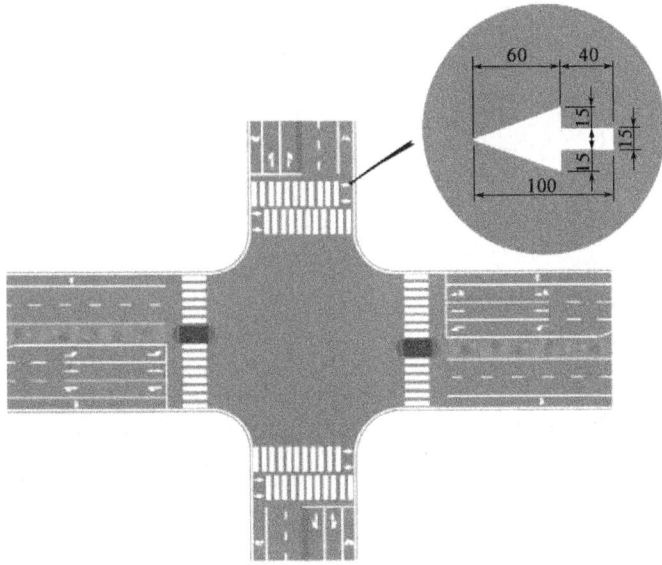

图 8-19 行人左右分道的人行横道线

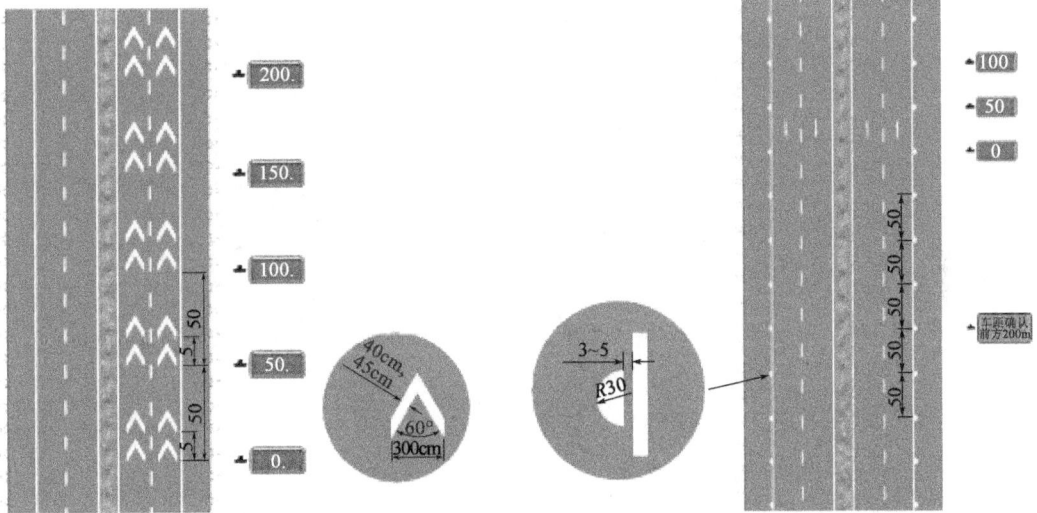

图 8-20 白色折线车距确认线图(尺寸单位:m)

图 8-21 白色半圆状车距确认线 (尺寸单位:cm)

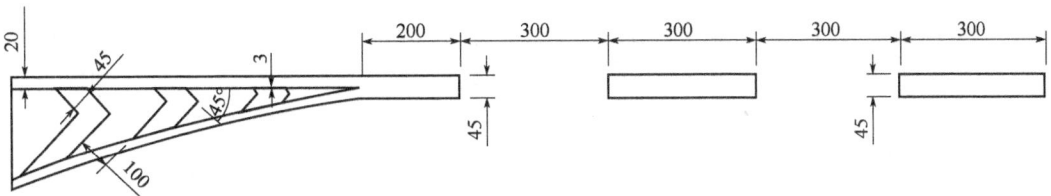

图 8-22 出入口标线大样图(尺寸单位:cm)

11) 停车位标线

停车位标线标示车辆停放位置。可在停车场或路边空地,车行道边缘或道路中间适当位置设置。无特殊说明时,停车位标线应和停车场标志配合使用。

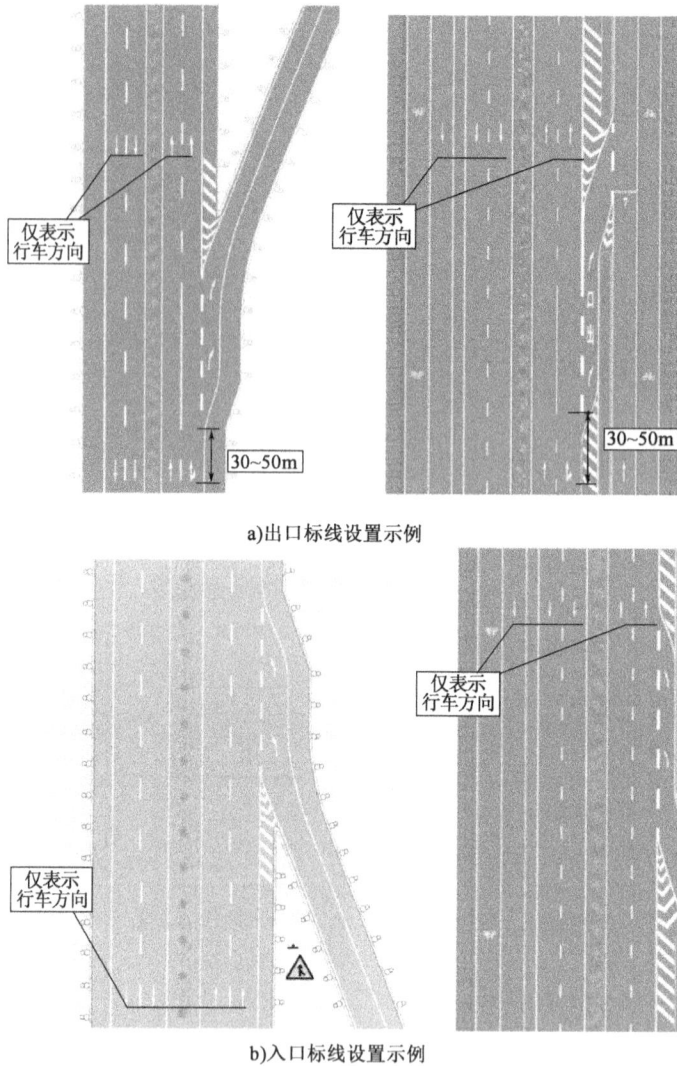

a)出口标线设置示例

b)入口标线设置示例

图 8-23　出入口标线设置示例

停车位标线的颜色为蓝色时表示此停车位为免费停车位;为白色时表示此停车位为收费停车位;为黄色时表示此停车位为专属停车位。停车位标线的宽度可介于 6 ~ 10cm。停车位标线按两种车型规定尺寸。上限尺寸长为 1560cm,宽为 325cm,适用于大中型车辆;限尺寸长为 600cm,宽为 250cm,适用于小型车辆。在条件受限时,宽度可适当降低,但最小不应低于 200cm。

停车位标线按设置方式可分为:车辆平行于通道方向停放的平行式、车辆与通道方向成 30° ~60°角停放的倾斜式、车辆垂直通道方向停放的垂直式三种,分别如图 8-24 ~ 图 8-26 所示,可根据通道宽度、停放车辆种类、交通量等情况选择采用。

对停车方向有特殊要求时,可在停车位标线中附加箭头,箭头所指方向表示停车后车头的朝向,如图 8-27 所示。停车位里附加"出租车"文字,且停车位标线为实线时,表示出租车专用待客停车位,如图 8-28 所示;停车位附加"出租车"文字且停车位标线为虚线时,表示出租车专用上下客车位,仅允许出租车短时停车上下客,如图 8-29 所示。

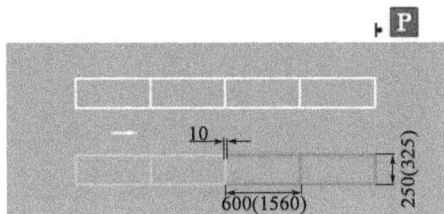

图 8-24 平行式停车位标线(尺寸单位:cm)

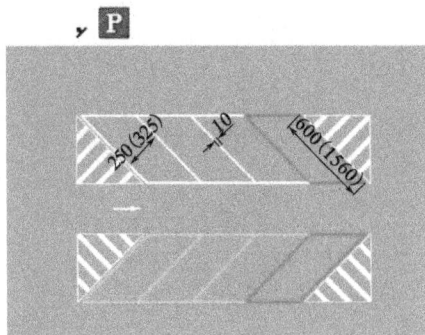

图 8-25 倾斜式停车位标线(尺寸单位:cm)

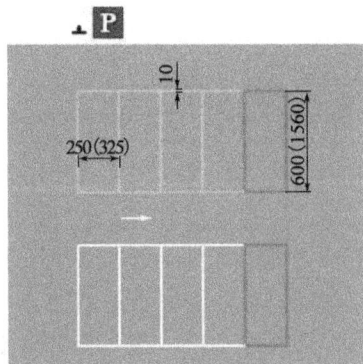

图 8-26 垂直式停车位标线(尺寸单位:cm)

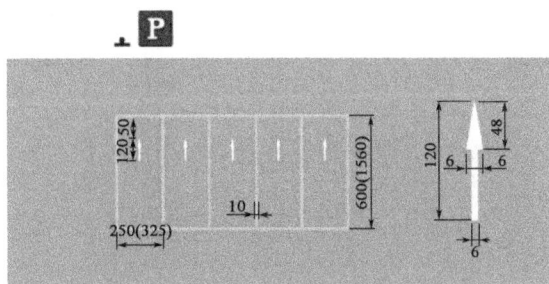

图 8-27 固定停车方向停车位标线(尺寸单位:cm)

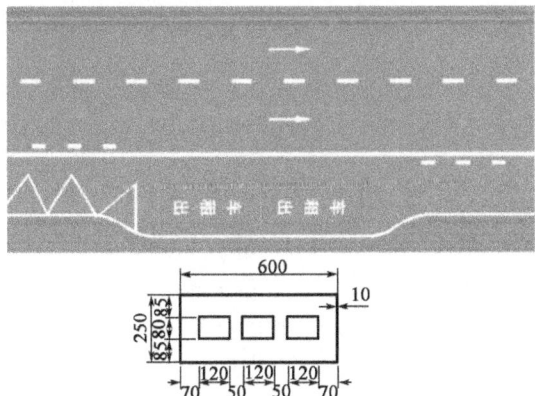

图 8-28 出租车专用待客停车位标线(尺寸单位:cm)

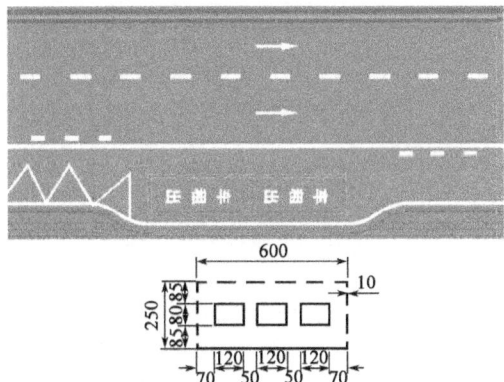

图 8-29 出租车专用上下客车位标线(尺寸单位:cm)

　　残疾人专用车辆或载有残疾人的车辆专用的停车位标线如图 8-30 所示。其中停车位标线为白色表示收费停车位、蓝色表示免费停车位、黄色表示专属停车位。停车位两边的黄色网格线为残疾人上下车区域,禁止车辆停放其上。非机动车专用停车位标线由标示停车区域边缘的边线和划于其中的非机动车路面标记组成,如图 8-31 所示。机动车限时停车位标线为虚线边框,分为平行式、倾斜式及垂直式三种,线宽 10cm,在车位内标注准许停车的时间,数字高为 60cm,如图 8-32 所示。该标线应与限时停车标志配合使用。

　　12)停靠站标线

　　停靠站标线包括港湾式停靠站标线和路边式停靠站标线两种。

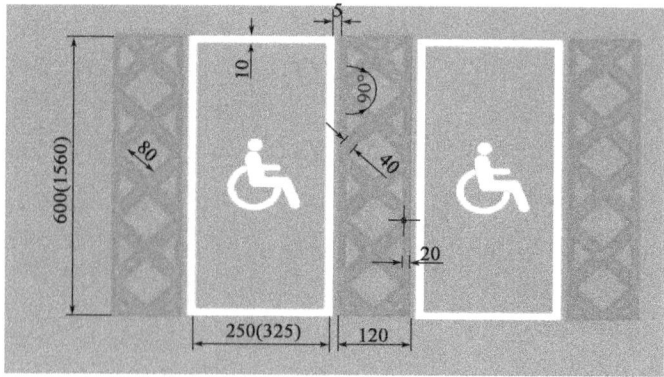

图 8-30　残疾人专用停车位标线(尺寸单位:cm)

图 8-31　非机动车停车位标线(尺寸单位:cm)

(1)港湾式停靠站标线:标示车辆通向专门的分离引道的路径和停靠位置,由渐变段引道白色虚线、正常段外边缘白色实线或白色填充线组成。港湾式停靠站正常段的长度一般不小于 30m,两侧渐变段引道的长度一般不小于 25m。标线具体尺寸如图 8-33 所示。标线形式一般用于停靠站较宽的情况,以保证停靠区域宽度处于合适的范围。当专用于公交车、校车等特定车辆停靠时,应在停靠站中间标注停靠车辆的类型文字,并以黄色实折线填充停靠站正常段其他区域,指示除特定车辆外,其他车辆不得在此区域停留,标线尺寸如图 8-34 所示。

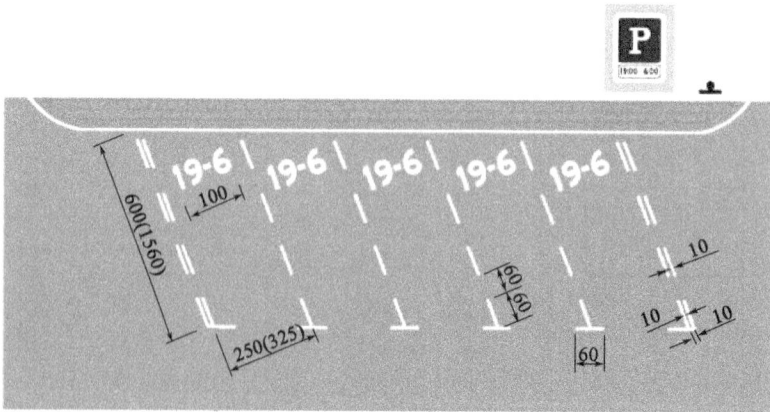

图 8-32　倾斜式机动车限时停车位标线(尺寸单位:cm)

(2)路边式停靠站标线:当公共汽车线路客流量较少、道路条件受限制或用于校车停靠时,可在路边施划路边式停靠站标线,指示公共汽车或校车停靠站的位置,并指示除公共汽车或校车外,其他车辆不得在此区域停留。

路边式停靠站标线的外围为黄色实线,内部填充黄色实折线,并在中间位置标注停靠车辆的类型文字,如图 8-35 所示。路边式停靠站的尺寸需考虑客流量大小、停靠站公共汽车线路数量等因素确定,长度一般不小于25m。

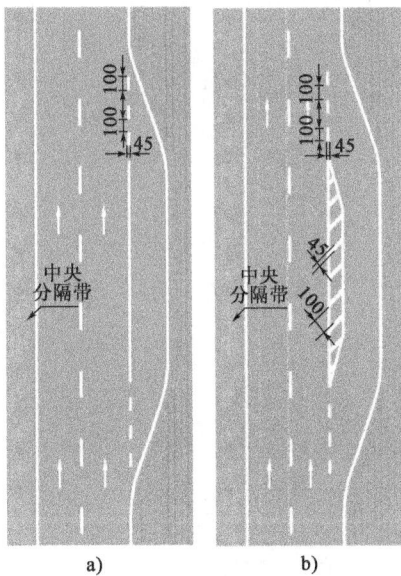

图 8-33　港湾式停靠站标线(尺寸单位:cm)

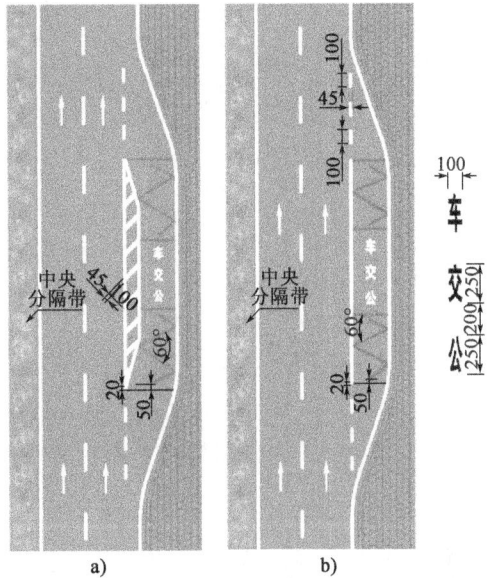

图 8-34　车种专用港湾式停靠站标线(尺寸单位:cm)

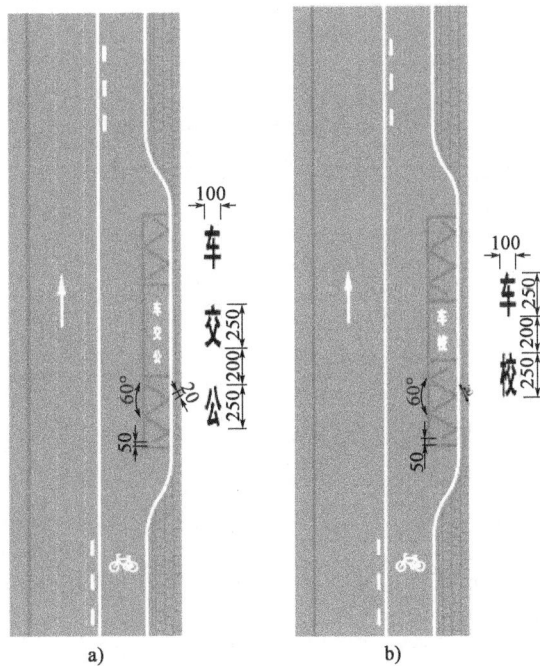

图 8-35　路边式停靠站标线(尺寸单位:cm)

13)减速丘标线

　　布置减速丘的路段,应在减速丘前设置减速丘标线,以提前告知道路使用者。减速丘标线由设置在减速丘上的标记和设置在减速丘上游的前置标线组成。减速丘标线应采用反光标线。大型减速丘标线设置如图 8-36 所示,小型减速丘标线设置如图 8-37 所示,标线尺寸如图8-38所示。减速丘与人行横道联合设置时,可省略减速丘上的标记部分,示例如图8-39所示。

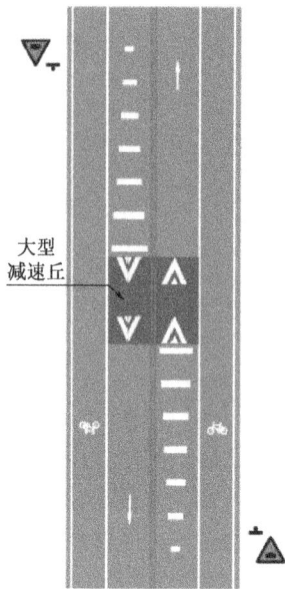

图8-36 大型减速丘标线设置示例

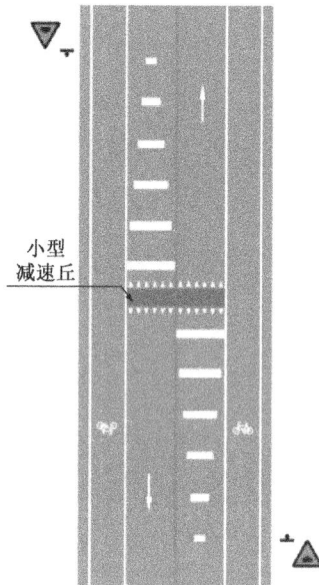

图8-37 小型减速丘标线设置示例

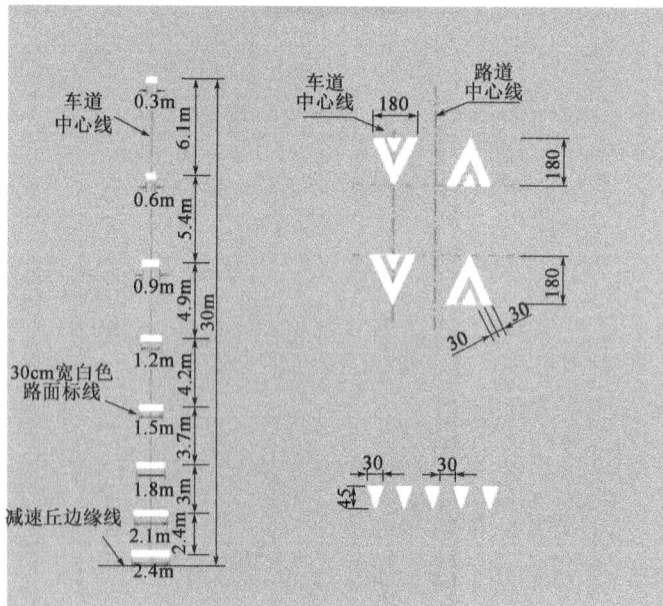

图8-38 减速丘标线(尺寸单位:cm)

14)导向箭头

导向箭头用以指示车辆的行驶方向。在行驶方向受限制的交叉入口车道内、车道数减少路段的缩减车道内、设有专用车道的交叉口或路段、畸形或复杂的交叉口、渠化后的车道内应设置导向箭头。

导向箭头的基本形状及含义如上一节表8-6(导向箭头含义及尺寸)所示。导向箭头的颜色为白色,可根据实际车道导向需要设置,组合使用时不宜超过2种方向。

交叉路口驶入段的车道内,应有导向箭头标明各车道的行驶方向。距路口最近的第一组导向箭头在距停止线3~5m处设置,第二组在导向车道的起始位置设置,箭头起始端部与导向车道线起始端部平齐,第三组及其他作为预告箭头,在距第二组箭头前30~50m间隔设置,预告箭头指示方向应与前方导向车道允许行驶方向保持一致,导向箭头应用示例如图8-40所示。

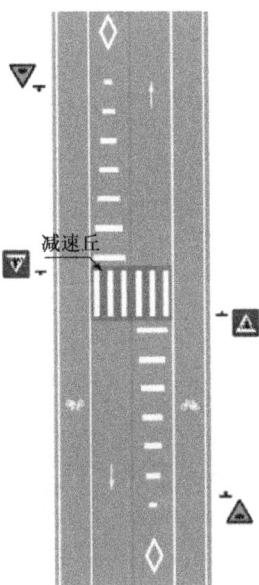

图8-39 减速丘与人行横道合设时标线的设置示例

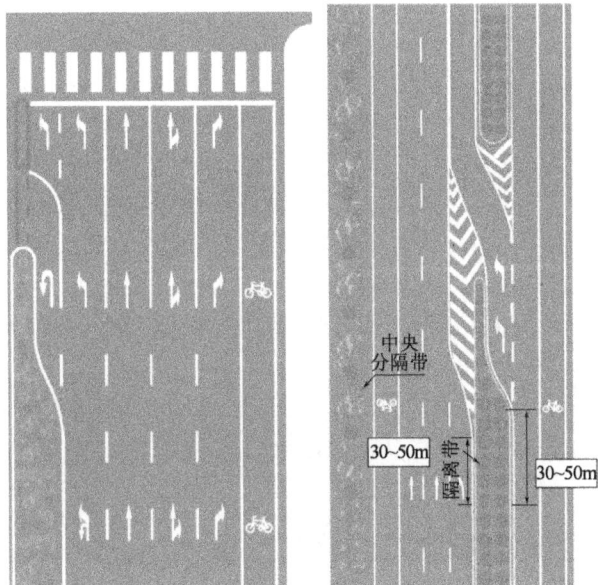

图8-40 导向箭头应用示例

15) 路面文字标记

路面文字标记是利用路面文字指示或限制车辆行驶的标记。路面文字标记的高度应根据道路设计速度确定,除特殊规定外,路面文字标记的规格应符合表8-2的规定。

速度限制标记表示车辆行驶的限制车速,用于需要限制车辆最高行驶速度或最低行驶速度的车道起点和其他适当位置。表示最高限速值数字的颜色为黄色,可单独使用;表示最低限速值数字的颜色为白色,应和最高限速值数字同时使用。限速标记数字高度按照表8-2选取,限速标记设置示例如图8-41所示。

需要设置路面限速标记且易发生事故的地点,也可将最高限速的标志版面图形施划于路面作为路面限速提示用标记,该标记应为反光标记且应与限速标志配合使用,并注意应用抗滑的标线材料。施划于路面的限速标志版面图形为长短轴之比为2.5:1的椭圆,长轴与行车方向平行,长轴最长不超过6m,其他尺寸按照规定选择。示

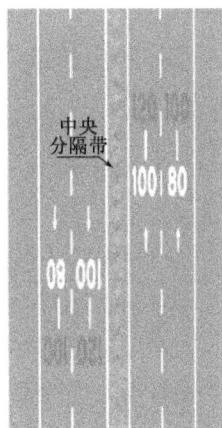

图8-41 路面限速标记设置示例一

例如图 8-42 所示。

路面文字标记可包括道路行驶方向的指示信息、特定时间段指示信息、出口提示信息等内容。汉字标记应沿车辆行驶方向由近及远竖向排列,数字标记沿车辆行驶方向横向排列。

16)路面图形标记

设置于车道或停车位内的路面图形标记宽度应为车道或停车位宽度的一半,并就近取 10cm 的整倍数。

非机动车路面标记:施划于车道起点或车道中时,表示该车道为非机动车道。如图 8-43 所示。

残疾人专用停车位路面标记:施划于残疾人专用停车位内,即此车位为残疾人专用车或载有残疾人车辆的专用停车位,其他车辆不得占用。

注意前方路面状况标记:在不易发现前方路面状况发生变化的路段,需要提醒驾驶人注意以尽早采取措施,可设置注意前方路面状况标记。本标记为白色实折线,线宽 20cm,顶角为 60°,设置高度及设置范围视实际需要而定,如图 8-44 所示。

图 8-42 路面限速标记
设置示例二

图 8-43 非机动车道路面标记

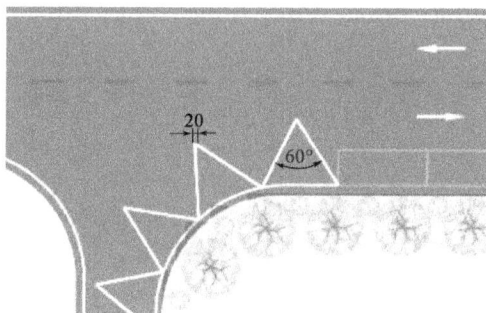

图 8-44 注意前方路面状况标记

二、禁止标线

1. 禁止标线的分类

(1)纵向禁止标线包括:禁止跨越对向车行道分界线;禁止跨越同向车行道分界线;禁止停车线。

(2)横向禁止标线包括:停止线;停车让行线;减速让行线。

(3)其他禁止标线包括:非机动车禁驶区标线;导流线;网状线;专用车道线;禁止掉头(转弯)线。

2. 禁止标线设计要点

1)禁止跨越对向车行道分界线

禁止跨越对向车行道分界线有双黄实线、黄色虚实线及单黄实线三种类型,用于分隔对向行驶的交通流,并禁止双方向或一个方向车辆跨线或压线行驶。

双黄实线,禁止双方向车辆跨线或压线行驶。黄色实线线宽一般为 15cm,特殊情况下可降低至 10cm,两标线的间隔一般为 10~30cm。如图 8-45 所示。在路面较宽时,为保证车行道宽度不大于 3.75m,双黄线间距可以适当调整。在双黄线间距大于 50cm 时应用黄色斜线或其他设施填充两条黄实线间的部分,禁止车辆压线或进入该区域。黄色斜线填充线线宽 45cm,间隔 100cm,倾斜角度为 45°。设置示例如图 8-46 所示。

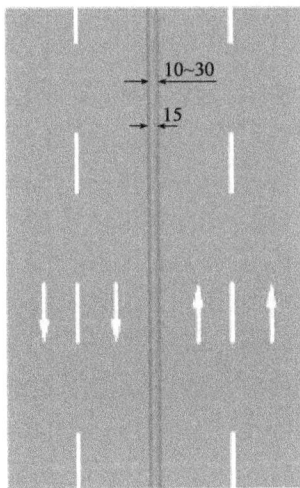

图 8-45 双黄实线禁止跨越对向车行
道分界线(尺寸单位:cm)

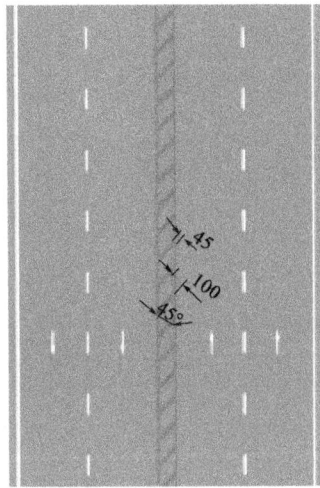

图 8-46 黄色斜线填充双黄实线禁止跨越对向
车行道分界线示例(尺寸单位:cm)

黄色虚实线,实线一侧禁止车辆越线或压线行驶,虚线一侧准许车辆暂时越线或转弯。标线线宽一般为 15cm,特殊情况下可降低至 10cm,两标线的间隔一般为 10 ~ 30cm,虚线段与间隔长分别为 4m 和 6m,如图 8-47 所示。施划中心黄色虚实线的三机动车道道路直线段,一个方向车行道数从两车行道改变为一车行道(或从一车行道改变为两车行道)时采用过渡标线,设置示例如图 8-48 所示;另有视距受限的平曲线路段黄色虚实线和视距受限的竖曲线路段黄色虚实线[可参照《道路交通标志和标线》(GB 5768)]。

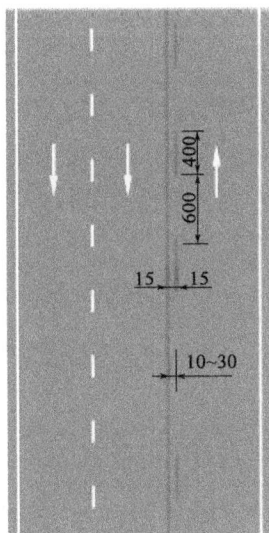

图 8-47 黄色虚实线禁止跨越对向车行道
分界线(尺寸单位:cm)

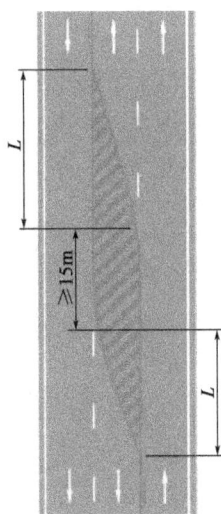

图 8-48 三车行道道路直线段黄色虚实线
划法示例(尺寸单位:cm)

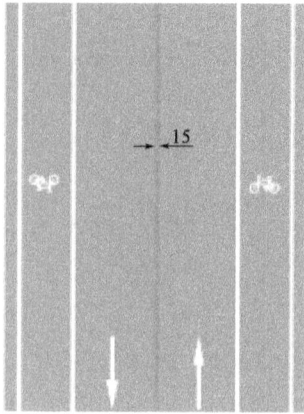

图 8-49 黄色单实线(尺寸单位:cm)

黄色单实线,禁止双方向车辆跨线或压线行驶。标线线宽 15cm,在路面较宽时,为保证车行道宽度不大于 3.75m,黄色单实线线宽可以适当增加,最大为 30cm,如图 8-49 所示。

2)禁止跨越同向车行道分界线

用于禁止车辆跨越车行道分界线进行变换车道和借道超车。用于路口驶入段时,也可称作导向车道线,其施划长度应根据路口的几何线形确定,一般不小于 30m。本标线为白色实线,一般线宽为 10cm 或 15cm,交通量非常小的农村公路、专属专用道路等特殊应用情况下,线宽可采用 8cm。可采用振动标线的形式。如图 8-50 所示。

3)禁止停车线

禁止停车线分为禁止长时停车线和禁止停车线两种。

(1)禁止长时停车线:用以禁止路边长时停、放车辆,但一般情况下允许装卸货物或上下人员等的临时停放。本标线为黄色虚线,宜施划于道路缘石正面及顶面,无缘石的道路可施划于路面上,距路面边缘 30cm。黄色虚线的宽度为 15cm,或与缘石宽度相同,线段长 100cm,间隔 100cm。标线的划法如图 8-51 所示。

(2)禁止停车线:用以指示禁止路边停、放车辆。本标线为黄色实线,施划于道路缘石正面及顶面,无缘石的道路可施划于路面上,距路面边缘 30cm。黄色实线的宽度为 15cm,或与缘石宽度相同,施划的长度表示禁停的范围。标线的划法如图 8-52 所示。

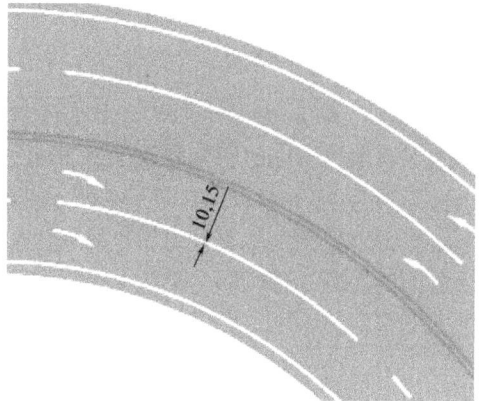

图 8-50 双色双实线(尺寸单位:cm)

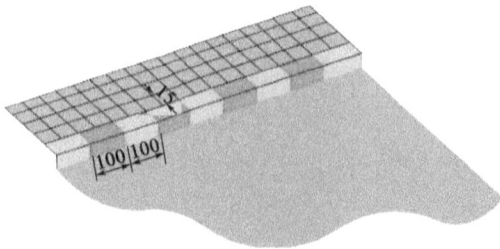

图 8-51 禁止长时停车线

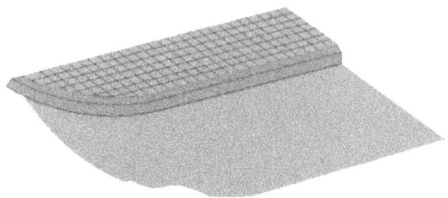

图 8-52 禁止停车线

4)停止线

停止线表示车辆等候放行的停车位置。可施划于有交通信号控制的交叉路口、铁路平交道口、左弯待转区的前端、人行横道线前及其他需要车辆停止的位置。

停止线为白色实线。双向行驶的路口,停止线应与对向车行道分界线连接。单向行驶的路口,其长度应横跨整个路面,其宽度可根据道路等级、交通量、行驶速度的不同选用 20cm、30cm、40cm。设有人行横道时,停止线应距人行横道 100 ~ 300cm,如图 8-53 所示。停止线对横向道路左转弯机动车正常通行有影响的,可适当后移,或部分车道的停止线作适当后移,后移距离可以根据实际情况决定,一般在100~300cm,如图8-54所示。

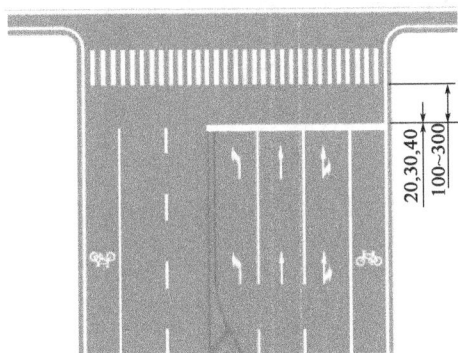

图8-53 停止线(尺寸单位:cm)

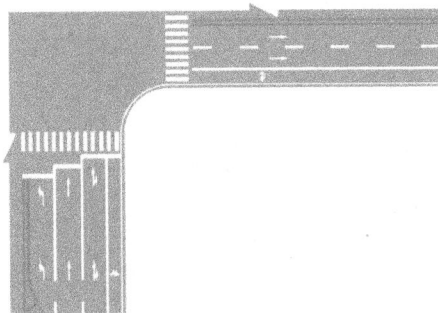

图8-54 停止线错位设置示例

5)停车让行线

停车让行线表示车辆在此路口应停车让干道车辆先行,设有"停车让行"标志的路口,除路面条件无法施划标线外均应设置停车让行标线。

停车让行线为两条平行白色实线和一个白色"停"字。双向行驶的路口,白色双实线长度应与对向车行道分界线连接;单向行驶的路口,白色双实线长度应横跨整个路面。白色实线宽20cm,间隔20cm,"停"字宽100cm,高250cm。如有人行横道线时,停车让行线应距人行横道线100~300cm,如图8-55所示。

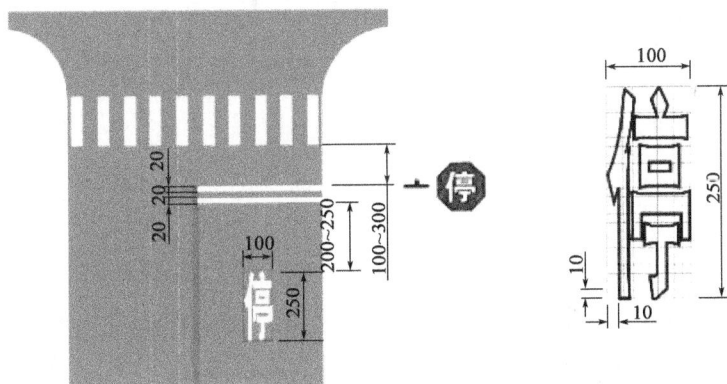

图8-55 停车让行线(尺寸单位:cm)

减速让行线表示车辆在此路口应减速让干道车辆先行。设有"减速让行"标志的路口,除路面条件无法施划标线外均应设置减速让行标线。

减速让行线为两条平行的虚线和一个倒三角形,颜色为白色。双向行驶的路口,白色虚线长度应与对向车行道分界线连接;单向行驶的路口,白色虚线长度应横跨整个路面。虚线宽20cm,两条虚线间隔20cm。倒三角形底宽120cm,高300cm。如有人行横道线时,减速让行线距人行横道线100~300cm,如图8-56所示。

6)非机动车禁驶区标线

在无专用左转弯相位信号控制的较大路口或其他需要规范非机动车行驶轨迹的路口内,

可设非机动车禁驶区标线,用以告示非机动车使用者在路口内禁止驶入的范围。非机动车禁驶区范围以机动车道外侧边缘为界,可配合设置中心圈。左转弯非机动车应沿禁驶区范围外绕行,且两次停车,其停止线长度不应小于相应非机动车道宽度,如图 8-57 所示。

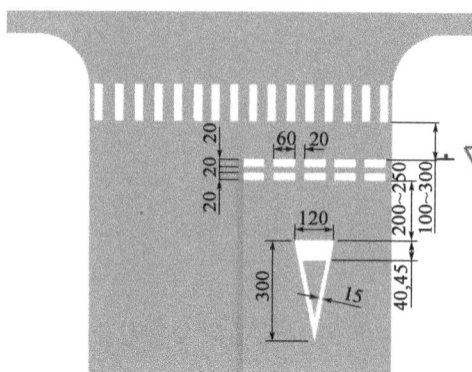

图 8-56　减速让行线(尺寸单位:cm)

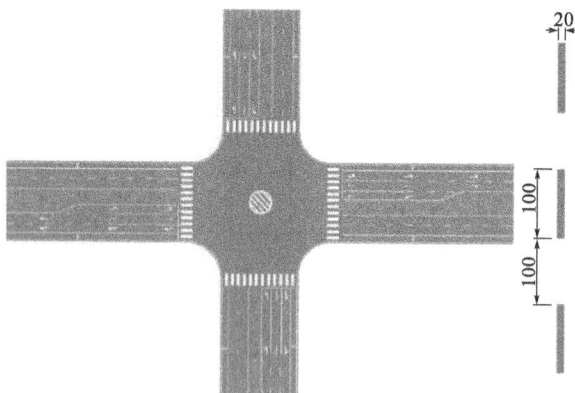

图 8-57　非机动车禁驶区标线(尺寸单位:cm)

7)导流线

导流线表示车辆需按规定的路线行驶,不得压线或越线行驶。主要用于过宽、不规则或行驶条件比较复杂的交叉路口,立体交叉的匝道口或其他特殊地点。导流线应根据交叉路口的地形和交通流量、流向情况进行设计。

导流线的颜色为白色,与道路中心线相连时,也可用黄色。标线形式可分为单实线、V 形线及斜纹线三种。外围线宽 15cm 或 20cm,内部填充线宽为 40cm 或 45cm,间隔 100cm,倾斜角为 45°。导流线设置示例如图 8-58、图 8-59 所示。

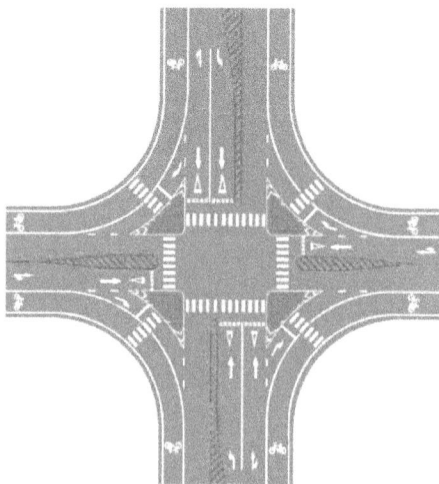

图 8-58　十字交叉口导流线设置示例

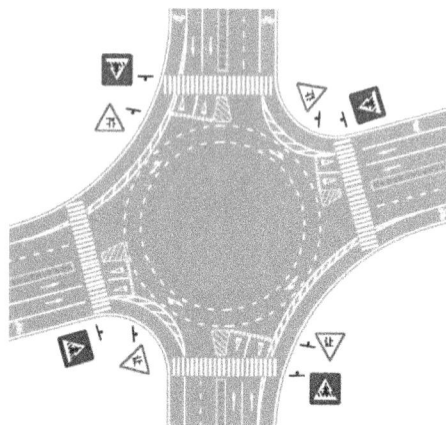

图 8-59　平面环形交叉口导流线设置示例

8)中心圈

中心圈可设在平面交叉路口的中心,用以区分车辆大、小转弯或作为交叉口车辆左右转弯的指示,车辆不得压线行驶。

中心圈有圆形和菱形两种形式,颜色为白色。中心圈直径及形状应根据交叉路口大小确定,圆形的直径不小于1200cm,菱形的对角线长度不小于1500cm。尺寸及形状如图8-60、图8-61所示。

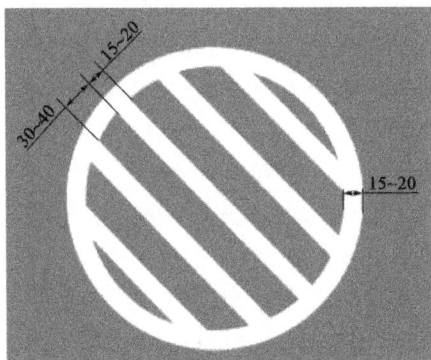

图8-60 线53 圆形中心圈(尺寸单位:cm)

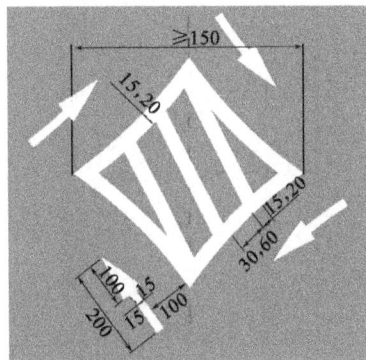

图8-61 线54 菱形中心圈(尺寸单位:cm)

9)网状线

网状线用以标示禁止因任何原因停车的区域,视需要划设于易发生临时停车造成堵塞的交叉路口、出入口及其他需要设置的位置。

标线颜色为黄色,外围线宽20cm,内部网格线与外边框夹角为45°,内部网格线宽10cm,斜线间隔100~500cm,如图8-62所示。设置示例如图8-63所示。

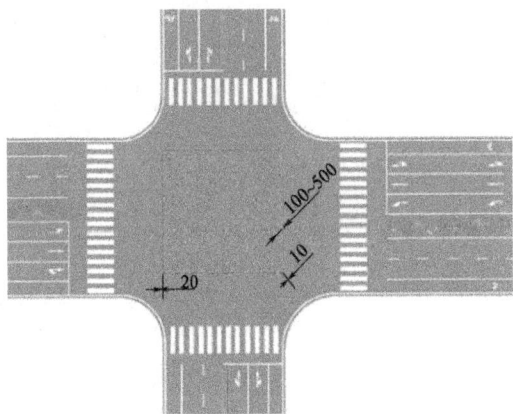

图8-62 网状线(尺寸单位:cm)

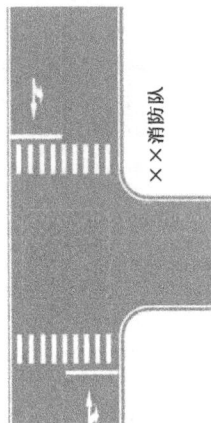

图8-63 网状线设置示例

10)车种专用车道线

公交车专用车道线由黄色虚线及白色文字组成,表示除公交车外,其他车辆及行人不得进入该车道。黄色虚线的线段长和间隔均为400cm,线宽为20cm或25cm。标写的文字为:公交专用或BRT专用。如该车道为分时专用车道,可在公交专用文字下加标公共汽车专用的时间。汉字及数字字高、高宽比例、排列方式按相关规定确定。

公交车专用车道线从起点开始施划,每经过一个交叉口重复出现一次字符。如交叉口间隔距离较长,也可在中间适当地点增加施划字符,如图8-64所示。小型车专用车道线和大型车道标线类似设置。

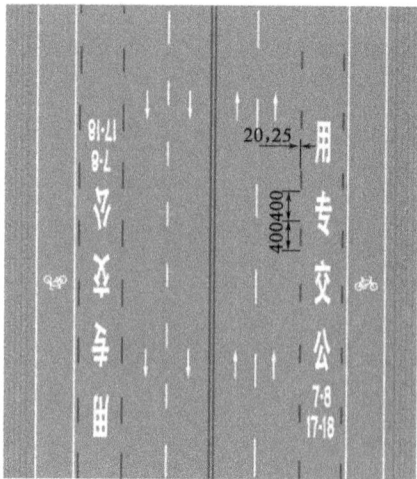

图 8-64　公交车专用车道线(尺寸单位:cm)

乘员车专用车道线:由白色虚线及白色文字组成,表示该车行道为有多个乘车人的多乘员车辆专用的车道,未载乘客或乘员数未达规定的车辆不得入内行驶。白色虚线的线段长度和间隔均为400cm,线宽为20cm或25cm。标写的文字为:多乘员专用。如该车道为分时专用车道,可在文字下加标专用的时间。汉字及数字字高、高宽比例、排列方式按规定确定,如图 8-65 所示。

非机动车道线由车道线、非机动车标记图案和"非机动车"文字组成,一般情况下可仅采用非机动车标记图案而不标文字标记,如图 8-66 所示。除特殊点段外,该车道为非机动车道,机动车不得进入。非机动车道标线颜色为蓝色时,表示此车道仅供非机动车行驶,行人及其他车辆不得进入。

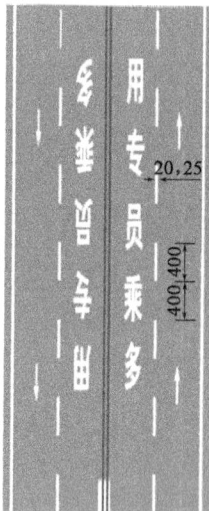

图 8-65　多乘员车专用车道线(尺寸单位:cm)

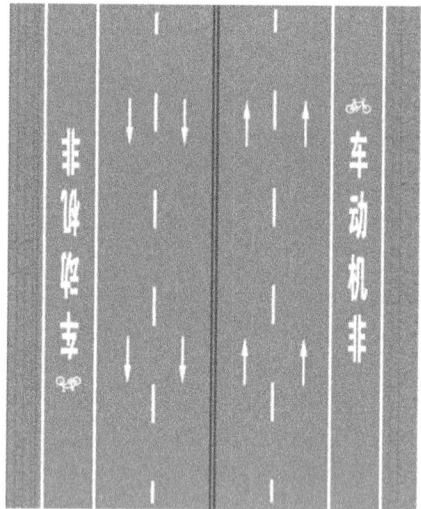

图 8-66　非机动车道线

11) 禁止掉头(转弯)标记

用于禁止车辆掉头或转弯的路口或区间。禁止掉头(转弯)标记由黄色导向箭头和黄色叉形标记左右组合而成,黄色叉形标记位于左侧,如本车道为限时禁止掉头(转弯)车道,应在禁止掉头(转弯)标记下附加禁止掉头(转弯)时间段的黄色文字。黄色导向箭头的尺寸按表8-6 的规定确定,叉形标记与导向箭头宽度及长度相同,两者之间间隔50cm,如图 8-67、图 8-68 所示。禁止掉头(转弯)标记应与禁止掉头(转弯)标志配合设置。

三、警告标线

1. 警告标线的分类

(1)纵向标线,包括:路面(车行道)宽度渐变段标线、接近障碍物标线、近铁路平交道口标线。

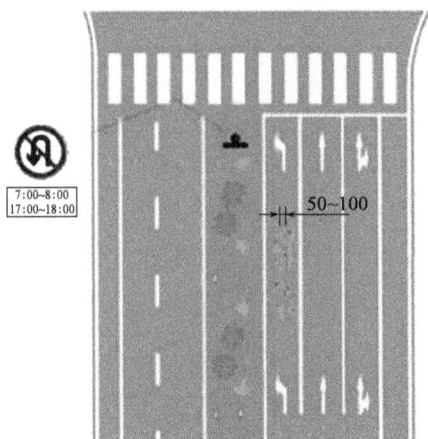

图 8-67　禁止掉头标记(尺寸单位:cm)

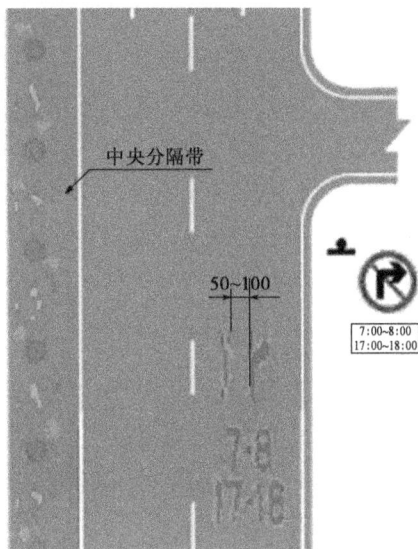

图 8-68　禁止转弯标记(尺寸单位:cm)

(2)横向标线,包括:减速标线。

(3)其他标线,包括:立面标记、实体标记。

2.警告标志设计要点

1)路面(车行道)宽度渐变段标线

用以警告车辆驾驶人路宽或车道数变化,应谨慎行车,并禁止超车。标线颜色为黄色。渐变段的长度 L 按式(8-1)确定:

$$L = \begin{cases} V^2W/155 & (V \leqslant 60\text{km/h}) \\ 0.625VW & (V > 60\text{km/h}) \end{cases} \tag{8-1}$$

式中: L ——渐变段的长度(m);

V ——设计车速(km/h);

W ——变化宽度(m)。

式(8-1)计算结果大于如表 8-7 所示最小值时,采用计算结果作为实际渐变段长度,反之采用如表 8-7 所示最小值作为实际渐变段长度。对于设计速度与实际运行速度偏离较大的道路,可以用实际运行速度值代替设计速度值确定渐变段长度。

渐变段长度最小值　　　　　　　　　　　　　　　　　　表 8-7

设计速度(km/h)	最小值(m)	设计速度 V(km/h)	最小值(m)
20	20	60	40
30	25	70	70
40	30	80	85
50	35	>80	100

如图 8-69、图 8-70 所示为路宽缩减或车行道数量变化时过渡段标线的划法示例,图中 L 为渐变段长度, M 为安全停车视距; D 为路宽缩减终点标线延长距离,设计速度不小于 60km/h 的道路 D 取 40m,其他道路 D 取 20m。在路宽缩窄的一侧应划车行道边缘线,并应配合设置窄路标志。路面(车行道)宽度渐变段标线可用填充线形式,填充线为倾斜的平行粗实线。线

宽 45cm,间隔 100cm,倾斜角度为 45°。如图 8-71、图 8-72 所示为应用示例。

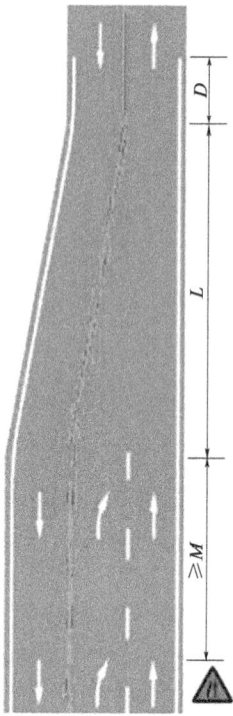

图 8-69　三车行道变为双车行道渐变段标线设置示例

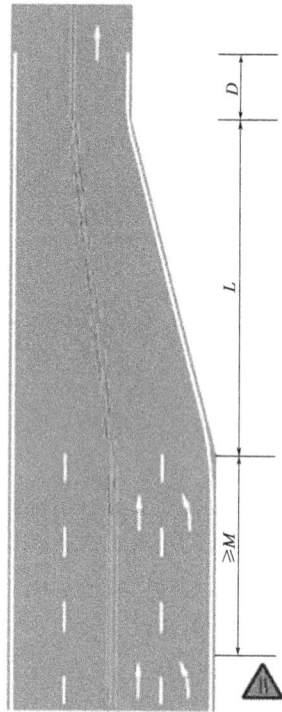

图 8-70　四车行道变为双车行道渐变段标线设置示例

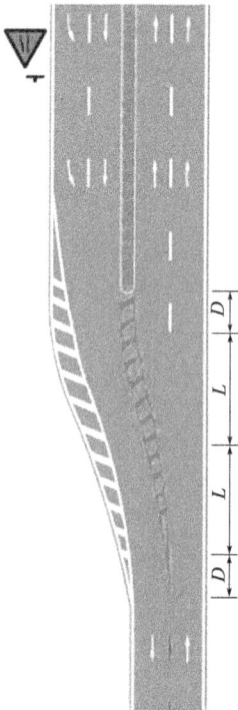

图 8-71　两车行道变为四车行道填充线渐变段标线设置示例

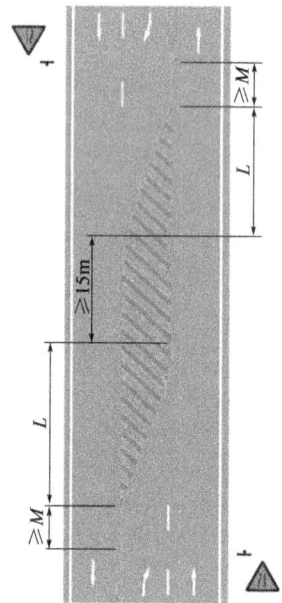

图 8-72　三车行道道路填充线渐变段标线设置示例

2）接近障碍物标线

用以指示路面有固定性障碍物,警告车辆驾驶人谨慎行车,引导交通流顺畅驶离障碍区域。接近障碍物标线的颜色,应根据障碍物所在的位置,与对向车行道分界线或同向车行道分界线的颜色一致。标线外廓为实线,内部以填充线填充,外廓实线宽度原则上与相接的对向车行道分界线或同向车行道分界线相同,填充线为倾斜的平行粗实线,线宽45cm,间隔100cm,倾斜角度为45°。当道路中心或车道中有上跨桥梁的桥墩、中央分隔带端头、标志杆柱及其他可能对行车安全构成威胁的障碍物时,应设置接近障碍物标线来指引驾驶员顺利地绕过障碍物。设置示例如图8-73、图8-74所示。图中 L 为渐变段长度,按规定取值;D 为标线延长距离,设计速度不小于60km/h的道路 D 取40m,其他道路 D 取20m。

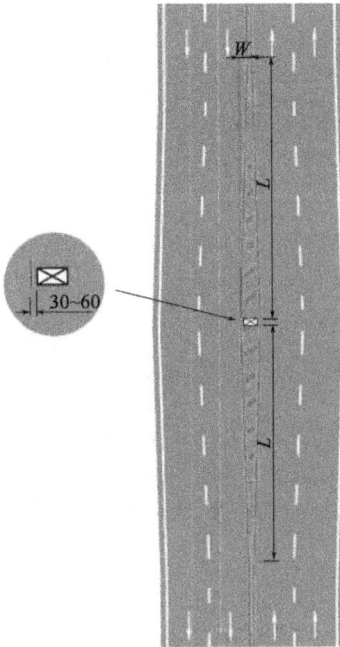

图8-73 双向四车行道道路接近道路中心障碍物
标线设置示例(尺寸单位:cm)

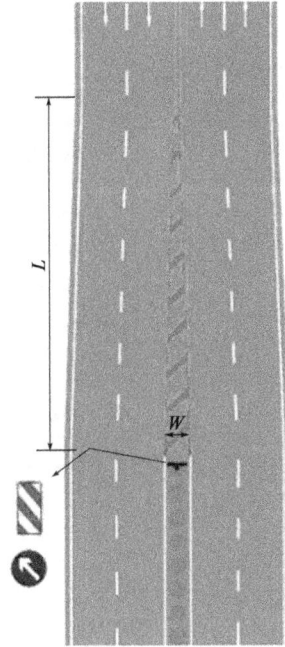

图8-74 接近实体中分带标线设置
示例(尺寸单位:cm)

收费岛迎车流方向地面标线用以标示收费车道的位置,为缴费车辆提供清晰标记。收费岛头地面标线的颜色为白色,线宽45cm,间隔100cm,倾斜角度为45°,外围标线宽20cm。标线应划在迎车行方向,长1500cm,如图8-75所示。

当障碍物为中央分隔墩、隧道洞口、收费岛、实体安全岛或导流岛、灯座、标志基座等立体实物时,在实体立面上应设置立面或实体标记,地面标线处可配合设置防撞设施。标线距离实体障碍物的最小偏移距离为30cm,从标线中间计算到障碍物表面。

3）近铁路平交道口标线

近铁路平交道口标线用以指示前方有铁路平交道口,警告车辆驾驶人应在停车线处停车,在确认安全情况下或信号灯放行时,才可通过。线条及标字规定如下:

（1）交叉线为白色反光标线,线宽40cm,长600cm,宽300cm。

（2）"铁路"标字,白色反光,标写于交叉线的左右部位,单个字高200cm,宽70cm。

（3）横向虚线,白色反光,线宽40cm,线段长60cm,间隔60cm。

（4）禁止超车线,黄色反光,与对向车行道分界线标线宽度一致,长度应大于 30m。

（5）停止线,白色反光,线宽 40cm。

近铁路平交道口标线应与铁路道口警告标志及停车让行标志配合设置,有关设施的设置应符合《工业企业厂内铁路、道路运输安全规程》（GB 4387—2008）的规定。近铁路平交道口标线设置及铁路标字如图 8-76 所示。

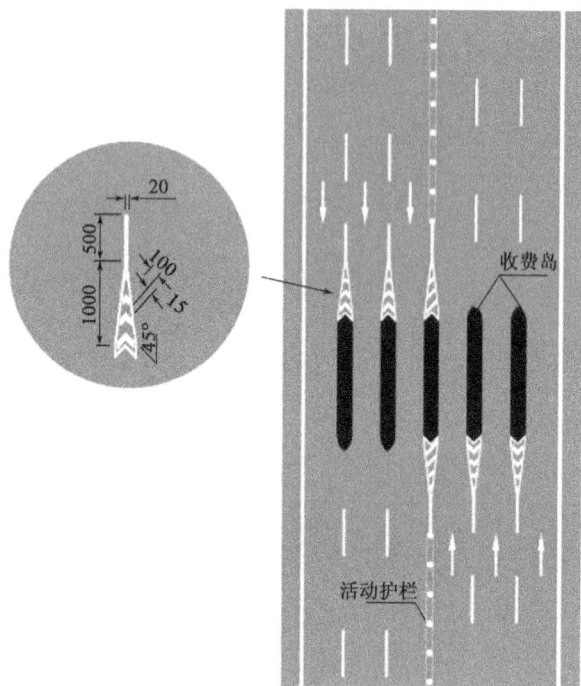

图 8-75 收费岛地面标线(尺寸单位:cm)

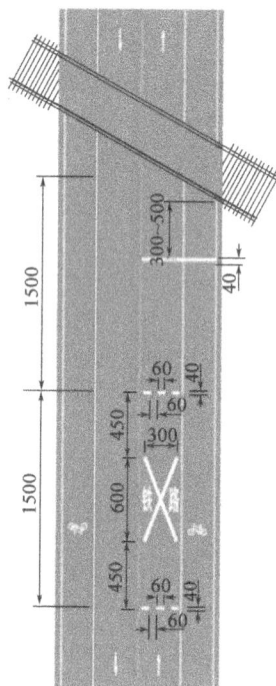

图 8-76 铁路平交道口标线(尺寸单位:cm)

4）减速标线

用于警告车辆驾驶人前方应减速慢行。收费广场减速标线设于收费广场适当位置,为白色反光虚线,根据设置位置的不同,可以是单虚线、双虚线和三虚线,垂直于行车方向设置。收费广场减速标线应按以下原则配置:使驶向收费车道的车辆通过各标线间隔的时间大致相等,以利于行驶速度逐步降低,减速度一般设计为 1.8m/s^2。减速标线尺寸如图 8-77 所示。收费

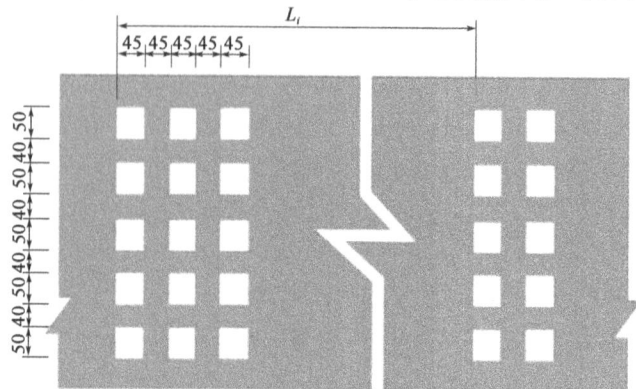

图 8-77 收费广场减速标线(尺寸单位:cm)

广场减速标线设置示例如图 8-78 所示。第一道减速标线设置于距广场中心线 50m 的地方,其余标线按表 8-3 的规定设置。视收费广场长度、景观及管理需求,收费广场减速标线设置数量以 5 道(最少)至 12 道(最多)为宜。

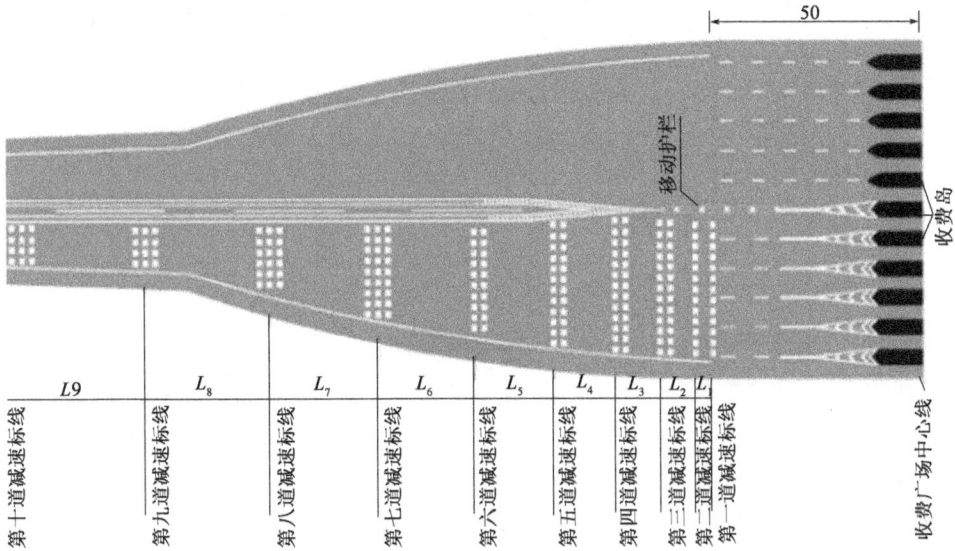

图 8-78 收费广场减速标线设置示例(尺寸单位:m)

车行道减速标线设置于弯路、坡路、隧道洞口前、长下坡路段及其他需要减速的路段前或路段中的机动车行车道内,分为车行道横向减速标线和车行道纵向减速标线,可采用振动标线的形式。

车行道横向减速标线为一组垂直于车道中心线的白色标线,线宽 45cm,线与线间距 45cm,如图 8-79 所示。车行道横向减速标线的设置间隔应使车辆通过各标线间隔的时间大致相等,以利于行驶速度逐步降低,减速度一般设计为 $1.8m/s^2$。可按表 8-4 的规定设置。车行道横向减速标线的设置示例如图 8-80 所示。

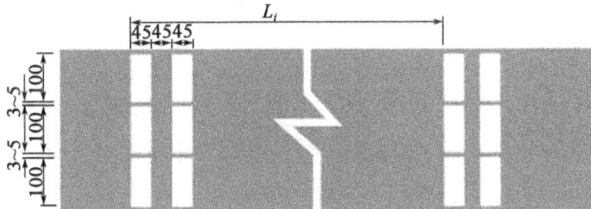

图 8-79 车行道横向减速标线(尺寸单位:cm)

车行道纵向减速标线为一组平行于车行道分界线的菱形块虚线,尺寸如图 8-81 所示。在车行道纵向减速标线的起始位置设置 30m 的渐变段,菱形块虚线由窄变宽,渐变段设置形式如图 8-82 所示。车行道纵向减速标线设置示例如图 8-83 所示。

5)立面标记

立面标记用以提醒驾驶人注意,在车行道或近旁有高出路面的构造物。可设在道路净空范围内的跨线桥、渡槽等的墩柱立面、隧道洞口侧墙端面及其他障碍物立面上,标线为黄黑相间的倾斜线条,斜线倾角为 45°,线宽及其间距均为 15cm。在设置时应把向下倾斜的一边朝向车行道,如图 8-84 所示。

261

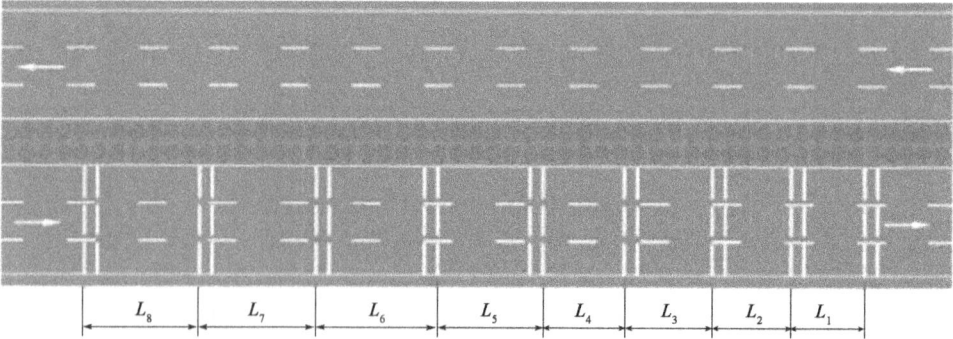

图 8-80 车行道横向减速标线设置例

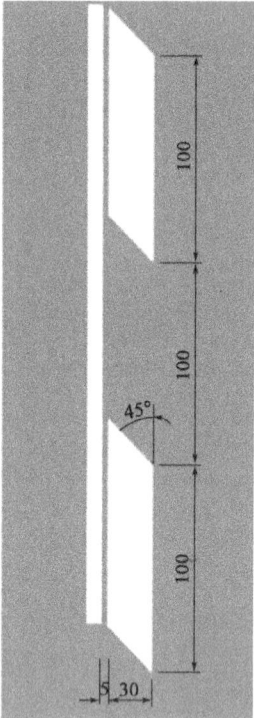

图 8-81 车行道纵向减速标线
（尺寸单位:cm）

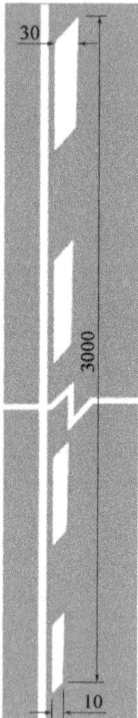

图 8-82 车行道纵向减速标线渐
变段(尺寸单位:cm)

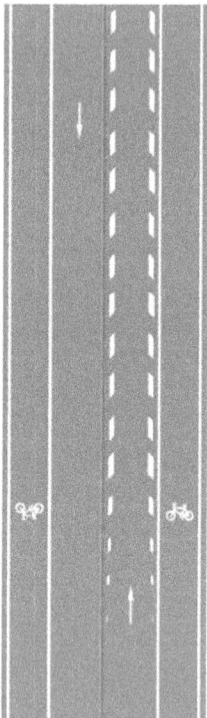

图 8-83 车行道纵向减速
标线设置示例

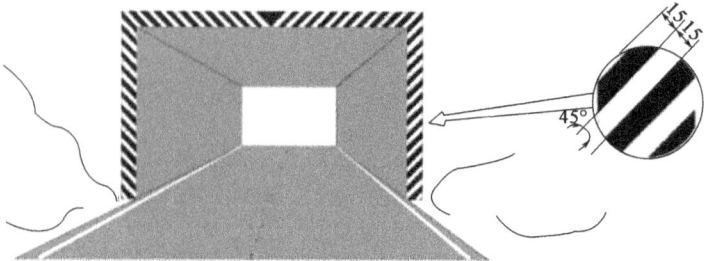

图 8-84 立面标记(尺寸单位:cm)

6）实体标记

实体标记用以给出道路净空范围内实体构造物的轮廓，提醒驾驶人注意。可设在道路净空范围内的上跨桥梁的桥墩、中央分隔墩、收费岛、实体安全岛或导流岛、灯座、标志基座及其他可能对行车安全构成威胁的立体实物表面上，标线为黄黑相间的倾斜线条，线宽各15cm，由实体中间以45°角向两边施划，向下倾斜的一边朝向车行道。

四、标线综合运用

1. 平面交叉标线

1）设置原则

（1）应充分体现平面交叉的形式、交通流特点，合理分配主、次公路，明确优先通行权，使主要公路或主要交通流畅通、冲突点少、冲突区小且分散。

（2）应减少驾驶人在平面交叉处操作的复杂程度，尽量减小平面交叉的通过距离。

（3）应使车辆较平稳地到达平面交叉处，减少车辆之间的速度差。

（4）应充分考虑弱势群体的需求，使其安全通过平面交叉。人行横道线的设置应充分考虑行人流量、公路等级和交通管理方式等因素。

（5）应与交通标志紧密配合，不应相互冲突或矛盾。

2）平面交叉标线分类

（1）平面交叉出入部分的路面标线，包括：车行道分界线、导向车道线、车行道导向箭头等。

（2）平面交叉内的路面标线，包括：停止线、停车让行线、减速让行线、人行横道线、非机动车禁驶区标线、中心圈、左弯待转区线、左（右）转弯导向线、导流线等。

3）平面交叉出入部分的路面标线

（1）左转弯专用车道标线。

①应积极设置左转弯专用车道。四车道公路除左转交通量很小者外，均应设置左转弯专用车道；二级公路符合下列情况之一者，应设置左转弯专通车道：

a. 与高速公路或一级公路互通式立体交叉连接线相交的平面交叉。

b. 非机动车较多且设置慢车道的平面交叉。

c. 左转弯交通会引发交通拥堵或交通事故时。

②当设置左转弯专用车道时，应首先考虑适当加宽路口或缩减车道宽度。当受条件限制无法实施时，可按下列顺序选择合理的左转弯专用车道线设置方法：

a. 缩减中央分隔带宽度设置左转弯专用车道，如图8-85所示。当中央分隔带剩余部分宽度不足50cm且本身未加高时，可仅设置路面标线。

b. 当中央分隔带宽度较小，仅靠缩减中央分隔带宽度不足以设置左转弯专用车道时，可采用缩减中央分隔带宽度和缩减车行道宽度相结合的方法开辟左转弯专用车道。渐变段宽度由式（8-2）计算确定。

c. 当无法利用缩减中央分离带宽度确保左转弯专用车道宽度时，可偏移公路中心线并缩减平面交叉驶入处的车行道宽度，以设置左转弯专用车道。渐变段宽度由式（8-2）计算确定，其中 W_1 采用公路中心线偏移的距离（m）。

$$S = \frac{6L(W_1 + W_2)}{6L + vW_2} \qquad (8\text{-}2)$$

式中：S——渐变段宽度(m)；

v——设计速度(km/h)；

L——渐变段长度(m)，其中 $W = \max(W_1 + W_2)$；

W_1——中央分隔带宽度缩减值(m)；

W_2——车行道分界线偏移的距离(m)。

d.缩减硬路肩或非机动车道的宽度设置左转弯专用车道：在设置了硬路肩或非机动车道的公路，可在平面交叉附近缩减硬路肩或非机动车道的宽度，以设置左转弯专用车道。如仍不能确保左转弯专用车道的宽度，则平面交叉处其他车行道的宽度可适当缩减。

e.当双车道公路条件受限制时，可通过对向车行道分界线向左适当偏移的方式设置简易鱼肚皮形标线，形成左转弯专用车道。

（2）右转弯专用车道标线。

右转弯专用车道的长度确定方法可参照左转弯专用车道，但应考虑行人对右转车辆的影响，对长度进行适当调整。右转弯专用车道设置示例如图 8-86 所示。

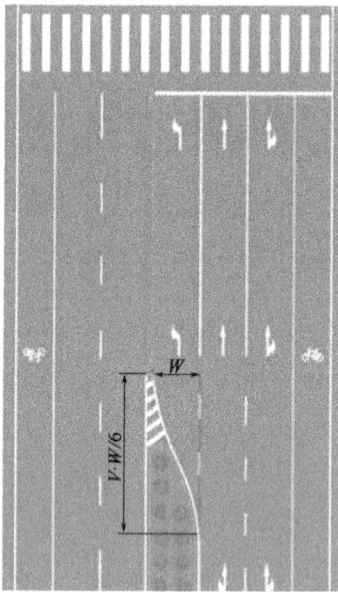

图 8-85　左转弯专用车道标线设置示例　　　图 8-86　右转弯专用车道设置示例(尺寸单位:cm)

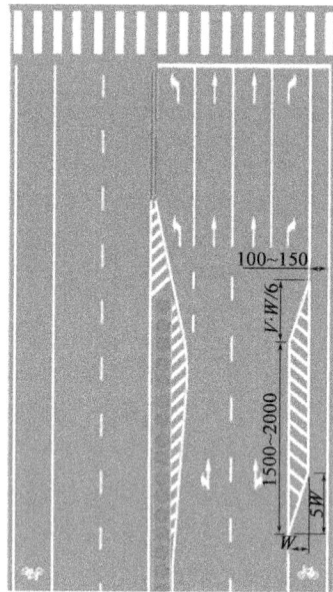

（3）出入口导向车道线及导向箭头。

①出入口导向车道线的长度应根据平面交叉的几何线形确定，最短长度应为 30m。导向车道线为单白实线，禁止车辆变换车行道。

②平面交叉驶入段的车行道内，除可变导向车道外，应有导向箭头标明各车行道的行驶方向。

4）平面交叉内的路面标线

（1）人行横道线

①行人一次横穿公路的距离应控制在 30m 以下，否则应在合适的位置设置安全岛。

②人行横道的最小宽度应为3m,可根据实际情况以1m为一级加宽。

③当需要预告前方有人行横道时,应在人行横道前的车行道中央设置人行横道线预告标识。设置位置应综合考虑车辆的停车视距和夜间行驶时的可视性,一般在距离人行横道前30~50m处设置一个,在其前10~20m间隔处增设一个。根据具体情况,可再重复设置一个。当人行横道位于公路曲线转弯路段的前方或其他视距不足处时,应设置"注意行人"警告标志。

(2)停止线

①停止线宜与公路中心线垂直。

②当有人行横道时,停止线应设置在人行横道前1~3m的位置。

③设置位置应能够被平面交叉周边行驶的车辆明确认知。

④停止线的设置不应妨碍平面交叉内左、右转弯车辆的运行。

(3)让行线

①公路功能、等级、交通量有明显差别的两条公路相交或交通量较大的T形交叉,当两相交公路的通视三角区能得到保证,次要公路与主要公路汇合处应设置减速让行线;否则次要公路应设置停车让行线或设置强制停车或减速设施。当主要公路受条件限制而难以设置应有长度的加速车道时,在其入口附近宜设置减速让行线。

②当相交两条公路的技术等级均低且交通量较小时,行政等级低的被交公路应设置减速让行线;当两条公路的行政等级相同时,相交公路所有方向均宜设置停车让行线。

③进入环形交叉的车辆应让行环形交叉内正在绕行的车辆。

(4)导向线和导流线

①左转弯导向线:当条件允许时,应积极设置左弯待转区,并可根据左转弯交通流的需要设置左转弯导向线。

②当交通流在平面交叉内需要曲线行驶或相对路口有一定错位时,应设置路口导向线。

③右转弯导流线:在有导流岛的右转弯专用车道上,可设置右转弯导流线。

(5)非机动车禁驶区标线

①平面交叉内非机动车专用道的宽度宜根据非机动车交通量确定,不宜小于1.5m。

②当设置有人行横道时,非机动车禁驶区标线应与人行横道线平行。

2. 互通式立体交叉标线

1)设置原则

(1)应充分体现互通式立体交叉的形式和交通流特点,使交通流的转换平滑、顺畅。

(2)应使驾驶人充分体会到公路等级的差异,能充分预测到交通环境的变化。

2)相交公路主线的交通标线设置

(1)相交公路主线路段的车行道边缘线、车行道分界线的设置标准、规格应与标准路段相同。

(2)当主线路段设置辅助车道时,应根据其车行道、硬路肩的宽度设置车行道边缘线和车行道分界线,并应与其他路段的线形相协调。

3)相交公路匝道的交通标线设置

(1)应根据匝道的横断面类型设置对向车行道分界线、同向车行道分界线和车行道边缘线。

(2)交通标线的设置位置应考虑匝道圆曲线加宽值的影响。

(3)当汇流前的匝道仅为超车之需而采用双车道时,宜通过交通标线将汇流前的匝道并流为单车道,并施划相应的路面标记,如图 8-87 所示。

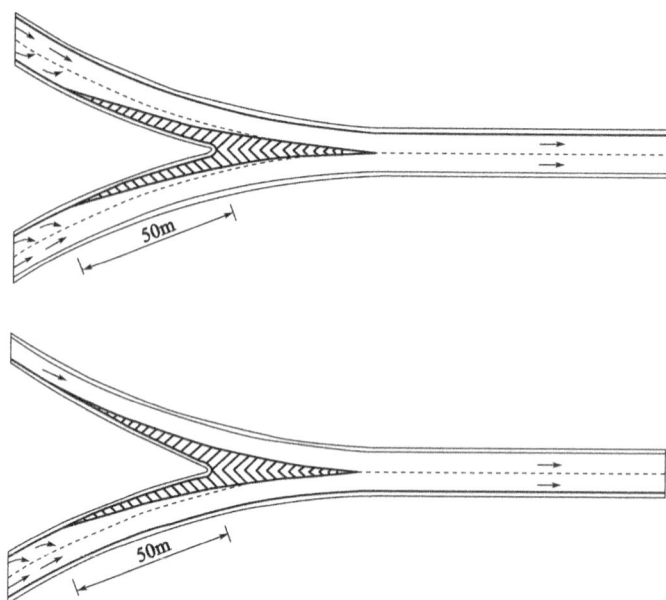

图 8-87　匝道汇流前交通标线的设置

（4）当匝道之间分、合流或双向匝道分离为两条异向匝道时,由匝道车行道边缘线构成的连接部应设置斜向行车方向的斑马线。

（5）集散车道与主线连接处的交通标线,应参照匝道出入口端部的交通标线设置方法进行设置。

4）匝道出入口端部的交通标线设置

（1）匝道出入口的交通标线应根据变速车道的形式、匝道的横断面来确定。主线右侧车行道边缘线和匝道左侧车行道边缘线之间,应设置斜向行车方向的斑马线。斑马线及其设置范围两侧的车行道边缘线均应为白色。

（2）互通式立体交叉路段主线的分流、合流段和匝道间的分流、合流段,应设置分流、合流部标线。主线右侧车行道边缘线和主线或匝道的左侧车行道边缘线之间,应设置体现行车方向的斑马线。

（3）对应的主线相应位置处,宜设置导向箭头。

3.服务区、停车区标线

（1）服务区、停车区出入口端部及匝道标线的设置同互通式立体交叉标线。

（2）服务区、停车区场区内,应根据其总体布局和交通流的组成、行驶方向设置必要的交通标线。

五、标志标线总体设计

道路交通标志和标线是引导道路使用者有秩序地使用道路,以促进道路交通安全、提高道路运行效率的基础设施,交通标志和标线是共同承担告知道路使用者道路通行权利,明示道路交通禁止、限制、遵行状况,告示道路状况和交通状况等信息的功能。在道路、周边空间条件、自然环境等合适的情况下,标志与标线应协调设置。

1.标志标线配合设置的一般原则

(1)如果条件具备,原则上应同时设置交通标志和标线。

(2)路面未铺装,则应设置标志;道路空间受限无法设标志及基础,则应设置标线。

(3)可以只设标线的,要考虑积雪的影响,确定是否设标志。

(4)可以只设标志的,要考虑车辆遮挡等的影响,确定是否设标线。

(5)标志和标线配合使用时,应互为补充或一致,不应产生歧义。

2.交通标志与标线配合建议

如表8-8所示。

交通标志和标线的配合建议　　　　　　　　　　表8-8

情　形		标志	标线	说　明
禁止掉头		必设	可选	
禁止超车		可选	必设	如果需要,在起点、终点设置标志
禁止占用对向车道			只设标线	
禁止车辆停放		原则上必设	可选	要考虑积雪影响; 需要对对向车辆及时间进行限制时,标志必设
最高限速		必设	可选	
禁止驶入的渠化区			只设标线	
平面交叉中心禁止停车			只设标线	
分车型分车道行驶		原则上必设	可选	路面标记可选
专用车道		原则上必设	原则上必设	
公交专用、BRT等车道		原则上必设	原则上必设	
导向车道		原则上必设	原则上必设	可变导向车道,标志为可变标志
转弯方法(中心圈)			只设标线	
环岛		原则上必设	可选	标志指环岛环行车辆优先的指示标志
停车位		可选	原则上必设	有时段、时长要求时,以标志表示,车种要求可以标线表示
自行车在平面交叉的行为			只设标线	专用或禁止
人行横道	设有信号灯的场所		只设标线	未铺装路、积雪等原因,标线的设置及管理困难时,只设标志
	没有设信号灯的场所	必设	必设	标志指人行横道的指示标志; 是否设置"人行横道"警告标志根据实际情况
平面交叉处停、让控制	停车让行	必设	原则上必设	未铺装路、积雪等原因,标线的设置及管理困难时,只设标志
	减速让行	必设	原则上必设	未铺装路、积雪等原因,标线的设置及管理困难时,只设标志
铁路道口	无人看守	原则上必设	原则上必设	如果需要设警告标志。 路面未铺装、积雪等,要设斜杠标志

注:必设、原则上必设均指符合设置条件情况下。

第四节　交通标线材料

交通标线主要划设于道路面层,经受日晒雨淋、风雪冰冻,遭受车辆的冲击磨耗,对标线材料要求很高。所以,在选择标线材料时,对涂料的耐久性、耐磨性、黏结力、施工性和经济性等合理选择,提出了新的挑战和要求。一般,路面标线使用的材料应具有下述性能:

(1)成膜后的鲜明标识效果。标识功能是标线最主要、最基本的功能,道路标线涂料在形成标线后在其寿命周期内始终要保持特定的颜色效果。道路标线涂料应有足够的白色(黄色度)、防褪色、抗污染,白天易于辨认。

(2)持续优良的反光性能。标线不仅在白天清晰醒目,更要在夜间能保持优良的反光性。

(3)优异的附着力。道路标线涂料不论是对新旧沥青路面还是水泥混凝土路面均应具有较强的附着力。

(4)施工时干燥迅速,施工方便容易、安全性能好。这是由道路上施工的特殊性所决定的。标线施工要尽量减少交通阻塞,尽可能地缩短施工时间。

(5)优异的耐磨性,使用寿命长。标线暴露在户外,风吹日晒,汽车磨损,应用条件恶劣,加之施工时会阻塞交通,施工作业人员暴露在交通流中极其危险,因此,通常希望道路标线涂料成膜后的寿命长一些,以减少作业次数。

(6)具有良好的环保性能,无毒害、无污染。

(7)道路标线涂料成膜后应具备一定的抗滑性。标线作为路面的一部分,应满足不低于所在道路路面的抗滑要求,保证行车安全。

一、标线材料的分类

路面标线材料按存在形态分为固态材料和液态材料两大类;按使用功能可划分为普通型路面标线涂料、反光型路面标线涂料、突起型路面标线涂料和彩色路面防滑涂料等;按材料的自身属性又可划分为溶剂型路面标线涂料、热熔型路面标线涂料、双组分路面标线涂料、水性路面标线涂料、道路预成型标线带和其他标线材料(主要包括:突起路标、轮廓标和彩色防滑路面材料等)。

参照《路面标线涂料》(JT/T 280—2004)的分类(表8-9),其中按材料自身属性的具体分类见表8-10。除常用的几种标线材料外,还有些其他标线材料以及新型的标线材料,见表8-11。新的道路标线涂料发展的主要方向是:减少对周围环境的污染,提高标线的视认性,确保汽车行驶的安全性,延长标线的使用寿命使之经济实用。

路面标线材料的分类　　　　　　　　　　　　　　　　表8-9

型号	规格	玻璃珠含量和使用方法	状态
溶剂型	普通型	涂料中不含玻璃珠,施工时也不撒布玻璃珠	液态
	反光型	涂料中不含玻璃珠,施工时涂布涂层后立即将玻璃珠撒布在其表面	
热熔型	普通型	涂料中不含玻璃珠,施工时也不撒布玻璃珠	固态
	反光型	涂料中含18%~25%的玻璃珠,施工时涂布涂层后立即将玻璃珠撒布在其表面	
	突起型	涂料中含18%~25%的玻璃珠,施工时涂布涂层后立即将玻璃珠撒布在其表面	

续上表

型号	规格	玻璃珠含量和使用方法	状态
双组分	普通型	涂料中不含玻璃珠,施工时也不撒布玻璃珠	固态
	反光型	涂料中不含其表面(或含18%~25%)玻璃珠,施工时涂布涂层后立即将玻璃珠撒布在其表面	
	突起型	涂料中含18%~25%的玻璃珠,施工时涂布涂层后立即将玻璃珠撒布在其表面	
水性	普通型	涂料中不含玻璃珠,施工时也不撒布玻璃珠	液态
	反光型	涂料中不含(或含18%~25%)玻璃珠,施工时涂布涂层后立即将玻璃珠撒布在其表面	

路面标线材料的分类 表 8-10

属性	类型	优 点	缺 点
溶剂型	常温型	施工速度快,施工简单方便;造价低	耐久性、耐磨性差,涂膜耐水性差;对玻璃珠黏结效果差,不易实现标线的夜间反光等
	加热型	固体含量高;易于喷涂;干燥时间短	施工设备复杂且昂贵
热熔型	刮涂型	施工简单工艺成熟;耐久性好;施工的造价相对较低;线形美观	裂纹大;反光亮度随时间下降快,与标线的磨损不成正比;重涂施工难度大
	喷涂型	材料消耗量少;标线物理寿命和标线的有效寿命接近;裂纹相对刮涂标线要小;防滑值较高;重涂性能较好	耐久性不如热熔刮涂;施工设备及施工工艺复杂
	振荡型	具有振荡效果和雨夜反光效果	振荡、雨夜反光效果持续性差;易产生裂纹;易在除雪中被铲除;施工难度大
双组分	喷涂型	耐久性好,无裂纹;反光亮度高,持续性强;重涂性能好	施工难度大,需要专用的施工设备,施工工艺复杂
	刮涂型	施工方式多样,附着力强、涂膜坚硬,在交通繁忙的路段仍能保持长久的使用寿命	
	结构型	振荡效果柔和,行车更安全;反光效果更好,强度更高,全方位反光;夏天不变形,冬天不脱落;二次重涂性能好	
水性	喷涂型	较低含量的挥发性有机化合物(VOC),产品固含量高;气体挥发量少,无污染;干结速度快;对玻璃珠有优异的黏结力,反光性能好;施工对设备要求不高,清洗方便;优异的耐久性、耐玷污性	以水为载体,挥发速率相对较慢,所以允许通车时间稍长,需15min左右才能通车,不能在湿度大于90%或阴雨天施工;干结时间受温度和湿度的影响,尤其是受湿度影响较溶剂型道路标线涂料更甚
	刮涂型		
	结构型		
道路预成型标线带	—	表面附有玻璃微珠,夜间反光效果好,施工简单	价格昂贵,适用范围小

其他标线材料及其特性　　　　　　　　表 8-11

类　型	简　介	特　性
彩色防滑路面材料	根据需求通过颜料、彩色耐磨骨料获得而设计成红、橙、黄、绿、蓝等多种颜色,施工时混合或撒布玻璃珠获得夜间反光性。有热熔型、双组分环氧树脂型、双组分丙烯酸树脂型、热塑性环氧树脂型、水基型等	附着力强,超级耐磨,柔轻性卓越,施工方便,特别适用于打滑的水泥路面;从视觉上提高安全性并以路面彩色化美化环境;减少交通事故
纳米道路标线涂料	一种纳米复合材料,以纳米级的粉体作为分散相,添加到涂料的基料中,现有的纳米道路标线涂料有水性和溶剂型,两种涂料固体含量达到 70% ~ 80%,成膜物的厚度范围为 0.4 ~ 0.8mm	使涂料具有耐老化、抗辐射、附着力强;涂膜无裂纹抗污染反光效果好
颜料包膜的道路标线涂料	采用在颜料外包裹一层硅或硅化物,减少道路标线涂料的黄颜料中铬黄粉尘的污染性	提高颜料的耐温性和分散性,有效延缓或阻止颜料粉尘进入人体,减少对涂料生产工人以及道路标线涂料施工工人的污染
冷塑型环保标线材料	经普通水性材料改性而得	综合热熔和水性涂料的优点,环保、高质、低成本,通用于现有施工设备,适用广泛,可制成任意一种路面标线
新型陶瓷—道钉组合标线	功能分开,白天利用陶瓷标示,夜间利用猫眼反光	使用寿命长、安装简便、管理容易

二、标线材料的性能及合理选择

1. 路面标线涂料技术条件

涂料的品质应符合《路面标线涂料》(JT/T 208—2004)的技术要求。各类型标线涂料的性能见表 8-12 ~ 表 8-15。

热熔型涂料的性能　　　　　　　　表 8-12

项　目		热　熔　型		
		普通型	反光型	突起型
密度(g/cm³)		1.8 ~ 2.3		
软化点(℃)		90 ~ 125		≥100
涂膜外观		干燥后,应无皱纹、斑点、起泡、裂纹、脱落、粘胎现象,涂膜的颜色和外观应与标准板差别不大		
不粘胎干燥时间(min)		≤3		
色度性能(45/0)	白色	涂料的色品坐标和亮度因数应符合 JT/T 280—2004 规定的范围		
	黄色			
抗压强度(MPa)		≥12		23℃ ±1℃,≥12 50℃ ±2℃,≥2
耐磨(mg)(200 转/1000g 后减重)		≤80(JM-100 橡胶砂轮)		—
耐水性		在水中浸 24h 应无异常现象		
耐碱性		在氢氧化钙饱和溶液中浸 24h 无异常现象		

续上表

项　目	热　熔　型		
	普通型	反光型	突起型
玻璃珠含量(%)	—	18～25	
流动度(s)	35±10		—
涂层低温抗裂性	−10℃保持4h,室温放置4h为一个循环,连续做3个循环后应无裂纹		
加热稳定性	200～220℃在搅拌状态下保持4h,应无明显泛黄、焦化、结块等现象		
人工加速耐候性	经人工加速耐候性试验后,试板涂层不产生龟裂、剥落;允许轻微粉化和变色,但色品坐标应符合 JT/T 280—2004 规定的范围,亮度因数变化范围应不大于原样板亮度因数的20%		

溶剂型涂料的性能　　　　　　　　　　　　　　　表 8-13

项　目	溶　剂　型	
	普通型	反光型
容器中状态	应无结块、结皮现象,易于搅匀	
黏度	≥100(涂4杯,s)	80～120(KU 值)
密度(g/cm³)	≥1.2	≥1.3
施工性能	空气或无空气喷涂(或刮涂)施工性能良好	
加热稳定性	—	应无结块、结皮现象,易于搅匀,KU 值不小于140
涂膜外观	干燥后,应无发皱、泛花、起泡、开裂、粘胎等现象,涂膜颜色和外观应与标准板差异不大	
不粘胎干燥时间(min)	≤15	≤10
遮盖率(%) 白色	≥95	
遮盖率(%) 黄色	≥80	
色度性能 (45/0) 白色	涂料的色品坐标和亮度因数应符合 JT/T 280—2004 规定的范围	
色度性能 (45/0) 黄色		
耐磨性(mg) (200 转/1000g 后减重)	≤40(JM-100 橡胶砂轮)	
耐水性	在水中浸24h应无异常现象	
耐碱性	在氢氧化钙饱和溶液中浸24h无异常现象	
附着性(划圈法)	≤4 级	
柔韧性(mm)	5	
固体含量(%)	≥60	≥65

双组分涂料的性能　　　　　　　　　　　　　　　表 8-14

项　目	双　组　分		
	普通型	普通型	普通型
容器中状态	应无结块、结皮现象,易于搅匀		
密度(g/cm³)	1.5～2.0		

续上表

项　目	双　组　分		
	普通型	普通型	普通型
施工性能	按生产厂的要求,将 A、B 组分按一定比例混合搅拌均匀后,喷涂、刮涂施工性能良好		
不粘胎干燥时间(min)	≤35		
色度性能(45/0) 白色	涂料的色品坐标和亮度因数应符合 JT/T 280—2004 规定的范围		
色度性能(45/0) 黄色			
耐磨性(mg) (200 转/1000g 后减重)	≤80(JM - 100 橡胶砂轮)		
耐水性	在水中浸 24h 应无异常现象		
耐碱性	在氢氧化钙饱和溶液中浸 24h 无异常现象		
附着性(划圈法)	≤4 级(不含玻璃珠)	—	—
柔韧性(mm)	5(不含玻璃珠)	—	—
玻璃珠含量(%)	—	18 ~ 25	18 ~ 25
人工加速耐候性	经人工加速耐候性试验后,试板涂层不产生龟裂、剥落,允许轻微粉化和变色,但色品坐标应符合 JT/T 280—2004 规定的范围,亮度因数变化范围应不大于原样板亮度因数的 20%		

水性涂料的性能 表 8-15

项　目	水　性	
	普通型	反光型
容器中状态	应无结块、结皮现象,易于搅匀	
黏度	≥70(KU 值)	80 ~ 120(KU 值)
密度(g/cm³)	≥1.4	≥1.6
施工性能	空气或无空气喷涂(或刮涂)施工性能良好	
涂膜外观	干燥后,应无发皱、泛花、起泡、开裂、粘胎等现象,涂膜颜色和外观应与标准板差异不大	
不粘胎干燥时间(min)	≤15	≤10
遮盖率(%) 白色	≥95	
遮盖率(%) 黄色	≥80	
色度性能(45/0) 白色	涂料的色品坐标和亮度因数应符合 JT/T 280—2004 规定的范围	
色度性能(45/0) 黄色		
耐磨性(mg)(200 转/ 1000g 后减重)	≤40(JM-100 橡胶砂轮)	
耐水性	在水中浸 24h 应无异常现象	
耐碱性	在氢氧化钙饱和溶液中浸 24h 无异常现象	
冻融稳定性	在 -5℃ ±2℃ 条件下放置 18h 后,立即置于 23℃ ±2℃ 条件下放置 6h 为一个周期,3 个周期后,应无结块、结皮现象,易于搅匀	
早期耐水性	在温度为 23℃ ±2℃、湿度为 90% ±3% 的条件下,实干时间≤120min	

项 目	水　性	
	普通型	反光型
附着性(划圈法)	≤5 级	—
固体含量(%)	≥70	≥75

2. 不同道路标线材料的性能比较

(1)综合《路面标线涂料》(JT/T 280—2004)中几种常见标线涂料的特性,得到的功能对比如表8-16所示。

四种标线材料特性对比　　　　　　　表 8-16

特性		溶剂型	热熔型	双组分	水性
涂覆用底漆		不用	需用	需要	不用
涂覆方式		滚筒刷涂、喷涂	专用划线机刮涂、喷涂	喷涂、浇筑	冷漆喷涂
干燥速度		慢(3~20min)	快(1~3min)	快(8~120s)	快(<3min)
玻璃珠效果		中	良	好	好
附着力		良	中	强	强
可视性	白天	中	优—良	优	优
	夜晚	差	优—良	优	优
耐磨耗性		弱	良	强	强
防水性		弱	良	强	强
环保性		VOC>650g/L,非环保涂料	施工时使用煤气和明火	无挥发性有机涂料,环保涂料	VOC<150g/L,符合室内装修涂料标准
复涂性		不需要清除旧线	清除旧线	清除旧线	不需要清除旧线
抗紫线性		中	中	良	良
防滑性		弱	弱	较强	强

(2)不同道路标线涂料在施工时的通常耗漆量、成膜厚度、价格水平如表8-17所示。

不同道路标线涂料在施工时的通常耗漆量、成膜厚度、价格水平　　　表 8-17

标线类型		耗漆量(kg/m²)	成膜厚度(mm)	寿命(月)	价格水平
溶剂型(常温)		0.4~0.5	0.3~0.4	3~8	低
热熔型	热熔喷涂型	2.5~3.0	0.8~1.2	24~36	较低
	热熔刮涂型	4~5	1.8~2.0	30~40	较低
	热熔振荡型	7.5~8.5	5.0	12~24	高
双组分	双组分喷涂型	0.8~1.2	0.5~0.7	24~36	中等
	双组分刮涂型	2.5~3	1.5~2	30~40	较高
	双组分结构型	3~4	<5	36~40	较高
水性(刮涂型)		1~1.3	0.6~0.8	24~30	较低
预成型标线带		—	0.3~2.5	20~30	高

注:这里所说的使用寿命是对反光道路标线通过脱落数值和逆反射值的保留的最低要求来衡量;对结构振荡型道路标线是依据脱落数值、逆反射值、突起块的振荡效果来衡量。

3. 标线涂料的合理选择和应用

由于各种标线涂料的特性不同,因而导致各自的耐久性和养护时间也各不相同。所以,最重要的是根据道路条件、交通条件、气象等环境条件,尤其是冬季汽车使用钉齿轮胎、轮胎防滑链的情况以及考虑施工性和经济性,选择高效的施工方法。根据不同的道路交通条件,常用标线涂料的选择可参照表8-18执行。

常用标线涂料的适用性 表8-18

道路分类	路面状况及路面标线的划分		温暖地带		寒冷地带	
			交通量大	交通量小	交通量大	交通量小
一般道路	一般路面	纵向标线	M	M、H	M、H	H
		横向标线、文字记号	M	M	M	M
	临时路面	纵向标线	C	C	C	C
	龟裂多的路面	纵向标线	H、C	H、C	H、C	H、C
	石、砖路面	纵向标线	C	C	C	C
高速公路	一般路面	纵向标线、横向标线、文字记号	H、M	H	H	H
	立面标记		C	C	C	C

注:C 为常温型;H 为加热型;M 为热熔型。

第五节　具体案例

一、平面交叉口标线设置示例

1. 十字交叉标线设置示例

1)一级公路与二级公路相交构成的十字交叉标线设置示例

主路和支路左转弯交通量均较大时(如一级公路、二级公路),可在主线和支线均设置鱼肚皮形左转弯车道,以合理分离左转交通流。对平面交叉进行合理的路权分配,支线采用停车让行和减速让行标志来控制。人行横道线尽量前移,以减少行人通过平面交叉的时间,如图8-88所示。

2)一级公路与三级公路相交构成的十字交叉标线设置示例

主路交通量较大(如一级或二级公路),支路交通量较小(如三级或四级公路),主路左转弯交通量也较小时,为避免干扰主路交通流,可在支路上设置停车让行标志和标线。人行横道线尽量前移,以缩短行人通过平面交叉的距离,如图8-89所示。

3)二级公路之间构成的十字交叉标线设置示例

两条公路左转交通量均较大时,主线与支线均可设置鱼肚皮形左转车道,以合理分离左转交通流。路权分配标志和标线应合理设置,对支线可设置停车让行标志和标线,在右转车流与直行车流汇合处设置减速让行标志和标线。当现场条件受限制时,可采用简易鱼肚皮形左转车道的设置方式,如图8-90所示。

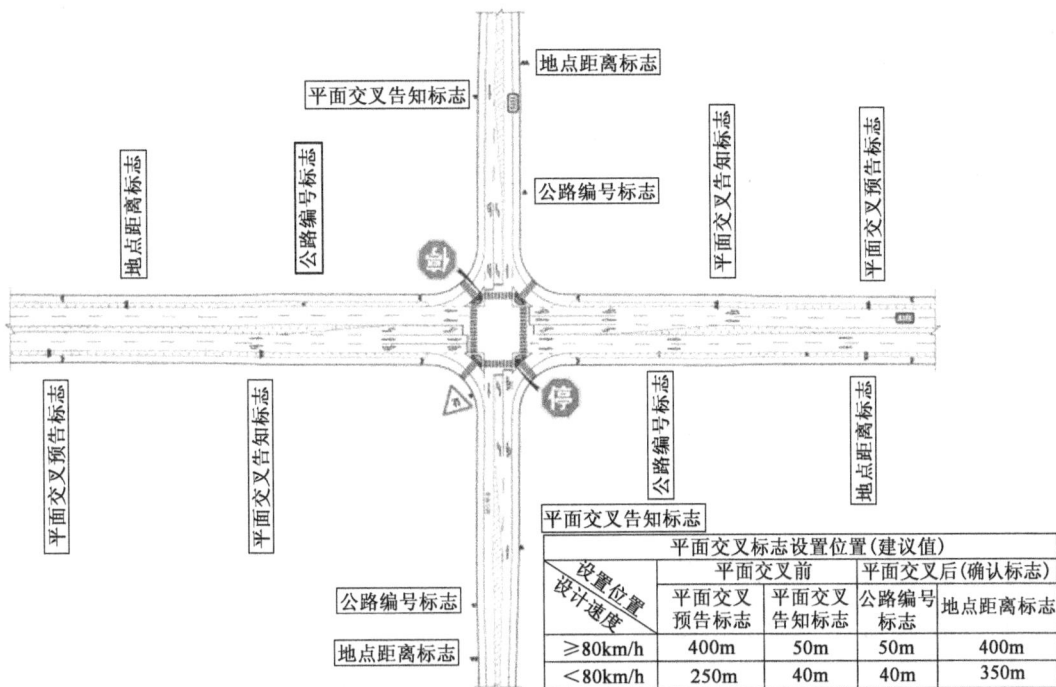

平面交叉标线设置位置(建议值)				
设置位置 设计速度	平面交叉前		平面交叉后(确认标志)	
	平面交叉 预告标志	平面交叉 告知标志	公路编号 标志	地点距离标志
≥80km/h	400m	50m	50m	400m
<80km/h	250m	40m	40m	350m

图 8-88 一级公路与二级公路相交构成的十字交叉标线设置示例

平面交叉标线设置位置(建议值)		
设置位置 设计速度	平面交叉前	平面交叉后(确认标志)
	平面交叉 告知标志	公路编号标志
≥80km/h	50m	50m
<80km/h	40m	40m

图 8-89 一级公路与三级公路相交构成的十字交叉标线设置示例

2.T形交叉标线设置示例

(1)T形交叉一般以横向公路为主线,具有优先通行权,相交公路为支线。设计时应尽量采用标准的 T 形,如条件允许,可设计两个凸台式三角形导流岛,以便于交通标志的安装。应避免设计成 Y 形,人为增加行车冲突点。

(2)支线交通必须停车让行、减速让行主线交通;左转交通"先停后左转通过":当主线有较多左转车辆进入支线时,可设置鱼肚皮形凸台或导流线,当支线有较多左转车辆进入主线时,在主线上宜设置"保护型"鱼肚皮形左转加速车道;支线右转车辆在与主线合流处减速让行主线车辆,如图8-91所示。

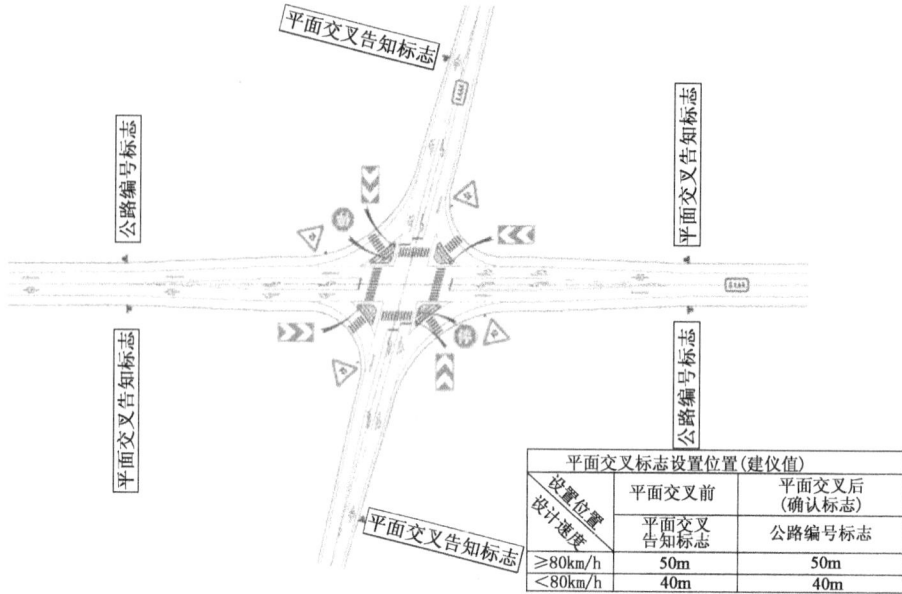

平面交叉标志设置位置(建议值)		
设置位置 设计速度	平面交叉前	平面交叉后(确认标志)
	平面交叉告知标志	公路编号标志
≥80km/h	50m	50m
<80km/h	40m	40m

图8-90 二级公路之间构成的十字交叉标线设置示例

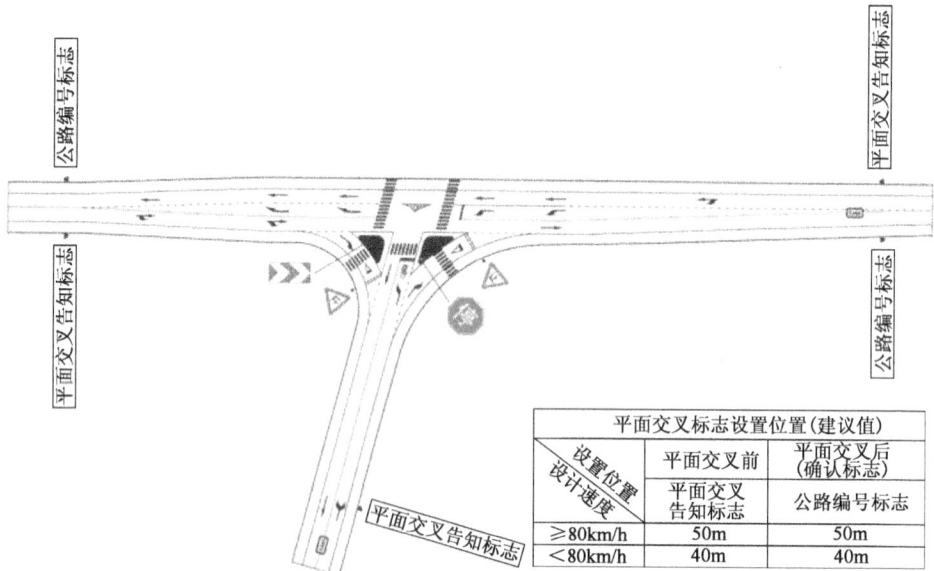

平面交叉标志设置位置(建议值)		
设置位置 设计速度	平面交叉前	平面交叉后(确认标志)
	平面交叉告知标志	公路编号标志
≥80km/h	50m	50m
<80km/h	40m	40m

图8-91 T形交叉渠化标线设置示例

（3）当相交公路为双向两车道公路与单车道农村公路时,农村公路采用停车让行标志控制,并在两侧分别设置2根道口标柱。该方案适用于双向两车道公路与单车道农村公路正交的T形交叉口,农村公路的车流量和行人数量都很小,如图8-92所示。

3.环形交叉标线设置示例

当平面交叉的车道数不大于2条、交通量较小且车速较慢时,可设置环行交叉,适合于乡村、郊区或交通量小的居民区处设置的交叉口。如交通量较大、车速较快,则容易引起拥堵。

如图 8-93 所示为由同等重要的两条双向四车道公路构成的平面交叉,尚未达到安全信号灯的设置条件,转弯交通事故较多,因此采用了环行交叉的方式。在渠化车道时,应注意有合适的出入口,环岛的进出口车道数量应保持 2 个,避免入口车道和环岛内车道数不一致的情况发生。进出环形交叉处设置了与相交公路肢数相等的

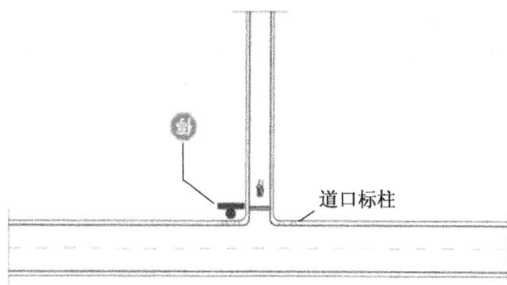

图 8-92 双向两车道公路与乡村公路平面交叉标线设置示例

三角形导流岛,供行人和自行车通行。当导流岛较大时,可采用凸台式或绿化岛;当导流岛较小时,可用路面标线来代替。此外,进入环形交叉的车辆应让行环形交叉内正在绕行的车辆。

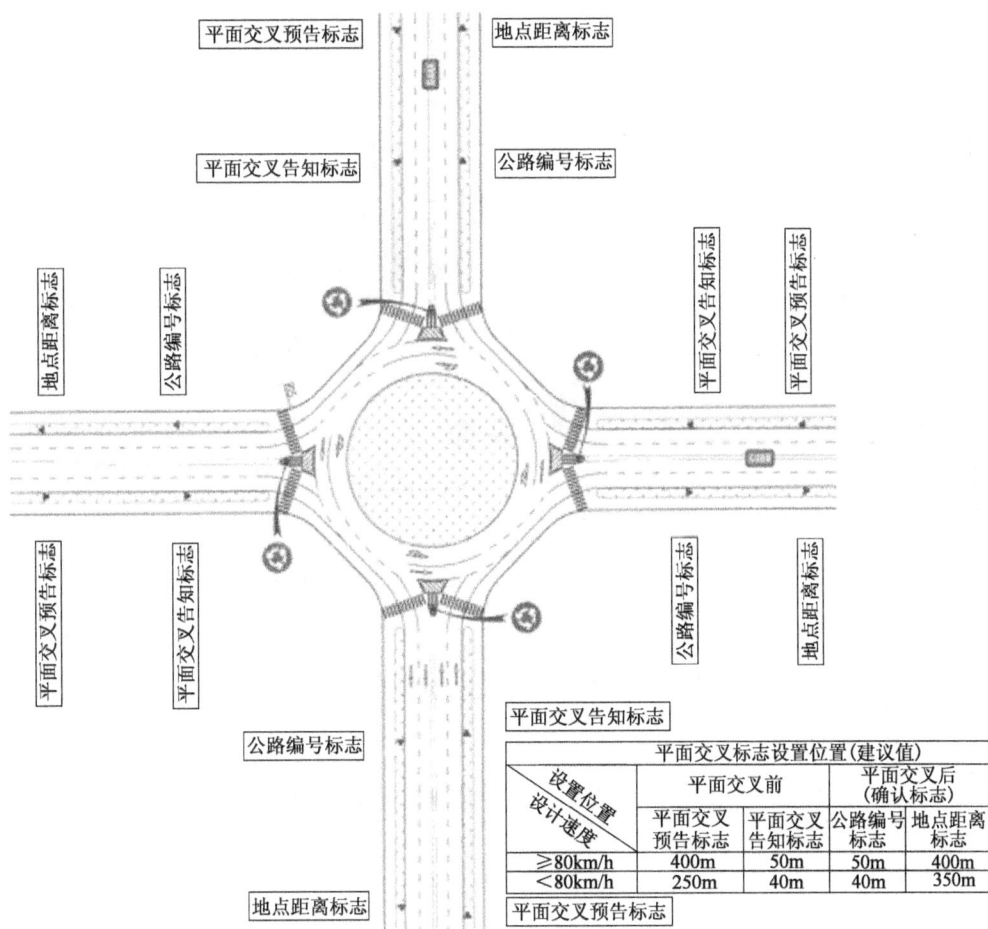

图 8-93 双向四车道公路和双向四车道公路构成的环行交叉标线设置示例

如图 8-94 所示为双向四车道公路和双向两车道公路相交的平面交叉。在渠化时一个(或两个)车道进入环行交叉的,在导流岛处保留 1 个(或 2 个)车道的进入,以避免入口车道和交叉内车道连接不顺畅的现象。环行交叉处的人行横道线适当前移,并与导流岛相连接,以减少

277

行人干扰交通流的时间。

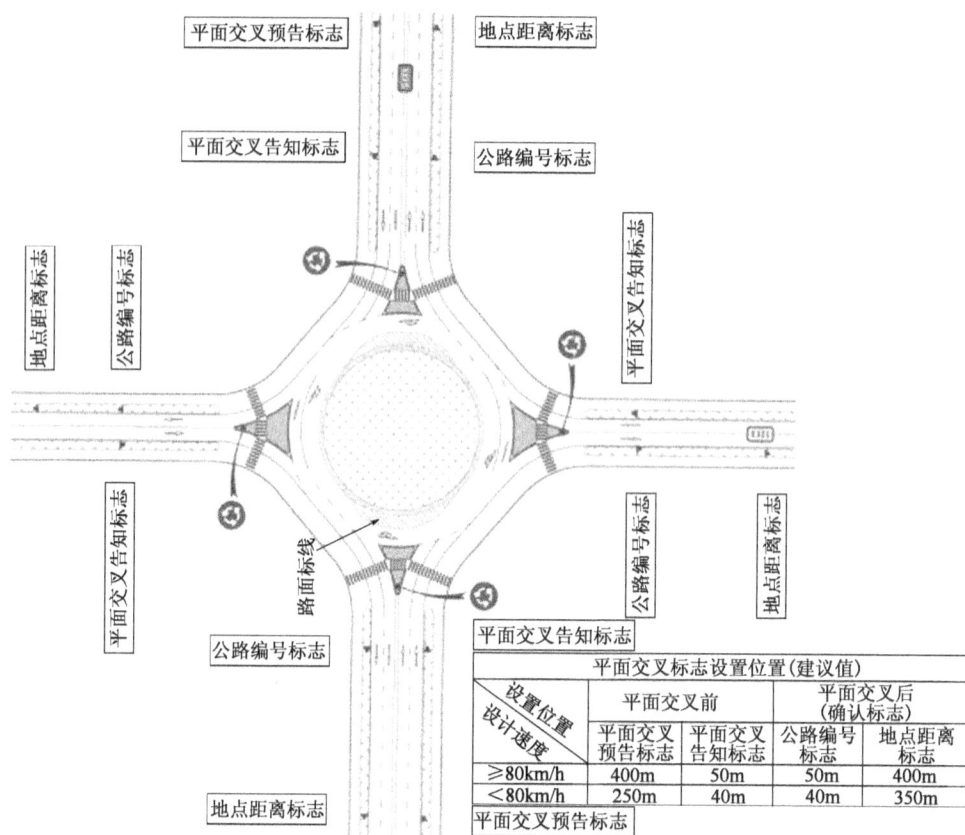

图 8-94　双向四车道公路和双向两车道公路构成的环行交叉标线设置示例

如图 8-95 所示为双向两车道公路和双向两车道公路相交的环形交叉。在渠化时,一个车道进入环行交叉的,在导流岛处保留一个车道进入环行交叉,环行交叉内的车道数也应该为一个。环形交叉处增加了导流岛,人行横道线与导流岛相接,以减少行人对交通流的干扰。

二、互通式立体交叉标线设置示例

1. 匝道出入口端部

1)出口匝道端部

(1)当变速车道为直接式时,单车道出口端部交通标线设置示例如图 8-96 所示,双车道出口端部交通标线设置示例如图 8-97 所示。

(2)当变速车道为平行式时,单车道出口端部交通标线设置示例如图 8-98 所示。

2)入口匝道端部

(1)当变速车道为直接式时,单车道入口端部交通标线设置示例如图 8-99 所示。

(2)当变速车道为平行式时,单车道入口端部交通标线设置示例如图 8-100 所示,双车道入口端部交通标线设置示例如图 8-101 所示。

3)分流、合流部

分流部交通标线设置示例如图 8-102 所示,合流部可参照设置。

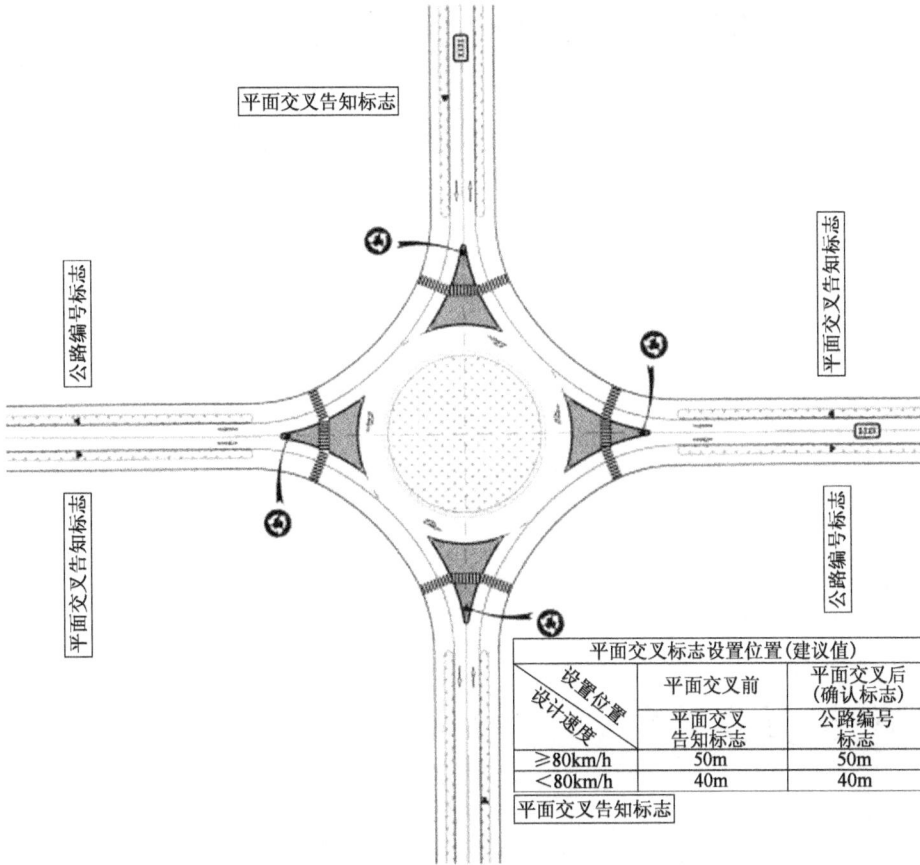

平面交叉标志设置位置(建议值)		
设置位置 设计速度	平面交叉前	平面交叉后 (确认标志)
	平面交叉 告知标志	公路编号 标志
≥80km/h	50m	50m
<80km/h	40m	40m

图 8-95 双向两车道公路和双向两车道公路构成的环行交叉标线设置示例

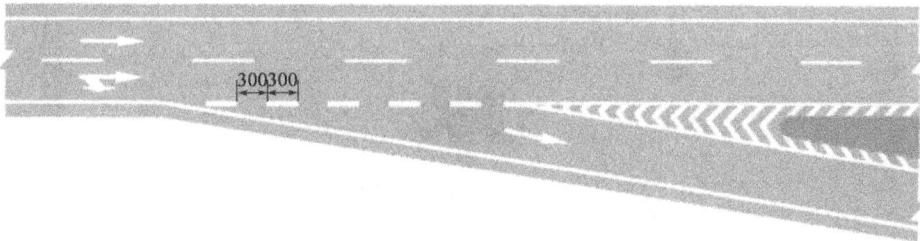

图 8-96 直接式单车道出口道匝道标线设置示例(尺寸单位:cm)

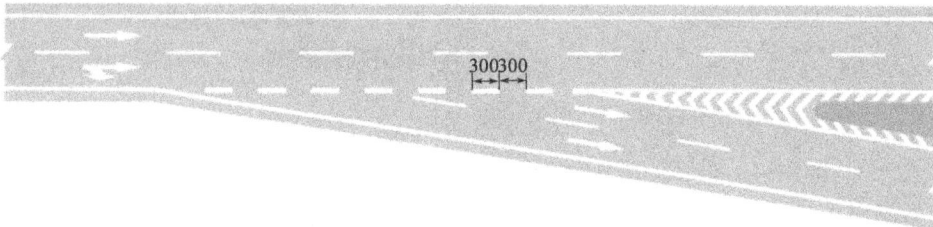

图 8-97 直接式双车道出口匝道标线设置示例(尺寸单位:cm)

图 8-98　平行式单车道出口匝道标线设置示例(尺寸单位:cm)

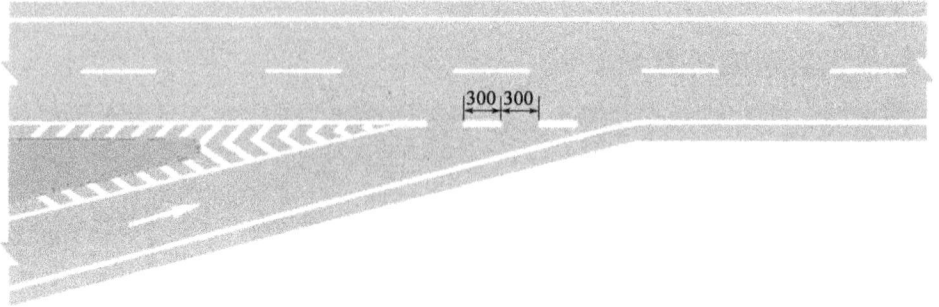

图 8-99　直接式单车道入口匝道标线设置示例(尺寸单位:cm)

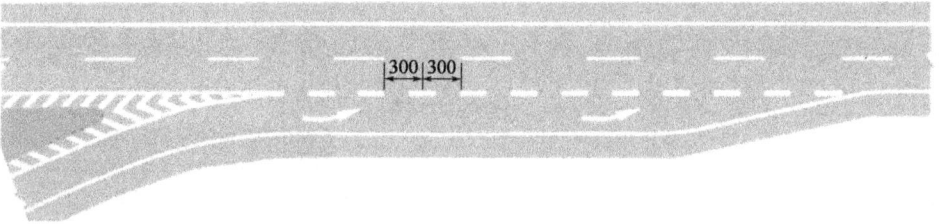

图 8-100　平行式单车道入口匝道标线设置示例(尺寸单位:cm)

图 8-101　平行式双车道入口匝道标线设置示例(尺寸单位:cm)

4)交织区

交织区标线设置示例如图 8-103 所示。

2.收费站

1)收费岛头

收费岛头标线设置示例如图 8-104 所示。对于中心收费岛,岛头标线均宜向行车方向一侧倾斜。

a)四车道分流为两个双车道

b)三车道分流为两个双车道

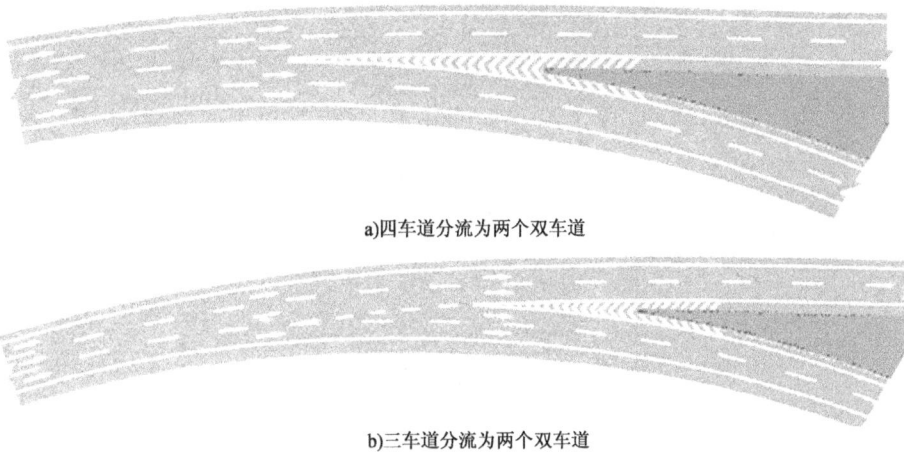

图 8-102 分流部交通标线设置示例(尺寸单位:cm)

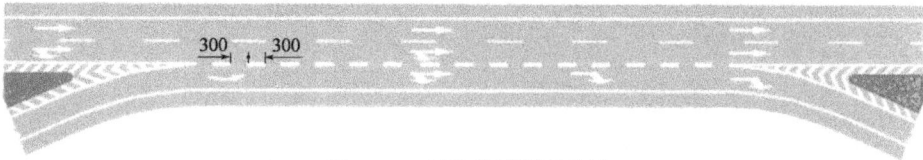

图 8-103 交织区标线设置示例

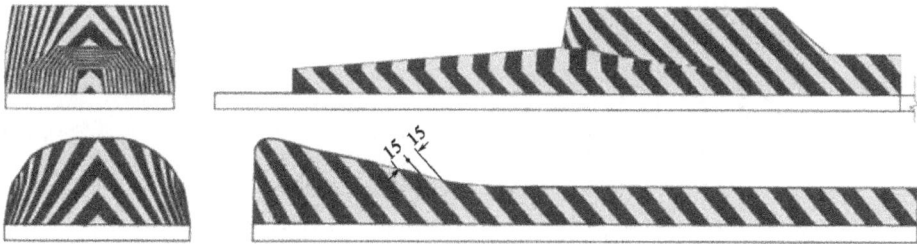

图 8-104 收费岛头标线设置示例(尺寸单位:cm)

2)收费岛路面

由正常路段驶入收费广场的渐变路段,应设置减速标线。收费岛两侧应根据行车方向设置导流标线。其中,驶离收费岛一侧的广场应根据与正常路段的过渡线形设置车行道分界线,如图 8-105 所示。如 ETC 车道、收费岛路面标线可参照图 8-106 设置。

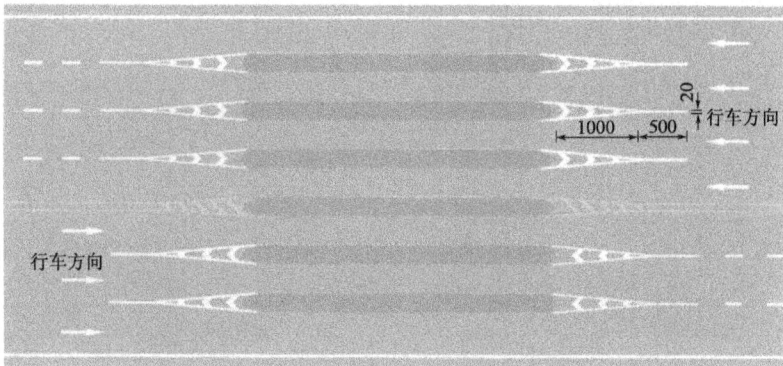

图 8-105 收费岛路面标线(人工收费)(尺寸单位:cm)

281

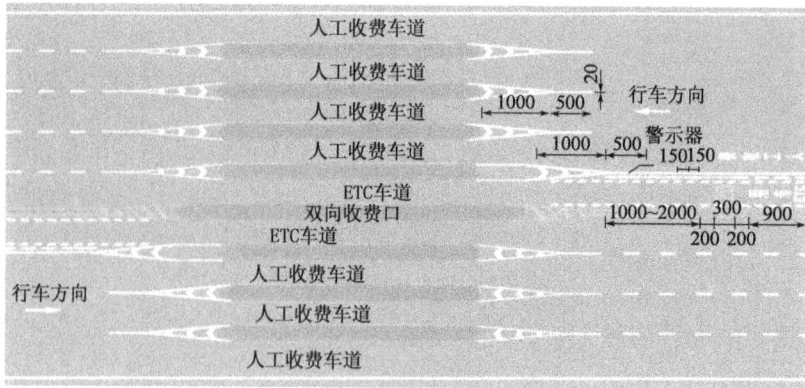

图 8-106 收费岛路面标线(人工收费 + ETC 收费)(尺寸单位:cm)

第九章

护栏设计

第一节 护栏功能及分类

一、护栏的功能

护栏作为高速公路上重要的安全设施,通过自体变形或车辆爬高来吸收碰撞能量,从而改变车辆行驶方向、阻止车辆越出路外或进入对向车道,最大限度地减少对人员的伤害。在不能将路侧障碍物移除的路段以及高填方陡坡路段或存在危险的路堑路段,合理设置路侧护栏,对于防止车辆驶出道路,降低翻车或碰撞障碍物事故发生的概率十分重要。具体说来,正确设计、合理设置的护栏可以实现以下功能:

(1)能防止车辆越出路外,坠入深沟、湖泊等,也防止车辆碰撞到路侧危险物,保护路外建筑物的安全,确保行人不致受到重大伤害;能阻止失控车辆穿越中央分隔带闯入对向车道。

(2)有时护栏能使车辆恢复到正常行驶方向。车辆碰撞护栏的运动轨迹应能圆滑过渡,以较小的驶离角和较小的回弹量停留在不影响车辆正常行驶的地方,不致发生二次事故。

(3)一旦失控车辆与护栏发生碰撞,对驾驶人和乘客的损伤应不至于太严重,要求护栏具有良好的吸收碰撞能量的功能,也要求碰撞时的加速度小于$20\mathrm{m/s^2}$。

(4)能诱导驾驶员的视线,使驾驶人清晰地看到道路的轮廓及前进方向的线形,增加行车的安全性,使道路更加美观。

二、护栏的分类

护栏的分类,包括三种方式:按碰撞后的变形程度分类,按其在公路中的纵向位置分类,按其在公路中的横向位置分类。

1. 按碰撞后的变形程度分类

根据碰撞后护栏的变形程度,护栏可分为柔性护栏、半刚性护栏及刚性护栏。其中,柔性护栏变形最大,刚性护栏性变形最小,半刚性护栏变形居中。

2. 按其在公路中的纵向位置分类

1)路基护栏

路基护栏是指设置于路基上的护栏。

2)桥梁护栏

桥梁护栏是设置于桥梁上的护栏,设置目的是防止失控车辆越出桥外。常用路侧桥梁护栏按防撞等级可分为 C、B、A、SB、SA、SS、HB、HA 八级,常用中央分隔带桥梁护栏按防撞等级可分为 Bm、Am、SBm、SAm、SSm 五级。

3. 按其在公路中的横向位置分类

1)路侧护栏

路侧护栏是设置于公路路侧建筑限界以外的护栏,以防止失控车辆越出路外或碰撞路侧构造物和其他设施。按防撞等级划分,路侧护栏有 C、B、A、SB、SA、SS、HB、HA 八级。

2)中央分隔带护栏

中央分隔带护栏是设置于公路中央分隔带内的护栏,以防止失控车辆穿越中央分隔带闯入对向车道,并保护中央分隔带内的构造物。按防撞等级划分,中央分隔带护栏有 Am、SBm、SAm 三级。

4. 按防护等级分类

(1)护栏标准段、护栏过渡段和中央分隔带开口护栏的防撞等级按设计防护能量划分为八级,见表 9-1。

护栏标准段、护栏过渡段和中央分隔带开口护栏的防护等级 表 9-1

防护等级	一	二	三	四	五	六	七	八
代码	C	B	A	SB	SA	SS	HB	HA
设计防护能量(kJ)	40	70	160	280	400	520	640	760

(2)护栏端头和防撞垫的防护等级按设计防护速度划分为三级,见表 9-2。

护栏端头和防撞垫的防护等级 表 9-2

防护等级	一级	二级	三级
代码	TB	TA	TS
设计防护速度(km/h)	60	80	100

第二节 护栏布设原则

按照护栏设置位置的不同,护栏的设置原则也不同,主要分为:路基护栏、桥梁护栏、中央分隔带护栏。

一、路基护栏布设原则

(1)路侧净区宽度范围内有以下情况时,事故严重程度等级为中,应设置护栏:

①二级及以上公路边坡坡度和路堤高度在图9-1的Ⅰ区、Ⅱ区阴影范围之内的路段。

②有江、河、湖、海、沼泽等水深1.5m以上水域的路段。

③有Ⅰ级铁路、一级公路等。

④高速公路、一级公路路外设有车辆不能安全越过的照明灯、摄像机、交通标志、声屏障、上跨桥梁的桥墩或桥台等设施的路段。

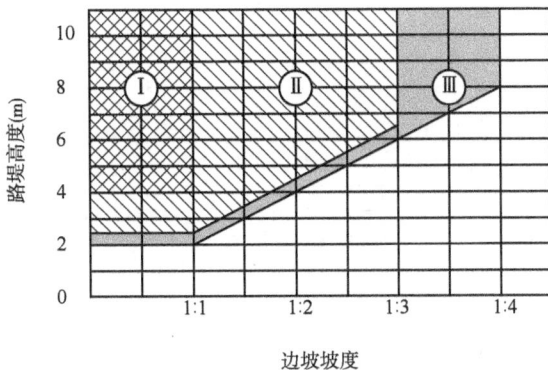

图9-1 边坡坡度、路堤高度与设置护栏的关系

(2)路侧净区宽度范围内有以下情况时,事故严重程度等级为低,宜设置护栏。

①二级及以上公路边坡坡度和路堤高度在图9-1的Ⅲ区阴影范围之内的路段;三、四级公路边坡坡度和路堤高度在图9-1的Ⅰ区阴影范围之内的路段。

②二级及以上等级公路路侧存在车辆无法安全越过的设施的挖方路段。

③高出路面或开挖的边坡坡面有30cm以上的混凝土基础或大孤石等障碍物时。

④出口匝道的三角地带有障碍物时。

(3)存在下列情况时,导致事故发生可能性增加或后果更严重的路段,宜在表9-3的防护等级上提高1个等级。

①二级及以上公路纵坡大于或等于现行《公路工程技术标准》(JTG B01)规定的最大纵坡值的下坡路段;二级及以上公路圆曲线半径等于或小于现行《公路工程技术标准》(JTG B01)规定的最小半径的路段外侧。

②总质量超过25t的货车运行速度比设计速度高20km/h以上时。

③设计交通量中,总质量超过25t的车辆自然数所占比例大于20%时。

(4)AADT 小于 2000 且设计速度小于等于 60km/h 的公路,宜进行交通安全评价(风险评估)及经济分析,确定是否设置护栏,根据评估与分析结果,护栏等级的选取可在表 9-3 的防护等级上降低 1 个等级。

路基护栏防护等级的选取　　　　　　　　　　表 9-3

公路等级	设计速度 (km/h)	事故严重程度等级		
		低	中	高
高速公路	120	三(A、Am)级	四(SB、SBm)级	六(SS、SSm)级
	100、80			五(SA、SAm)级
一级公路	60	二(B、Bm)级	三(A、Am)级	四(SB、SBm)级
二级公路	80、60		三(A)级	
三级公路、 四级公路	40	一(C)级	二(B)级	三(A)级
	30、20		一(C)级	二(B)级

(5)路侧护栏最小设置长度应符合表 9-4 的规定,相邻两段路侧护栏的间距不小于表 9-4 中规定的最小长度时宜连续设置。

护栏最小结构长度　　　　　　　　　　表 9-4

公路等级	护栏类型	最小长度(m)
高速公路、 一级公路	波形梁护栏	70
	混凝土护栏	36
	缆索护栏	300
二级公路	波形梁护栏	48
	混凝土护栏	24
	缆索护栏	120
三、四级公路	波形梁护栏	28
	混凝土护栏	12
	缆索护栏	120

二、桥梁护栏布设原则

(1)各等级公路桥梁必须设置路侧护栏。

(2)高速公路、作为次要干线的一级公路桥梁必须设置中央分隔带护栏,作为主要集散的以及公路桥梁应设置中央分隔带护栏。

(3)设计速度为 60km/h 及以下的公路桥梁设置人行道(自行车道)时,可通过护栏带将人行道(自行车带)和车行道进行分离;设计速度大于 60km/h 的公路桥梁设置人行道(自行车带)时,应通过桥梁护栏将人行道(自行车带)与车行道进行隔离。

(4)根据车辆驶出桥外或进入对向车行道可能造成的风险等级,应按表 9-5 的规定选取桥梁护栏的防护等级,并应符合下列规定:

①二级及以上等级公路小桥、通道、明涵的护栏防护等级宜与相邻的路基护栏相同。

②公路桥梁采用整体式上部结构时,中央分隔带护栏的防护等级可按路基护栏的条件来确定。

③因桥梁线形、桥梁高度、交通量、车辆构成、运行速度或其他不利现场条件等因素易造成更严重碰撞后果的路段,经综合论证,可在表9-5的基础上提高1个或以上等级。其中,跨越大型引用水源和高铁的桥梁以及悬索桥、斜拉桥等特大漂浮式桥梁,防护等级宜采用八(HA)级。

桥梁护栏防护等级的选取 表 9-5

公路等级	设计速度 (km/h)	车辆驶出桥外或进入对向车行道的事故严重程度等级	
		高:跨越公路、铁路或城市 引用水水源一级保护区等 路段的桥梁	中:其他桥梁
高速公路	120	六(SS、SSm)级	五(SA、SAm)级
一级公路	100、80	五(SA、SAm)级	四(SB、SBm)级
	60	四(SB、SBm)级	三(A、Am)级
二级公路	80、60	四(SB)级	三(A)级
三级公路	40、30	三(A)级	二(B)级
四级公路	20	三(A)级	二(B)级

三、中央分隔带护栏布设原则

1. 中央分隔带护栏基本段布设原则

(1)当整体式断面中间带宽度小于或等于12m时,必须设置中央分隔带护栏;大于12m时,应分路段确定是否设置中央分隔带护栏。

(2)公路采用分离式断面时,行车方向左侧应按路侧护栏设置;上、下行路基高度高差大于2m时,可只在路基较高的一侧按路侧护栏设置。

(3)高速公路和禁止车辆掉头的一级公路中央分隔带开口处,必须设置活动护栏。我国对中央分隔带宽度规定的一般值为3m和2m。

2. 中央分隔带开口护栏设置原则

(1)高速公路的中央分隔带开口必须设置中央分隔带开口护栏。

(2)一级公路在禁止车辆掉头的中央分隔带开口处宜设置中央分隔带开口护栏。

(3)中央分隔带开口护栏宜设置在中央分隔带开口处的公路中心线位置,设置长度应能有效封闭中央分隔带开口。

(4)中央分隔带开口护栏的高度应与中央分隔带护栏的高度协调一致。

(5)中央分隔带开口护栏上部应设置轮廓标或反射体,颜色和设置高度宜与中央分隔带轮廓标保持一致。

(6)位于有防眩要求路段的中央分隔带开口护栏上宜设置防眩设施。

第三节 护栏形式选择

一、一般路段护栏的形式选择

当确定要设置护栏后,接着就要选择护栏形式。这个选择过程没有客观的标准,但仍有一些规则可依循。理想的护栏形式应既能达到要求的防撞强度,又能使成本相对较低。选择护栏形式应考虑的因素见表9-6。

护栏形式选择因素 表9-6

考虑因素	说　明
防撞等级的选择	(1)护栏在结构上必须能阻挡并使设计车辆转向。 (2)选择防撞等级时,应综合考虑道路条件(平纵线形、中央分隔带宽度、边坡坡度、路侧障碍物等)和交通条件(车型构成、交通量、运行车速等)
变形量	(1)护栏的变形量不应超过容许的变形距离。柔性护栏变形最大,刚性护栏变形最小,半刚性护栏变形居中。 (2)如果护栏与被保护物体间距较大,则可选择对车辆和成员产生冲击力最小的方案。如果障碍物正好临近护栏,则只能选择半刚性或刚性护栏。大多数护栏可通过增加立柱或增加板的强度来提高整体强度。 (3)5.5m以下宽度的中央分隔带不宜设置护栏
现场条件	边坡的坡度、与行车道的距离可能会限制某些护栏的使用: (1)在边坡上设置护栏时,若边坡坡度陡于1:10,应采用柔性或半刚性护栏;若边坡坡度陡于1:6,则任何护栏均不应在边坡上设置。 (2)若土路肩较窄,则立柱所受土压力减少,则需要增加埋深、缩短柱距或立柱焊接钢板
通用性	(1)护栏的形式及其端头处理、与其他形式护栏的过渡处理应尽量标准化,中央分隔带护栏形式还应考虑与其他设施(如灯柱、标志立柱和桥墩等)的协调性。 (2)当采用标准护栏不能满足现场要求时,才需要考虑非标准或特殊护栏的设计
全寿命周期成本	(1)在最终确定设计方案时,考虑最多的可能是各种方案的初期建设成本和将来的养护成本。 (2)交通量大、事故频发的路段,事故养护成本将成为必须考虑的因素,刚性护栏是较好的选择方案。各种护栏均不需要大量的常规养护
事故养护	(1)一般情况下,事故后柔性或半刚性护栏比刚性或高强度护栏需要更多的养护。 (2)在交通量大、事故频率较高处,事故养护成本将成为必须考虑的因素,此时,刚性护栏(如混凝土护栏)通常作为选择方案
材料储备	种类越少,所需要的库存类别和存储需求越少
方便性	设计越简单,成本越低,且越便于现场人员准确修复
美观、环境因素	(1)景观通常不是选择护栏形式的控制因素,但旅游公路或对景观要求高的公路除外。这种情况下,可选择外观自然、能与周边环境融为一体又具有相应防撞等级的护栏形式。 (2)护栏的选择还要考虑沿线的环境腐蚀程度、气象条件和其对视距的影响等,如积雪地区应考虑除雪的方便性
实践经验	应对现有护栏的性能和养护需求进行监测,以确定是否需要通过改变护栏形式来减少或消除已发现的问题

二、旅游或景观公路护栏的形式选择

（1）设置护栏对提升公路景观没有任何作用，应尽量寻找可以替代护栏的措施。

（2）护栏的外观要求包括：力求简洁、减少装饰；充分考虑通透性；降低刚性护栏的存在感；采用有亲和力的设计和材料；色彩应与构造物及周边环境相协调。

三、桥梁护栏

选择桥梁护栏形式时，应考虑下列因素：

（1）所选取的护栏形式在强度上必须能有效吸收设计碰撞能量，阻挡小于设计碰撞能量的车辆越出桥外或进入对向车道并使其正确改变行驶方向。

（2）桥梁护栏受碰撞后，其最大动态位移外延值（W）或大中型车辆的最大动态外倾当量值（V_{In}）不应超过护栏迎撞面与被防护的障碍物之间的距离。桥梁通行的车辆以小客车为主时，可选小客车的 W 为变形控制指标；桥梁外侧有高于护栏的障碍物时，选取各试验车辆最大的 V_{In} 为变形控制指标；桥梁外侧有介于护栏高度范围的障碍物时，选取各试验车辆最大的 W 为变形控制指标。

（3）环境和景观要求，包括：钢结构桥梁宜采用金属梁柱式护栏；对景观有特殊要求的桥梁宜选用金属梁柱式护栏或组合式护栏；积雪严重地区的桥梁宜采用金属梁柱式护栏或组合式护栏；二级及以上等级公路小桥、通道、明涵的护栏形式宜与相邻的路基护栏相同。

（4）需要减小桥梁自重、减轻车辆碰撞荷载对桥面板的影响时，宜采用金属梁柱式护栏。

（5）除考虑护栏的初期建设成本外，还应考虑投入使用后的养护成本，包括常规养护、事故养护、材料储备和养护方便性等。

第四节　护栏结构设计

一、波形梁护栏

1. 波形梁护栏的构造和尺寸

1）路侧波形梁护栏

波形梁护栏是半刚性护栏的主要代表形式，部分路侧波形梁护栏的构造和尺寸应符合表9-7 的规定，部分横断面布置如图 9-2 所示。

波形梁护栏各部分结构和尺寸　　　　　　　　　　　表 9-7

防护等级	代码	梁板（mm）	立柱（mm）	托架/防阻块（mm）	横梁（mm）	梁板高度（mm）	立柱埋深（mm）	立柱间距（mm）（土中/混凝土中）
一	C	310×85×2.5	φ114×4.5	300×70×4.5		600	1400	4000/2000

防护等级	代码	梁板 （mm）	立柱 （mm）	托架/防阻块 （mm）	横梁 （mm）	梁板高度 （mm）	立柱埋深 （mm）	立柱间距 （mm） （土中/混凝土中）
二	B	310×85×3	φ114×4.5	300×70×4.5		600	1400	2000/1000
三	A	506×85×4	φ140×4.5	196×178×400×4.5		697	1650	4000/2000
		506×85×4	φ140×4.5	300×270×35×6		697	1650	4000/2000
四	SB	506×85×4	φ130×130×6	300×200×290×4.5		697	1650	2000/0100
五	SA	506×85×4	φ130×130×6 和 φ102×4.5	300×200×290×4.5	φ89×5.5	697	1650	3000/1500
六	SS	506×85×4	φ130×130×6 和 φ102×4.5	300×200×290×4.5	φ89×5.5	697	1650	2000/1000
七	HB	506×85×4	φ130×130×6 和 φ102×4.5	300×200×290×4.5	φ89×5.5	697	1650	2000/1000

注：梁板高度是指护栏板中心距设计基准线的高度，以护栏面与路面的相交线为设计基准线。如路侧护栏面靠近公路中心线方向有路缘石，且路缘石左侧立面与护栏面不重合，则梁板高度还应增加路缘石的高度。

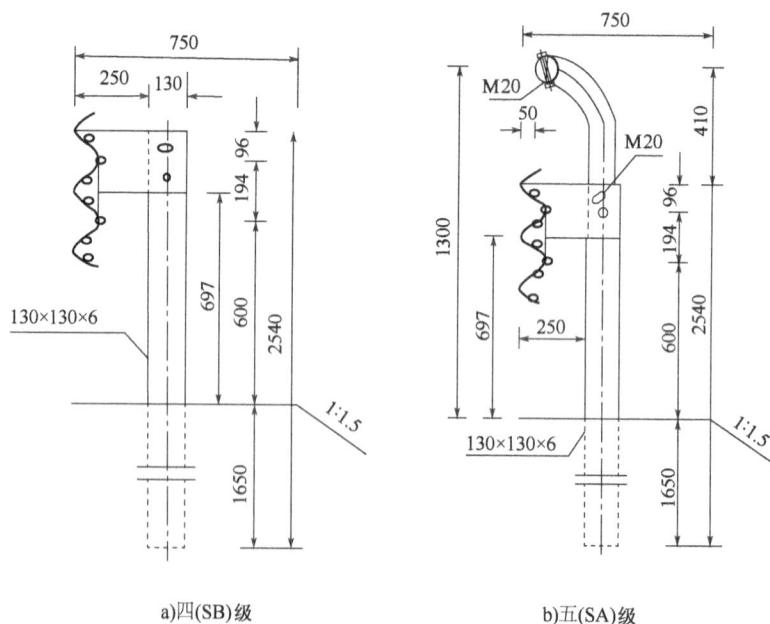

a)四(SB)级　　　　　　　　b)五(SA)级

图9-2　路侧波形梁护栏横断面布置图（尺寸单位：mm）

2）中央分隔带波形梁护栏

部分中央分隔带波形梁护栏采用分设型或组合型，可根据中央分隔带的宽度、构造物和管线的分布加以确定。

分设型波形梁护栏规格和尺寸应符合表9-9的规定，部分横断面布置如图9-3所示。

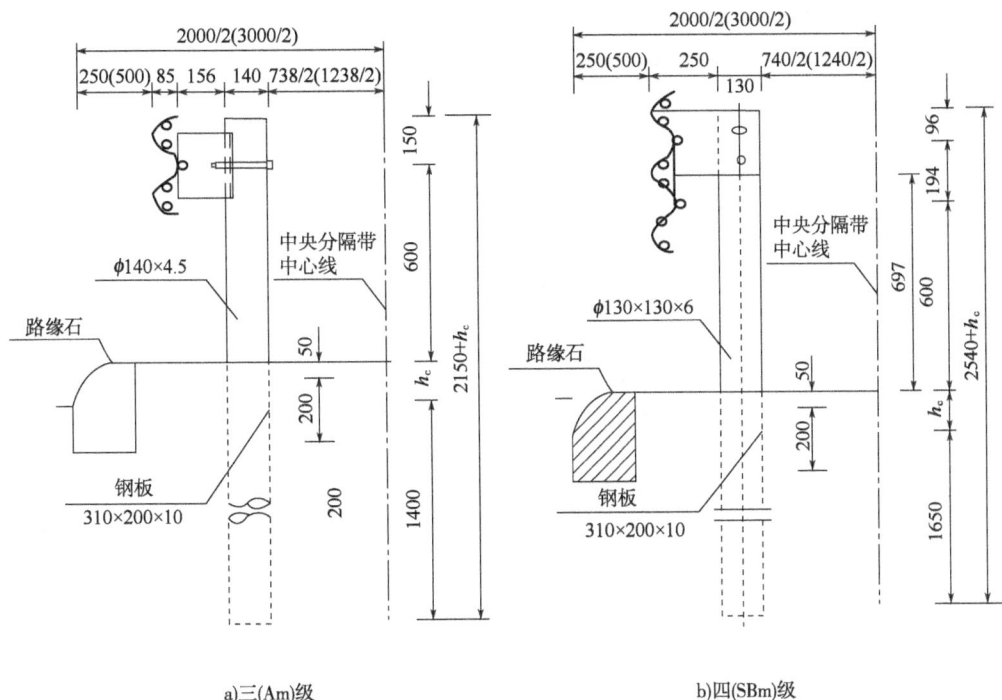

a)三(Am)级   b)四(SBm)级

图9-3 部分中央分隔带分设型波形梁护栏横断面布置图(尺寸单位:mm)

组合型波形梁护栏规格和尺寸应符合表9-8的规定,横断面布置如图9-4所示。

中央分隔带组合型波形梁护栏各部构造和尺寸   表9-8

防护等级	代码	梁板(mm)	立柱(mm)	横隔梁(mm)	梁板高度(mm)	立柱埋深(mm)	立柱间距(cm,土中/混凝土中)
三	Am	2(310×85×4)	φ140×4.5	480×200×50×4.5	600	1400	200/100

注:梁板高度是指护栏板中心距设计基准线的高度,以护栏面与路面的相交线为设计基准线。如护栏面靠近公路右侧行车道方向有路缘石,且路缘石右侧立面与护栏面不重合时,则梁板高度还应增加路缘石的高度。

2.护栏端头处理

1)路侧波形梁护栏的端头处理

(1)行车方向的上游端头宜设置为外展圆头式、外展埋入式或吸能式(图9-5),端头与护栏标准段之间应设置渐变段。

(2)行车方向下游端头可采用圆头式,可与标准段护栏呈一直线设置。二级公路考虑对向交通驶出路外碰撞的可能性,也可做成外展圆头式。

(3)在填挖路基交界处护栏起点端头的位置,应从填挖零点向挖方延伸20m,并设置为外展埋入式。

2)中央分隔带端头处理

设置于中央分隔带起、终点及开口处的护栏应进行端头处理,不加处理的端头是极端危险的。车辆与金属类护栏碰撞时,可能导致端梁刺穿车厢,车辆与钢筋混凝土护栏正面相碰时,将产生巨大的碰撞力。

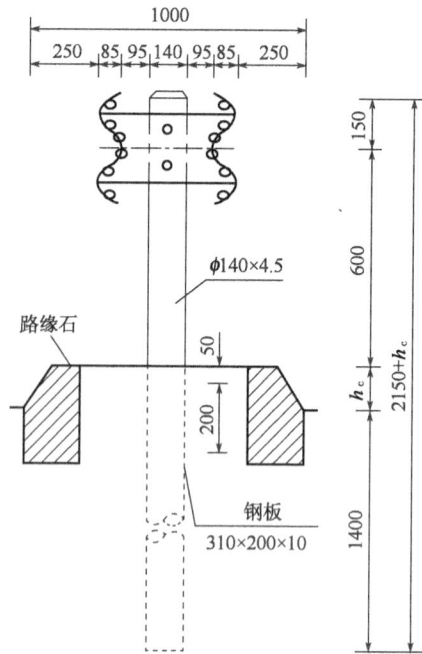

图9-4　中央分隔带组合型波形梁护栏三(Am)级横断面布置图(尺寸单位:mm)

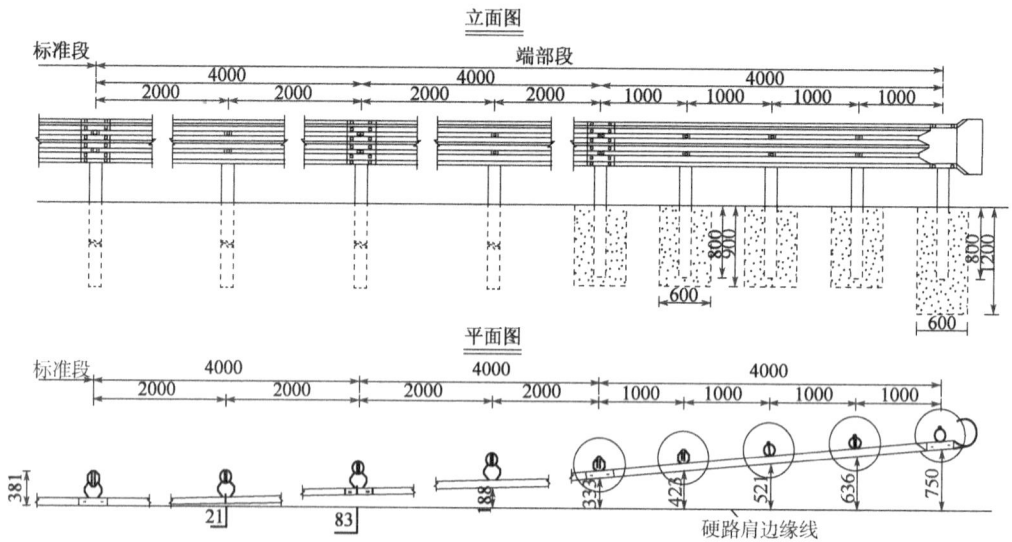

图9-5　护栏起始段外展式端头结构图示例(圆头式端头结构图)(尺寸单位:mm)

　　迎面碰撞时,端头处理的防撞装置不能带刺、产生拱起或使车辆翻滚,车辆在碰撞过程中产生的加速度不能超过要求的限度。在端头和标准段之间发生碰撞时,端头结构应具有与中央分隔带标准段护栏相同的改变车辆方向的性能。端头形式可分为分设型和组合型,分设型波形梁护栏端头应与中央分隔带线形相一致。在一定长度范围内,波形梁护栏从两条平行线逐渐按一定比例往分隔带内缩窄,一般呈抛物线形;立柱间距为2m,圆端头的半径应与分隔带开口处的线形相一致,一般为25cm。

　　(1)标准路段采用分设型波形梁护栏时,其圆形端头及过渡段线形应与中央分隔带相一致,立柱间距为标准路段间距一半,见图9-6。

（2）标准路段采用组合型波形梁护栏时,可以圆头式端头开始或结束,但端部应根据本细则的规定设置缓冲设施或立面标记。

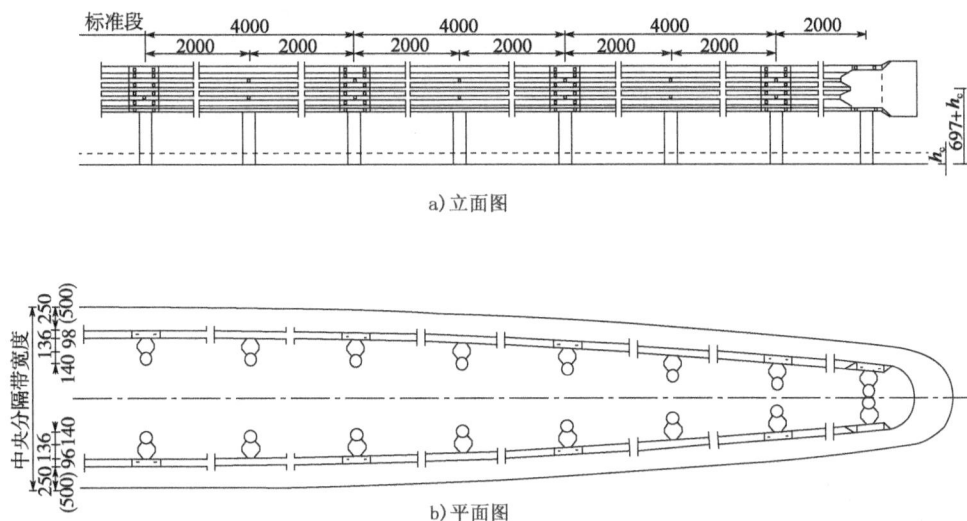

a) 立面图

b) 平面图

图 9-6　中央分隔带分设型护栏端头构造图(尺寸单位:mm)

3) 交通分流处三角地带端头处理

高速公路、一级公路互通式立体交叉匝道进出口及服务区、停车区进出口处的三角地带,符合护栏设置条件的,应进行特殊设计。该处的护栏构造,应与路侧波形梁护栏相一致,在布设时,靠高速公路、一级公路主线一侧的8m范围内和靠匝道一侧的8m范围内,立柱间距应加密一倍,三角区的顶端用圆形端头把两侧护栏连接起来。在迎着交通流方向的危险三角区范围内应设置缓冲设施,如防撞筒等,这样可以有效地吸收碰撞能量,降低正面碰撞车辆速度。侧面碰撞时,能改变车辆碰撞角度,导向正确方向。缓冲设施可广泛应用于交通分流的危险三角地带、上跨式桥墩的迎车面、中央分隔带混凝土护栏的起始端部,用来保护三角地带内的构造物,防止失控车辆发生正面碰撞。防撞设施的防撞能力应与相应的护栏防撞等级相当,并应设置较明显的诱导设施。三角地带护栏布设见图9-7。

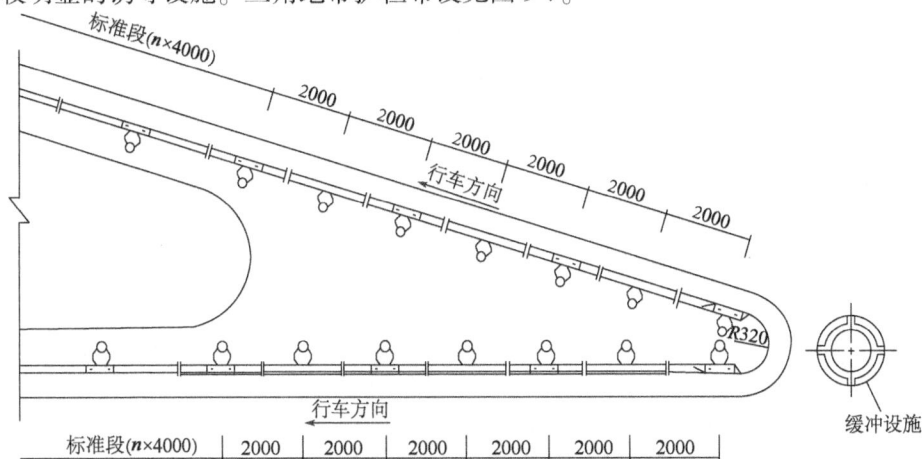

图 9-7　三角地带护栏布设图示例(尺寸单位:mm)

注:本图仅适用于三角地带设置 A 级波形梁护栏的情况。

4）隧道出入口端头处理

（1）隧道入口处的路侧波形梁护栏宜渐变向隧道延伸，在隧道洞口处设置与检修道断面相匹配的过渡翼墙，如图9-8所示，其中a）为波形梁护栏，b）为混凝土护栏。

（2）隧道出口处的路侧波形梁护栏可采用与隧道壁搭接的方式，端部护栏板应进行斜面焊接处理。

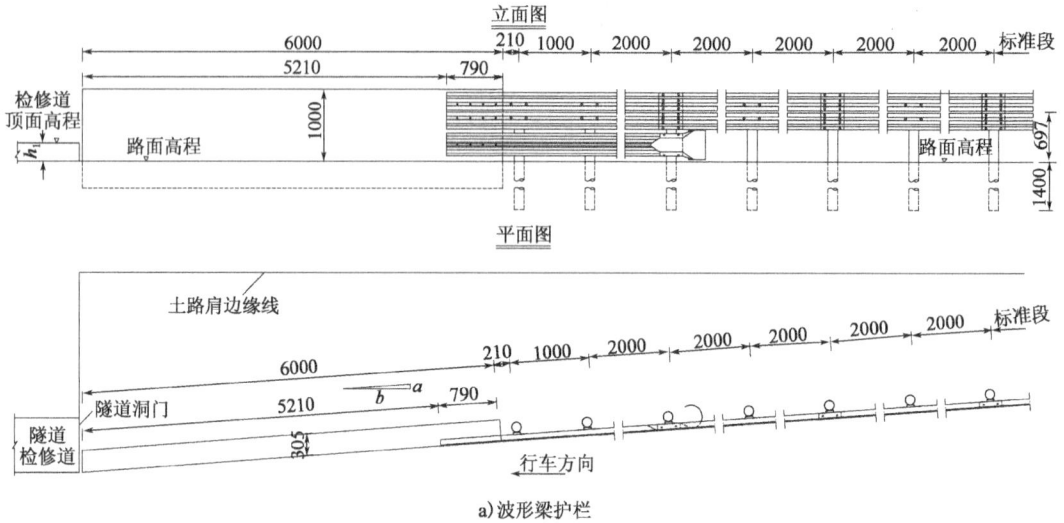

a）波形梁护栏

注：1.本图以A级波形梁护栏为例，说明隧道入口侧的端部处理方法。其他等级护栏、过渡翼墙的规格应相应变化，其基础处理参照本细则的相关规定设置。
2.图中渐变率（a:b）不宜超本细则表6.2.2-2的规定值。
3.图中h₁为隧道检修道的高度。
4.图中过渡翼墙与隧道洞口端部伸缩缝宽度符合相关规定。

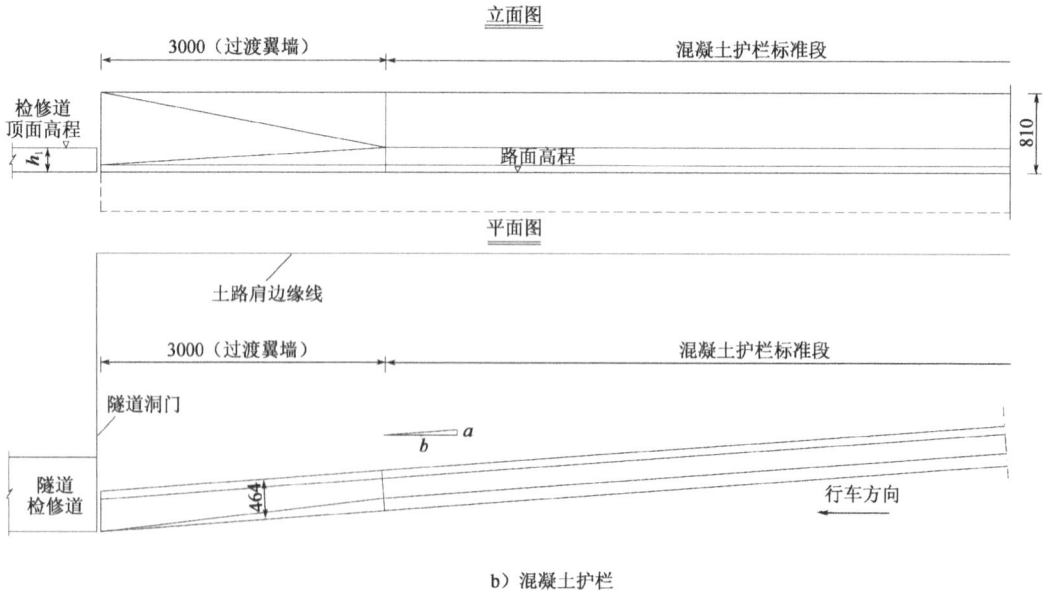

b）混凝土护栏

注：1.本图以A级混凝土护栏为例，说明隧道入口侧的端部处理方法。其他等级护栏、过渡翼墙的规格应相应变化，其基础处理参照本细则的相关规定设置。
2.图中渐变率（a:b）不宜超本细则表6.2.2-2的规定值。
3.图中h₁为隧道检修道的高度。
4.图中过渡翼墙与隧道洞口端部伸缩缝宽度符合相关规定。

图9-8　隧道入口处护栏端部处理结构图示例(尺寸单位：cm)

3.护栏的过渡段处理

此外,护栏的过渡段处理也是必须考虑的因素之一。

目前,我国在护栏过渡段的设计中一般都采用比较简单的处理方式,如采用直接搭接的形式和干脆不处理等方式。当车辆直接到衔接处时,由于两类护栏的刚度、强度的不同,车辆会产生绊阻现象,直接导致驾乘人员受伤。在路桥衔接段,由于路基时间久后容易产生沉降,这时两种护栏的高度会发生相对变化,进而影响过渡段护栏的防护性能。

国内调查结果和国外专项研究成果均表明,不同类型的护栏如混凝土护栏、波形梁护栏、缆索护栏等之间的连接过渡,或不同构造形式的路基护栏与桥梁护栏的连接过渡,如处理不当,对安全和美观都有重大影响。因此护栏之间均应进行过渡处理,以保持护栏的连续性,防止事故车辆在护栏不连续的地方穿过。

此外,过渡段的设置条件为:

(1)路侧设置护栏时,路侧护栏和桥梁护栏之间应进行过渡段连接设计。

(2)路侧没有设置安全护栏时,可按路侧护栏设置条件设计过渡段。

通过过渡段的设置保证了护栏整体刚度的逐渐过渡,避免了刚性护栏成为路侧障碍物。

二、缆索护栏

缆索护栏是公路柔性护栏中最具代表性的一种形式。它是以数根施加预应力的缆索固定于端柱上而组成的结构,主要通过缆索的拉应力以及基础牢固的立柱来抵抗车辆碰撞,吸收碰撞能量。缆索护栏不但能够达到 B 级防护等级以上标准,而且对车辆的破坏也比较小,并且其形式美观,具有良好的通透性,与周围环境协调地融为一体,给人以车在画中游的畅快感觉。

1.缆索护栏的端部构造

缆索护栏由端部结构、中间端部结构、中间立柱、托架、缆索和索端锚具等组成。

端部结构由三角形支架、底板和混凝土基础组成,端部结构各部构造和尺寸应符合表9-9的规定。路侧一(C)级~三(A)级端部结构如图9-9~图9-11所示。

缆索护栏端部机构各部构造和尺寸　　　　　　　　　　　　表9-9

| 防护等级 | 端部立柱 | | | | 混凝土基础 | | | | 最后一根缆索的高度(cm) | 最大立柱间距(cm)(土中/混凝土中) |
	规格(mm)	地面以上高度(cm)	埋入深度(cm)	形式	深度(cm)	长度(cm)	宽度(cm)	体积(m³)		
一(C)	φ114×4.5	74	40	三角形	100	300	60	1.8	43	700/400
二(B)	φ140×4.5	87	45	三角形	120	330	70	2.8	43	700/400
三(A)	φ168×5	100	50	三角形	150	420	70	4.4	43	700/400

2.缆索护栏的中间立柱

中间立柱的构造和尺寸应符合表9-10的规定。图9-12~图9-14为路侧一(C)级一三(A)级缆索护栏中间立柱的构造图。中间立柱的间距不宜大于6m/7m,设置于混凝土中的中间立柱间距宜大于4m。设置于曲线路段的缆索护栏,应根据表9-11的规定调整立柱间距。在通过小桥、通道、明涵等无法打入的路段,有地下管线的路段或其他不能达到规定埋置深度的路段,中间立柱可设置于混凝土基础中。

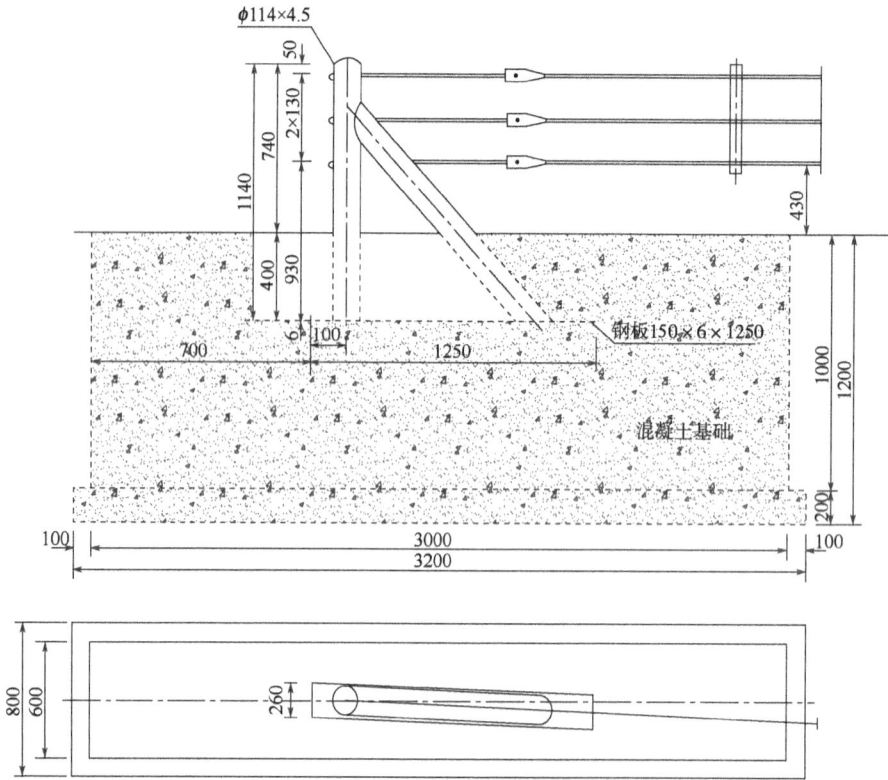

图 9-9　路侧一(C)级端部结构图(尺寸单位:mm)

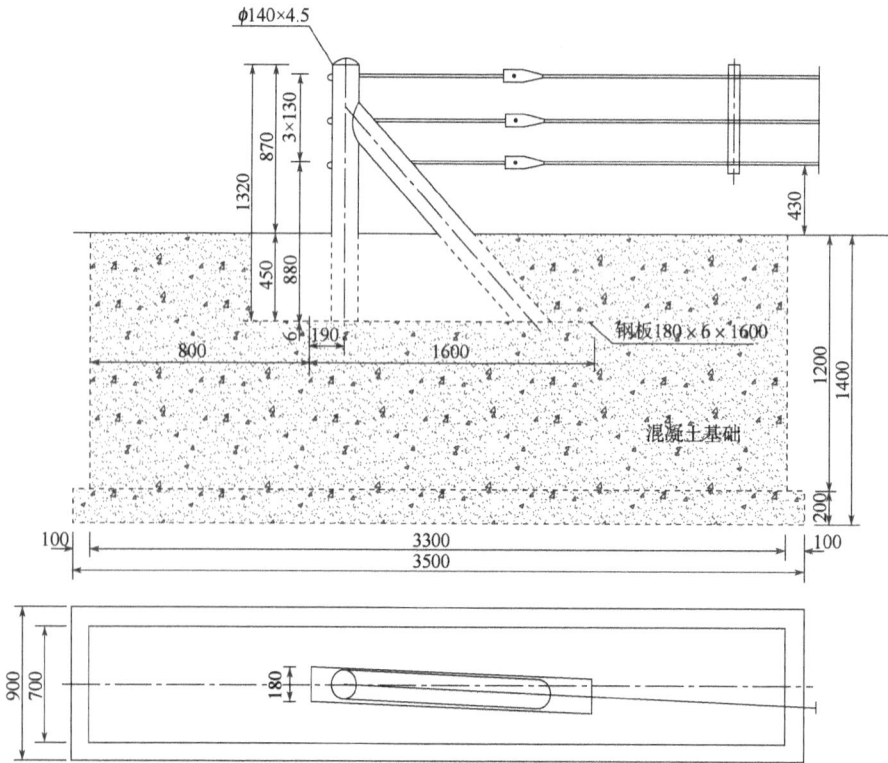

图 9-10　路侧二(B)级端部结构图(尺寸单位:mm)

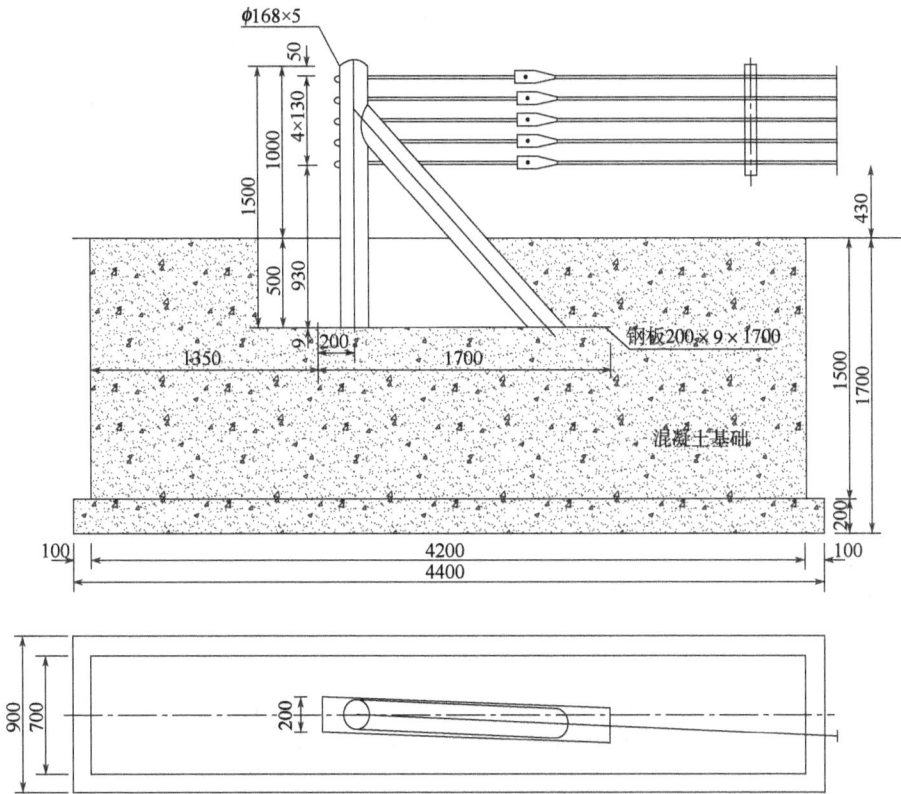

图9-11 路侧三(A)级端部结构图(尺寸单位:mm)

缆索护栏中间立柱的构造和尺寸 表9-10

防护等级	中间立柱					最大立柱间距(cm)
	埋置方式	埋入深度(cm)	地面以上高度(cm)	外径(mm)	壁厚(mm)	
一(C)	土中	140	74	∅114	4.5	700
	混凝土中	40				400
二(B)	土中	165	87	∅114	4.5	700
	混凝土中	40				400
三(A)	土中	165	100	∅140	4.5	600
	混凝土中	40				400

曲线部的立柱间隔 表9-11

防护等级	立柱间隔(m)	4	5	6
一(C)、二(B)、三(A)	曲线半径R(m)	120 ≤ R ≤ 200	200 < R ≤ 300	R > 300

3.缆索护栏的中间端部结构

中间端部结构由一对三角形支架、底板和混凝土基础组成,各部分构造和尺寸同端部立柱。符合下列条件时,应设置中间端部结构:

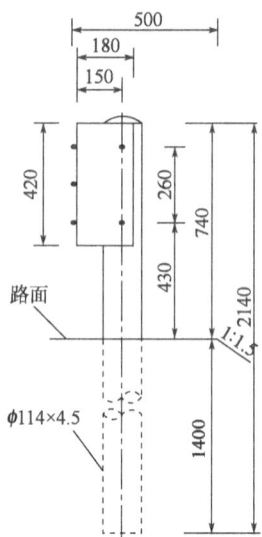

图9-12　一(C)级缆索护栏中间立柱的构造图(尺寸单位:mm)

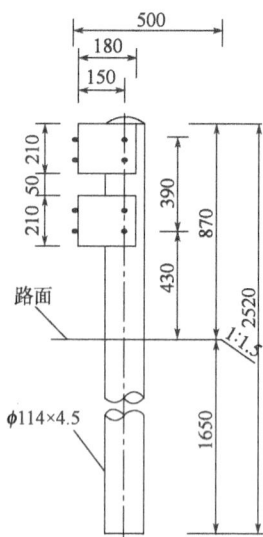

图9-13　二(B)级缆索护栏中间立柱的构造图(尺寸单位:mm)

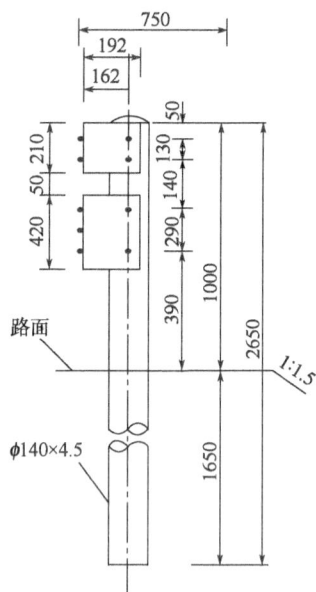

图9-14　三(A)级缆索护栏中间立柱的构造图

（1）采用机械施工方式,路侧缆索护栏的设置长度超过500m时。

（2）采用人工施工方式,路侧缆索护栏的设置长度超过300m时。

4.缆索和索端锚具

缆索和索端锚具应符合表9-12的规定。

缆索护栏的缆索和索端锚具　　　　　　　　表9-12

防护等级(代码)	缆索			索端锚具与钢丝绳整体破断拉力(kN)
	初拉力(kN)	缆索直径(mm)	缆索间隔(mm)	
一(C)、二(B)、三(A)	20	18	130	170

三、混凝土护栏

混凝土护栏是一种具有一定断面形状的墙式护栏,它是一种承力结构。其作用特点是:当汽车与护栏碰撞时,在瞬间移动荷载作用下,护栏基本上不移动、不变形,碰撞过程中的能量主要是依靠汽车与护栏面接触并沿着护栏面爬高和转向来吸收,同时,碰撞汽车也恢复到正常行驶方向。

混凝土护栏的分类如表9-13所示。

混凝土护栏的分类　　　　　　　　表9-13

安装位置	防撞等级	构造特征		基础处理方式
中央分隔带	Am、SBm、SAm、SSm、HBm、HAm	整体式	F型	可直接支承在土基上,土基的承载力不应小于150kN/m², 混凝土护栏嵌锁在基础内,埋置深度一般为10～20m
			单坡型	
		分离式	F型	护栏下设置枕梁,护栏之间应设置支撑块
			单坡型	

续上表

安装位置	防撞等级	构造特征	基础处理方式
路侧	A、SB、SA、SS、HB、HA	F 型	(1)座椅方式; (2)桩基方式
		单坡型	
		加强型	

1.路侧混凝土护栏的构造

路侧混凝土护栏按构造分为 F 型、单坡型等,应结合路侧危险情况、车辆构成比例及远期路面养护方案等因素选用。

(1)F 型混凝土护栏构造要求如表9-14、图9-15 所示。

F 型混凝土护栏构造要求(单位:cm)　　　　　　表9-14

防护等级	代码	H	H_1	B	B_1	B_2
三	A	81	55.5	46.4	8.1	5.8
四	SB	90	64.5	48.3	9	6.8
五	SA	100	74.5	50.3	10	7.8
六	SS	110	84.5	52.5	11	8.9
七	HB	120	94.5	54.5	12	9.9
八	HA	130	104.5	56.5	13	10.9

可根据需要在护栏顶部设置阻坎,如图9-16 所示,其构造要求除 H_1 减去20cm 外,其他规格同表9-16。

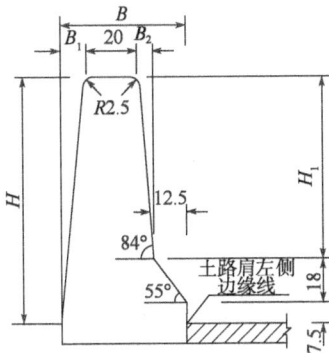

图9-15　F 型混凝土护栏构造(尺寸单位:cm)

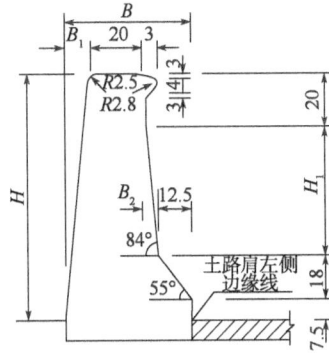

图9-16　加强型混凝土护栏(尺寸单位:cm)

(2)单坡型混凝土护栏构造要求如表9-15、图9-17 所示。

单坡型混凝土护栏构造要求(单位:cm)　　　　　　表9-15

防护等级	代码	H	B	B_1	B_2
三	A	81	42.1	8.1	14.0
四	SB	90	44.5	9	15.5
五	SA	100	47.2	10	17.2
六	SS	110	49.9	11	18.9

防护等级	代码	H	B	B₁	B₂
七	HB	120	52.6	12	20.6
八	HA	130	55.5	13	22.5

（3）路侧混凝土护栏的基础可采用座椅方式和桩基方式。

座椅方式是将护栏基础嵌锁在路面结构中,借助路面结构对基础腿部位移的抵抗力来提高护栏的抗倾覆稳定性,如图9-18、图9-19所示。地基的承载力应不小于150kN/m²,基础应配置的构造钢筋,并与护栏钢筋牢固焊接,基础混凝土强度等级与护栏相同。

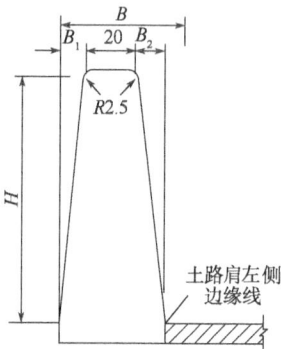

图9-17　单坡型混凝土护栏构造(尺寸单位:cm)
注:本图适用于防护等级为三(A)级的
混凝土护栏基础设置。

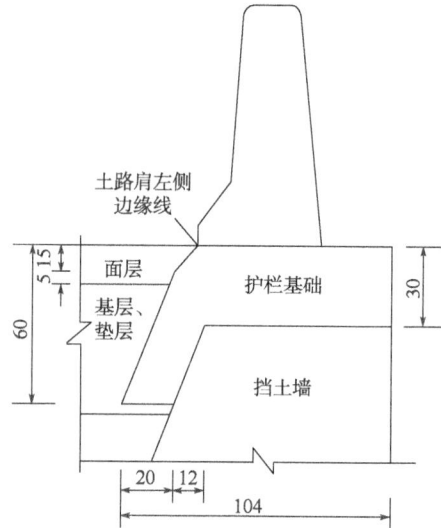

图9-18　挡土墙上的座椅式基础(尺寸单位:cm)

桩基方式是在现浇路侧混凝土护栏前先打入钢管柱,如图9-20所示。钢管柱规格为$\phi140mm \times 4.5mm$,长90～120cm,纵向间距为100cm。钢管柱必须牢固埋入基座中,并与混凝土护栏连成整体。地基的承载力应不小于150kN/m²。

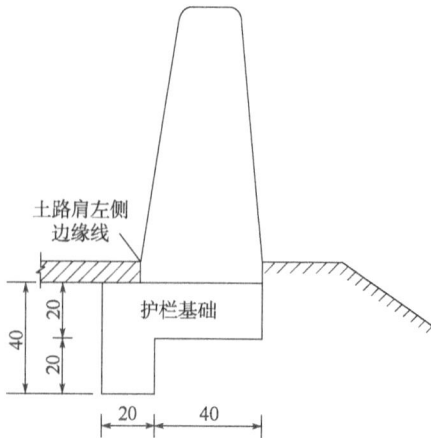

图9-19　土基上的座椅式基础(尺寸单位:cm)
注:本图适用于防护等级为三(A)级的
混凝土护栏基础设置。

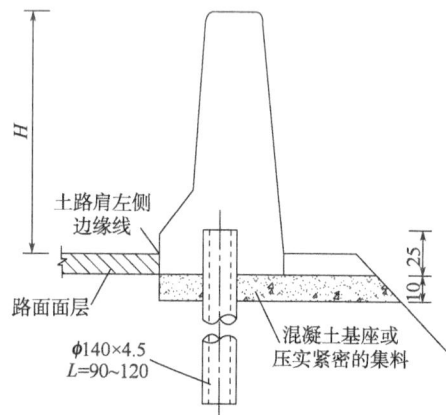

图9-20　桩基基础方式(尺寸单位:cm)

2.中央分隔带混凝土护栏的构造

中央分隔带混凝土护栏可采用整体式或分离式,可根据中央分隔带的宽度、构造物和管线的分布加以确定。

1)整体式混凝土护栏

整体式混凝土护栏按构造可分为 F 型和单坡型两种。

(1)F 型中央分隔带混凝土护栏构造要求如表 9-16、图 9-21 所示。防护等级较高的路段可根据需要在护栏顶部设置阻坎。

F 型中央分隔带混凝土护栏构造要求(单位:cm)　　　　　　　　表 9-16

防护等级	代码	H	H1	B	B1
三	Am	81	55.5	56.6	5.8
四	SBm	90	64.5	58.6	6.8
五	SAm	100	74.5	60.6	7.8
六	SSm	110	84.5	62.8	8.9
七	HBm	120	94.5	64.8	9.9
八	HAm	130	104.5	66.8	10.9

(2)单坡型中央分隔带混凝土护栏构造要求如图 9-22、表 9-17 所示。

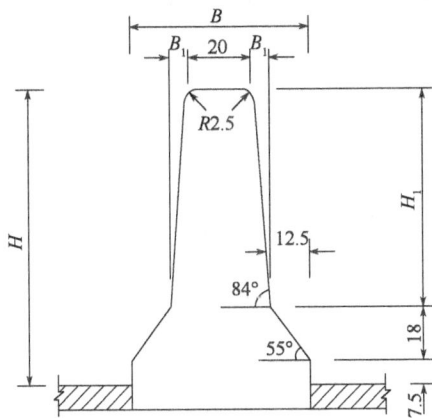

图 9-21　F 型中央分隔带混凝土护栏(尺寸单位:cm)

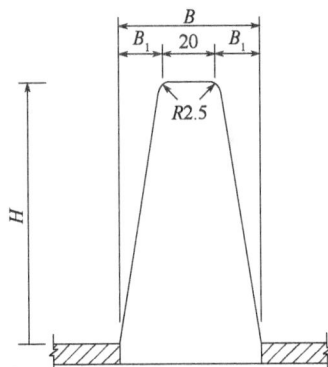

图 9-22　单坡型中央分隔带混凝土护栏(尺寸单位:cm)

单坡型中央分隔带混凝土护栏构造要求(单位:cm)　　　　　　　　表 9-17

防护等级	代码	H	B	B1
三	Am	81	48	14.0
四	SBm	90	51	15.5
五	SAm	100	54.5	17.2
六	SSm	110	57.8	18.9
七	HBm	120	61.2	20.6
八	HAm	130	65	22.5

2）分离式混凝土护栏

分离式混凝土护栏按构造可分为 F 型和单坡型两种,其断面形状应与对应的路侧混凝土护栏相同。混凝土护栏背部每隔 2m 应设置一处宽 40cm、厚 10cm 的钢筋混凝土支撑块,中间可填充种植土进行绿化,如图 9-23 所示。分离式混凝土护栏顶部间距不应小于 40cm,侧向净空值应满足现行《公路工程技术标准》(JTG B01)的规定。分离式混凝土护栏中间的积水可通过纵向盲沟、再由横向排水管排出。

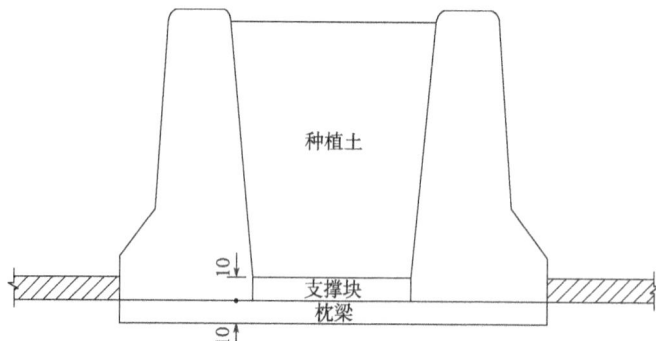

图 9-23　中央分隔带分离式混凝土护栏构造图(尺寸单位:mm)

3）中央分隔带混凝土护栏

中央分隔带混凝土护栏需保护桥墩、标志立柱、照明灯柱等设施时,可用现浇混凝土护栏在构造物处作围绕包封处理,但加宽部分不得侵入公路建筑限界。在加宽段与标准段之间应设置渐变段,加宽段与渐变段的侧面形状应与标准段保持一致。加宽段的长度不应小于 20 倍的加宽宽度,且过渡段偏角不宜大于 20°,如图 9-24 所示。

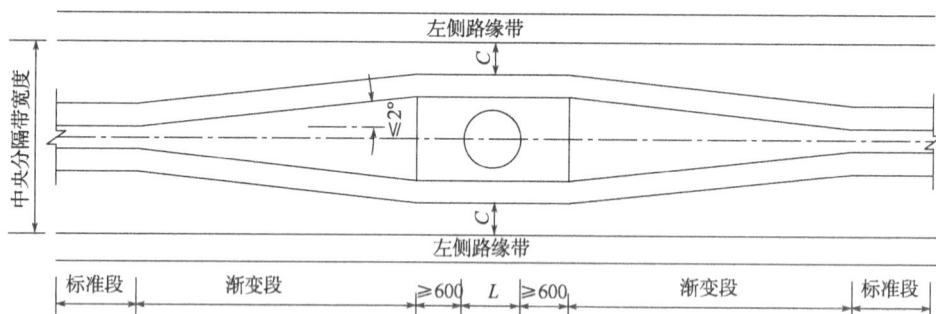

图 9-24　中央分隔带混凝土护栏加宽段(尺寸单位:mm)

L-标志柱等设施的长度;C-中央分隔带建筑限界值

3. 混凝土护栏的设计

每节混凝土护栏的纵向长度,在浇筑、吊装条件允许时,应采用较长的尺寸。预制混凝土护栏长度宜为 4 ~6m;现浇混凝土护栏的纵向长度应按横向伸缩缝的要求确定,一般为 15 ~30m。现浇混凝土护栏每 3 ~4m 应设置一道假缝。

混凝土护栏与防眩设施同时设置时,在护栏顶部适当位置宜安装预埋连接件,预埋件的位置、数量应与防眩设施的结构相配合。对停车视距可能影响的路段,应对停车视距进行验算,如达不到规范要求时,应采取相应措施,如向内移动防眩设施、采取限速措施等。

护栏之间的连接方式根据护栏制作方式的不同而不同。预制混凝土护栏采用纵向企口连接法和纵向连接栓方式。如图 9-25、图 9-26 所示，企口连接是通过企槽相互咬住共同受力，适用于 A、Am 防撞等级；连接栓方式适用于防撞等级 A 和 Am 以外的其他防撞等级混凝土护栏。

中央分隔带混凝土护栏靠自重放置在基础上，在汽车碰撞力的作用下往往会被移动，严重时甚至会危及对向车道车辆的安全。规范规定对于整体式混凝土护栏，基础的承载力必须达到 150kN/m² 以上，然后将混凝土护栏嵌锁在基础中，即混凝土护栏需要镶嵌在下面的基础中。对于分离式混凝土护栏，应在混凝土护栏下设置枕梁，护栏之间应设置支撑块。

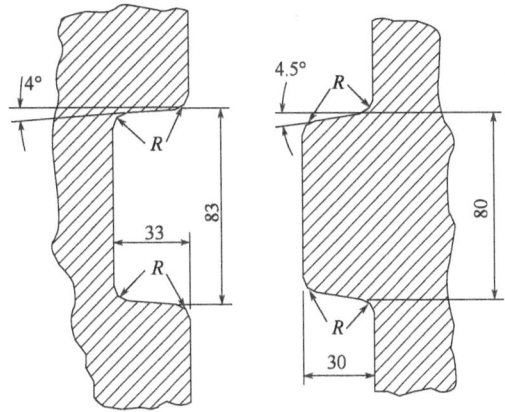

图 9-25　纵向企口链接(尺寸单位:mm,其中 $R=5$)

设计路侧混凝土护栏的基础时，需通过验算路侧混凝土护栏的抗倾覆稳定性，来确定基础混凝土的尺寸。根据路侧混凝土护栏所处的位置及路堤形式、施工工序。路侧混凝土护栏的基础可选用以下两种方式：一是座椅方式，其基础腿部伸入路面基层中，利用路面基层对基础腿部位移产生的抗力来提高护栏的抗倾覆稳定性，受力形式较为合理，用于修建在高挡墙、高路堤上的护栏；二是桩基方式，在现浇路侧混凝土护栏前先打入钢管桩，或钻孔插入钢管桩或开挖埋入钢管桩，用于高填土路堤路段。

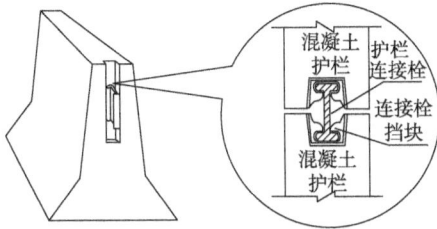

图 9-26　纵向连接栓

四、活动护栏

活动护栏是在中央分隔带开口处，为方便特种车辆（如交通事故处理车、急救车）在紧急情况下通行和一侧道路施工封闭时临时开启放行的活动设施。这种护栏在正常情况下有一定的隔离性能，在临时开放时应能快速、灵活地移动。国外活动护栏的设计较多，不同的设计适用于不同的场所。国内目前主要采用的活动护栏形式分为三类：插拔式、伸缩式及充填式。其中，插拔式活动护栏在我国已经有很长的使用历史，有丰富的应用经验；伸缩式活动护栏具有使用方便、灵活的优点，但容易引发二次事故，不推荐使用；充填式活动护栏是近几年出现的新形式，在充水或细砂后具有较好的防撞能力，放水或细砂后即可轻松地移动。从功能上比较，插拔式在使用的便捷性、适用性及造价上优于充填式，而充填式在安全性能上有优势。设计时可根据景观、安全、经济及建设单位的具体要求进行选择。

1. 伸缩式活动护栏

伸缩式活动护栏具有使用方便、灵活的优点。但在实际使用中发现伸缩式活动护栏在车辆碰撞下极易破碎，且产生大量飞溅的杀伤性碎片，对驾乘人员不利，而且容易引发二次事故。《公路交通安全设施设计规范》(JTG D81—2006)中已经不推荐使用伸缩式活动护栏，在《公路交通安全设施设计细则》(JTG/T D81—2006)中推荐使用插拔式活动护栏和充填式活动护栏。

2. 插拔式活动护栏

插拔式活动护栏在我国已经有很长的使用历史，由护栏片、反射体、预埋基础等组成，具有适用地域广和造价低的优良功能。插拔式活动护栏的护栏片由直管、弯管、立柱等钢管构件焊接而成,如图 9-27 所示。插拔式活动护栏的每片长度应为 2～2.5m。由于基础可采用预埋套管或抽换式立柱基础(图 9-28),使插拔式活动护栏具有便捷性,但缺点是插孔易积土、美观性不够。

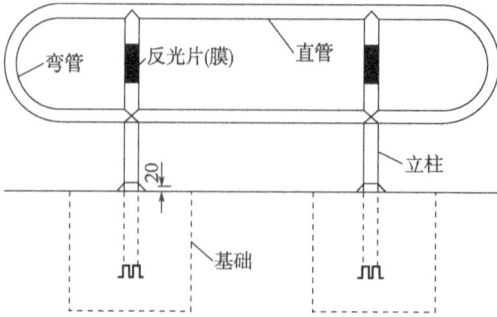

图 9-27　插拔式活动护栏的构造(尺寸单位:mm)

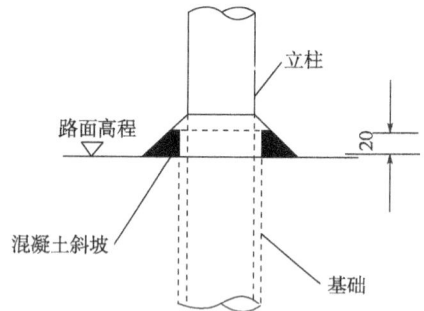

图 9-28　插拔式活动护栏的套管(尺寸单位:mm)

3. 充填式活动护栏

充填式活动护栏是近几年出现的活动护栏新形式。护栏预制块可采用塑料或玻璃钢制作,断面形式可采用 F 型或单坡型混凝土护栏的断面形式,预制块中空,可以充填水或细砂,如图 9-29 所示。

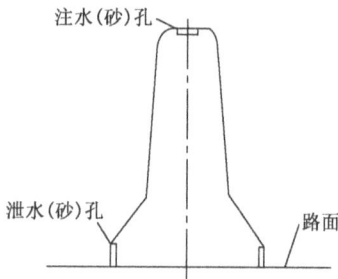

图 9-29　充填式活动护栏的构造

这种活动护栏具有合理的截面形式,在充水或细砂后具有较大的自重,有较好的防撞能力,在去掉水或砂后即可轻松地移动。充填式活动护栏由多块护栏预制块连接而成,护栏预制块可采用塑料或玻璃钢制作。

4. 组合式活动护栏

内蒙古自治区公路局有关人员研制出一种组合式新型高速公路活动护栏,并已获得了国家专利(专利号 ZL 03244232.7)。这种新产品由若干护栏框等组成,护栏框下面有方向轮,护栏框为一矩形或近似于矩形框,各护栏框之间通过销轴铰接,材料采用钢管弯制,如图 9-30、图 9-31 所示。

图 9-30　组合式活动护栏一

图 9-31　组合式活动护栏二

此种护栏结构简单、组装及拆卸方便,可折叠、容易更换、造价低(仅为伸缩式活动护栏的 1/2),由于销轴的顶部端面采用三角形或五角形或其他非标准形状,并且嵌入铰套内,采用这样的结构可以实现在结构简单的条件下不易被盗窃,稳定性好。

5. 预应力索式防撞活动护栏

如今高速公路护栏最突出的作用就是防护性和导向性能,框架结构和预应力钢索的协同作用提高了护栏的防护和导向性能。利用预应力索式防撞活动护栏,防护能量可达到 160kJ,可以有效地减少或避免二次事故,并且对乘客和驾驶人有一定的保护作用,填补了国内空白,如图 9-32 所示。

图 9-32 预应力索式防撞活动护栏

五、新型护栏介绍

随着对"以人为本、安全至上"等公路设计新理念理解的不断深入,"自然、安全、通透"等公路护栏设计新理念也相继提出,出现了许多不同材质、不同结构的护栏,丰富了护栏的形式,为护栏研究和发展提供了新的思路和方向。

1. 算盘式护栏

目前高速公路护栏新形式的应用中出现了一种算盘式护栏,这种护栏可以通过算珠式的滑动,使车辆碰撞时有效减少损伤。如图 9-33 所示。

2. 钢背木护栏

钢背木护栏属于半刚性护栏。如图 9-34 所示,这种护栏以方钢和槽钢作为护栏上下横梁,通过钢件与木材的巧妙结合,将木材包裹在横梁外面,以钢管作为护栏立柱,上面喷涂仿木色涂料,将防护设施与周围环境相结合的埋念运用到了极致。

图 9-33 算盘式护栏

图 9-34 钢背木护栏

3. 缩骨式护栏

"缩骨护栏"由两个围栏组成,两端还配有两个带能量吸收器的支撑架和一个活动支架。

驾驶时如果不慎撞上护栏,若是正面撞击,护栏的前组栅格就会吸收冲击能量,支撑梁将自动断裂,护栏随之自动向后缩进,防止车辆冲破防护设施;若是从侧面撞击护栏,护栏上的自动栅板还将导正车辆的行驶方向,见图9-35。

经测试,汽车在100km/h的速度下,撞击"缩骨护栏"的正面,测试车辆的前风窗玻璃保持完整,见图9-36。

图9-35 缩骨护栏

图9-36 碰撞后的"缩骨护栏"

经公路学会有关专家介绍,除了高速公路,这种护栏还将应用于各种路边有危险隐患的设施,如桥墩、立交桥、收费亭等,防止汽车和路边设施碰撞而造成严重的伤亡事故。这种护栏如果全面装备到国内高速公路上,可以在未来十年内挽救约两万人的生命。

美国的端部挤压端头即Extruder Terminal(图9-37、图9-38)设有端部挤压器,即套在护栏板的端部,迎车面长方形平面后部安装有橡胶缓冲层,吸收正面冲撞能量。端部挤压器的外侧开有护栏挤出槽,一旦车辆碰撞端部,端头就会随着车辆向前推进,则护栏板就会在端头处的挤出槽中被挤出,同时,波形梁展开,吸收能量。当车辆撞击端头时,钢索组件起到了很好的缓冲作用,吸收了一部分撞击能量,并对车辆有一定的引导作用。

图9-37 Extruder Terminal端部处理

图9-38 解体后的Extruder Terminal端部

解体消能式护栏端头既具有一定的强度,又有较大的塑性变形能力,可以吸收较多的冲击动能,使之既能挡住、诱导碰撞车辆,又能及时解体消能,从而减轻事故伤害,不至于发生严重的二次碰撞事故,尽可能将事故限制在公路的一侧,有效地阻止汽车冲入对向车道。

第十章

其他安全设施设计

除了前述几章介绍的标志、标线、护栏等安全设施外,道路上使用的交通安全设施的种类还有很多,如隔离设施、视线诱导设施、防眩设施等。随着公路建设向"安全、环保、经济"发展,新材料、新技术层出不穷,交通安全设施也涌现出新的形式。这些安全设施在交通中具有吸能防撞、拦截失控车辆、诱导车辆行驶、减少眩光等作用,与标志、标线、护栏相辅相成,共同营造舒适、安全的交通环境。

第一节　隔离设施设计

隔离设施是对高等级公路进行隔离封闭的人工构造物的统称,其作用在于阻止无关人员、牲畜以及野生动物进入、穿越高速公路,防止非法侵占公路用地现象的发生。另外,隔离设施可有效排除横向干扰,避免由此产生的交通延误或交通事故。目前通常采用的隔离设施有刺铁丝、金属网、钢板网和焊接网。

一、隔离栅的分类

按构造形式分类:可分为金属网、刺钢丝网、常青绿篱和隔离墙等。
按立柱断面形式的分类:可分为直缝焊接钢管立柱、型钢立柱、Y形钢立柱、混凝土立柱等。
按防腐形式的分类:可分为热浸镀锌、热浸镀铝及浸塑隔离栅。

按安装方法的分类:分整网连续安装和分片式(组合式)安装。

其分类的一般规定如表 10-1 所示。

隔 离 栅 的 分 类 表 10-1

类 型		埋 设 条 件	支 撑 结 构
金属网	电焊网	混凝土基础或直埋土中	钢支柱
	钢板网		
	编织网		
刺钢丝		混凝土基础或直埋土中	钢筋混凝土支柱或钢支柱
常青绿篱		直埋土中	
隔离墙		混凝土基础或直埋土中	

二、隔离栅的形式选择

隔离栅的形式选择必须考虑其性能、造价、美观、与公路周围环境的协调、施工条件及养护维修等因素,并应与公路的设计标准相适应。

(1)造价比较:按单位造价由高到低排列。其顺序依次为:钢板网、电焊片网、电焊卷网、编织网、刺钢丝网。

(2)后期养护维修的比较:钢板网、电焊网、刺钢丝网在网面及局部破坏后,易修补,维修费用低。编织网在局部破坏后,将影响整张网,不易修补。维修费用高。

(3)适应地形的性能比较:钢板网、电焊片网爬坡性能差,一般用于平坦路段。在起伏较大的路段,如用钢板网、电焊片网,需将其设计成阶梯状。或将网片设计成平行四边形顺坡设置,施工较困难。电焊片卷网和编织网爬坡性能较好。编织网网面的柔性、电焊卷网的波纹构造均可适应起伏地形,但其施工需要专门的机械设备,刺钢丝适应地形能力强,爬坡性能优,在地势起伏较大的地形条件下,无需特殊的施工机具,施工方便。

(4)外观比较:钢板网、电焊网、编织网结构合理、美观大方,是城镇沿线、互通区、服务区、风景旅游区等处首选的隔离栅形式。刺钢丝隔离栅是一种比较经济适用的结构形式,但美观性较差,故主要适用于人烟稀少的路段、山岭地区的高速公路、郊外的公路保留用地、郊外高架构造物下面、路线跨越沟渠且需封闭的地方。在南方气候温暖、湿润地区,绿篱配刺钢丝综合使用,可增加其美观性。

(5)隔离墙隔离效果最好、坚固耐用,但造价高,影响路容、路貌,可在横向干扰大、事故频发的路段使用。

三、隔离栅的设置原则

(1)除特殊路段外,高速公路需要控制出入的一级公路沿线两侧必须连续设置隔离栅,其他公路可根据需要设置。

(2)凡符合下列条件之一者,可不设隔离栅:

①高速公路、需要控制出入的一级公路的路侧有水渠、池塘、湖泊等天然屏障的路段。

②高速公路、需要控制出入的一级公路的路侧有高度大于 1.5m 的挡土墙或砌石等陡坎的路段。

③桥梁、隧道等构造物,除桥头、洞口需与路基隔离栅连接以外的路段。

（3）隔离栅遇桥梁、通道时，应在桥头锥坡或端墙处围封，见图 10-1。

（4）隔离栅遇尺寸较小、流量不大的涵洞时可直接跨过，如图 10-2 所示；如沟渠较宽，隔离栅难以跨越时，也可采取图 10-3 的方式处理。

（5）隔离栅的中心线应沿公路用地范围界限以内 20～50cm 处设置。

（6）由于地形的原因，隔离栅前后不能连续设置时，就以该处作为隔离栅的端部，并处理好端头的围封。

（7）在地形起伏较大，隔离栅不易施工的路段，可根据需要把隔离栅设计成阶梯的形式，如图 10-3 所示。

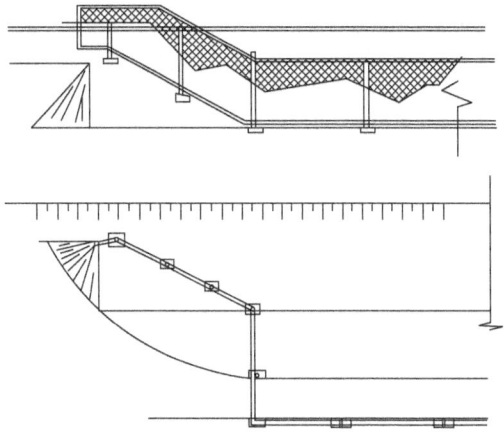

图 10-1　隔离栅端部处理示意图

（8）隔离栅宜根据管理养护需要在适当地点开口，开口处均应设门，以便控制出入。

（9）如有辅道时可设置在辅道内侧，为了方便清扫维修边沟，也可将隔离栅设在边沟内侧。

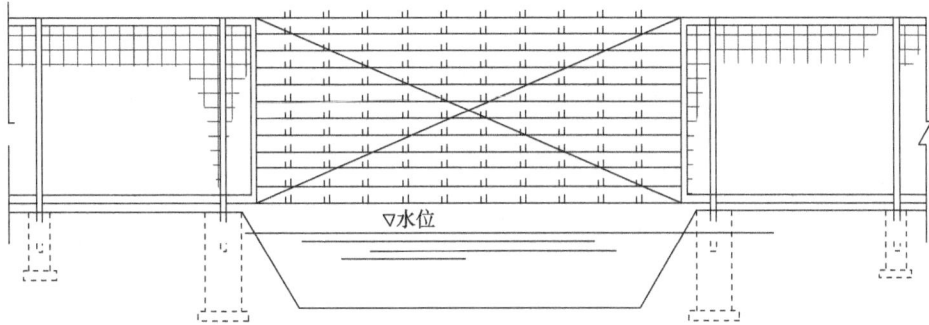

图 10-2　隔离栅跨沟渠处理示意图

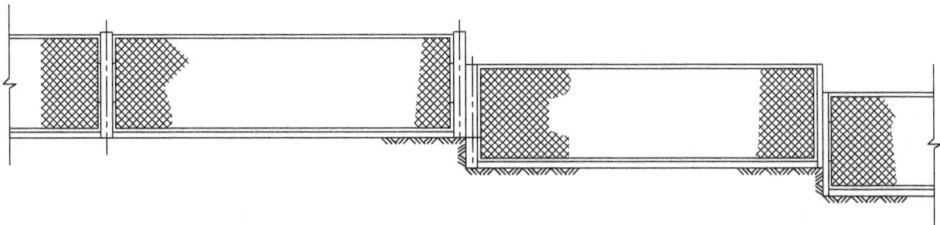

图 10-3　隔离栅以阶梯状设置示意图

四、隔离栅结构参数

1. 安装高度

隔离栅的安装高度是隔离栅设计中的一个重要设计指标，其取值大小直接影响工程与材料费用的开支和性价比，必须结合实际的地域地形、村镇人口的稠密程度以及人流流动的分布情况等诸多因素进行确定。为了保证隔离栅的整体美观效果和设计施工的便利性，应高度根据特殊的地形和其他特殊因素而产生间断式的变化，但变化不宜太频繁。

隔离栅的高度在一般城市道路上是以成人高度为参考标准，取值范围为 1.50～1.80m。

在城市及郊区人口密度较大的地方,特别是青少年较为集中的地区,如中小学、体育场等地,该地城的道路隔离栅的设计高度值应取上限,并且根据实际需要,可在此基础上进一步加高到使人无法攀越的程度。在人烟稀少的山村或郊外,由于人流较小,攀登隔离栅穿越公路的可能性远远低于城市道路,其设计高度可取下限值。

2. 截面尺寸

隔离栅的稳定性直接关系到使用效果和使用年限,其设计荷载主要考虑风力,同时也考虑人、畜的破坏作用。风力可按下式计算:

$$P = ws = \rho w_0 s \qquad (10\text{-}1)$$

式中:P——设计风力(N);

w——设计风压(Pa);

w_0——基本风压(Pa),按《公路桥涵设计通用规范》(JTG D60—2015)的规定取值;

s——迎风面积(m^2),为每片隔离栅的外轮廓线面积;

ρ——考虑隔离栅为网孔结构的折减系数,一般 $\rho = 0.50 \sim 0.85$,$\rho_{max} = 1.0$。

ρ 值的取定,主要考虑隔离栅网面孔率的大小,其次应考虑隔离栅设置后,一般均有野外牵藤植物依附,维护清除又有困难,故在南方枝叶常青地区宜取上限,甚至取最大值,而北方地区则可取中值或下限。

可根据计算的风力,可进行稳定性验算,由此确定支柱截面尺寸。隔离栅支柱的截面尺寸可参照表10-2的要求确定。

隔离栅支柱截面要求 表10-2

支柱类型	截面要素	支柱类型	截面要素
钢支柱	截面面积≥3.3cm	烧制圆木	截面直径≥9cm
钢筋混凝土支柱	截面尺寸大于10cm×10cm		

3. 网孔尺寸

隔离栅网孔尺寸的大小主要根据以下几个因素选定:

(1)不利于人和小动物攀爬并进入高速公路。

(2)在小型动物出没较多的路段,可设置变孔的刺钢丝网。

(3)结构整体和网面的强度。

(4)与公路沿线景观的协调性。

(5)性能价格比。

适宜于隔离栅的金属网、钢板网和刺钢丝的规格分别如表10-3～表10-5所示。

金属网的规格尺寸 表10-3

种 类	线号(BWG)	钢丝直径(mm)	网格尺寸(mm)	备 注
编织网	12	2.8	100×50	
			150×75	
	10	3.5	160×80	常选用
			150×75	常选用
			100×50	

续上表

种 类	线号（BWG）	钢丝直径（mm）	网格尺寸（mm）	备 注
编织网	8	4.0	160×80	
			150×75	
			100×50	
电焊网	14	2.2	50×50	
			100×50	
	12	2.8	50×50	
			100×50	常选用
			150×75	常选用
	10	3.5	75×75	
			100×50	常选用
			150×75	常选用
			150×80	常选用
	8	4.0	150×75	
			160×80	

钢板网的规格尺寸 表 10-4

板材厚（mm）	节距（mm）	丝梗（mm）	计算重量（kg/m²）
2.0	150×50	2.1	
	22×60	2.5	
	29×80	3.2	
	36×100	4.1	
	44×120	5.0	
2.5	29×80	3.2	
	36×100	4.1	
	44×120	5.0	
3.0	36×100	4.1	5.29
	44×120	5.0	
	55×150	4.9	4.27
	65×180	4.6	3.33

刺钢丝的规格尺寸 表 10-5

线号（BWG）	钢丝直径（mm）	刺间距离（mm）	长度（m/50kg）	重量（kg/100m）	线号（BWG）	钢丝直径（mm）	刺间距离（mm）	长度（m/50kg）	重量（kg/100m）
12	2.8	65	320	152	14	2.2	65	545	91.8
	2.8	75	360	139		2.2	75	575	86.9
	2.8	100	395	127		2.2	100	650	76.9
	2.8	125	430	116		2.2	125	700	71.4

五、隔离栅的构件设计

隔离栅主要构件由立柱、网片、基础、斜撑、连接件、门和张力钢丝等构件组成,其组成及各构件形式如图 10-4 所示。

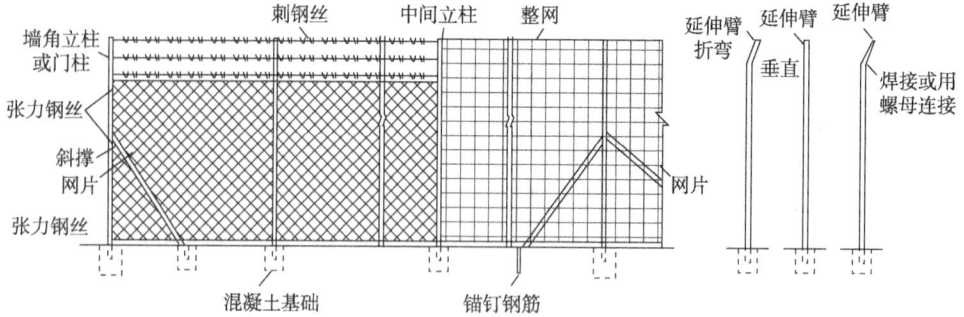

图 10-4　隔离栅构造图

1)网片的构造及尺寸

隔离栅的网片一般有钢板网、电焊网、编织网和刺钢丝网,其构造和尺寸要求不同,钢板网网片的构造形式见图 10-5,刺钢丝的结构见图 10-6。

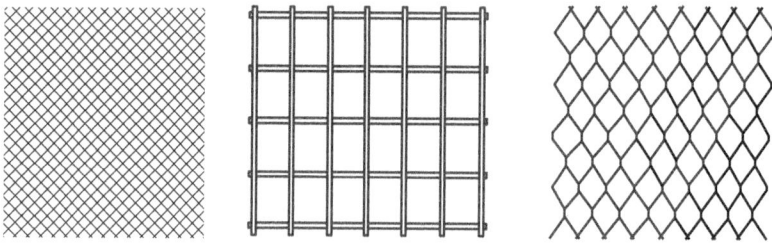

图 10-5　钢板网网片的构造形式

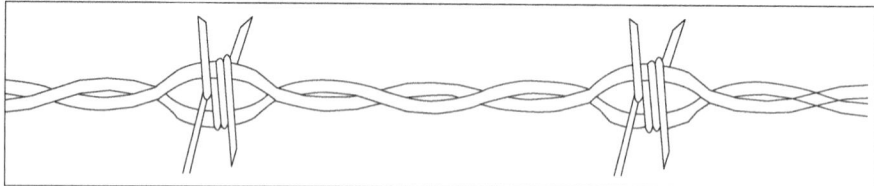

图 10-6　刺钢丝结构

2)立柱、斜撑的构造及尺寸

钢板网、电焊网及编织网立柱、斜撑可采用直缝焊接钢管、等边槽钢、等边内卷边槽钢、Y 形钢及其他断面形状钢。

(1)Y 形钢如图 10-7 所示。

(2)等边槽钢如图 10-8 所示。

(3)等边内卷边槽钢如图 10-9 所示。

3)门的规格和尺寸(防腐处理前)

门的规格和尺寸应符合隔离栅技术条件的规定,可根据进出大门的设备、人员情况进行设计,形式应力求简易、实用。

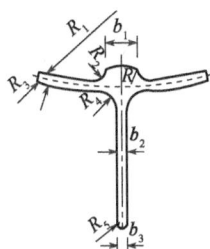

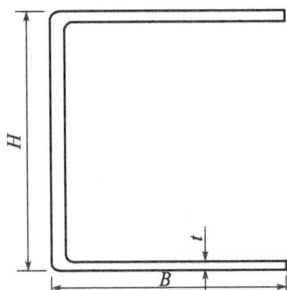

图 10-7　Y 形钢　　　　　　图 10-8　冷弯等边槽钢　　　　图 10-9　冷弯等边内卷边槽钢

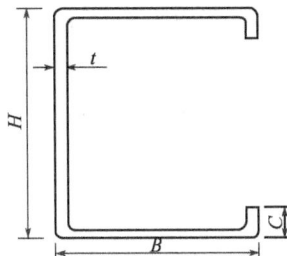

大门的形式一般可分为单开门和双开门两种,单开门宽度设计尺寸应不大于 1.5m,双开门总宽不应超过 3.2m。

4)连接件

隔离栅的连接件主要有挂钩、螺母、垫片、抱箍、条形钢片、上横框、下横框、竖框等,通过这些连接件将网片与立柱和斜撑连接来固定网片。

通过螺栓、螺母、垫片、抱箍、条形钢片等连接附件将网片与立柱、立柱与斜撑连接。条形钢片用于网片端头与立柱的连接,其厚度不小于 4mm,抱箍用于钢管立柱与网片的连接,针对钢管的外径进行设计。

上横框、下横框、竖框用于网片固定,其宽度不小于 40mm,厚度不小于 1.5mm,横框、竖框与网片之间用直径为 6mm 的铁铆钉固定,立柱与斜撑及网框用 M8 螺栓连接。斜撑如果采用锚钉钢筋固定,则其直径不小于 20mm,门柱与门通过连接件用 M16 螺栓连接。

5)张力钢丝

将编织网串连成整体需用 3 根张力钢丝,底部一根靠近地面,顶部一根靠近网边,张力钢丝用直径小于 3.5mm 的低碳钢丝。

6)延伸臂

延伸臂用于挂刺钢丝或与网片规格相同的金属网,可以垂直或与柱夹 40°~45°的角。延伸臂的长为 250~350mm,可由立柱直接折弯,也可另外设计,通过焊接或用 M8 螺栓与立柱连接。

7)基础尺寸

隔离栅的基础采用混凝土基础,其尺寸应符合 30cm × 30cm × 50cm 或 30cm × 40cm × 60cm 的大小要求。

六、隔离栅的材料及其表面处理

1.隔离栅的材料

1)网片材料

网片因其加工工艺和材质性能的不同,可分为钢板网、电焊网、编织网和刺钢丝网。

钢板网是用普通低碳退火薄钢板经专用机床的切削和拉伸一次成形的产品。钢板网的材料应符合《碳素结构钢和低合金结构钢热轧薄钢板和钢带》(GB/T 3274—2017)和《碳素结构钢冷轧薄钢板及钢带》(GB/T 11253—2007)规定的技术条件。除了采用低碳退火薄钢板作为加工材料以外,也可采用低碳冷轧(或热轧)钢板,其化学成分和机械性能应满足《碳素结构钢》(GB/T 700—2006)、《碳素结构钢冷轧薄钢板及钢带》(GB/T 11253—2007)的规定。钢板网扭曲90°应无折断现象。

电焊网是由钢丝机械编织或经过机械点焊加工而成。电焊网的钢丝宜采用低碳钢丝,其力学性能应符合《一般用途低碳钢丝》(YB/T 5294—2009)的规定。对于片网,焊点脱落数应小于焊点总数的4%。对于卷网,任一面积为15m² 的网上焊点脱落数应小于此面积上焊点总数的4%,焊点抗拉力应符合表10-6的规定。

焊点抗拉力性能

表10-6

钢丝直径(mm)	2.2	2.8	3.5	4.0
焊点抗拉力(N)	100	650	1010	1320

编织网用金属丝,应采用低碳钢丝,其力学性能应符合《一般用途低碳钢丝》(YB/T 5294—2009)的规定,应采用纵向编织。

刺钢丝网的股线及刺线应采用低碳钢丝,其力学性能应符合《一般用途低碳钢丝》(YB/T 5294—2009)的规定。刺钢丝每个结有4个刺,刺形应直,刺尖角 $\alpha < 25°$,刺夹角 β 为 $90° \pm 20°$,刺长 l 为16mm±3mm,刺线缝线股线不得少于1.5圈,捻扎应牢固,刺形应均匀。

2)立柱、斜撑材料

立柱和斜撑是隔离设施的立体结构,应具有很好的稳定性和结构强度。立柱和斜撑一般采用直缝焊接钢管、型钢、Y形钢和混凝土柱等。

钢管材料以热轧钢带、冷轧钢带焊接或焊后冷加工方法制造,其化学成分及机械性能应满足《直缝电焊钢管》(GB/T 13793—2016)的规定。

型钢材料用可冷加工变形的冷轧或热轧钢带在连续辊式冷弯机组上加工生产,其化学成分及机械性能应满足《碳素结构钢》(GB/T 700—2006)的规定,连续铺设的型钢立柱上的挂钩经冲压加工而成。

Y形钢用普通碳素钢在普通的轧钢机上热轧而成,其化学成分及机械性能应满足《碳素结构钢》(GB/T 700—2006)的规定。

混凝土立柱用混凝土强度等级不低于C20,搅拌混凝土所使用的各项材料及混凝土的配合拌翻、浇筑、养护应满足有关标准的规定。

3)连接件材料

隔离设施连接附件一般包括螺栓、螺母、垫片和条形钢片等。

由于隔离设施的受力性质,决定其通常采用普通低碳钢螺栓、螺母作为紧固件,其机械性能分级应符合《紧固件机械性能》(GB/T 3098—2010)的规定。

条形钢片材料是热轧或冷轧钢板经专用设备的分割而成的条形钢片和抱箍,可采用冷轧或热轧钢板(带),其技术条件应符合《碳素结构钢和低合金结构钢热轧薄钢板和钢带》(GB/T 3274—2017)、《碳素结构钢冷轧薄钢板及钢带》(GB 11253—2007)的规定。

2. 隔离栅的表面处理

隔离栅完全暴露在大气之中,基础一般也是在农田、荒野等环境较差的地方,受外界侵蚀较大,因此无论何种的隔离栅原则上都应进行表面处理,其目的是增强材料的抗腐能力,延长使用寿命,此外还可增添隔离设施的美观、艺术效果。

金属件的表面处理方法有三种:镀锌、油漆和涂塑。镀锌技术已是一门成熟的专业技术,因其工艺简单、成本低、防腐性能好而广泛地应用在各行各业中。隔离设施金属材料(主要指立柱、斜撑等金属结构件)镀锌处理一般采用热浸镀锌工艺。镀锌量应尽量和路上其他设施镀锌的标准相一致。以求道路设施防腐保养年限平衡,热浸镀锌的镀锌量应符合表10-7的规定,热浸镀锌所用的锌应为《锌锭》(GB/T 470—2008)中规定的 0 号或 1 号锌。

镀锌量的规定 表 10-7

构件名称		镀锌重量平均值(g/m^2)	
		I	II
网片(板材厚或钢丝直径)(mm)	2.0	105	230
	2.2	110	230
	2.5	110	240
	2.8	120	250
	3.0	125	250
	3.5	135	270
	4.0	135	270
连接件		350	
立柱、斜撑、门柱		500	

金属网表面处理可分为成品前期表面处理和成品后整网处理两种处理方法,成品前期处理是指钢丝在未用于编织前,其表面就已经被热浸镀锌,金属网的镀锌量应控制在$350g/m^2$左右,过薄起不到防腐的作用,过厚会造成浪费。

随着油漆工业的不断发展。漆料产量逐年上升,已基本能满足市场需求,并且价格平稳。使用油漆作材料表面处理不仅能起到材料的防腐作用,更重要的是它能依环境的需要,使处理后的材料或设施与周围的环境相协调,产生艺术效果。不过,一般油漆处理后的防老化和耐久性问题应引起注意。油漆处理的技术规范和条件因选用的油漆型号不同而有不同的要求,一般按产品说明书的规定执行。

涂塑是近几年来用于材料表面处理的新工艺,由于增加了抗酸性能,更适合于沿海地区应用,涂层使用寿命受老化的影响,但随着涂塑材料和工艺的不断发展,涂塑产品应用有所增加。

第二节 视线诱导设施设计

交通安全设施是公路不可或缺的组成部分,对于发挥公路的效能、保证行车安全、预防和减少交通事故的发生具有十分重要的作用。作为公路交通安全设施的重要组成部分之一,视线诱导设施沿行车道两侧设置,用于指示道路线形、方向、行车道边界及危险路段位置等,并诱导驾驶人视线。车辆在道路上行驶需有一定的通视距离,以便掌握道路前方的情况,尤其在夜间行驶时,仅依靠汽车前照灯照明来弄清道路前方的线形、明确行驶的方向是有一定困难的。因为汽车前照灯的照明范围有限,要想达到白天的通视距离,就要依赖于视线诱导设施。

一、视线诱导设施概述

视线诱导设施按功能可分为轮廓标、分合流诱导标、线形诱导标、突起路标及抗侧滑护轮带五类。其中,轮廓标用于指示道路线形轮廓;分合流诱导标用于指示交通分流、合流;线形诱导标用于指示或警告改变行驶方向;突起路标用于辅助和加强标线、提高道路服务质量;抗侧滑护轮带用于防止车辆滑入路侧水沟或滑下路基,保证行车安全。这些不同类型的视线诱导设施从不同侧重点来诱导驾驶人视线,使行车更趋舒适、安全。

视线诱导设施按设置方式可分为直埋式和附着式两种,其分类一般规定如表 10-8 所示。

视线诱导设施按设置方式的分类 表 10-8

类 别		埋设条件
轮廓标		土中
		附着
分合流诱导标	分流诱导标	土中
		附着
	合流诱导标	土中
		附着
线形诱导标	指示性线形诱导标	土中
		附着
	警告性线形诱导标	土中
		附着

视线诱导设施设计指导思想包含以下内容:

(1)视线诱导设施的反射体,在正常的入射角和观察条件下,必须保持恒定的、充足的亮度,应能满足大、小型车在近光和远光灯照射下的识别和确认要求。

(2)视线诱导设施的支撑结构应能支撑反射体,且应尽可能降低对误驶撞上的车辆和人员的伤害。

(3)在设置多种视线诱导设施的路段,应协调不同视线诱导设施之间的间距和高度,保证视线上的一致性和连续性。

(4)视线诱导设施应能满足降雨、降雪等特殊天气条件下显示公路轮廓的功能。

二、轮廓标

为提高行车安全性和舒适性,明确、清晰地指示道路前方线形至关重要。白天,驾驶人一般以路面标志、标线和护栏作为行车指导,但在夜间上述设施的视线诱导功能将显著下降,特别是汽车从直线段向曲线段过渡时,驾驶人的视线很难及时适应随道路线形的急剧变化。轮廓标是沿道路两侧边缘设置、用于显示道路边界轮廓、指引车辆正常行驶、具有逆反射性能的一种交通安全设施。轮廓标可通过对汽车灯光的反射,使驾驶人提早了解前方路况,道路两侧设置的轮廓标作为道路车行道边界的警示标志,也可起到夜间诱导、警告驾驶人的作用,能有效预防事故的发生,确保行车安全。

1. 一般规定

(1)轮廓标反射体的颜色分为白色和黄色。

按行车方向,配置白色反射体的轮廓标应安装于公路右侧,配置黄色反射体的轮廓标应安置于公路左侧。轮廓标不得侵入公路建筑限界以内。

(2)轮廓标是一种指示设施。

轮廓标的反射体与汽车前照灯及驾驶人视线的几何关系如图10-10所示。驾驶人从发射器正面驶来,由远至近逐渐接近并从侧面通过。在这个过程中,反射体的入射角由于线形关系,有可能在很大范围内变化。相反,观察角的变化却很小,且入射角变化可影响反射器的亮度。因此,在公路上使用的轮廓标反射体必须保持均匀、恒定的亮度,不允许闪耀,也不允许当入射角在某一范围时突然变亮或变暗,保持足够的反射亮度是轮廓标反射器必须具备的基本光学性能。

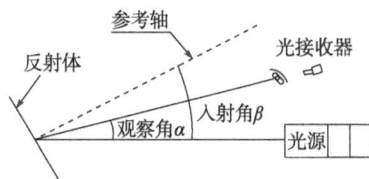

图10-10 反射体与灯光、驾驶人视线的关系

一般在静止条件下,用行驶光束(远光灯)照射轮廓标反射时,驾驶人能在500m处发现,在300m处能清晰地看见;用交会光束(近光灯)照射时,驾驶人能在200m处发现,在100m处能清晰地看见。

(3)轮廓标应能满足降雪、降雨等特殊天气条件下显示公路轮廓的功能要求。

2. 轮廓标的设置原则

(1)公路、互通立体交叉、服务区等处的进出口匝道,应全线连续设置轮廓标,中央分隔带开口路段应连续设置。

公路车辆行驶速度较快,而车辆在夜间行驶过程中,可视距离较短,这样都会大大降低行车安全性,连续设置轮廓标有助于驾驶人提前掌握前方路况,从而保障安全、舒适的行车,有效避免交通事故。在公路互通式立体交叉枢纽范围及服务设施、停车场等进出口匝道连线上,特别是在小半径曲线上,应在公路两侧连续设置轮廓标。

(2)轮廓标二级及以下等级公路的视距不良路段、设计速度大于或等于60km/h的路段、车道数或车道宽度有变化的路段及连续急弯陡坡路段宜设置轮廓标。其他路段视需要可设置轮廓标。

(3)轮廓标在公路前进方向应左、右侧对称设置。

公路上车辆运行速度高,如只在右侧设置轮廓标,在多车道情况下,对行驶于快车道的车辆,视线诱导效果较差。因此,公路左侧也应连续设置轮廓标。

(4)轮廓标的设置间距要满足要求。

在直线段,轮廓标的设置间隔不应超过50m,曲线段和直线段的设置间距见图10-11和表10-9。在竖曲线路段,为保持视线诱导的连续性,可对轮廓标的间距做适当调整。在路基宽度、

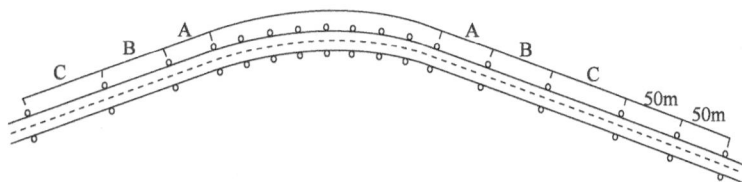

图10-11 轮廓标设置间距

车行道数量有变化的路段及竖曲线路段,应适当加密轮廓标的间距。

曲线路段、匝道处轮廓标设置间距(m) 表10-9

曲线半径	曲线段内设置	曲线段前后的设置间距		
		A	B	C
<30	4	4.5	7	15
30~89	8	13	22	45
90~179	12	15	26	48
180~274	16	18	30	50
275~374	20	27	45	50
375~999	30	36	50	50
1000~1999	40	45	50	50
>2000	50	50	50	50

(5)安装柱式轮廓标时,反射体应面向交通流,其表面法线与路中心线成0~25°。

(6)轮廓标的布设要求。

图10-12 轮廓标布设实例

轮廓标的标准设置高度为70cm,最小设置高度为60cm,最大设置高度为120cm。另外,在轮廓标布设时,应特别注意从直线段过渡到曲线段或由曲线段过渡到直线段的布设处理,应使视线诱导保持连续性和平顺圆滑的过渡。图10-12为轮廓标布设实例。在具备照明条件的局部路段,驾驶人可通过护栏、缘石、标线等设施看清道路前方线形,则可不必设置轮廓标,但在照明区间较短的路段,需认真研究是否设置轮廓标,以保持视线诱导的连续性。

(7)轮廓标反射器的安装角度,无论在直线段或在曲线段上,应尽可能与驾驶人视线方向垂直。轮廓标反射体表面法线与公路中心线成25°角,主要适用于柱式轮廓标。

(8)隧道检修道上设置轮廓标,可有效显示检修道的位置,防止车辆撞击检修道。隧道轮廓带宽度一般为15~20cm,根据需要可适当加宽。

3.轮廓标的形式选择

轮廓标按设置条件分为柱式轮廓标和附着式轮廓标两类;根据路侧设置的不同护栏形式及结构物的分布,轮廓标可分为附着于波形梁护栏、混凝土护栏、隧道侧墙和缆索护栏上,其他没有设置护栏的路段可设置柱式轮廓标。

1)柱式轮廓标

主体结构为三角形断面的立柱,由柱体、反射器和基础等部分组成,如图10-13、图10-14所示。柱体为空心圆角的三角形截面(图10-15、图10-16),顶面斜向车行道,柱身为白色,与距路面55cm以上部分的25cm黑色标记形成对比色,在黑色标记中间镶嵌一块18cm×4cm的反射器,反射器为定向反光材料,分白色和黄色两种。由于反射器经常发生丢失和破坏的情况,故在实际使用过程中可以采用二级以上反光胶取代反射器。反光膜相对较脆,粘贴后无法整片扯下,因此很难被破坏,即使反光膜被损坏,也很容易再次贴膜。而反射器则不易维护。

柱式轮廓标的基础采用混凝土基础。为使轮廓标损坏后更换方便,柱体与基础可采用装配的形式。在柱式轮廓标安装中,应使其含逆反射体的柱体表面与道路中线垂直。

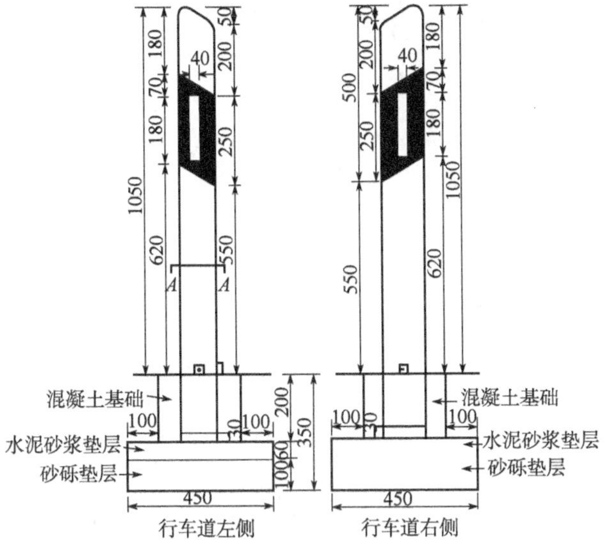

图 10-13 柱式轮廓标构造(尺寸单位:mm)

图 10-14 柱式轮廓标

2)附着式轮廓标

轮廓标有的附着在各种护栏上,如波形梁护栏、混凝土护栏及缆索护栏,也有的附着在隧道、挡墙、桥墩台等侧墙上。由于所附着的建筑物部位不同,采用不同形状。轮廓标附着于波形梁护栏中间的槽内时,反射器为梯形,与后底板铆在一起,后底板固定在波形梁与立柱的连接螺栓上。后底板应做成一定角度,角度大小以保证汽车前照灯光线大致与其保持垂直为原则。如图 10-17、图 10-18 所示。

附着在其他各类侧墙上的轮廓标的形状可用圆形、长方形或者梯形,一般附件可与侧墙连接。如图 10-19 ~ 图 10-26 所示。

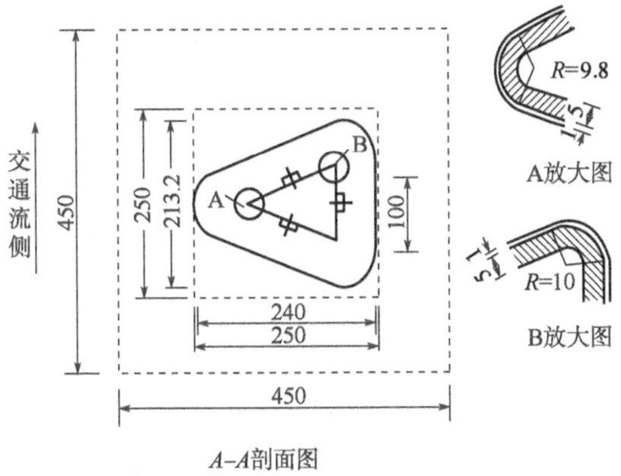

图 10-15 柱式轮廓标的柱体构造(尺寸单位:mm)

图 10-16 柱式轮廓标的柱体截面

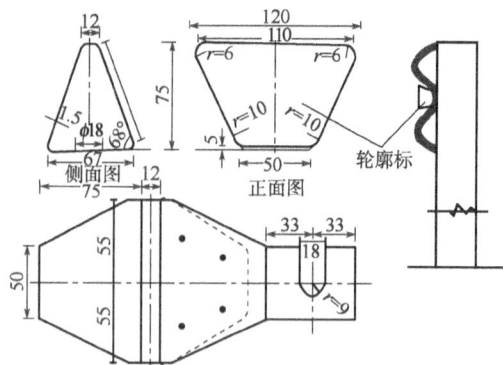

图 10-17 附着在波形梁护栏上的轮廓标(尺寸单位:mm)

图 10-18 附着在波形梁护栏上的轮廓标

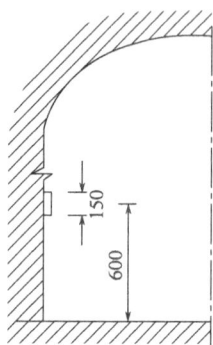

图 10-19 隧道轮廓标安装位置图
(1:20)(尺寸单位:mm)

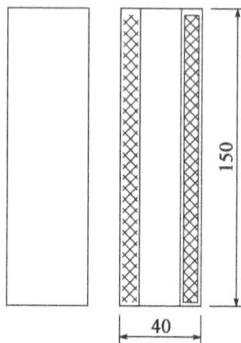

图 10-20 隧道轮廓标底、顶视图
(1:4)(尺寸单位:mm)

图 10-21 隧道轮廓标左、右视图
(1:4)(尺寸单位:mm)

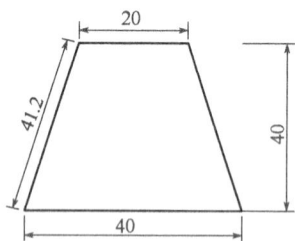

图 10-22 隧道轮廓标上、下视
(1:2)(尺寸单位:mm)

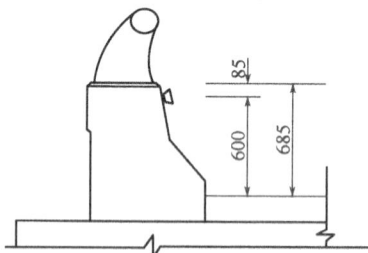

图 10-23 桥梁轮廓标安装位置图
(1:5)(尺寸单位:mm)

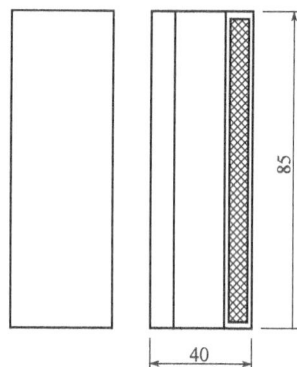

图 10-24 桥梁轮廓标底、顶视图
(1:4)(尺寸单位:mm)

附着在缆索护栏上时,可采用夹具直接把轮廓标固定在缆索上,这种护栏上的轮廓标一般应为圆形或者梯形,在中央分隔带可采用两面反射的结构。

当道路处在经常有雾、阴雨、风沙、下雪和暴雨的地区,会给视认性带来困难时,可尽量提高轮廓标的反射性能,如采用面积较大的反射器,并将轮廓标安装于波形梁护栏的立柱上,如图 10-27 所示。这种轮廓标可以分为单面反射(A 型)和双面反射(B 型)两种,B 型适用于需要为对向车道提供视线诱导的场合(如中央分隔带)。也可将圆形反射器装在波形护栏板的上缘,这种轮廓标通过专门加工的支架把轮廓标固定在波形梁上,如图 10-28 所示。

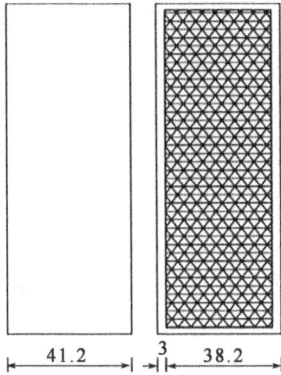

图 10-25 桥梁轮廓标上、下视图(1:2)(尺寸单位:mm)

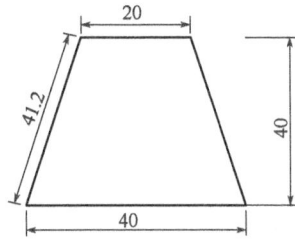

图 10-26 桥梁轮廓标上、下视图(1:2)(尺寸单位:mm)

4.轮廓标的材料选择

近年来,柱式轮廓标的发展变化非常大。早期的柱体材料为水泥预制件,成本便宜。但是有两大缺点:当车辆撞击时,对车辆有二次伤害;色泽不明显,反射器同水泥表面不易附着。后来的柱体用钢板制成,表面镀锌再刷漆,这种情况下反射器可以比较方便地连接到立柱表面上,但是仍有成本高、有较大的二次伤害问题和易生锈三大缺点。

因此,《轮廓标》(GB/T 24970—2010)中明确指出,柱式轮廓标柱体宜采用合成树脂类材料,包括聚乙烯、玻璃纤维增强塑料、聚碳酸酯树脂、PVC 树脂等,这些材料可用机械模具成型,立柱稳定、壁厚均匀、表面光滑、不易老化,又无二次伤害,且成本较低。

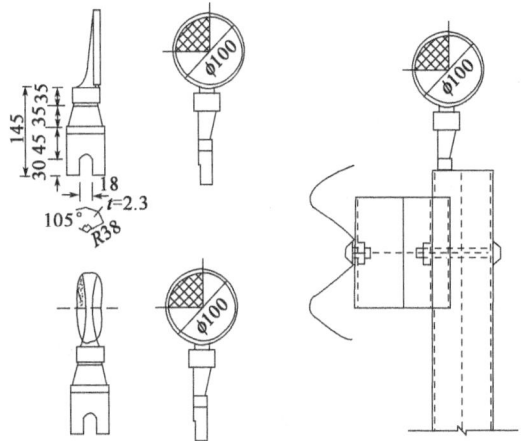

图 10-27 安装于波形梁护栏立柱上的轮廓标
(尺寸单位:mm)
t-厚度

为进一步解决柱式轮廓标被损坏、被撞坏的情况,延长轮廓标的使用寿命,提高轮廓标的功能性,有必要从轮廓标的材料方面进行改进,而且是切实可行的。目前,有由改性 PVC 塑料制成的新型柱形反光反弹警示柱,如图 10-29 所示,高度约 70cm,此新型圆形立柱式警示柱能够承受来自360°不同方向的冲击,具有良好弹性,承受猛烈冲击后能够迅速恢复原状,结实耐

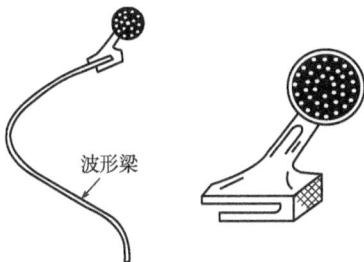

波形梁

图 10-28 安装于波形梁上缘的轮廓标

图 10-29 柱形反光反弹轮廓标

用,具有良好反光性能,可清晰勾画道路轮廓。在雨雪天气可正常工作,无论在白天还是在晚上都有极佳的警示和导向作用,且生产速度快,成本低廉,安装简便,少有维护。

三、分、合流诱导标

分流或合流诱导标是指设置于交通分流或合流区段的设施,它可以引起驾驶人对高速公路进、出口匝道附近的交织运行情况的注意。分、合流诱导标是以反射器制作符号粘贴在底板上的标志,汽车在高速公路上行驶,在分、合流标的诱导下,无论在白天还是黑夜,驾驶人都可以非常清楚地辨认交通流的分、合流情况。除反射器外,其他材料可按标志材料的技术要求处理。

分、合流诱导标原则上应在有分流、合流的互通立交进、出口匝道附近设置。分流诱导标设在减速车道起点和分流端部;合流诱导标设在加速车道终点和合流端部。

分、合流诱导标分为设置于土中和附着于护栏立柱上两种。

1. 设置于土中的分、合流诱导标

设置于土中的分、合流诱导标由反射器、底板、立柱、连接件和基础等组成,可按标志的计算方法,算出所需的立柱截面大小及基础尺寸,主要考虑的外力为风力,反射器与底板可用粘贴或螺栓连接,底板与立柱连接采用抱箍、滑动槽钢、螺栓连接,见图10-30。

2. 附着于护栏上的分、合流诱导标

反射器底板与埋置于土中的相同,立柱则附设在护栏立柱上,可直接用抱箍的形式与护栏立柱连接,其构造见图10-31。

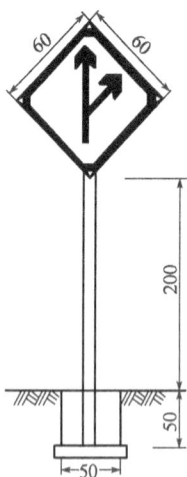

图10-30　分、合流诱导标构造
（尺寸单位:cm）

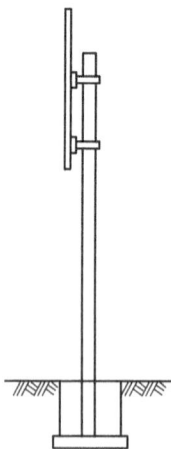

图10-31　附着于护栏的分、合流
诱导标(尺寸单位:cm)

分合流诱导标的颜色规定为:高速公路诱导标的底为绿色,其他等级公路为蓝色,诱导标的符号均为白色。

四、线形诱导标

1. 线形诱导标的设置原则

(1)综合国内外相关规范,线形诱导标的设置应遵循以下原则:

①线形诱导标应设置于行驶方向发生变化的路段,如小半径曲线路段、匝道、急弯路段等。

②线形诱导标的设置应和线形一致,并垂直于车辆的行驶方向。

③线形诱导标的设置间距应保证在驾驶员的视野内始终有三个线形诱导标。

④线形诱导标的设置高度最低为标志下缘距地面1.2m。

(2)设置于土中的线形诱导标的构造由反射器(或反光膜)、底板、立柱、连接件和基础组成。反射器(或反光膜)可用粘贴剂贴在底板上,也可采用螺栓连接。底板与立柱用抱箍、滑动槽钢通过螺栓连接。立柱埋置于混凝土基础中,见图10-32a)。

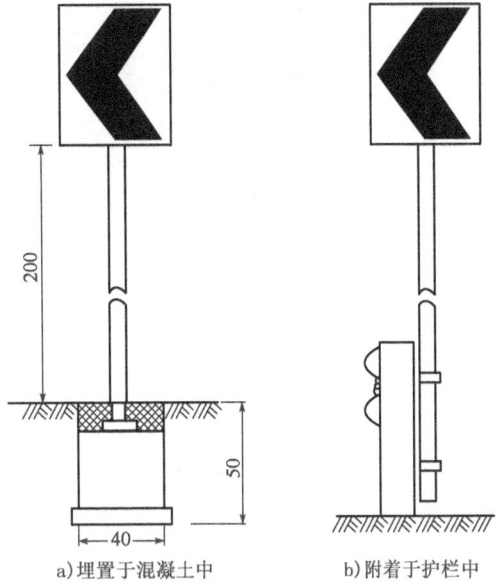

a)埋置于混凝土中   b)附着于护栏中

图10-32 线形诱导标构造(尺寸单位:cm)

(3)附着于护栏上的线形诱导标,由反射器(反光膜)、底板、立柱或连接件组成。线形诱导标的立柱通过抱箍与护栏柱连接,见图10-32b)。

(4)线形诱导标的基本单元如图10-33所示,尺寸应符合表10-10的规定。表中,Ⅰ型适用于行车速度大于100km/h的公路,Ⅱ型适用于行车速度小于100km/h的公路。

线形诱导标的尺寸 表10-10

类别	尺 寸 （mm）					
	A	B	C	C'	D	E
Ⅰ	600	800	300	300	400	30
Ⅱ	220	400	100	120	200	15

(5)线形诱导标的基本单元,可单独使用,也可把几个基本单元组合使用,如图10-34所示。

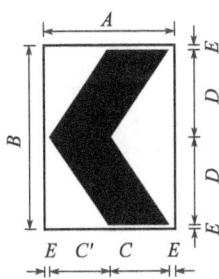

图10-33 线形诱导标的符号

图10-34 线形诱导标组合

(6)线形诱导标所用的材料同轮廓标。

2.线形诱导标的分类

线形诱导标分为指示性线形诱导标和警告性线形诱导标两类。指示性线形诱导标为绿、白相间,如图10-35所示,一般设置在小半径曲线路段、匝道、急弯路段或通视较差对行车安全不利的曲线外侧。警告性线形诱导标颜色为红、白相间,如图10-36所示,一般设置在因道路施工或维修作业而需临时改变行车方向,提请驾驶人注意前方作业的路段。线形诱导标的设置应

图 10-35　指示性线形诱导标设计示例

图 10-36　警告性线形诱导标设计示例

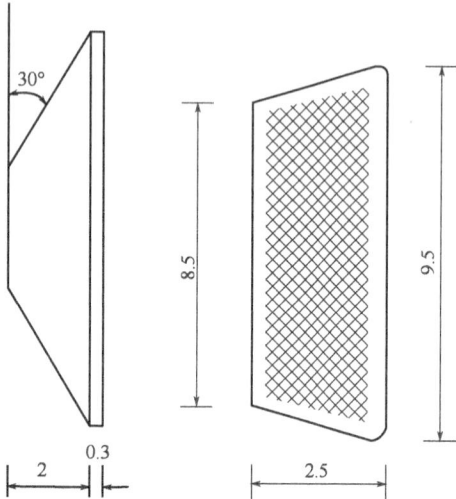

图 10-37　突出路钮大样(尺寸单位:cm)

和线形一致,并垂直于车的行驶方向,至少在150m 远处就能看见,其设置间距保证驾驶人至少能看到 3 块线形诱导标或能辨明前方进入弯道运行。在曲线半径较小的匝道上,驾驶人应连续看到不少于 3 块线形诱导标。

五、突起路标

1. 突起路标的概念

突起路标又称路钮或道钉,是一种粘贴或锚固在路面上,用来警告、诱导或告知驾驶人道路轮廓或道路前进方向的装置,如图 10-37 所示。按颜色可以分为白、红、黄等;按反光面可以分为单面和双面突起路标,如表 10-11 所示;从功能上可以分为常规路钮(图 10-38)、防除雪路钮、太阳能突起路钮(图 10-39)等。

图 10-38　突出路钮示例

图 10-39　太阳能突出路钮示例

突起路标的分类　　　　　　　　　　　　　　　　　　　　表 10-11

种　类	单面反光/双面反光	颜色	材　料		与路面固结方式
			反射器	外体	
B 型	双面	白色	塑料	塑料、铝合金	粘贴,打入
C 型	双面	白色和红色	塑料	塑料、铝合金	粘贴,打入
D 型	双面	黄色	塑料	塑料、铝合金	粘贴,打入
E 型	双面	白色和黄色	塑料	塑料、铝合金	粘贴,打入
G 型	单面	白色	塑料	塑料、铝合金	粘贴,打入
H 型	单面	黄色	塑料	塑料、铝合金	粘贴,打入

突起路标一般配合路面油漆、热塑标线使用或以模拟路面标线的形式独立使用。突起路标黏结剂要根据不同路面形式,采用专用胶,以保证黏结牢靠,黏结剂要达到表 10-12 的技术指标。

突起路标高分子黏结剂技术性能指标表 表 10-12

指标项目		单位	技术性能	备 注
抗拉强度		MPa	≥3.0	采用 C30 混凝土做成试件
抗剪强度		MPa	≥4.0	
干燥性	>30℃	—	4h 初凝	<10℃不应施工
	10~30℃	—	8h 初凝	
颜色	灰色	—	适用水泥混凝土路面	应与路面面层类型膨胀率相匹配
	黑色	—	适用沥青路面	
特性		—	双组分高分子	—

路标的主要缺点是其突出路面对骑自行车和摩托车者存在潜在威胁,但可通过降低其高度使危险性降低;突起路标的另一缺点是如果与路面固定不牢,在高速行驶车辆的碾压下可能脱落而影响其他车辆安全行驶,解决这一问题的办法是提高路钮与路面的黏结强度。路钮在国外一些冬季不积雪的高速公路得到广泛使用,我国已经自主开发了一种楔形表面的防除雪突起路标,使得突起路标在我国的应用更为广泛。

2. 突起路标的设置

突起路标可起帮助和加强标线作用,主要设置在高速公路、一级公路、二级公路和照明亮度不足的城市道路上,用来标记中心线、车道分界线、边缘线;也可用来标记弯道、进出口匝道、导流标线、车行道变窄、路面障碍物危险路段。

依据《公路交通安全设施设计细则》(JTG/T D81—2017)的规定:
(1)在下列情况下,应在路面标线的一侧设置突起路标,并不得侵入车行道。
①高速公路的车行道边缘线上,如图 10-40 所示。
②一级公路互通式立体交叉、服务区、停车区路段的车行道边缘线上,如图 10-41 所示。
③互通式立体交叉匝道出入口路段,如图 10-42、图 10-43 所示。
(2)隧道的车行道分界线上宜设置突起路标,如图 10-44 所示。
(3)下列情况下,可设置突起路标:
①高速公路的车行道分界线上。

图 10-40 车行道边缘线上突起路钮

图 10-41 匝道车行道边缘线上突起路钮

②一级公路的车行道边缘线、车行道分界线上。

③纵向减速标线上。

④二级、三级公路的导流线及小半径平曲线、公路变窄、路面障碍物等危险路段。

（4）突起路标可单独设置成车行道边缘线和车行道分界线。

（5）隧道路段、雾区路段等可根据需要设置主动发光型突起路标。冬季积雪路段可不设置突起路标。

图 10-42　匝道入口段突起路钮

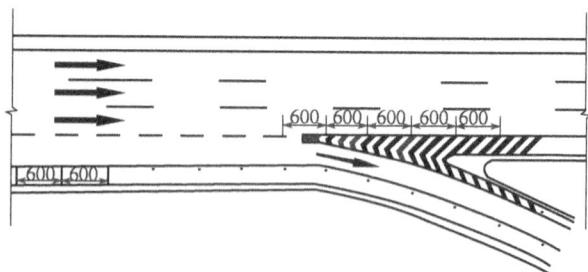

图 10-43　匝道出口路段突起路钮（尺寸单位：cm）

图 10-44　突起路标在隧道中的应用

突起路标应符合现行《道路交通标志和标线》（GB 5768）及《突起路标》（GB/T 24725）的规定，当与涂料标线配合使用时，应选用定向反光型，其颜色应与标线一致。考虑到在发生交通事故、火灾等紧急事件时，隧道内可能会临时调整为逆向行车，因此设置于路面中心线、隧道内的突起路标应选用双面反光型。

六、示警桩（墩）及道口标注

1）示警桩（墩）

三级、四级公路达不到护栏设置标准，但存在一定危险因素的路段宜设置示警桩、示警墩等设施。为提高视认性，起到警示驾驶人道路线形的作用，示警桩、示警墩的颜色应为黄黑相间。在起到诱导视线的作用的同时，也可以起到一定的防护作用。示警桩、示警墩的设计尺寸如图 10-45 所示。示警桩一般设置于路侧有一定宽度净区、视距良好的路段。示警墩一般设置于路侧净区较小、视距良好、路侧有一定危险程度但危险程度不高的路段。

2）道口标柱

未设置相应指路标志或警告标志的公路沿线的较小平面交叉两侧应设置道口标柱，可提醒主线车辆提高警觉，防范支路车突然出现而造成意外。道口标柱一般沿主线方向，在路口两侧各设置 2 根,道口标柱的颜色应为红白相间,其设置位置如图 10-46 所示。已经设置指路标志或平面交叉警告标志的路口可考虑不再设置。

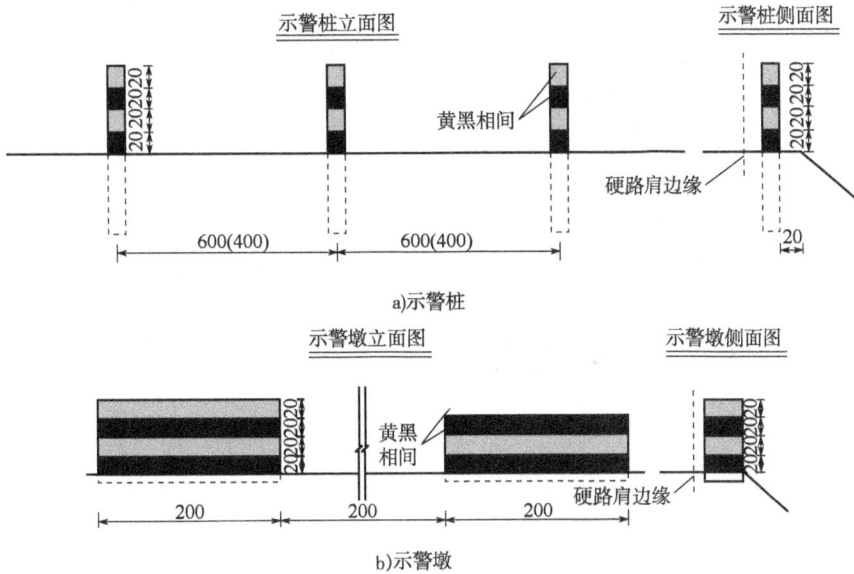

图 10-45 示警桩、示警墩设置示例(尺寸单位:cm)

注:图中数据带有括号的,括号外、内的数据分别适用于直线段、曲线段。

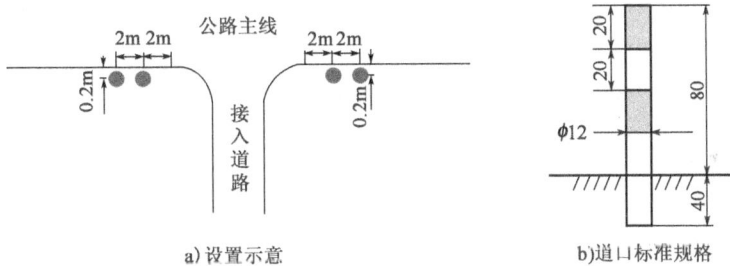

图 10-46 道口标柱设置示例(尺寸单位:cm)

七、抗侧滑护轮带

在陡坡急弯的阴坡路段,冬季积雪,雨天路滑,极易造成车辆侧翻和对面相撞事故。抗侧滑护轮带能够防止车辆滑入路侧水沟或滑下路基,有效地保证了行车安全。抗侧滑护轮带一般设置于急弯或连续急弯的曲线内侧有边沟,且边沟较大、坡度较陡的路段。考虑到路面排水的需要,抗侧滑护轮带应分段布置,每段长 4.5m,间距 0.5m,5m 为一个单元。如图 10-47 所示为抗侧滑护轮带的设置实例。

八、视线诱导设施的材料

作为指示和诱导性标志的视线诱导设施设置在道路边缘,如果没有优良的识别性能,特别是夜间的反射性能(识别性能),将不会起到良好的视线诱导效果。由此可见,视线诱导设施的反射器,必须具有优良的反射性能。

根据日本建设省土木研究所的试验研究,在静止条件下,用行驶光束(远光灯)照射时,无论是白色反射器,还是黄色反射器,均能在 500m 远处发现,在 300m 远处很清晰地看见;用交会光束(近光灯)照射时,无论是白色反射器,还是黄色反射器,均可在 200m 远处发现,在 100m 远处很清楚地看见。

图 10-47　抗侧滑护轮带

视线诱导标的反射性能采用国际单位(cd/lx)。根据日本道路协会《视线诱导标设置标准》的规定。视线诱导标的反射性能如表 10-13 所示。

视线诱导标不同颜色反射器的反射性能(cd/lx)　　　　　　　　　　表 10-13

坐　　标	白　　色			黄　　色		
	0°	10°	20°	0°	10°	20°
0.2°	3.2	2.6	1.9	2.0	1.7	1.2
0.5°	1.6	1.3	0.9	1.0	0.8	0.6
1.5°	0.05	0.04	0.03	0.03	0.02	0.02

国际标准化组织 ISO,对透明(白色)反射器的反射性能(亮度系数)规定如表 10-14 所示。

反射器的反射性能(cd/lx)　　　　　　　　　　表 10-14

观察角	入　射　角　(°)					
	垂直 0	±10	0	0	0	0
	水平 0	0	±20	±30	±240	±50
0°12′(0.2°)	2.5	1.6	0.85	0.75	0.65	0.55
1°30′(1.5°)	0.026	0.018	0.01	0.01	0.01	0.01

澳大利亚 AS1906(Part2)《定向反射设施》的规定见表 10-15。国产的反射器产品,已有厂家试生产,从反射性能测试情况看,可以与国外产品竞争。

反射器的反射性能　　　　　　　　　　表 10-15

颜色	观察角(°)	最小 CIL 值(cd/lx)	
		入射角(°)	
		4	15
白	0.2	8.5	6.00
	0.5	1.5	1.00
	1.0	0.2	0.12

颜色	观察角(°)	最小 CIL 值(cd/lx)	
		入射角(°)	
		4	15
黄	0.2	5.5	3.00
	0.5	1.1	0.65
	1.0	0.13	0.08
红	0.2	2.5	1.70
	0.5	0.5	0.30
	1.0	0.08	0.05

根据国产反射器在京津塘高速公路、首都机场高速公路上的应用情况,反射器的夜间诱导效果十分明显,可以达到国外反射器的反射效果。

反射器的颜色不同,造成反射性能上的差异,这是由色透射率决定的。根据 OECD 研究小组的研究报告:在比利时标准中,白色与黄色反射器的反射性能比率为 100:65,日本 JISD5500 及美国 SAEJ594f 标准中的比率为 100:62.5,白色与红色的比例为 100:25。反射器的色度坐标如表 10-16 所示。

反射器色度坐标　　　　　　　　　　　　　　　　　表 10-16

颜色		角 点 坐 标
红色	X	0.730 0.721 0.665 0.665
	Y	0.267 0.261 0.335 0.335
黄色	X	0.608 0.600 0.570 0.565
	Y	0.396 0.396 0.430 0.430
白色	X	0.500 0.500 0.440 0.460 0.310 0.310
	Y	0.387 0.440 0.387 0.440 0.286 0.345

九、新型太阳能视线诱导标

1. 太阳能视线诱导标的分类

太阳能视线诱导标按功能可分为太阳能轮廓标、太阳能分合流诱导标、太阳能线形诱导标。其中,太阳能线形诱导标又分为太阳能指示性线形诱导标和太阳能警告性线形诱导标。

2. 太阳能视线诱导标的功能

(1)太阳能视线诱导标沿车行道两侧设置,用于明示道路线形、方向、车行道边界及危险路段位置,诱导驾驶员视线。车辆在道路上行驶需有一定的通视距离,以便掌握道路前方的情况。尤其在夜间行驶,仅仅依靠前车灯照明来弄清道路前方的线形,明确行驶方向有一定的困难,采用太阳能视线诱导标可解决这一问题。太阳能视线诱导的可视距离通常小于 300m,能使驾驶人提前对标志引起注意,迅速识别标志的种类和含义,降低车速,准备防范并采取应变措施,从而避免交通事故,保证行车安全和畅通。

(2)太阳能轮廓标主要用于城市道路和公路的地面引导,指示道路线形轮廓。太阳能分合流诱导标主要是指示交通流的分合;太阳能线形诱导标则以指示或警告改变行驶方向为主要目标,它们以不同的侧重点来诱导驾驶人的视线,使行车更趋安全、舒适。

(3)太阳能线形诱导标,分为警告性线形诱导标和指示性线形诱导标,主要设置在事故易发的弯道路段、小半径匝道、中央隔离设施和渠化设施的端部及施工路段处,用以警告或提醒车辆控制车速及行驶方向,避免发生交通事故。太阳能线形诱导标可单独使用,也可组合成群体使用,用户可根据需要任意选择。太阳能警告性线形诱导标设置在特别危险的小半径弯道、小偏角弯道、视距不良的急弯处,警告驾驶人提高注意力。曲线外侧可设置太阳能指示性线形诱导标志,以引导车辆驾驶员改变行驶方向,以便于安全行车。

3. 太阳能视线诱导标的特性

太阳能视线诱导标采用太阳能光电技术和超高亮 LED 技术,它发光亮度高、穿透力强,并以闪烁警示清晰醒目,具有高可视性和高速闪烁特性,从而能有效提高注意力,并能减轻视觉疲劳并使视线更加清晰,可群体同步闪烁,以增强线形诱导警示效果,在夜晚和雨雾天气里可自动控制开启,并闪烁警示。

太阳能视线诱导标利用自然日光能源,故省电、经济、耐压而且简便、无污染,从而能很好地保护环境,节约成本,自发光、反光功能一体化,使夜间可视性大幅度增加;可视距离远,从而可有效促使驾驶人提高警觉,确保公路全线的安全、畅通,进而降低事故率,进一步提高公路现代化管理水平和整体形象,并美化道路景观。

系统设备自动通断无需维护、安全可靠,金属结构均采用热浸镀锌喷塑双层防腐处理,从而能适应恶劣的气候环境。

第三节　防眩设施设计

一、眩光

眩光是指在视野范围内,由于亮度的分布或范围不适宜,在空间或时间上存在极端的亮度对比,导致驾驶人的视觉机能或视距降低的现象。

在道路交通中,产生眩光的光源主要有对向来车的前照灯、太阳光、送路照明光源、广告或标志照明、路面反光镜或其他物体表面的反射光。对太阳光,可在驾驶人座位前安装可折叠的遮阳板,在早晨或傍晚正向太阳方向行驶时将其打开,或者配戴太阳镜;对道路照明光源,可采用截光型或半截光型的灯具来调整光源光线的分布,以减小眩光影响;对广告或标志照明,可采用发光表面柔和的低压荧光灯、外部投光照明或内部照明;而对于对向车辆前照灯带来的眩光影响,就需要设置专门的防眩设施。

1. 眩光的分类

眩光按其视觉效应可分为失能眩光和不舒适眩光。前者造成视觉功能方面可度量的损失,它可通过改变眩光条件,根据目标视距的减少量来测定;后者造成舒适程度的降低,但不会损害视觉,目前还没有公认的定量值。失能眩光又称生理性眩光,不舒适眩光又称心理性眩光,它们的影响不同,但无严格的界限。随着亮度由低向高的变化,驾驶人首先有不舒适感,但还不至于影响视觉功能,此时即产生了心理眩光。随着光线亮度的进一步增强,不舒适感趋于严重并伴有视觉功能下降,此时既有心理眩光又有失能眩光;再增加亮度,视觉功能受到严重影响,再提高亮度,严重影响视觉功能,甚至视觉作业无法进行,直至暂时失明——强光盲,这时完全成为失能眩光。汽车在夜间行驶时,驾驶人多数是受到对向来车间断性前照灯强光的直射而出现生理性眩光,又称危害性眩光。

2.眩光对驾驶人的影响

分析驾驶人对行车环境的感觉表明,从道路景观中获得视觉信息对驾驶人来说是相当重要的。驾驶人在行车中要达到安全、快速、舒适的目的,就必须清楚地观察到道路前方一定距离内的情况,获得道路前方线形走向等对安全行驶有用的信息。但在夜间行驶时,视觉环境改变了,驾驶人的视野比白天狭窄,加之眩光干扰,使驾驶人在夜间获得视觉信息的质量显著地降低,行车比白天更困难和更危险。具体表现为:

(1)根据心理研究的成果,驾驶人发现目标经理解、判断,到采取行动,需1.7~2.4s,因此最少要看到前方80m路况。在无眩光的情况下,普通车辆的远光灯照射距离都在150~200m,有的甚至达350m,可以保证车辆的安全行驶。然而驾驶人遇到强光直射时,常将头转向一边,避开强光,使视线与强光束之间的夹角增大,以减弱眩光的影响。

(2)通过观察驾驶人在会车时车辆在车道上的横向位置表明,在距会车点大约250m处,大部分驾驶人有一种朝对向车辆方向行驶的趋势,随着距离减小,操纵偏离有明显的降低,这种现象解释为驾驶人在接近冲突点(目标物、会车)之前"沉着"或"紧张"地操作和侵占别人车道的行为,会车时的眩光还会促使驾驶人意识到对面危险的存在,驾驶人还会有意识地改变横向位置和减速以免与对向车辆碰撞。而在失能眩光的作用下,如果驾驶人不能及时做出上述操作,就有可能导致车辆碰撞或越出路外的事故。实际实验也证明,在夜间会车的过程中,车辆往往会偏离原来正常车道,由于习惯性的转头避光动作和避免碰掩的心理作用,车辆往往会向路侧偏离,如不及时修正操作,车辆就有可能冲出路外,造成严重后果。

(3)由于瞬间的强光直射,将使驾驶人视觉经历一个暗适应过程,眼前"一片漆黑"。发生视力障碍的时间为10s左右,在这期间驾驶人不适应黑暗环境,看不清前方路况,往往冒险行车而可能发生事故。

二、防眩设施分类

防眩设施按构造可分为三类:防眩板、防眩网、植树防眩。

(1)防眩板是通过其宽度部分阻挤对向车前照灯的光束。防眩板按其原材料材质性能又可分为金属材料防眩板、塑料防眩板、玻璃纤维增强塑料防眩板等。

(2)防眩网是通过网格的宽度和厚度阻挡光线穿过,同时将光束分散反射,通过减少光束强度而达到防止对向车前照灯眩目的目的。

(3)植树防眩是在中央分隔带上最先试验采用的防眩措施。它具有防眩、美化路容、降低噪声和诱导交通等多重功能,分为间距型和密集型。

目前在高速公路上广泛应用的防眩设施结构形式主要是防眩板,其次是植树、防眩网。防眩板是一种经济美观、对风阻挡小、积雪少、对驾驶人心理影响小的比较理想的防眩结构形式。如图10-48所示为一种防眩板的结构示意图。

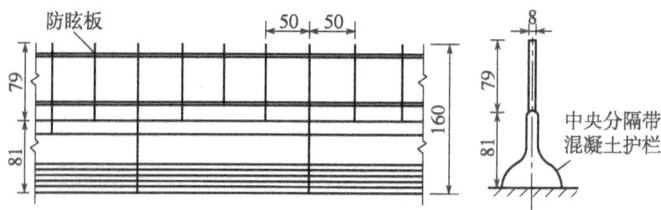

图 10-48 设置于混凝土护栏上的防眩板(尺寸单位:cm)

三、防眩设施设计指导思想

1. 防眩设施应按部分遮光原理设计

防眩设施既要有效的遮挡车辆前的照灯眩光,也应使横向通视好,能看到斜前方,以减小对驾驶人的心理影响,因此防眩设施应采用部分遮光原理设计。国外的试验研究结果表明,相会两车达到某一距离时,眩光会对视距产生较大的影响,但当非常接近(小于 50m)时,光线对视距影响不大。通过试验得出防眩设施不需要很大的遮光角就可获得良好的遮光效果,因此设计时允许部分车灯光穿过防眩设施,如图 10-49 所示。

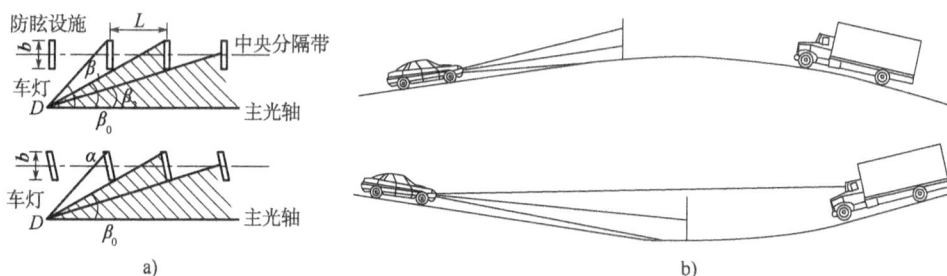

图 10-49 防眩板的防眩遮光原理

2. 设置防眩设施不应减少公路的停车视距

(1)在曲线半径较小且中央分隔带较窄的弯道上,设置防眩设施可能会影响曲线外侧车道的视距。因此,在设置防眩设施之前应进行停车视距的分析,保证设置防眩设施后不会减小停车视距。

(2)弯道上设置的防眩设施如果经检验影响了视距,则可考虑降低防眩设施的高度。降低高度后的防眩设施可阻挡对向车前照灯的大部分眩光,且驾驶人能看见本车道前方车流中最后一辆车的顶部,这个高度值一般为 1.2m 左右。另外也可考虑将防眩设施的设置位置偏向曲线内侧,但此方法对于较小半径的弯道来说,效果并不明显,景观效果也不好,因而主要在较大半径的曲线路段采用。

如采取上述方法仍不能得到较好的防眩效果和景观效果,则不宜在中央分隔带上设置防眩设施。如确需设置,则可采取加宽中央分隔带的方法,使车到边缘至防眩设施之间有足够的余宽,以保证停车视距。

3. 防眩设施所用材料不得反光

防眩设施各部件可采用钢材、塑料或其他不易变形的材料加工制作。其表面不允许反光,其颜色应符合《视觉信号表面色》(GB/T 84110—2003)的规定。

4.防眩设施结构计算可参考交通标志的相关内容

防眩设施在满足构造要求的前提下,一般能抵抗风载的破坏,可不进行力学计算。但在经常遭受台风袭击的沿海地区和常年风力较大、会刮倒树木或破坏道路设施的地区,在设计上应对防眩板及其连接部件或基础进行力学验算,具体计算方法可参考第七章第四节交通标志的内容。

四、防眩设施设置依据与原则

1.设置依据

防眩设施可防止对向车辆前照灯的眩目,改善夜间行车条件,增大驾驶员的视距,消除驾驶人夜间行车的紧张感,降低事故发生率。防眩设施还可以改善道路景观,诱导驾驶员视线,克服行车的单调感。下列情况可作为考虑设置防眩设施的依据:

(1)夜间相对白天事故发生率较高的路段。

(2)夜间交通量大,特别是货车等大型车混入率较高的路段。

(3)不寻常的夜间事故(尾撞、碰撞路侧结构物或从弯道外侧越出路外)较多的路段。

(4)中央分隔带宽度小于3m的路段。

(5)平曲线半径小于一般最小半径的路段。

(6)夜间事故较集中的凹形竖曲线路段。

(7)道路使用者对眩光程度的评价。

2.设置原则

(1)高速公路、一级公路凡符合下列条件之一者,应设置防眩设施,详述如下:

①中央分隔带宽小于9m的路段。

②夜间交通量较大,服务水平达到二级以上的路段。夜间车流量大、大型车混入率较高的路段,需设置防眩设施。

③圆曲线半径小于一般值的路段。

④凹形竖曲线半径小于一般值的路段。

⑤公路路基横断面为分离式断面,上下车行道高差≤2m时。

⑥与相邻公路或交叉公路有严重眩光影响的路段。

⑦连拱隧道进出口附近。

(2)非控制出入的一级公路平面交叉、中央分隔带开口两侧各100m(设计速度≥80km/h)或60m(设计速度60km/h)范围内可逐渐降低防眩设施的高度,由正常高度降至开口处的高度,否则不宜设置防眩设施。

(3)在无封闭设施的路段是否设置防眩设施、选择什么类型的防眩设施应予慎重考虑。如确需设置,则应选择好防眩设施的形式和高度,即尽量不给人、牲畜随意穿越的可能,又要有利于驾驶人横向通视。

(4)公路沿线有连续照明设施的路段,可不设置防眩设施。在有连续照明设施的路段,车辆夜间一般都以近光灯行驶,会车时眩目影响不大,因此,可考虑不设置防眩设施。

(5)防眩设施连续设置时,应符合下述规定:

①应避免在两端防眩设施中间留有短距离间隙。防眩设施的设置应考虑连续性,避免在

两端防眩设施之间留有短距离的间隙。

②各结构段应相互独立,每一结构段的长度不宜大于12m。防眩板应以一定长度的独立结构段为制造和安装单元,这种结构段的长度一般小于12m,视采用材料、工艺情况而定。

③结构形式、设置高度、设置位置发生变化时应设置渐变过渡段,过渡段长度以50m为宜。防眩设施的设置高度原则上应全线统一。不同防眩结构的连接应注意高度的平滑过渡,不要出现突然的高度变化。

五、防眩设施的形式选择

(1)选择防眩设施形式时,应针对公路的平纵线形、气候条件,充分比较各种防眩设施的性能,分析行驶安全感、压迫感、景观要求,并考虑与公路周围环境的协调性,结合经济性、施工条件及养护维修等因素综合确定。

除植树灌木外,在公路上设置的防眩设施有很多形式,总的来说有网格状的防眩网、栅栏式的防眩网、扇面式的防眩扇板、板条式防眩板等。在制造材料方面,有金属、塑料、玻璃钢等。防眩板、防眩网和植树防眩综合性能比较如表10-17所示。根据三种构造物在高速公路或一级公路上的使用效果以及综合评判,认为防眩板的防眩效果最好。防眩板是一种经济、美观、对风阻挡小、积雪少、对驾驶人心理影响小的防眩设施,尤其是适当板宽的防眩板与混凝土护栏配合使用效果更佳。

不同防眩设施的综合比较 表10-17

特点	植树(灌木)		防眩板	防眩网
	密集型	间距型		
美观	好		好	较差
对驾驶人的心理影响	小	大	小	较小
对风阻力	大		小	大
积雪	严重		轻微	严重
自然景观配合	好		好	不好
防眩效果	较好		好	较差
经济性	差	好	好	较差
施工难易	较难		易	难
养护工作量	大		小	小
横向通视	差	较好	好	好
阻止行人穿越	较好	差	较好	好
景观效果	好		好	差

(2)高速公路、一级公路宜采用防眩板和植树两种方式交替设置进行防眩,在进行技术经济论证后,也可采用其他的防眩形式。

(3)中央分隔带护栏间距小于树冠直径时,或植树对中央分隔带通信管道有影响时不宜采用植树防眩。

六、防眩设施结构设计

1.防眩设施构造主要参数

防眩板的结构设计要素主要有:遮光角、防眩高度、板宽、板的间距等。其中,遮光角和防眩高度是重要指标。

1)遮光角

由于在中央分隔带连续设置一定间距、一定宽度的防眩板后,当与前照灯主光轴成一定水平夹角(遮光角)的光线照射到防眩板上,刚好被相邻两块板条所阻挡,所以说遮光角是重要参数。遮光角计算参照图10-50,按式(10-2)~式(10-5)计算。

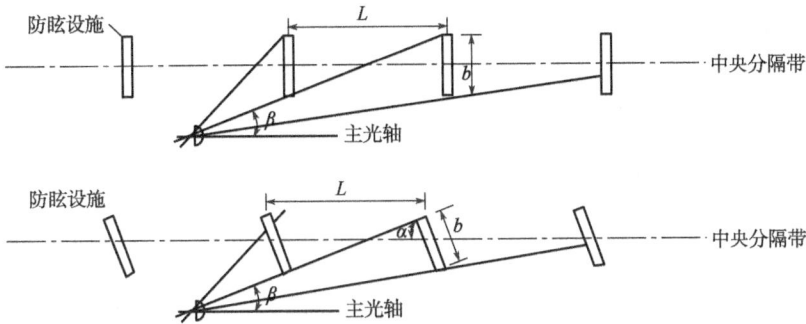

图10-50 防眩板遮光角计算图示

(1)直线路段遮光角

当防眩板与设置中线垂直时,遮光角按式(10-2)计算;当防眩板与设置中线成某一偏角时,遮光角按式(10-3)计算确定。

$$\beta_0 = \arctan \frac{b}{L} \tag{10-2}$$

$$\beta_0 = \arctan \frac{b\sin\alpha}{L - b\cos\alpha} \tag{10-3}$$

式中:β_0——直线路段的防眩遮光角(°);

b——防眩板的宽度(m或cm);

L——防眩板的间距(m或cm);

α——防眩板的偏转角(°)。

显然,当与前照灯主光轴的水平夹角小于β_2的光线照射到防眩板上时,光线将被全部遮挡;而当水平夹角大于β_1时,部分光线将穿过防眩板。

(2)平曲线路段遮光角

在平曲线路段,车辆前照灯的光线沿曲线切线方向射出,因而内侧车道车辆的前照灯光线将直接射向外侧车道,使外侧车道上的驾驶人产生严重的眩光现象。一般地,照射到外侧车道上驾驶人眼睛的光量与平曲线的曲度成正比。为了在弯道上获得和直线路段一样的遮光效果,应增大弯道上防眩设施的遮光角。由式:

$$\frac{\cos\theta}{R - B_3} = \frac{\cos\beta_0}{R} \tag{10-4}$$

有

$$\theta = \arccos\left(\frac{R - B_3}{R}\cos\beta_0\right) \tag{10-5}$$

式中：θ——平曲线路段的防眩遮光角($°$)；

R——平曲线半径(m)；

B_3——车辆驾驶人与防眩设施的横向距离(m)。

在式(10-5)中，当 R 值大于不设超高的最小半径时，由于 $(R - B_3)/R$ 的比值趋近于1，故可不考虑平曲线曲率的变化对遮光角的影响。

（3）遮光角的取值标准

根据遮挡光线的效果、经济性和横向通视的要求，直线段上防眩设施的遮光角宜采用8°，平曲线路段及竖曲线路段遮光角应为8°~15°，采用植树防眩时遮光角以10°为宜。

2）防眩高度

防眩设施的高度与驾驶人的视线高度和前照灯的高度有直接关系。在公路线形设计中，我国采用的驾驶人视线高度标准值是1.2m，而在实际行驶的车辆群体中，由于车辆结构和驾驶人个体等因素的差别，驾驶人的视线高度变化很大。根据调查，我国汽车驾驶人视线高度和汽车前照灯高度建议值如表10-18所示。

我国驾驶人视线高度和汽车前照灯高度值 表10-18

车种	视线高度 h_2	前照灯高度 h_1
大型车	2.0	1.0
小型车	1.3	0.8

防眩设施的最小高度可按几何关系计算得到：

（1）直线路段防眩设施高度

防眩设施的最小高度可按几何关系计算得到，计算图示见图10-51。当在中央分隔带中心位置设置防眩设施时，防眩设施的最小高度可按式(10-6)和式(10-7)计算确定。

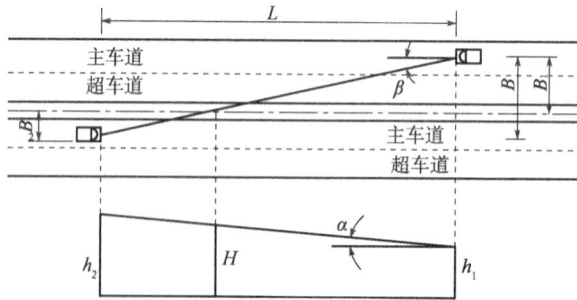

图10-51 直线路段防眩设施高度计算图示

$$H = h_1 + \frac{(h_2 - h_1)B_1}{B} \tag{10-6}$$

$$H = h_2 + \frac{(h_2 - h_1)B_2}{B} \tag{10-7}$$

式中：H——防眩设施最小高度(m)；

h_1——汽车前照灯高度(m)，见表10-18；

h_2——驾驶人视线高度(m),见表10-18;

B_1、B_2——行车道上车辆距防眩设施中心线的距离(m);

B——B_1 与 B_2 之和(m)。

由上述可知,防眩设施的高度与车辆的前照灯高度、驾驶人视线高度、道路状况和车型组合等因素有关。在确定防眩设施高度时,一般只要使组合频率较高的小车和小车、小车和大车相遇时具有良好的遮光效果即可。平直路段适宜的防眩设施高度一般为 1.60~1.70m。表10-19列出了不同车辆组合时平直路段上防眩设施最小高度的理论值,可参考使用。

不同车辆组合时防眩设施的最小高度

表10-19

超车道	主车道	防眩设施高度(m)
小型车—小型车	—	1.09
小型车	大型车	1.27
大型车—大型车		1.50
小型车—大型车		1.40
—	大型车—大型车	1.50
大型车	小型车	1.62
小型车	小型车	1.16
大型车	大型车	1.68

(2)平曲线路段防眩设施高度

平曲线路段应按式(10-8)、式(10-9)验算防眩设施高度对停车视距的影响,平曲线路段防眩设施高度验算如图10-52所示,停车视距 S 按《公路交通安全设施设计规范》(JTG D81—2017)取值。

$$H < \frac{D - (R + m/2)\cos\lambda}{D}(h_2 - h) + h \tag{10-8}$$

$$d = 2R\sin\frac{S}{2R} \tag{10-9}$$

式中:H——防眩设施高度(m);

D——驾驶人与障碍物通视的直线距离(m);

h_2——驾驶人视线高度(m);

h——障碍物高度(m);

R——平曲线半径(m);

m——道路中央分隔带宽度(m);

S——停车视距(m);

λ——驾驶人视线与平曲线半径的夹角(°)。

(3)竖曲线路段

当竖曲线半径小于现行《公路工程技术标准》(JTG B01)所规定的一般最小半径时,应根据竖曲线路段前后纵坡的大小计算防眩设施的高度是否满足遮光要求。

3)防眩板的板宽

防眩板宽度可采用 8~25cm,所用材料应符合《防眩板》(GB/T 24718—2009)的规定。

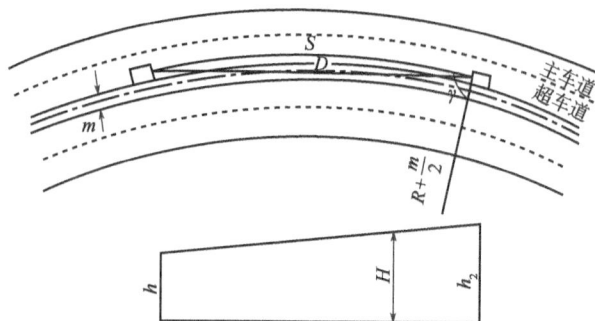

图 10-52 平面线路段防眩设施高度计算图示

4)防眩设施的间距

防眩板条的间距规定为 50~100cm,主要是为了与护栏的设置间距相吻合,同时也有利于加工制作。另外,还在于按此间距计算出的板宽能很好地与护栏顶部宽度尺寸相配合。植树防眩的树丛间距应根据树冠有效直径经计算确定。

2.防眩板的结构形式

防眩板与中央分隔带护栏配合设置,在结构处理上可以有三种方法:防眩板单独设置、防眩板设置在波形梁护栏的横梁上、防眩板设置在混凝土护栏上。

1)防眩板与混凝土护栏结合

这种结构形式主要依赖混凝土顶上预埋件来实现,一般采用焊接。其结构形式如图 10-53 所示。

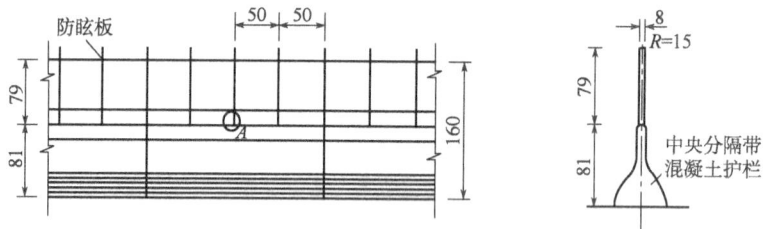

图 10-53 设置于混凝土护栏上的防眩板构造(尺寸单位:cm)

2)防眩板与波形护栏结合

这种结构形式可在护栏上加横梁(槽钢),防眩板定在横梁上,也可在组合型护栏立柱上固定防眩板,其结构形式如图 10-54 所示。

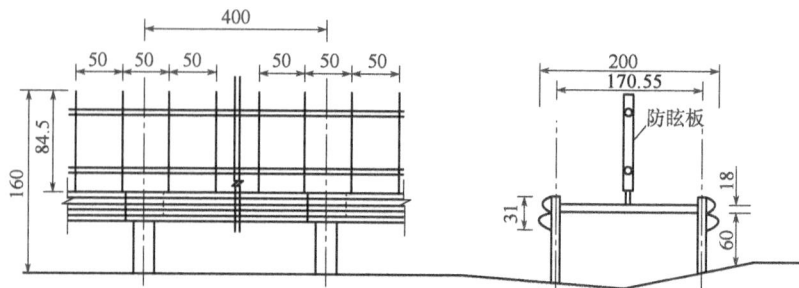

图 10-54 设置于护栏上的防眩板(尺寸单位:cm)

3)防眩板单独竖立

立柱将防眩板埋设在中央分隔带护栏的中央,其结构形式如图 10-55 所示。

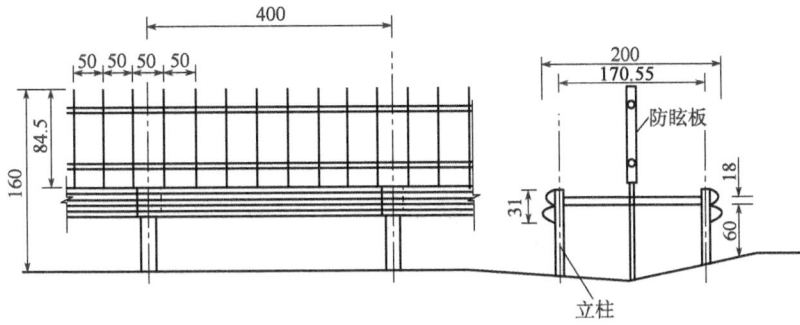

图 10-55　设置于护栏中央的防眩板(尺寸单位:cm)

第十一章

道路交通组织优化

　　道路交通组织,是指道路交通管理部门根据国家有关法律、法规,综合应用交通工程规划、法规限制、行政管理等措施,对道路上运行的交通流实施疏导、指挥和控制等工作的总称。而道路交通组织优化是在有限的道路空间上,科学合理地分时、分路、分车种、分流向使用道路,使道路交通始终处于有序、高效的运行状态。

　　道路交通组织优化是一个多层次问题,它包括微观、区域、宏观等方面的内容。对于不同方面的交通组织,其组织的原则和重点也不尽相同,归纳如下:

　　微观交通组织的原则:在时间上分秒必争,在空间上寸土必争,其工作重点是冲突点的冲突分离。区域交通组织的原则:在时间削峰填谷,在空间上挖密补稀,其工作重点是均分路网交通压力。宏观交通组织的原则:均衡城市的交通供给和交通需求,避免发生交通供需倒置,其工作特点为通过交通政策、法规来引导交通发展,以扩大交通供给和控制交通需求为手段,平衡交通供需关系。

第一节　微观交通组织优化

一、平面交叉口交通组织

　　路口的形式有平面交叉口、立交桥和环岛路口。不同交叉方式的路口放行方法也不同,但都是以冲突分离或改变冲突性质为重点。我国是混合交通结构，无论路段上隔离有多彻底，在路口内总是有机动车、非机动车和行人的冲突点存在，不可能像发达国家那样把路口内冲突点消除得很彻底，因此路口放行方法就成了减少冲突的关键。

综合考虑机动车、非机动车、行人通过路口时的通行权、先行权、占用权要求，平交路口放行方法有以下三种：时间分离法、空间分离法及时空分离法。

1. 时间分离法

时间分离法实质上是在信号周期时间内，拿出一个专有相位去放行行人和自行车。在此相位中，机动车信号灯为全红灯，自行车和行人信号灯为全绿灯，行人和自行车可以在不同方向上迅速通过路口。在其他相位中，只准机动车进入路口，行人和自行车则严禁进入路口。该放行方法的路口渠化图和信号相位图如图11-1所示。此种放行方法适用于行人流量大、机动车流量适中、自行车流量小的路口。

2. 空间分离法

空间分离法实质上是让非机动车按机动车的相位走，不设单独的非机动车信号灯，只设机动车信号灯和行人信号灯。其路口渠化如图11-2所示。

空间分离法要求行人与非机动车严格做到看信号灯走，不在路口中间停留。由于路口内各信号相位放行的不同交通流流向相同，且在路口中间又没有等候放行的非机动车，故通行阻力小，路口内秩序好。又由于充分利用了每个信号相位中的路口空闲面积，故通行能力高。同时，也可以节省警力。这种方法适用于路口面积大、非机动车与机动车流量大的路口。

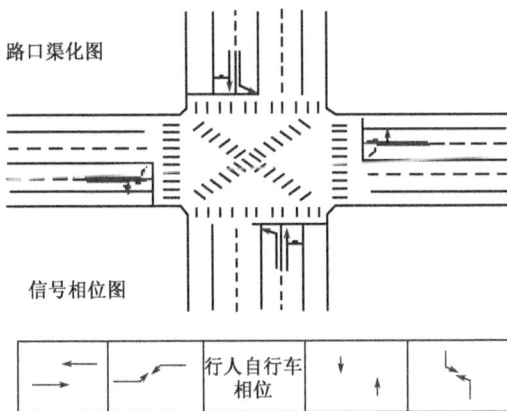

图11-1 时间分离法路口渠化和信号相位图

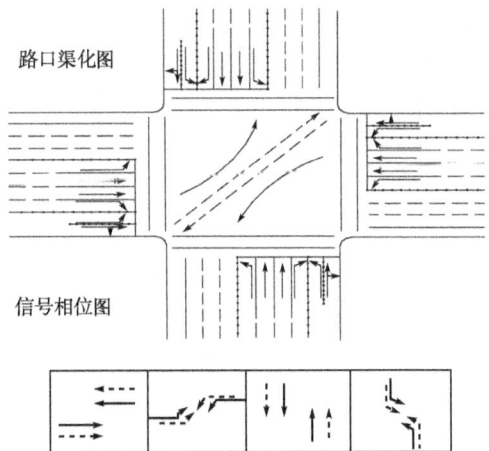

图11-2 空间放行法路口渠化图和信号相位图

3. 时空分离法

时空分离法实质是为了减少左转弯非机动车对直行机动车流通过路口的影响，在路口中间划定一块面积为非机动车禁驶区，左转非机动车在区外二次停车待驶，让直行机动车先行通过。换言之，是通过延长左转非机动车的行驶距离来迟滞左转非机动车到达冲突点的时间，以利于直行机动车优先通过路口。

时空分离法有以下几种形式，如图11-3、图11-4所示。

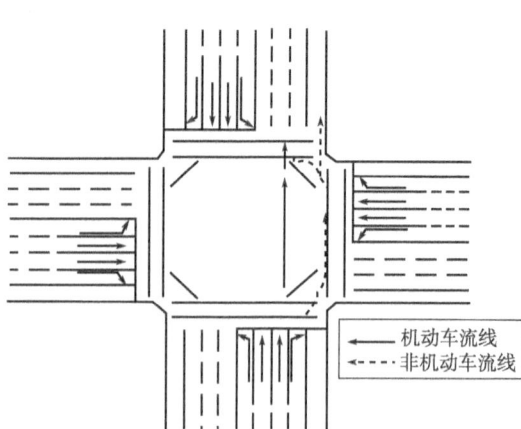

图 11-3　形式 1

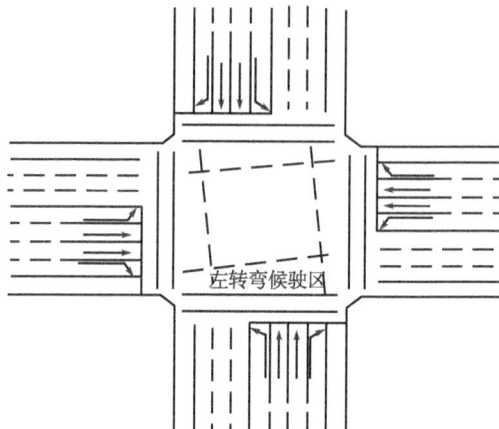

图 11-4　形式 2

形式 1 比较适合用于两相位信号,路口面积较大,且机动车非机动车流量都较大的路口; 形式 2 比较适用于路口面积较大的两相位信号控制路口。

4.综合放行方法

以上几种放行方法,对路口线形、几何形状、面积大小、信号相位设置均提出具体要求,但在实际道路条件中,很少有非常标准、规范的路口符合具体的应用条件。因此可以把几种放行方法综合运用,形成一种放行规则,如图 11-5、图 11-6 所示。

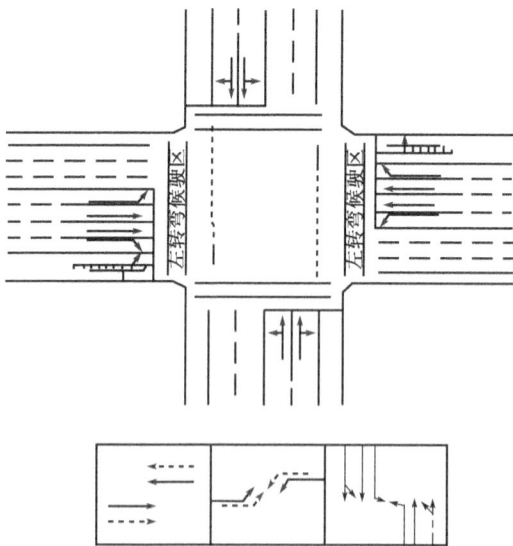

图 11-5　综合放行法示意渠化相位图

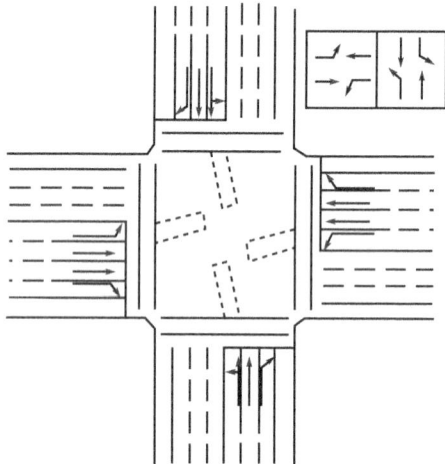

图 11-6　两相位信号放行时的机动车
左转弯转区渠化、相位图

平面交叉交通组织主要通过路口渠化实现路权在时间和空间上的分离。

对于路口的交通渠化的基本要求是:尽量拓宽路口增加进口导向车道与出口车道,使之与路段行车道的通行能力相匹配;尽量在车车道渠化上做到寸土必争,在信号配时上做到分秒必争,不让路口被出现空闲时间和空闲面积;尽量简化标线和信号,使之能明确地突出空间路权和时间路权;尽量完善标志信息,使驾驶员有充分的反应时间。渠化的原则是充分合理利用路口面积,使各流向的交通流互不干扰,按不同流向、车种规定的行驶轨迹运行。合理渠化左转弯导向车道,根据各流向流量数据设置相应导向车道。合理调整中心(线)护栏位置,施划左转弯导向车道,避免直行车道对着对向中心护栏的现象发生。

平交路口的渠化要注意以下几方面问题:

(1)在同一信号相位时,出口车道数应大于等于进口车道数。

(2)路口自行车道进口要窄、出口要宽,以加大对自行车流的吸引力。

(3)尽可能利用路口有效空间面积,使冲突点相对固定和集中。

(4)如有条件,尽可能增加进出口机动车道,以求和路段通行能力匹配。

(5)路口进口处机非要有隔离,减小机动车道的行驶阻力。

(6)在路口内要保证机动车有足够的行驶空间,以避免产生交通延误和交通事故。

(7)路段行车道要对着路口直行导向车道,并提高路面车道预示,以减少路段车辆并线变道。

(8)路口出口车道应施划成连续车道,减小车辆通过路口后的并线变道。

(9)结合路口放行方法设置非机动车禁驶区或候驶区。

(10)结合信号相位设置左转弯待转区或导流线。

二、环岛交叉口组织

环岛是平交路口的一种特殊形式,它是以改变冲突形式来进行冲突分离的。按路口不同方式在饱和交通条件下通行能力由小到大依次排序为:无信号灯控平交路口,环岛路口,信号灯控制平交路口,菱形高粱立交桥,互通式立交桥,定向式立交桥。环岛的通行能力较信号控制路口低,原因在于环岛内交织段过短,形不成交织,存在的只是穿插冲突。穿插冲突向交织冲突转化的关键,是合流冲突点与分流冲突点之间的交织距离。据研究,在每小时40km以下车速条件下,完成两次交织的最短距离不应小于150m,完成三次交织的最短距离不应小于250m。

环岛拥堵产生的真正原因,是岛内车流交织段不足造成的。在环岛内进行渠化车道的组织,首先要看短轴一侧交织段的长度。交织段长度不足时,一般只设一条车道。为了在岛内分出右转车流,也可以设置成两条车道。对于大型环岛,最多只设置三条岛内车道,否则会因为进出口处冲突状况恶化,加剧交通拥堵。在环岛交织条件较差时,尽量不要把行人引入环岛中心绿地,避免行人进岛影响车辆交织,造成交通拥堵。缓解环岛拥堵的有效办法是增加信号灯进行控制。

1.环岛进口信号控制方式

环岛进口信号控制方式要求环岛在原渠化基础上,在环岛入口处施划停止线,设置信号灯,一般采用两相位放行方式或四面轮放方式。信号配时周期不宜过长,避免环岛内车辆积累造成拥堵。由于车辆进入环岛后往各个方向均需绕岛行驶,通过环岛所用时间较长,因此配时计算时饱和流量不宜取值太高。

2.环岛进出口信号控制方式

因此,对于大型环岛,不仅入口需要进行信号灯控制,在出口处也须进行信号灯控制,把环岛的四对进出口组织成四个信号灯单行控制的路口,利用交织段存放出主路的车辆,彼此之间搞好协调,则一个环岛便形成一个小型信号面控区高效运转,不仅减少岛内空间的浪费,而且岛内运行有序,很少发生拥堵,效果比单纯环岛进口控制要好得多。

从图 11-7 可以看出,由于在环岛进出口均进行了信号控制,环岛内已无交叉冲突点,车辆可以畅通无阻地通过路口,此时环岛的通行能力已提高到多相位信号控制路口的水平。

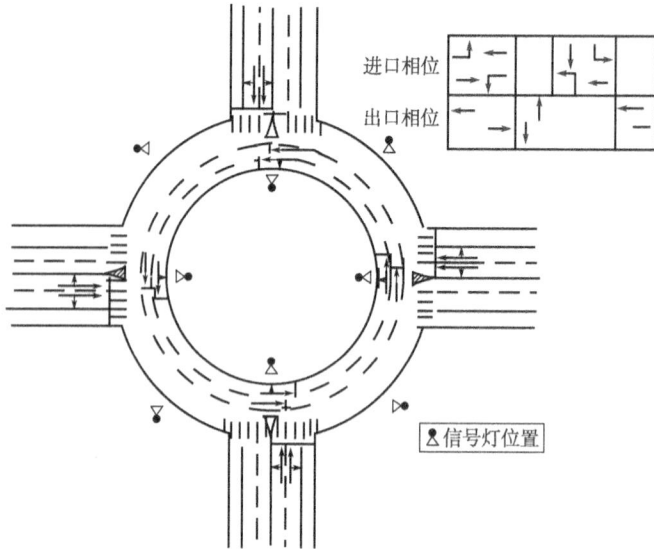

图 11-7　进出口信号控制的环岛渠化与信号相位设置

三、路段交通组织

1.路段与路口的车道衔接

行车道与导向车道之间应全部渠化,并且应该宽度渐变平滑过渡,实现顺接。过渡段要特别注意,车流在路口转向,不能在过渡段交织,应该在路段完成交织,到过渡段选择转向车道,即路口路段车道衔接的原则为"明确路权,直行优先"。

在路口与路段衔接过程中,要注意掌握以下几点:

(1)路段行车道一般接路口直行车道。

(2)在路段行车道和过渡段车道中提前预示车道流向,使转向车在路段提前选择好车道,一旦发现左侧或右侧出现车道时好及时分流到相应流向的车道,以便顺利进入导向车道通过路口。由于在过渡段车道内发生的都是分流冲突,较少发生事故或拥堵。

(3)从过渡段开始,路口应适当拓宽,以便和路段行车道通行能力匹配。

(4)路口与路段衔接时,进口应有利于转向分流,出口应有利于车流消散。

(5)左转车道应比直行车道长 15m,这样不会发生左转车道排队有车时,车道端头插入而发生的堵死一条直行车道的现象。

2.路段交通组织

路段交通组织的主要内容有车道组织,公交站点组织,行人过街组织和路侧停车组织。根据道路断面不同,两幅路、三幅路、四幅路面的组织方式也各不相同。要综合考虑各幅路面的宽度、公交站点与人行横道的相对位置、停车泊位与行车道、导向车道的关系,才能做出一个好的交通组织方案来。

1)路段的车道组织

一般按对称方式进行车道设计,即两上两下、三上三下的车道布置方式。但在实际使用中,公交车停靠站时往往占用一条车道,使道路出现时间瓶颈,容易引起拥堵。因此,可以适当压缩一下车道宽度,再增加出一条车道,使路段变成非对称式车道布置方式。

适当缩窄市区行车道宽度,有利于道路限速。压缩出一条车道,可将原来的三上三下六车道对称布置变为进四出三七车道非对称布置,即路口进口导向车道数为四条,出口车道数为三条,客观上增加了道路的通行能力。

如果路段断面为三幅路形式,即带有机非隔离带的"三块板"道路,当非机动车道较宽时,可以在非机动车道内加划出右转机动车道,以提高路口的通行能力。

2)"三块板"式道路的交通组织

"三块板"道路也称三幅式道路,路段由三幅路面组成,设有机非隔离带或主辅路隔离带。应该考虑小区或单位门口停车泊位的位置与隔离带进出口的关系,一般在下游应设置主路入口,保证从小区、单位、停车泊位出车后能进入主路或机动车道,以便选择行驶方向。如果不能保证前行方向能通达各流向的,应提前设标志予以预示说明走法,避免群众进出产生意见。

3)"两块板"道路的交通组织

"两块板"道路指的是两幅路面的道路。

(1)窄中心隔离带的交通组织

窄中心隔离带,指隔离带宽小于3m的中心隔离带。此类中心隔离带应种1m左右高度的绿篱,按照中心护栏隔离的方式进行组织,防止行人在中心隔离带上行走。无法绿化的中心隔离带,应高出路面60cm以上。

(2)宽中心隔离带的交通组织

两幅式道路中心隔离带较宽时,一般用作绿地、街心公园或规划预留地。在交通组织时,首先应考虑的是中心隔离带是封闭式绿地,则只需考虑隔离带宽度即可确定交通组织形式;如果中心隔离带是开放式的,不但要考虑中心隔离带宽度,更要考虑人行横道的控制形式。

对于中心隔离带宽度不大于30m的两幅式道路,宜按一条双行道路进行组织;对于中心隔离带宽度大于30m的两幅式道路,宜按两条单行道路进行组织;关键在于路口渠化不同,如图11-8所示。

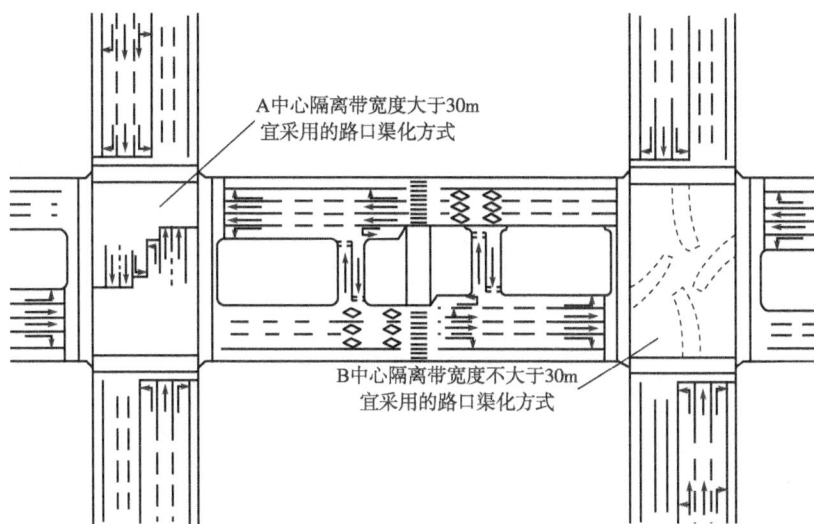

图11-8 两幅式宽隔离带道路的交通组织

路口 A 是中心隔离带宽度大于 30m 的交通组织形式,实质上是按两个单行路口来组织,此时重点要解决好路口停止线的信号灯与路口内二次停止线的信号灯的协调配合,做到各看各的灯,不能混淆。路口 B 是中心隔离带宽度不大于 30m 的交通组织形式,实质上是按菱形高架立交桥下的形式来组织,重点是要保证在左转待转区内等候的车辆在行驶前方能有专向信号灯,以避免发生抢行行为。

两幅式宽中心隔离带道路,可利用中心隔离带开口组织转向掉头或双向掉头,以减轻路口的交通压力。必要时,也可利用掉头车道按远引交叉的方式解决路口禁左问题。总之,在两个路口之间,至少应保证有一条双向掉头车道,则路边单位、小区、胡同的出车问题才有可能得到解决。

(3)路段行人过街的组织

人行横道的设置间距要视道路两侧用地性质、行人过街需求和路口间距而定。对于商业区、居住区的集散道路,人行横道可以适当设置密集一些,一般以间隔 200m 左右一条为宜。对于主干道、过境通道,可适当设置稀疏一些,一般间隔不小于 300m 一条。对于一般性道路,人行横道的间距宜控制在 200 ~ 300m 即可。对于多车道的道路,需要缩短行人过街时间,即把行人一次直通式过街改为行人分段式二次过街。

3. 车辆掉头组织

车辆掉头问题的提出,主要是由于道路隔离引起的。如图 11-9 所示,原路段出车左转的车流,由于路中护栏隔离后不得不右转到下游路口掉头。在饱和交通条件下,由于掉头车辆借助路口左转车道掉头,一来占用左转车道降低了路口的通行能力,二来增加了路口的流量,使路口拥堵进一步恶化。同时,隔离护栏越长,掉头间距就越大,使本来不堵的路口也变成了拥堵路口。

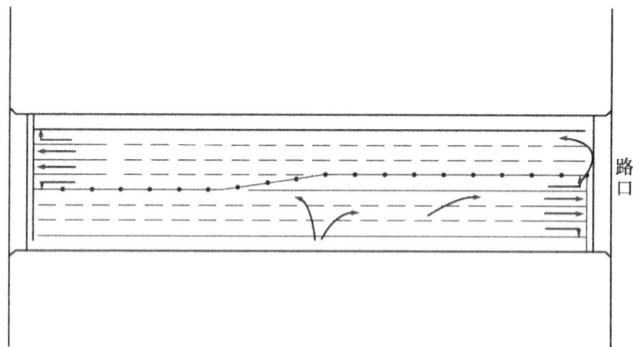

图 11-9 路段隔离引起的车辆路口掉头问题

路口和路段准许掉头或禁止掉头,除设置标志外,还应配上相应的标线,在路段准许掉头处中心线应改为虚线,禁止掉头处中心线应为黄实线。在路口路段准许掉头处,除完善必要的标志标线外,如有条件应设置相应的掉头信号。对于路段掉头的信号控制,有在人行横道上游掉头和在人行横道下游掉头两种方式。另外,可以在堵点的周围寻找适合分流的地点,通过车辆掉头组织把堵点的交通压力分流过去,即可达到缓解堵点拥堵的效果。

四、立交桥交通组织

立交桥交通组织分为两部分:路桥结合部组织和桥体本身的交通组织。无论哪种交通组织,基点都要放在冲突控制上,都要考虑路段横断面形式与立交桥的关系。对于主辅路形式的立交桥交通组织的内容包括路段组织、主路进出口组织和桥体流向交通组织,核心仍是减少冲突,明确路权。

1. 立交桥衔接的路桥结合部交通组织

与立交桥衔接路段的交通组织重点是路桥结合部的车道匹配问题。由于匝道车流与主道车流速度差相差过大,所以势必会在匝道口处的合流冲突点造成冲突,其结果有二:要么使主路车流减速造成拥堵,要么相互争抢造成事故。由于匝道口处主路坡度较大,故发生事故的可能性也很大。

解决的方式是对主路进行改造,拓宽出一条变速过渡车道。拓宽变速过渡车道和立交桥渠化应注意以下几点:

(1)在主干道上两立交桥之间的同侧变速车道不能贯通,否则会造成五股车流争抢三股车道的局面。

(2)过立交桥时,最内侧车道和中间的车道应该划黄色隔离线,避免匝道进口车流影响主道车流,同时也避免在桥区并线变道引起事故。

(3)所有转弯的车流一律在外侧车道行驶,所有过桥的车流一律在内侧两条车道行驶,以减少匝道口处冲突点上的冲突次数。

(4)按照层流原理限制车速。速度差小允许变线处,划车辆分道线;速度差大的路段不允许变道并线,划黄色隔离线。

以上道路改善和渠化方法,不仅适用于立交桥区,而且适用于其他方式快速干道出入口管理。如果拓宽变速车道有困难,则应在快速干道入口匝道口处实行停车让行控制,即进入主路的车,无论主路有无来车,必须在匝道口处停车,确认主路无车后再驶上主路,以减少对主路车流的影响,防止发生事故。

2. 主路进出口交通组织与桥体交通组织

1)进出口交通组织调整

可将原出主路的立交匝道口封闭,改在原匝道上游100m处的主辅隔离带处新开主路出口,并且适当拓宽辅路,保证主路出车优先且畅通,这样就可以把原立交匝道口处主辅路的机动车与机动车交叉冲突转变成路段上主路入口至立交桥匝道口的机动车之间的交织冲突,使出主路的车在辅路饱和条件下可以顺利驶出辅路。经过改造后,此时立交桥只有机动车之间的交织冲突,而不存在机动车之间的交叉冲突,主路拥堵的机会明显减少。

2)桥体交通组织调整

如果在路段上不具备新开主路进出口的条件,必须用原立交道口解决交叉冲突问题时,也可以进行桥体交通渠化的调整,把发生在立交匝道口处的交叉冲突点转移到匝道中部转换成交织冲突点,同样可以做到无机动车交叉冲突。同时,由于冲突点远离匝道口,对主路的影响减小了,交织段也可用作主路,减少发生拥堵的机会,辅路因消除了机动车交叉冲突,交通流线也更加顺畅了。

3. 与立交桥衔接的主路路段的交通组织

路段交通组织有以下几方面的内容:车道组织、行人过街组织、公交组织、进出口组织、车速组织、停车组织等。

1）路段车道组织、车速组织和停车组织

（1）停车组织

按照主辅路功能要求，主路应全线禁止停车，包括车辆停放和临时停车；辅车靠主辅隔离带一侧禁止停放车辆和临时停车，靠便道一侧一般情况下可允许临时停车上下乘客，但不许停放车辆。在有条件停放车辆的辅路路段应施划停车泊位；在没有条件停车的路段应设置禁止临时停车和长时停放标志，并设置禁停标线，标示出相应的禁停长度。

（2）车道组织

对于主路全线禁停的要求，应该考虑到一旦发生故障坏车，单方轻微交通事故占用行车道停车造成拥堵或追尾事故的情况，应给予一个合法的空间使之迅速挪移车辆，不致影响主路交通。主路除了设置行车道外，还应拿出一定的宽度设置应急停车带，仅限故障车、事故车临时停放使用，其他车辆禁止在应急停车带内行驶和行车。

（3）车速组织

主路车速应按层流要求进行速度上限设置。一般内侧车道的速度上限按设计时速的0.9倍设置，外侧车道依次递减，车道之间速度上限速差为10km/h。速度下限值视具体情况而定，一般外侧车道下限值应与辅路限速值相同，由外向内，车道的速度下限值依次提高10km/h。对于辅路限速，一般只限上限，不限下限，按设计时速要求，可设定为限速50km/h为宜。

2）公交站点、行人过街和主路进出口交通组织

（1）主路进出口交通组织

主路进出口交通组织涉及到是把交织冲突摆在主路上还是摆在辅路上的问题。辅路对主路而言，进出口采取先进后出的方式，常规立交桥都是按这个顺序设计的，则交织冲突发生在主路上。如果进出口距离过近，交织段距离不够长，则饱和时拥堵发生在主路上，非饱和时事故也发生在主路上。如果采取措施，把主路进出口调换位置，则变成了主路先出后入。此时交织发生在辅路上，同时也加大了辅路的压力。这样做可保持主路畅通，但辅路易产生拥堵。

究竟是采用主路先出后入还是采取主路先入后出的方式，一般要视主辅路条件和情况而定，不宜做出教条的硬性规定。在主路具备交织条件的情况下，一般主路不会发生拥堵问题。当主路交织段不足时，因辅路对交织段要求不高，此时可采取先出后入的组织形式。特别是对苜蓿叶式立交桥，一旦桥下发生拥堵，可将其改造成先出后入的方式，即可解决主路拥堵问题。

（2）公交车站、主路进出口、行人过街设施的关系

对于设有主辅路的道路，主路公交站位设置与主路进出口、行人过街设施和主路车道设置有很大关系。一般来说，为了方便乘客过路和换乘，公交车站宜设在行人过于设施处，如在过街天桥、地道的梯道端头处设置公交车站。对于主路公交车站而言，主路出口宜设在公交车站上游，主路入口宜设在公交车站下游，主路进出口之间形成自然的公交停靠港湾，充分利用了主路路面，做到主路行车、主路进出车与公交停车互不影响。

4. 远引交叉掉头左转的立交桥问题

远引交叉掉头左转指的是路口禁止左转弯，车辆先直行或右行通过路口后在适当地点掉头，右转或直行通过路口完成左转，如图11-10所示。

远引交叉存在的问题包括：一是掉头点的车辆掉头半径是否足够，二是掉头点距导向车道的交织段是否足够，三是掉头点处相交流向上车流是否饱和。只有满足上述三个条件，远引交叉左转方式才有可取之处。

5. 充分利用立交桥下空闲面积的交通组织

对于一般菱形高架立交桥，一般都是用承台和桥桩做支撑的，桥桩之间都有一定间距，一般可以用来设置车道。

由于桥桩上置横梁，一般都有限高要求，因此桥下左转车道仅供小型车辆使用，外侧原左转车道供超高车辆左转弯。由于增加了专左车道，可以将专左相位与直行相位合并成一个相位放行，进一步提高桥下路口的通行能力。

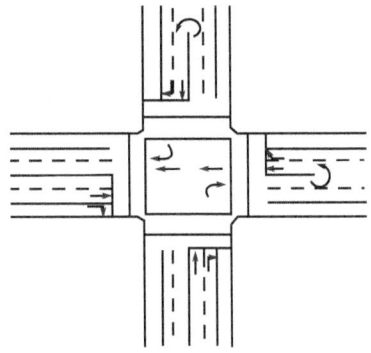

图 11-10　路口禁左时两种远引交叉完成左转的方式

另外，有一些高架桥在经过多次改造后，桥下路口的桥桩太多，直接影响了路口的通行能力。此时应视具体情况，根据桥桩的位置来设置桥下路口的交通组织。

6. 立交平做

立交平做也被称为平面立交，这是利用路口周边路网条件的一种路口交通组织形式。立交平做实质上是个平面的苜蓿叶式立交，相同的是它和苜蓿叶式立交桥一样有四条互通式匝道，不同的是相交道路是一个平面路口，而不是分成上下两层互相分离。

立交平做的交通组织形式是利用路口周边的四条匝道来完成各方向上的左右转向，其中每个方向上的左转弯车辆均需两次经过该路口才能完成转向。在路口处的车道全部为直行车道，因此信号相位设置简单，仅需两相位即可满足要求。立交平做的好处是：可以明显地改善路口秩序。如右转弯机动车和非机动车提前分流到匝道上，在路口处没有了右转机动车对直行非机动车和行人的交叉冲突，可以节约管理警力。不利的是车辆左转弯的绕行距离和延误均会增加，虽然提高了路口的通行能力，但同时加大了左转车两次通过路口的流量，总的道路负荷没有降低。

五、交通信号协调控制

交通信号是进行微观流量调控的有效手段，也是进行路网流量调控的基本单元。进行动态交通组织，首先是交通信号的组织，目的是使信号对流量在中低峰时有一定的适应能力，而在流量高峰时对交通流量有一定的调控能力，来保证重要区域或道路不发生交通拥堵。

1. 单点信号组织

单点路口信号的控制模式，有半感应信号控制、全感应信号控制及多时段信号控制。在流量较小时，一般选择全感应控制。在主干与支路相交的路口，或某一方向上有优先通行要求的路口，可选用半感应控制；当通过路口的流量大到一定程度时，感应控制失效，此时应选用多时段信号控制。

周期与路口通过能力有关，周期越长，单位时间内信号换相的次数就相对较少，换相时的绿灯损失也就较少，路口通行能力相对较高。但是周期越长，换相间隔时间就越长，路口排队长度也就越长。路口信号配时调整，应先从绿信比开始调起。在绿信比调整前，应确定出不同路口流向的重要程度，对于重要流向上采用适当延长绿灯时间的方法调整流向压力。对于其他流向,由于相对绿灯时间减少,有可能会引起拥堵。此时只要保证主要流向畅通,一般半个月后,路口各流向的压力就会重新自动调整,达到一种新的均衡。但是如果仅调某一流向的绿信比后路口各流向仍然拥堵,就该调整路口的信号周期了。此时要注意,在一条道路上,一个路口进行信号周期调整后会发生交通流量压力转移,最好对相应路口的信号周期都做适当调整,以抵消转移的交通压力。

2. 路口之间的信号协调组织

1)路口信息协调方法

根据路口间信号协调原理,要取得好的绿波协调效果并不难,关键有两点:共用周期和统一时钟。

所谓共用周期,指需要信号协调的路口中,通行能力最小的路口,或总体交通负荷最大的路口,通过信号配时计算后的信号周期,作为所有路口的共同周期。因为按管理学的"木桶原则",通行能力最小的路口是该段道路或路网的瓶颈,这个路口能通得过的流量,其他路口也一定能过得去。因此,通行能力最小的路口信号周期最长,用这个周期做所有路口的周期,这些路口都不发生拥堵,理由是信号周期越长,路口通行能力就越高。

绿波带控制配时所需数据有:交叉口间距、街道及交叉口布局、交通量、交通组织方案、车速和延误。

2)路口间信号协调功能对交通流的要求

在具有路口间信号协调功能的道路上,对交通流提出具体要求,要求交通流在通过路口路段时尽量保持排队行驶,车流不能离散。因此在路口交通组织上要求冲突分离彻底,一般用多相位方式;在路段交通组织上要减少纵向和横向干扰,人行横道要纳入信号协调控制,路段一般要禁止停车;公交车站应设置港湾;人行横道应设置与路口信号协调的行驶信号灯。

在秩序管理上,为了保证信号协调效果,把管理的重点逐步由路口秩序转变到行驶秩序、停车秩序、变道秩序和行人自行车秩序上来,避免车流离散现象的发生。

3. 路网信号组织概念

所谓路网组织,就是根据城市布局、路边用地性质和单位情况、道路的服务对象,确定路网控制战略和不同道路的控制标准。如过境道路、集散道路、战略节点、必保畅通的重点道路和非重点道路,并在此基础上为路网战略节点定性,即战略方案作用点、卸载点、截流点和分流点,以便使路网饱和时,通过信号调控,仍能保持重要道路畅通。

所谓路网信号组织,是指在路网组织基础上,根据不同流量负荷所采用不同的控制方式。即在路网非饱和条件下,低峰时信号感应控制为最佳;平峰时信号多时段或自适应协调控制为最佳;在路网饱和的高峰时段,能够根据路网组织方案进行卸载、截流、分流的信号智能化均分控制为最佳。

按照路网信号组织的要求,对于路网内每一个信号路口,追求的不是路口最大通行能力,而是路口的最大流量调节作用,为的是在路网上不产生节点通行能力的瓶颈,以便达到路网交通负荷的均分或保证主要道路畅通的目的。

六、其他交通组织

1. 公共交通交通组织

公共交通的交通组织,主要有站点组织和车道组织两大块。其中站点组织中有站点位置问题、换乘衔接问题、线路配载问题、站点港湾及渠化问题等,都是互相关联的,应统一考虑。

1)公交站点组织

(1)公交换乘组织

公交站点宜设置在路口的出口处,离路口越远,对路口的影响就越小,但乘客换乘的步行距离也就越远。公交站位距路口的距离多远为合适,则要看路口出口是否加宽、公交站位处公交线路和各线路高峰配载车辆来定,以高峰时各线路来车数的站台占用时间来计算同时停靠站台的车辆数,并以此确定站台长度,即公交站位距路口的最小距离。

(2)停车换乘的交通组织

从路网条件看,路网越密,公交线路就越密,步行换乘公交的人就多。一般步行时间在7min以内,或步行距离在600m以内,多数人愿意步行换乘。路网越稀,公交线路就越稀,骑车换乘的人增多,公交站点处就应该考虑自行车的存放问题。

对于公交枢纽,地铁或轨道交通站点等乘客相对集中的站点,应设置专用的自行车存车处,由专人负责管理。对于一般公交车站,有条件的设置专用车棚,没条件的可以利用便道护栏、机非隔离带或绿化带,设置专用的自行车存放点,由专人负责巡视管理。停车换乘搞得好,公交就会出现稳定的客流,有利于促进公交发展。

2)公交车道的组织

公交车道的组织应体现出公交优先原则,内容包括公交放行组织、公交专用车道组织、公交优先车道组织。在交通组织上,尽量要做到公交车与社会车的空间分离,减少公交车对社会交通的干扰。

(1)路口公交的放行组织

按照公交优先的原则,如果路口有条件的应设置公交专用导向车道和公交优先信号。如果路口不具备公交优先时空放行条件,则应在法规上作出优先规定:"在设有信号灯控制的路口,允许公交车辆信号绿灯时在右转弯的车道内直行通过路口。"右转车道实质上有了双重的功能,即车辆右转弯和路口执行公交车优先的原则。当然设有右转弯专用相位信号的路口不能使用这样的规定。

①路口公交车道的放行组织

对于路口公交放行方式的组织,对设有路段公交专用车道的,应规定公交车在公交车道内行驶;对未设公交车道的路段,应规定公交车在最外侧车道内行驶。

如果路段上设有公交车道,则应与路口最外侧直行导向车道相连;如果路段上未设公交专用车道时,应规定路段最外侧车道为公交优先车道,公交车在最外侧车道行驶时有优先权。

②公交信号的组织

对于有公交时间优先要求的路口,应改进公交优先的信号组织。公交优先的方式有两种:一是在未设公交专用车道的路口实行流向优先,即检测到哪个流向有公交车来车时,优先放行该流向的信号相位或延长该相位的绿灯时间。此时信号控制器相位数不必增加,但须增加绿灯延时、缩时和重新排序功能。二是在设有公交专用车道的路口,除实行流向优先外,也可以设置专门的公交车信号灯(信号灯加辅助标志"公交专用"),实行车种优先。

对于公交优先信号的应用有个条件,相交道路上公交车的流量差越大,应用公交车优先信号的效果越明显,即主干路方向与相交道路方向公交流量的比值以不小于1:4为宜。

（2）路段公交车组织

路段公交车行驶与停靠站都对正常的社会车流的行驶造成影响,故应进行路段公交车与社会公交车的空间分离。分离的办法有设置公交专用车道或公交优先车道和规定公交车的行驶车道两种。

①设置公交专用车道的道路

设置公交专用车道,只有公交车有通行权,社会车辆无通行权。严禁社会车辆借用公交专用车道行驶和停车。

对于设有公交专有车道的道路,公交车只能在公交车道内行驶。如果在公交站点处有公交车停车上下乘客,则允许后续公交车借用相邻一条社会车道超越前车,超越后迅即驶回公交车道,严禁在社会车道内停车上下乘客。

由于公交车很少有全天运营的,一般公交专用车道都设置专用时段。按照顾客对象的性质,公交专用时段可根据道路交通实际需要分为以下几种:照顾上下班高峰时公交专用时段7:00—9:00、17:00—19:00;照顾交通高峰时公交专用时段7:00—12:00、14:00—19:00;照顾全天高峰时段7:00—22:00。其他时段社会车辆允许走公交专用车道。对于公交专用时段的选择,一般先用上下班专用时段,然后再根据需要逐步扩大专用时段范围。

②设置公交优先车道的道路

公交优先车道内,公交车有通行权和优先权,社会车辆允许借道超车,超越后立即驶回原车道,不得影响公交车在优先车道内正常行驶。不过为了提高公交车道的利用率,可以规定大型客车允许借用公交车道行驶。至于允许哪种车种借用公交车道行驶,可以根据实际情况做出规定。

③不设置公交车道的道路

在未设置公交车道的道路上应对公交车行驶做出具体规定。即公交车辆只准在道路最外侧机动车道内行驶,只有当行驶前方出现障碍时,才允许公交车向左借用一条社会车道超越障碍。超越时不得影响社会车道的正常行驶,超越后马上驶回最外侧机动车道。严禁占用其他车道压车行驶。

（3）公交专用车道组织

①道路内侧设置中间式公交专用车道

把公交专用车道布置在道路的中间,在路口处留有专用的公交导向车道,以便公交车流像地铁那样封闭行驶,以提高公交车道的运行能力。中间式公交车道适合于大运量直通式公交车的运行。例如采用载客量在300人以上的大运量低底盘快速公交车直行通过每个路口的运输方式,就适合使用中间式公交车道。但是大运量公交车转弯存在困难,在中间式公交专用车道中行驶,宜直行通过路口。

如果在中间式公交专用车道内有普通公交车运行,则须注意解决好以下几个问题:

a. 公交车站宜设在路口出口处,并有足够的站台长度,路口入口宜留做公交导向车道。

b. 公交专用车道至少应留有两条车道,以防止出现公交故障或事故时,造成其他公交线路断行。

c. 在路口入口处应留有专左和直行公交专用车道,以便和社会车道统筹安排信号相位;尽量不安排路口右转弯的公交车进入中间式公交专用车道内行驶。

d. 由于中间式公交车道路口乘客过于集中,容易阻断其他流向上车流的正常通行,故每个公交站台处都应设置互通式行人过街天桥或地下通道,同时用护栏封闭路口便道。

②道路外侧设置常规式公交专用车道

与中间式公交专用车道相比,路侧常规公交专用车道有以下优点:造价低,乘客换乘不用横跨机动车道,不影响路口通行能力,信号协同简单,节省路面等。

交通拥堵多数都发生在路口的入口,很少发生在路口的出口,因此需要在路口的入口处增加公交专用车道。对于有主辅路的道路,主路一般只安排最外侧车道为公交优先车道,而不设成公交专用车道,以保证主路由最大的通行能力。但是在辅路上,如果有两条机动车道,可以将外侧机动车道设置成公交车专用车道,而另一条车道用作集散车道。

对于在主路行驶的公交车,应该是大马力、大运量、大站距的干线公交车。其站距换乘间距不应小于1km。而辅路公交车道内行驶的公交车,一般为支线公交车,站距不宜太大,以300m左右为宜。特别是在主辅路公交换乘点,一般在100m以内为宜。如果机非隔离道路上公交车对社会车辆行驶影响较大,此时可在非机车道内设置公交专用车道。

2. 停车交通组织

1)经济手段调节的停车组织

利用经济手段进行路侧停车组织,应从以下几方面着手:

(1)按停车需求情况确定停车价格。实行指导价格加浮动的方式定价,热点地区价格高于一般地区,路侧停车最低价格也应高于出路外场库停车的价格。

(2)不同时段收费标准不同。白天时段和夜间时段,高峰时段和低峰时段应执行不同的收费标准。

(3)停车时间长短不同,收费标准也应不同,15min 或 30min 为免费时,超过 30min 按 1h 收费,然后按停车时间延长逐步提高收费标准,以提高车位的周转率。如停车第一个小时按每小时 5 元的标准收取,第二个小时就应按每小时 7.5 元收取,第三个小时按每小时 10 元收取,以此递增。

2)"以静制动"的交通组织

按照传统的交通组织方式,在停车泊位严重不足的情况下,我们往往是挖掘各种资源潜力,想尽一切办法增加停车泊位,这样的做法叫"扩大供给"。但是我们发现,由于我们的资源有限,无法满足日益增长的停车需求。同时还发现,停车泊位越多,道路上的交通量就越大,交通拥堵也越严重。如果按照逆向思维,凡是交通拥堵严重的路段减少停车泊位,拥堵是否会减轻呢? 答案是肯定的。这样的做法叫"需求控制"。

对我们组织交通而言,应该让政府、规划部门、设计部门、建设部门充分地认识到这个特点,无论是建设步行街,还是修建其他道路,都不应该忘了停车泊位是商家经济命脉。在修路时,适当放宽道路宽度,就留出了路侧停车的余地。因此,非机动车道路的宽度不应小于 5m,以便设置路侧停车的泊位。街巷里弄的改造,宽度不应小于 6m,留出路侧设置停车泊位的宽度。

利用调整道路路侧停车泊位数目来调整交通流量的做法,叫作"以静制动",这是交通组织中一种重要的方法。哪里交通堵了,可以将该条道路的路侧停车泊位取消,采取禁停措施,几周后拥堵就会明显减轻。当然这需要加强对违章停车管理才能做得到。

3)挖掘路侧停车泊位的潜力

停车泊位按性质可分为两种:一种是供固定车辆停车的,叫专用停车泊位;另一种是供各类车辆停放的,叫公共停车泊位。严格来讲,每一辆汽车都应有自己的专用停车位;而规划标准规定,公共停车位的数量不应小于机动车保有量的30%。

如何解决停车问题上的供需倒置,可以从以下几方面入手加以解决:

(1)在道路改、扩建时加宽非机动车道或行人便道,以便增加路侧停车泊位。

(2)夜间路面机动车流量一般较白天小得多,白天禁止停车的道路,夜间应允许停车。这就要求非机动车道要有足够的宽度。混行道路非机动车道宽度不小于4m,机非隔离道路非机动车道宽度不小于5m,街巷里弄宽度不小于6m。禁止停车的时段按山下班高峰时段来确定。一般为7:00—19:00,夏季为7:00—21:00。

(3)绿化广场或绿地,树间距应适合并排停放两辆小汽车。尽量少种草坪多种树。树冠宜大,并设置相应的禁停时段,以避免和绿化广场或绿地使用性质相冲突。

(4)调整车道渠化,增加路侧停车位。

(5)为了车辆停放整齐,可以在横向或斜向停车的泊位内施划小箭头,表明停车头朝向。

4)出租汽车临时停车位的组织

出租汽车待客站和上下站不应设在禁止停车的道路上和路口进口处,也不应设置在容易引起拥堵的道路上。严格来说,出租汽车待客站应设在设有停车泊位的路段上,以停车泊位改为待客站,减少道路上空驶出租车的流量,一般在出租汽车乘降相对比较集中的地点设置出租汽车待客站,为便于乘客换乘和利于秩序管理,待客站地点最好靠近路口。设置在路段上时,应注意加强管理。

在乘客要乘坐出租车时,只允许在出租汽车上下站处等候;而乘客下车时,除了在出租汽车上下站下车外,还可以在就近的停车泊位内下车。出租汽车需占用停车泊位候客时,应照章交纳停车费用。为了避免和停车泊位发生混淆,出租汽车待客站和上下站宜画成黄色标线,并分别在标线内标注出租车待客站或出租车上下站,以示车站性质的区别,分别明确两种出租车站不同占用权。

3. 禁止停车组织

在交通秩序管理中,有路口秩序、行驶秩序、停车秩序、便道秩序和行人非机动车秩序管理等项内容。涉及路权之中占用权的,主要有停车秩序和便道秩序这两大类。在停车秩序中又分为准许停车和禁止停车,按准许停车的程度又分为准许临时停车和准许车辆停放两种。

在交通法规中,对禁止停车的地点已有明确规定。在这里所说的禁止停车,指的是禁止车辆停放和临时停车。车辆停放或临时停车,包括非机动车的停放,都应该用交通标线施划出停放或临时停车的区域范围,用标志规定出其性质,以明确占用权。而对于未设准停车标线的路段,应视为禁止停车。但由于我国《道路交通标志和标线》(GB 5768)中的规定有矛盾,即在未设置禁止长时停放和临时停车标志及禁止临时停车标志的路段上是否可以停车,在路权表示中出现了法律空白,故在应用中,应该从增加禁止长时停放和临时停车标志加禁停标线入手,取消禁止临时停车的标志,在未设禁停标志和标线的道路上允许临时停车,车辆停放一律实行停车入位,逐步完善停车管理。

一些道路的性质,要求道路实行禁止停车,如实行机非隔离或主辅路隔离的机动车道或主路;一些管理控制条件,也需要实行禁止停车,如较窄的单行道路、行人便道和非机动车道,在路口信号绿波协调的道路,重点道路和周边道路等。实行禁止停车的道路有可能是双向禁停,也可以是单向禁停,因此应该用禁停标志加禁停标线来表示禁止停车的路侧。在禁停时段以外的时间,只允许车辆在禁停路段临时停车,不允许车辆在禁停的路侧停放,这一点应在地方交通法规中予以规定。

除了禁停标线外,有几种标线也具有禁止停车的功能,即路缘线机、非隔离线、应急停车带等。简言之,只要是纵向的白实线,则靠白实线的一侧的道路边就应禁停。

第二节 区域交通组织优化

区域可以看成是一个放大了的节点,可以按照微观交通组织的思路去进行区域交通组织。与微观交通组织不同的是,微观交通组织的重点是在时间上要分秒必争,在空间上要寸土必争,重在不同种类、不同流向交通流的冲突分离。而区域性交通组织解决的是路网中一块范围的"心肌梗",其重点是在区域内部以微观调整和时间流量上的削峰填谷为主,在区域外部以空间流量上的控密补稀为主,重在解决路网交通压力均分。

对于拥堵的区域,从交通流构成看,有内部生成流量、外部过境流量和到达流量,这是区域内的交通需求。从道路条件上看,有路网结构、通行能力和停车泊位,这是区域内的交通供给。路网结构不合理,会造成区域内交通压力分布不均。而交通供需矛盾倒置,又会造成区域内交通压力的升高。在拥堵区域内,一方面要调整交通组织,均衡内部交通压力的时空分布;另一方面,通过交通需求控制,来缓解交通供给不足所造成的交通压力。在拥堵区域外,重新整合交通流,把不会给拥堵区域带来正面效益或只能造成负面影响的交通流调到拥堵区域时空范围以外,减轻拥堵区域的交通压力。

一、交通组织的一般方法

1. 临时性区域交通组织

临时性区域交通组织的时效长短,主要看交通流的变化情况。交通流按照速度的变化可分为:固定交通流(如上下班交通流),日常交通流(如公物、商务交通流和生产、生活性交通流),季节性交通流(如旅游、季节运输性交通流),临时性交通流(如假日经济、会展经济、大型活动)等交通流。对于固定性、日常性交通流,应该有长久性交通组织方案来保证其正常出行。而季节性交通流,一般是叠加在固定性、日常性交通流之上的,如长久性交通组织不能满足其要求时,应补充短时交通组织方案对长久交通组织作适当调整。而对临时性交通流,一般多发生在固定性交通流和日常性交通流的时间内,但数量大,时间和地点相对集中,故应该制定临时性交通组织方案予以解决。

交通流的集散有几种形式:一是分散来集中走,如上班、看电影等,来的时间一般在上班前或电影开演前40min至上班或开演,而下班或散场时则在内走完,此时对路网造成的局部压力很大,特别是上班。二是分散来分散走,如购物、旅游等,除商业中心和旅游景点因设施不完善易发生拥堵外,由于集散时间分散,不会给路网造成很大的冲击。客流是集中来分散走,如火车到站、地铁到站等,在时间客流集中来了,在空间上要向四面八方散去,一般也不会给路网带来太大的压力。

对于假日经济、会展经济这类交通流,虽属分散来分散走的形式,但是由于旅游景点和会展中心的停车设施是按照常规设置的,只能满足日常需要,无法满足假日经济、会展经济的大客流需要(因建多了停车位,平时闲置于此,对于旅游景点、会展中心,除要有长久性和季节性交通组织外,还要进行适合假日经济、会展经济、旅游黄金周等大型活动的临时性交通组织,以保证这些大型活动能够顺利进行)。

2. 长久性区域交通组织

临时性区域交通组织是针对特殊的活动制定的,而长久性区域交通组织是针对日常交通制定的。一个特定的地区有特定的交通需求,应针对这个区域的特点和存在的交通问题来进行相应的交通组织,以保证这个区域内群众出行的安全畅通。

1)交通供需倒置区域内的交通组织

交通供需倒置区域指的是区域开发建设中城市建筑容积率偏高,道路面积率偏低,区域内道路设施满足不了区域内生成的交通出行需求。这种现象在全国各城市中比较普遍。

2)秩序混乱区域内的交通组织

区域性的秩序混乱,虽有设施不完善和管理不到位的问题,但主要是由交通组织不科学而引发的。科学的区域交通组织,应该是路权明确,流向顺畅,流线轨迹无交叉冲突。而区域内的秩序混乱,往往表现在冲突现象严重、流向分离不彻底等方面。

3. 单行交通组织

道路单行的好处是显而易见的。首先单行道路路口内冲突简单、冲突点少,不易形成拥堵;其次是车流单方向行驶,行人横过道路不必左顾右盼,有利于交通安全;再有由单行可有效减少冲突点,故路口信号设置成两相位即可满足冲突分离要求;同时单行道路路口间信号协调容易。绿波带比双行道路宽得多,所以单行道路的通行能力比双行道路高得多。

但是单行也有不利之处,首先是增加车辆的绕行距离;其次是增大路网的无效流量;第三公交单行后换乘困难。因此对于单行交通组织的使用,是需要满足一些路网和交通条件的。

1)单行交通组织的路网条件

适合单行交通组织的路网,密度一定要大,路口间距不宜大于200m,路口间距过大,绕行距离过长,会引起交通流量压力过于集中,一般绕行距离控制在600m以内为宜。

单行交通组织对于路宽的要求不高,窄路只要能通过汽车就可以考虑单行。两条平行主道路的联络通道密度大,则平行主干道也可以进行单行交通组织,并且一对平行单行主干道的通行能力远比两条平行双行主干道的通行能力大得多。如果路网上平行道路具备对偶条件,在反复发生周期性交通拥堵后,应考虑进行单行交通组织。但是对于主干道路进行单行交通组织时,由于转向需要跨越的车道数较多,需要有足够的交通段长度,因此干道单行的间距也不宜太近,大于100m为宜。

对于单行路网,最好是棋盘格局,堵头(瓶颈)路和断头路少,路不在宽而在长。路之间有对偶关系,并有丰富的指路连接平行道路。这样组织出的单行线才会好用。

对于公交车也尽可能按单行要求进行组织,一定要保留双行公交的单行道路上,逆向公交车辆配载不宜过多,并且尽量不在路口处逆行转向。对于公交双行的单行道路,非机动车也可以按双行进行组织,以保证充分利用资源。

2)单行交通组织的优缺点

单行交通组织最大的好处是可以大大地减少交叉冲突点的数量,进而减少发生交通拥堵和交通事故的机会。怎样进行单向交通组织呢?首先要分析路网条件和交通的流向,按 OD

要求对每一个地块都安排一下,看看是否留足进出条件。若能满足绕行进出条件,则可以考虑单行,否则应保留双行。对于单行后仍存在交叉冲突点的路口,可考虑让行控制或信号控制。

单向交通的优缺点如下:

(1)优点

①大大减少交叉口的冲突点。可以消除机动车与机动车冲突点和减少机非冲突点。

②提高道路通行能力。由于没有了机动车对向行驶,机动车与机动车、机动车与非机动车之间的干扰减小,从而提高了路口的通行能力。据统计,国外单行道可提高通行能力达20%~80%,国内一般在15%~50%。

③减少交通事故。由于在路段上取消了对向车流,在交叉口又消除了部分冲突点,因而可以减少迎面相撞事故。另外,人行横道不再受双向车流的影响,故交叉口的行人交通安全也得到提高。

④提高车辆的运行速度,降低延误。实行单向交通后,车辆由于双向交通带来的纵向和横向干扰减少,使得车辆平均行程时间缩短,提高行驶速度。

⑤为路内停车设置创造条件。

⑥有利于信号灯配置和管理。单向交通采用线控具有优越条件,不管交叉口间距是否相等,均能方便地按路口间距来安排起时差。绿灯信号可充分利用,还可以增长"时带"(保证所有交叉口间距车辆无阻通行的最小并且等长的时段),绿灯时间与"时带"完全一致。而双向交通时,利用有效绿灯时间大约只有50%,故与其相比,单向交通采用线控其绿灯率可提高50%。

⑦有利于减少城市交通污染。单向交通由于减少停车次数和车辆加减速次数,从而降低废气排放、轮胎磨损等,减少了对环境的污染。

(2)缺点

①增加了车辆的绕行距离和经过交叉口次数,从而也增加了道路网上的流量。

②给公共交通带来不便。如果公共汽车线路也采用单向交通,势必增加乘客的步行距离。

③给道路两侧的商业活动带来一定影响。由于实行单向交通,取消了对向车流,使人们不便到单行道两侧进行商业活动,从而影响商家的经济效益。

④单向道路末端常常使交通组织复杂化,产生拥挤。

⑤调整电车线路走向,搬迁部分公交线路终点站所需的费用较大。

⑥对外来人员或不熟悉路况的人非常不利,容易导致其迷路等。

二、车种禁限组织

车种禁限有两种形式:一是区域车种禁限,二是路段车种禁限。区域车种禁限的作用是使交通压力在时间上削峰填谷,而路段车种禁限的作用是使交通流量在空间上控密补稀。两者作用不同,在应用中应注意加以区别。

1.公平问题与禁限分类

采取禁限措施,首先遇到的就是公平问题。特别是区域车种禁限,如公平问题解决不好,可能会引发社会热点。

按理说,不同车种交了各种税费,应该拥有相同的路权,但是由于车多路少,车辆同时上路行驶,道路不会畅通。我国目前购车价格中不包含道路修建的费用,修路的钱绝大部分是政府投资,小部分是企业贷款。因此,修路的速度远远赶不上买车的速度,交通拥堵在所难免。国际上,各国政府都主张多卖汽车增加税收,但很少鼓励多用汽车。为了生态环境和投资环境,很多国家都实行有偿使用道路。即便如此,也对一些汽车出行做出很多限制性规定,如"无车日""环保限制""尾号限制"等。可以说为了保证社会上绝大多数人的正常出行,各国都采取了牺牲局部利益来保证整体利益的做法,这就是在交通组织上对某些区域、路段,在时段上对某些没有必要出行的车种予以通行禁限。也就是根据不同服务对象,在时间、空间上有针对性的采取一些禁限措施,以保证道路资源得到最佳配置。

2. 禁限时段的确定

除了道路不具备某车种通行条件外,一般不应对该车种进行全大禁限。为了减轻禁限压力,可以把全天按交通拥堵状况分成若干时段,如上下班时段7:00—8:00,17:00—18:00;上下午高峰时段7:00—12:00,14:00—19:00;白天高峰时段7:00—19:00;全天高峰时段7:00—22:00;全天时段在实施禁限时,应先从上下班时段开始。由于禁限时段较短,一般不会引发社会热点。在实施上下班高峰禁限几个月后,如果想把受限车流挤到其他道路或时段上,则可以把禁限时段由上下班时段扩大到上下午高峰时段。以后根据拥堵情况,再确定加大禁限时段。但是禁限时段不应调整得过于频繁,最短也要间隔两三个月再做调整。这段时间为交通流适应时间,调整过快,受限车种的机动车驾驶人心理难以承受。总之,要渐变禁限措施,才有可能被禁限对象接受。只有禁限措施程度变化不超过禁限对象心理承受能力,禁限措施才会起作用。

3. 车种禁限的确定

按照禁限措施程度渐变要求,车种禁限的程度也应分组进行,不要一次禁限面太广。对于货车,可以按吨位禁限。如2t(含或不含)以上、以(含或不含)以上、8t(含或不含)以上等。禁限时应从大吨位开始,以后逐步下调禁限吨位,直到道路交通压力能够承受为止。对于客车,可以按车辆分类标准实行禁限,如大型客车、中型客车、小型客车、微型客车等。客车禁限比较困难,一般上下班高峰时间不禁限客车,但在其他高峰时间可以根据需要禁限大客车、中型客车。总之,车种禁限应看禁限道路的车种构成,参照公安部的"车种分类标准"确定禁限车种。

4. 尾号禁限的确定

若要削成10%的流量,可按牌照尾号对照日期限行。即每月1日、11日、21日、31日,牌照尾号为1的汽车高峰时段禁止出行,以此类推。若要削减20%的流量,可按牌照尾号对照星期限行。即每周一,尾号为6的车辆禁行;周二,尾号为2、7的车辆禁行。以此类推,周六日除外。若要削减50%的流量,则可对牌照尾号实行单日单行、双日双行措施。

5. 环保禁限

按照城市环境保护的要求,对尾气排放不达标的车辆实行禁限。车辆尾气排放情况在车辆年检时进行检测,达到欧洲Ⅰ号排放标准的发黄色尾气检验标志;达到欧洲Ⅱ号排放标准的发绿色尾气检验标志,与年检标志一同贴于汽车风窗玻璃右上角,以便确认。

在进行环保禁限时,一般对汽车流量大且容易产生拥堵的道路进行环保禁限,根据汽车尾气排放监测,汽车在提速或减速时,由于燃油在气室内燃烧不充分,排放出的尾气污染物含量为正常匀速行驶时的5倍左右。因此,缓解汽车拥堵,也就减轻了尾气污染。按照这个理念,在交通高峰时,对尾气超标的车辆应禁止驶入交通拥挤的市区,对尾气达到欧Ⅰ标准的黄标车辆,市区拥堵的道路也应限行。

6. 经济禁限

对于过境车流来说,一般不能给所经过的城市带来多少税收,但却带来很大的交通压力和环境压力。如北京市八达岭高速路是晋煤外运的主要通道,一般重载煤车愿意走不收费的五环路,而不愿意走收费的六环路。但是五环路环绕北京市区,沿线有中关村、亚运村等热点地区,重载煤车走五环路,既造成拥堵、事故,还污染生态环境,恶化投资环境。若在八达岭高速路按车辆实载吨公里收取过路费,则重载煤车愿意走六环路而不愿走五环路,因为从六环路到五环路约 15km,实载 70t 的煤车要多交 100 多元的过路费,不如直接走六环路绕过北京市区,但前提是六环路按原标准收费,即大型货车收如 0~50 元过路费,六环路条件好、流量少,而五环路流量基本饱和,经常堵车。在八达岭高速公路采用按实载吨公里收费,则可以使重载车辆尽可能少走八达岭高速公路,进而把这部分对市区压力最大的交通流分流到远郊区通过北京。

7. 市区货车禁限组织

市区是一个城市交通最紧张的区域,若经常出现市区路网整体性拥堵,则应该考虑市区交通拥堵时段禁限货车。

在国际上,很多大城市都实行货车夜运,以解决城市内部的货物运输问题。对于不同功能的城市区域,车种禁限的程度是不同的。如历史风貌保护区,一般都要禁止各种机动车通行;对于办公区、商务商业区、旅游区、住宅区,一般白天禁止货车通行;对于市内的生产区,一般也在主要道路上白天禁止货车通行。具体货车禁限的时间范围、空间范围、车种范围,要视禁限区域具体情况而定。一般先从上下班高峰时段和大吨位货车开始禁起,逐步扩大禁限时段、禁限车种和禁限空间的范围。

三、其他交通组织

1. 路口流向禁限

所谓路口流向禁限,指的是路口禁止左转弯、禁止直行和禁止右转弯,是区域流向组织中的重要组成部分。一般路口禁止直行和禁止右转弯多与单行系统配套使用,路口禁止左转弯单独使用情况较多。

1)路口禁止左转弯的冲突情况

路口禁止左转弯的直接作用是可以大大提高对向直行车道的通行能力,当一个路口某一方向上压力过大时,可以考虑在对向禁止车辆左转弯,以减轻本方向直行车流的压力。路口流向禁限的结果是减少路口内冲突点的个数,特别是交叉冲突点的个数。这一点我们可以从信号相位图上可以明显地看出流向、车种与冲突点的关系。

2)路口禁左后带来的压力转移问题

路口禁左表面上是节点问题,但由于流向禁限会带来交通压力的转移,会造成相关路口转弯流量增加而导致拥堵,实质上是个区域交通组织问题。

按照"换位思维"的思路,在路口采取禁限流向的措施之前,交通组织者应以禁限流向的路口为基点,以自己为"当事人"考虑一下流向禁限时"我"怎样走。在每一个禁限流向上都试几次,看每次分流绕行时要通过哪些路口的哪些流向,寻找绕行的最优路径。当压力转移后不会产生新的问题时,就可以直接实施路口流向禁限了。但由于路口流向禁限后会引起相邻路口交通拥堵,应该对流向禁限路口周边的几个路口的交通组织同时进行调整,使每个路口各流向上的通行能力与上游路口同流向通行能力接近,就能避免因路口采取流向禁限后造成新的拥堵。

2. 远引交叉与立交平做的交通组织方法

远引交叉和立交平做都是解决路口流向禁限后车流转向问题的有效方法,实质上也是个交通压力转移问题。与路口流向禁限产生的路网交通压力转移不同,远引交叉和立交平做是在路口各方向上交通压力不均衡的条件下,把交通压力从拥堵方向分解到非拥堵方向,使路口各方向上交通压力基本均衡,或保证主要方向上的交通畅通。

所谓远引交叉,就是把路口内由于左转弯车流和对向直行车流之间存在的交叉冲突点,通过左转弯先直行或右转后再掉头右转或直行通过路口的方式,完成路口左转弯,进而把路口内的交叉冲突引到路段上来解决的方式。

远引交叉左转弯可以有效地减少路口内的交叉冲突点,大大提高路口的通行能力,绕行距离近,驾驶人也比较乐于接受这种形式。应该将路段隔离、行人过街设施、公交站点设置与路段车辆掉头等内容综合考虑进行组织,由于路段的通行能力远远大于路口的通行能力,这样进行交通组织,有利于路口路段的负荷均分,但有可能会对信号控制系统内路口间信号协调形成影响,故远引交叉掉头地点应设置在信号系统内下游路口流量、流速检测地点的上游,以免影响信号控制系统的协调效果。

所谓立交平做,就是利用禁左路口周边路网,按互通式立交的匝道方式进行交通组织,即直行通过路口后右转进入"匝道"(指路口周边能够连通相交道路的支路),再右转绕回原路口后从相交方向直行通过完成左转。

第三节　宏观交通组织优化

宏观交通组织原则是平衡城市交通供需关系,常用的做法是在政策上对提倡的出行方式给予优先,对不提倡的出行方式给出不方便的道路,对于任何一个城市来说,发展经济必然会刺激交通流的快速增长,路网改造的速度远远跟不上机动车保有量增长的速度,供需倒置型交通拥堵迟早都会发生,我们通过宏观交通组织调整人们的出行方式,就可以将分散的、独立的个体出行方式转换成集体的公共出行方式,进而大大减少路网上的交通流量,减轻城市的交通压力。

一、整体控制思想

1. 供需平衡

交通需求产生于人口,人口多,交通出行的需求势必就大。机动车出行的交通需求不仅产生于人口,还产生于城市人均可支配收入。人均可支配收入越高,机动车交通出行的需求就越大。从目前城市发展看,我们无法控制城市人口规模,更无法限制大家去买车,但是我们可以在城市发展政策上控制规模指标,以此达到交通需求控制的目的。

为了防止发生供需倒置型交通拥堵,应该明确规定建筑容积率和道路面积率的比例关系。为了实现交通和城市规划的要求,则在政策和法规上应该作出具体规定:每块城市土地的开发都必须经过交通影响评价,都必须满足上述规范要求。

2. 以静制动的长期战略思想

在交通互动关系中,动态交通与静态交通的互动至关重要。交通拥堵表现在"行"上,却往往由"停"来引起。我们前面一再强调,交通出行有 OD,在 O 点或 D 点人们都有停车需求,而从 O 点到 D 点人们都有出行需求。因 O 点或 D 点停车过于方便,便会刺激买车和用车,就会使道路上流量增加而造成拥堵。如果我们用逆向思维,不去扩大停车资源,使停车不太方便,道路上的交通流量能否下降,交通拥堵能否缓解呢? 答案是肯定的。

二、车种管理

1. 公交优先

在宏观交通组织方面,公交车与私家车在出行延误、出行成本、出行方便程度等方面是具有相对性的。一般适当给公交车以照顾,其优势就可以体现出来。如公交车道比社会车道畅通时,公交车的出行延误就会相对减少。但此时社会车辆想走公交车道节省时间,可以规定其满载率,即小轿车满载时可以走公交车道,即可提高社会车辆的乘载率,减少路面流量。这方面新加坡等国有很好的例子。

2. 其他车辆的管理

机动车保有量的控制,重点是车辆发展速度的控制。如果道路建设速度和车辆发展速度保持在路网容量可以承受的渐变关系上,一般性的交通组织调整即可解决拥堵问题。此时道路建设的含义是:每年都应改造部分旧路,建设一些新路。改造建设的重点应放在路网的加密上。但是如果车辆发展速度远大于道路建设速度两者关系形成突变时,则需要进行宏观交通组织调整,机动车保有量的控制,便是其中内容之一。

三、交通流错峰

宏观交通组织的主要内容,是通过时间上的削峰填谷,空间上的挖密补稀,对路网进行时空交通压力均分,以缓解交通供需矛盾。交通流错峰是实现时间上削峰填谷的有效手段。

交通流的集散形式,最怕集中来集中走,如果交通流都集中在某一时段冲击路网,路网肯定难以承受,最终要造成拥堵。如果我们把不同性质的交通流高峰发生的时间和空间显示在动态电子地图上,就不难发现,在路网中并不是所有时段都会发生拥堵,主要拥堵时段主要发生在下班高峰,北京主要集中在 17:00—18:30 这个时段内。其产生原因是各单位上下班时间一致造成的。如果把不同性质的单位上下班时间按各自的特点错开一个小时,则下班高峰就有可能拉平。

1. 交通流错峰应考虑的因素

实行错峰上下班要从以下几个方面来考虑:

1) 错峰对象

错峰上下班的主要对象,在现阶段宜为党政机关和事业单位。如学校,中小学教师坐班,上下班时间安排在 8:00—16:00;而大学教师不坐班,上下班时间可安排在 8:30—16:30。一般性的党政机关,如果不承担行政审批、执法、检查等密切接触社会生活的工作,是错峰的主要对象,上班时间宜安排在 9:00 为宜。而担负对社会行政审批工作的行政部门,其工作时间应与社会一致。为了便民,可以实行24h办公的、可以安排三班倒工作。科研机构等与社会生活联系不紧密的单位,可以按社会需求进行错峰。

2)错峰区域

一般按城市功能和工作单位分布把城市分成不同的区域进行错峰,如生产区错峰、行政办公区错峰及科教区错峰等。执行错峰的地区多数是上班族大户集中的地区。也可以把城市分为市中心区、市区、城区、郊区,按实际交通需要进行错峰。

特别要注意,一个城市不能整体错峰,而应化整为零错峰。即城市中某个区域错峰,而其他区域不错峰,才能达到削峰填谷效果。整体错峰只能是峰值移动,不能削峰填谷。错峰区域面积不应过大,以高峰时一小时能横穿错峰区域,错峰一小时才能有效果。例如北京市这种特大城区,只须错二、三环路之间的峰值,就可取得明显的错峰效果。

3)错峰时间

交通高峰出行时间为错峰时间,但是要注意互动关系。企业上班错峰,会带来生产性交通流的错峰,甚至会带来生活性交通流的错峰,如接送孩子上下学等。因此,错峰方案应建立在调查基础上,不能单凭感觉,如考虑不周,会错出新的高峰。

2. 利用行政手段错峰

错峰上下班是交通流错峰中常用手段。错峰上下班的前提是不能整体错峰,即有的行业错峰,有的行业不错峰;有的区域错峰,有的区域不错峰。

按区域划分,错峰区域不宜过大,对于特大城区可采用化整为零的方式错峰,标准是把城区不错峰的区域缩小到一小时以内可以横穿。横穿用时越少,错峰上下班的效果就越好。但要注意摸清社会矛盾,如错峰后接送孩子上下学、政府对应错峰后有效办公时间是否缩短,是否不方便群众等,根据矛盾特点调整错峰上下班的行业和区域,以避免产生新的社会问题。

3. 利用经济手段错峰

在我国各城市规划中,多为组团式格局,特别是用高速路连卫星城的做法非常普遍。因此只须调整高速路各进出口不同时段的收费标准,就能达到错峰目的。例如在交通最为紧张的17:00—19:00时,过路费收费标准上调50%。同时在交通不太紧张的19:00—21:00时,过路费收费标准下调50%。这样有升有降,公平合理,群众乐于接受,就可把下班出行高峰由17:00—19:00时削一部分到19:00—21:00时,真正做到削峰填谷。

四、经济性政策调控

市场经济最有效的办法是按价格杠杆经济规律进行调控,在进行交通组织中,往往比单纯使用行政手段更为有效。我们知道,人在交通出行时有些因素需要考虑,以便选择出行方式和路线。例如出行的经济性、连续性、快速性、安全性等,出行成本在目前还是多数人出行考虑的首要因素,按照这个心理特点,我们可以通过调控出行成本,减少市区内的车辆,缓解交通拥堵。

1. 差别化收费

从城市结构上看,如果是放射卫星城式结构,在城市出入口处收费,可使过境车辆提前绕行。如果是集中式城市结构,一般都是几条环路加放射道路的方式,最外一层环路不收费,在从外数第二条环路处开始收费,则多数过境车都会走外环。如果两条环路都收费,则必须拉出收费差距,外环低收费,按行驶公里上限高额收费,迫使车辆走外环。总之,越靠近市区收费越高,才能起到经济手段空间调控作用。

2. 分时段收费

过路费采用浮动方式,高峰时段高收费,平峰时段低收费,低峰时段不收费,则通过经济手段可起到时间上削峰填谷作用。但是道路建设部一般都要收费还贷,不愿采取这种形式,就要由市政府出面,以道路两侧土地开发增值的利润来补偿过路费损失。从另一方面讲,损失了过路费,但改善了投资环境,原本可用过路费收回来的修路贷款,现在用几年土地开发的增值利润可以还清,在经济上是十分划算的。这是交通经济学,交通搞得好土地可以增值,交通搞得不好,土地要贬值。因此,我们不能从部门利益上算小账,而应站在政府的角度从社会角度算大账,城市的经济发展才会充满活力。

3. 按实际吨公里或人公里收取过路费

对于目前高速公路,国家有具体的收费标准,但这往往是按照车辆核载来计算,而不是按车辆实载来计算,受害最重的往往是高速公路经营部门,每年需花费大量经费来整修路面,因此按国家规定的收费标准范围,对于超载车辆按上限收取过路费,也会起到一定的作用。

4. 用经济手段促进停车换乘

在市区内停车高收费,但在郊区停车低收费,可使部分人群采取停车换乘方式进入市区。对停车需求旺盛的区域,可采取分时段执行不同收费标准的差别化收费方式,促进停车泊位的周转。例如,第一个小时按每小时 5 元收取,第二个小时则按每小时 10 元收取,依此类推。但前提是禁停管理和清障要跟上,对违法停车的处理要严格,这类措施才能生效。

对于郊区停车实行低收费,一般每小时 1 元即可。这样做会有部分人把汽车存放在郊区,打出租车或换乘公交进入市区可以节省市区停车费。

参考文献

[1] 中华人民共和国国家标准.GB 7258—2017 机动车运行安全技术条件[S].北京:中国标准出版社,2017.

[2] 中华人民共和国国家标准.GB 5768—2009 道路交通标志和标线[S].北京:中国标准出版社,2009.

[3] 中华人民共和国行业标准.JTG D82—2009 公路交通标志和标线设置规范[S].北京:人民交通出版社,2009.

[4] 中华人民共和国国家标准.GB 50688—2011 城市道路交通设施设计规范[S].北京:中国计划出版社,2011.

[5] 中华人民共和国国家标准.GB 51038—2015 城市道路交通标志和标线设置规范[S].北京:中国计划出版社,2015.

[6] 中华人民共和国国家标准.GB/T 18833—2012 道路交通反光膜[S].北京:中国计划出版社,2012.

[7] 中华人民共和国国家标准.GB/T 23827—2009 道路交通标志板及支撑件[S].北京:中国标准出版社,2009.

[8] 中华人民共和国行业标准.JTG D80—2006 高速公路交通工程及沿线设施设计通用规范[S].北京:人民交通出版社,2006.

[9] 中华人民共和国行业标准.JTG D81—2017 公路交通安全设施设计规范[S].北京:人民

交通出版社股份有限公司,2017.

[10] 中华人民共和国行业标准.JTG/T D81—2017　公路交通安全设施设计细则[S].北京:人民交通出版社股份有限公司,2017.

[11] 中华人民共和国行业标准.JTG D82—2009　公路交通标志和标线设置手册[S].北京:人民交通出版社,2009.

[12]《中国公路学报》编辑部.中国交通工程学术研究综述・2016[J].中国公路学报,2016,29(6):1-161.

[13] 何勇,唐琤琤.道路交通安全技术[M].北京:人民交通出版社,2008.

[14] 裴玉龙.道路交通安全[M].北京:人民交通出版社,2007.

[15] 雷正保.交通安全概论[M].北京:人民交通出版社,2010.

[16] 刘志强,赵艳萍,汪澎.道路交通安全工程[M].北京:高等教育出版社,2012.

[17] 过秀成.道路交通安全学[M].南京:东南大学出版社,2011.

[18] 徐吉谦,陈学武.交通工程总论[M].4版.北京:人民交通出版社股份有限公司,2015.

[19] 杨少伟.道路勘测设计[M].北京:人民交通出版社,2009.

[20] 刘志钢,谭复兴.城市轨道交通安全工程概论[M].北京:中国铁道出版社,2010.

[21] 折欣.道路交通事故致因分析方法研究[D].上海:同济大学,2008.

[22] 戴于龙.城市交通问题的成因及对策[J].轻工设计,2011(3).

[23] 王起全,冯志斌.道路交通安全性评价分析与研究[C].//中国职业安全健康协会.中国职业安全健康协会 2007 年学术年会论文集.2007:309-314.

[24] 王伟志,田一惠,王涛.模糊聚类分析在交通事故分析中的应用[J].辽宁工业大学学报(自然科学版),2007,27(4):266-268.

[25] 牛世峰,郑永雄,冯萨丹,等.基于事故树的公路路段交通安全评价方法[J].重庆交通大学学报(自然科学版),2013,32(1):87-90.

[26] 唐琤琤,张铁军,何勇.道路交通安全评价[M].北京:人民交通出版社,2008.

[27] 郭忠印.道路安全工程[M].北京:人民交通出版社,2012.

[28] 梁国华.交通工程设施设计[M].北京:人民交通出版社,2014.

[29] 李峻利,过秀成.交通工程设施设计[M].北京:人民交通出版社,2001.

[30] 朱守林.交通工程设施设计[M].北京:中国林业出版社,2014.

[31] 王建军,唐春文,等.公路交通安全设施系统设计理论与方法[M].北京:科学出版社,2008.

[32] 孟祥海,李洪萍.交通工程设施设计[M].哈尔滨:哈尔滨工业大学出版社,2008.

[33] 交通部公路交通安全工程研究中心.道路交通标志[M].北京:化学工业出版社,2006.

[34] 周蔚吾.大都市高速公路网指路标志设置技术指南[M].北京:知识产权出版社,2010.

［35］王炜,邓卫,杨琪,等.公路网络规划建设与管理方法[M].2 版.北京:科学出版社,2006.

［36］裴玉龙.公路网规划[M].2 版.北京:人民交通出版社,2011.

［37］杜利民,郑家军,何勇.道路标线材料及应用[M].北京:人民交通出版社,2005.

［38］肖贵平,朱晓宁.交通安全工程[M].北京:中国铁道出版社,2011.

［39］翟忠民.道路交通组织优化[M].北京:人民交通出版社,2004.

［40］楼肖华.城市宏观交通组织优化设计模型及方法研究[D].重庆:重庆交通大学,2006.

［41］赵亮.城市区域交通组织关键问题的认识与实践分析[D].成都:西南交通大学,2012.

［42］张殿业.道路交通安全管理评价体系[M].北京:人民交通出版社,2005.

［43］李刚.城市交通拥堵治理实践[M].北京:人民交通出版社,2013.

［44］翟忠民,景东升,陆化普.道路交通实战案例[M].北京:人民交通出版社,2007.